中国式现代化理论创新与实践路径

上海社会科学院建院65周年成果献礼

上海社会科学院　编

上海社会科学院出版社
SHANGHAI ACADEMY OF SOCIAL SCIENCES PRESS

编　委　会

主　编

权　衡　王德忠

副主编

朱国宏　王　振　干春晖

编委委员（按姓氏笔画排序）

王　健　成素梅　刘　杰　杜文俊　李宏利　李　骏

沈开艳　沈桂龙　周冯琦　周海旺　郑崇选　赵蓓文

姚建龙　晏可佳　徐清泉　郭长刚　黄凯锋

前　言

上海社会科学院创建于1958年，是新中国最早建立的社会科学院，也是上海唯一的综合性人文和社会科学研究机构。它伴随新中国的发展，至今已历65年，成为我国哲学社会科学研究重镇之一。党的十八大以来，在上海市委、市政府的领导下，上海社会科学院积极响应中央加强中国特色新型智库建设的号召，以构建国内一流、国际知名的社会主义新智库为目标，大力实施智库建设和学科发展的双轮驱动发展战略，于2015年12月被列为首批25家国家高端智库建设试点单位之一，成为党和政府决策咨询的重要智库。

目前，上海社会科学院拥有17个研究所、800多名在职人员，具有学科综合与力量雄厚的比较优势；拥有理论经济学、应用经济学和马克思主义理论3个一级学科博士学位授权点，哲学、理论经济学、应用经济学、统计学、法学、政治学、社会学、中国语言文学、新闻传播学、中国史和世界史等11个一级学科硕士学位授权点，以及金融硕士专业学位授权点。

“川阅水以成川”“世阅人而为世”，正是国家的发展和历代社科人的不懈努力成就了今天上海社会科学院的辉煌。回顾历史，建院的艰辛、撤院的无奈以及复院的奋斗构成一幅色彩斑斓的画卷，特别是在浦东开发开放过程中，上海社会科学院书写了浓墨重彩的一笔，为上海的发展担当了思想库与智囊团。当今世界正处于百年未有之大变局，如何应对风云变幻的国际形势，为党和政府决策提供智库服务，更成为上海社会科学院的重要责任与担当。

今年是党的二十大开局之年，为贯彻落实党的二十大精神，加强习近平新时代中国特色社会主义思想研究，同时向建院65周年献礼，上海社会科学院面向全院组织开展党的二十大精神研究征文活动，共征集论文101篇。经遴选，以其中39篇按照理论篇与实践篇框架，汇编成本书出版。来自我院17个研究所近50余名科研人员，聚焦中国式现代化，从政治、经济、历史、法律、社会、文化、生态、国际关系、新闻传播等领域分别进行了理论与实践层面的探索，为以中国式现代化全面推进中华民族伟大复兴提供了智力支持与有益探索。

上海社会科学院

2023年6月

目　录

实　践　篇

理　论　篇

理解中国式现代化道路：基本内涵、时代特征与发展路径

叶成城*

中国式现代化是一个历史悠久的文明古国、一个崇尚科学的社会主义国家、一个热爱和平和坚持可持续发展道路的大国现代化之路。当前中国现代化道路得益于全球化与数字技术革命带来的红利，但也面临着逆全球化思潮、国际局势趋于动荡、经济增长开始放缓等诸多变局的挑战。对此，中国式现代化和构建人类文明新形态的战略布局主要从国内发展新思想、对外关系新理念和理论话语新体系三方面着手，对内坚持“五位一体”统筹推进，对外推动人类命运共同体的构建，积极构建具有中国特色的新现代性理论范式，为人类文明新形态实践提供有力理论支撑。

一、中国式现代化道路和人类文明新形态的基本内涵

中国式现代化不同于过往历史上任何一次现代化的路径，因为中国拥有庞大的规模、悠久的历史，同时在马克思主义指导下以实现人的全面发展和共同富裕为目标，从而丰富了世界历史上现代化的特征，创造了人类文明新

* 叶成城，国际问题研究所副研究员。

形态。具体来看，中国式现代化具有如下几个方面的内涵。

第一，中国式现代化是一个规模庞大的大国现代化。早期现代化进程中存在两种不同的现代化：一种是以丹麦、芬兰、荷兰、挪威、瑞典、瑞士等为代表的小国现代化模式；另一种则是以英国、法国、德国、意大利等为代表的大国现代化模式。小国现代化往往只需要跟随大的趋势和顺应外部冲击即可，而大国现代化则需要在此基础上有更多的内部制度创新和改革。与早期西欧的“大国”而言，中国具有更大的经济和人口规模，人口数量是美国的3—4倍，如果人均收入接近美国，经济总量将会超过美国、欧洲和日本的总和。如此庞大的经济规模意味着需要一个强国家传统来协调各类经济社会，同时也意味着外部市场对于中国经济发展的促进作用会呈现边际效益递减，因而理顺内外循环之间的关系，以创新推动经济发展，是中国式现代化的重要课题。

第二，中国式现代化是一个古老文明的再度复兴之路。中国是唯一延续了文明传统的古国，长期在世界历史上处于领先地位，但在19世纪中后期开始遭到西方列强的殖民和侵略，使得中华文明从经济、政治、军事、外交、文化和制度等诸多层面遭到了冲击。习近平总书记称之为“国家蒙辱、人民蒙难、文明蒙尘”。①因而，中国式现代化承载了文明复兴的重任，中国梦是整个中华民族再度复兴的集体梦想。因而，恢复中国在世界历史上的地位，让中国经历从站起来、富起来到强起来的过程，是中国式现代化道路的应有之义。中国通过一系列的经济建设和发展成就，最终“实现中华民族伟大复兴进入了不可逆转的历史进程！”②

第三，中国式现代化是一个全面发展与共同富裕的现代化。中国式现代化道路是经济、政治、文化、社会和生态文明全面发展的现代化。习近平

① 习近平：《在庆祝中国共产党成立100周年大会上的讲话》，人民出版社2021年版，第2页。
② 同上书，第14页。

总书记指出，共同富裕本身就是社会主义现代化的一个重要目标。[①]在马克思主义共同富裕思想的指引下，无论是新民主主义革命时期党领导人民推翻帝国主义、封建主义、官僚资本主义的压迫，还是新中国成立后完成社会主义革命和推进社会主义建设，抑或改革开放后探索如何全面建成小康社会，最终都是为了实现社会主义现代化，实现全体人民共同富裕。[②]在邓小平提出中国式现代化概念前后，通过1977—1978年大规模出国访问和对外交往，党的许多干部实际上已经对西方发达国家的现代化水平有了新认识，开始意识到现代化绝不限于工业、农业、国防和科学技术四个方面，还包括其他许多方面内容。

第四，中国式现代化是一个以科学理论为指导，积极参与同世界各国良性互动的现代化。中国式现代化道路是以中国现实为依托，以实事求是为原则，以科学社会主义为重要思想。中国式现代化建立在共产主义和民族复兴的远大理想基础上，同时进行阶段性的战略布局，也是一代又一代共产党人在实践中摸索出来的科学理论。中国共产党“始终以世界眼光关注人类前途命运”，坚定地“站在历史正确的一边，站在人类进步的一边”。[③]中国式现代化道路是一个同世界各国和平共处与共同发展的现代化道路，其主要目标是“共同建设一个持久和平、普遍安全、共同繁荣、开放包容、清洁美丽的世界，推动构建人类命运共同体”。[④]创造人类文明新形态的中国式现代化新道路具有改革、发展、创新、法治四重生发逻辑，而一般性和特殊性的统一、前进性与曲折性的统一、守正性与创新性的统一、继承性与借鉴性的统

---

① 习近平：《共同富裕是社会主义的本质要求，是中国式现代化的重要特征》，求是网，http://www.qstheory.cn/zhuanqu/2021-08/22/c_1127784024.htm。

② 阎树群、黎日明：《习近平关于中国式现代化新道路重要论述的原创性贡献》，《学习论坛》2022年第5期。

③ 《中共中央关于党的百年奋斗重大成就和历史经验的决议》，《人民日报》2021年11月17日。

④ 习近平：《与世界相交 与时代相通 在可持续发展道路上阔步前行——在第二届联合国全球可持续交通大会开幕式上的主旨讲话》，《人民日报》2021年10月15日。

一，则是其显著的实践特征。[①]

第五，中国式现代化是一个以人为本、可持续发展的现代化。现代化的本质是人的现代化，从玛雅文明的覆灭到早期拉美发达国家的悲剧表明，现代化需要实现人的全面发展以及人与社会的和谐共处。中国式现代化绝不能是仅限于物质主义膨胀的现代化，而应当是多向度、整体文明推进的新形态。一方面，中国式现代化需要以人为本，重视人的全面发展。以往的农业经济以土地作为主要生产资料，工业经济则以工业原料和机器为主要生产资料，而在信息与数字时代，人的行为所产生的数据以及人力资产是最核心的生产资料。另一方面，中国式现代化高度重视生态文明建设。党的十九大报告指出："我们要建设的现代化是人与自然和谐共生的现代化。"[②]党的十九届五中全会公报指出："促进经济社会发展全面绿色转型，建设人与自然和谐共生的现代化。"[③]这些重要文件都表明了党对中国式现代化道路的新认知，中国式现代化决不能走"先污染后治理"的旧式现代化发展模式，而是要坚持走可持续发展道路。

二、中国式现代化道路和人类文明新形态的时代特征

中国在改革开放以后的40多年里，在现代化建设的道路上取得了辉煌的成就。中国建立了社会主义市场经济体系，实现了近代史上罕见的经济高速发展，一跃成为世界第二大经济体，开始迈入高收入国家的门槛，并成功消除了贫困。在新一轮的数字技术革命中，中国首次以科技前沿国家的身份获得技术革命的红利，培养了诸多拥有优秀应用算法的世界顶尖公司，在网

---

① 李涛：《中国式现代化新道路的生发逻辑、实践特征及成功经验》，《湖北大学学报（哲学社会科学版）》2022年第4期。

② 习近平：《决胜全面建成小康社会　夺取新时代中国特色社会主义伟大胜利：在中国共产党第十九次全国代表大会上的报告》，人民出版社2017年版，第50页。

③ 《中国共产党第十九届中央委员会第五次全体会议公报》，人民出版社2020年版，第16页。

络安全、数字平台企业、生物信息识别、互联网金融和数字加密货币、理解用户偏好等领域处于世界领先地位。[①]具体而言，当前的中国式现代化面临如下几个方面的时代特征。

首先，数字技术革命浪潮出现。信息革命让互联网变得无所不在，使得电子设备的移动性大幅提高；传感器体积变小、性能更强、成本更低；数字技术正变得更为精深，一体化程度更高，由此引发了各国的经济和社会变革。[②]此次技术革命的重要特征是生产方式发生了重大变化，出现了全新的生产资料——数据。数字时代最为核心的变化是数字资源作为一种新的生产资料在国际竞争中发挥日益重要的作用，硬件、数据和智能软件构成了数字时代最为重要的资源。而中国新一轮的现代化浪潮，在软件和应用技术等层面已经居于世界领先地位，中国拥有的数据和庞大的消费市场也是各类跨国公司创新和发展的重要动力；但是在以芯片为核心的硬件技术上，仍然受制于发达国家，这是此轮现代化过程中的重要瓶颈。

其次，全球化浪潮的上升与回潮，成为影响中国现代化的重要外部因素。全球化是21世纪多数国家经济飞速发展的主要动力，但全球化发展至今，一直悬而未决的分配不公问题已经发展成新的逆全球化潮流。从英国退欧到特朗普当选美国总统，再到法国的“黄背心”抗议活动，一个接一个的国家见证了全球化“留守者”的反抗。而中国作为全球化最大的受益国之一，中国的现代化进程也受到了这股逆全球化潮流的冲击。特朗普政府就以中国“偷走美国的就业机会”为由对华挑起经贸摩擦之后各类关税和技术壁垒相继而至；拜登政府非但没有减缓制裁，反而更进一步强化了对中国的芯片和技术的出口禁令，试图通过“小院高墙”的形式实现部分对华经济脱钩。美国对于中国高科技企业的打压已经在很大程度上对中国形成压力，自

---

① 叶成城：《数字时代的大国竞争：国家与市场的逻辑——以中美科技竞争为例》，《外交评论》2022年第2期。

② ［德］克劳斯·施瓦布：《第四次工业革命》，李菁译，中信出版社2016年版，第3—5页。

对华为和中兴的制裁之后，越来越多的科技公司被列入制裁名单，许多在美上市公司也面临退市的风险。

再次，意识形态对抗加剧、国际局势趋于动荡。在特朗普执政后期，中西方之间已经存在诸多贸易和科技问题的摩擦。皮尤中心2020年7月的一项调查中，分别有83%的共和党人和68%的民主党人对中国持负面看法。其中，38%的共和党人将中国描述为敌人，而不是竞争对手（53%）或伙伴（8%）；在民主党人中，19%的人将中国视为敌人，61%的人将中国视为竞争对手，19%的人将中国视为合作伙伴。[①]中美之间的意识形态竞争加剧是在拜登的民主党政府上台之后，美国尝试推动以民主价值观为纽带的联盟体系，构建小团体式“伪多边主义”，打造多元化和立体化的联盟体系，旨在提升联盟内部凝聚力、争取更多盟友参与制衡中国、获取更多国内支持以及提升美国的软实力。[②]与此同时，俄乌冲突进一步加剧了西方和非西方国家间的对抗，迎来了数十年罕见的剧烈通胀，为后新冠疫情时代的经济复苏和全球范围内的现代化进程蒙上一层阴影。

最后，中国的现代化进程是中国开始接近中等收入阶段，经济增速开始趋缓。随着中国的经济规模不断增加，想要保持过去两位数的增速已经显得十分困难。一是中国已经成为第二大经济体，且在外部经济伙伴开始出现衰退时，无法完全依赖出口导向来维持高速的增长。二是过去的人口红利开始逐渐消失。中国2021年末出生率为7.52‰，自然增长率为0.34‰，1961年以来首次降到1‰以下。[③]出生率的放缓和人口红利的消退使得中国长期面临未富先老的风险。三是对内的基建投资开始趋于饱和，刘易斯拐点逐渐到来，

---

① Republicans See China More Negatively Than Democrats, Even as Criticism Rises in Both Parties[EB/OL]. Pew Research Center, https://www.pewresearch.org/fact-tank/2020/07/30/republicans-see-china-more-negatively-than-democrats-even-as-criticism-rises-in-both-parties/.

② 叶成城、王浩：《拜登政府价值观联盟战略初探》，《现代国际关系》2021年第9期。

③ 《中国人口十年图谱：出生率持续下降，去年至少9省人口出现自然负增长》，央视网，https://news.cctv.com/2022/04/01/ARTISrXmWpRp5O6QI1yjOtTx220401.shtml。

过去城市化进程中相对有竞争力的劳动力成本也在逐渐上升，许多企业进而选择将产业转移到南亚和东南亚地区。以上的挑战使得2020年之后中国经济的增长不同于过去的规模经济和出口导向，需要更多依赖技术进步、制度创新和科学研发等全要素增长率的提升，因而需要进一步深化改革，推动发展模式转型升级。

三、中国式现代化道路的发展路径

中国式现代化道路与人类文明新形态，标定了中国现代化新的时代方位、中华文明发展新的历史高度，党的十八大以来的10年光辉历程，对走出中国式现代化道路、创造人类文明新形态具有决定性意义。[①]未来中国式现代化和构建人类文明新形态的战略布局主要从国内发展新思想、对外关系新理念和理论话语新体系三方面着手。

首先，从内部发展视角来看，中国式现代化面临比过去早期西方现代化更为复杂的政治、社会和国际环境等问题，需要统筹全局。与西方“串联式”现代化进程不同，中国式现代化是一个“并联式”的发展过程，工业化、信息化、城镇化、农业现代化等在时间和空间上是叠加发展的。[②]中国式现代化道路所创造的“人类文明新形态”，既是对过去人类文明成果的扬弃，更是在坚持中国共产党领导，坚持“五位一体”统筹推进，坚持物质文明、政治文明、精神文明、社会文明和生态文明协调发展基础上的崭新创造。[③]在物质文明上，要坚定不移地推动共同富裕。当前，我国发展不平衡不充分问题仍然

---

① 孙墨笛：《中国式现代化道路与人类文明新形态的世界历史意义》，《人民论坛》2022年第8期。

② 燕连福：《中国式现代化新道路的五个特征》，《北京联合大学学报（人文社会科学版）》2022年第2期。

③ 黄广友、韩学亮：《中国式现代化道路与人类文明新形态的生成——基于马克思恩格斯文明理论的分析》，《山东大学学报（哲学社会科学版）》2022年第3期。

突出，城乡区域发展和收入分配差距较大，必须把促进全体人民共同富裕摆在更加重要的位置，争取在2035年全体人民共同富裕取得更为明显的实质性进展。[①]在政治文明上，推动全过程人民民主为人类政治文明树立了新的风向。全过程人民民主是中国共产党对马克思主义人民民主理论在中国的创造性运用，是对传统社会主义国家民主政治的新发展，实现了过程民主和成果民主、程序民主和实质民主、直接民主和间接民主、人民民主和国家意志相统一。[②]在精神文明上，中国式现代化意味着对内要统一马克思主义的指导思想和中华民族的优良传统美德，在承认文明多元性、吸收借鉴外来先进文化的同时，坚定文化自信，致力于不断提升文化软实力。社会主义精神文明建设需要坚持马克思主义在意识形态领域的指导地位，推进中华优秀传统文化传承发展工程，以社会主义核心价值观引领文化建设，推进文化事业和文化产业全面发展。[③]在社会文明上，中国式现代化道路围绕保障和改善民生这一主题而不断加强社会治理，是促进人民安居乐业、社会安定有序的可持续发展之路。[④]中国式现代化道路需要在绿色低碳发展方面形成自身的经验、具备一定比较优势，坚持贯彻创新、协调、绿色、开放、共享的新发展理念，走出一条资源节约、生态环境友好的中国式现代化文明之路。[⑤]

其次，在对外交往过程中，构建人类文明新形态意味着要坚持世界人民共同发展的原则，以天下大同为价值旨趣。不同于过去的"霸权周期论""文明冲突论""国强必霸论"这些包含旧现代性的世界政治理论，新现代性以追求天下大同为价值旨趣，以谋求共同发展为目标。人类命运共同体

---

① 习近平：《关于〈中共中央关于制定国民经济和社会发展第十四个五年规划和二〇三五年远景目标的建议〉的说明》，中华人民共和国中央人民政府网，http://www.gov.cn/xinwen/2020-11/03/content_5556997.htm。

② 鲁明川：《中国式现代化道路的逻辑生成与文明叙事》，《浙江社会科学》2022年第4期。

③ 张开、陈琦、陈洋毅、雷鸣：《中国式现代化道路的政治经济学》，《政治经济学评论》2022年第3期。

④ 付文军：《中国式现代化道路的四重阐释及其整合》，《探索》2022年第3期。

⑤ 裴长洪、刘洪愧：《社会主义发展阶段与中国式现代化文明新形态》，《改革》2022年第7期。

的提出，不仅响应了世界人民对自由全面发展的强烈呼声，也为世界人民追求美好生活贡献了“中国智慧”，只有全世界人民都实现了美好生活，人类社会才会真正飞跃到“自由王国”，这是新现代性理论范式的题中应有之义，更是中国共产党人崇高的世界情怀。①而人类文明新形态的提出开拓了人类文明发展新路向，其所蕴含的独立自主、全面发展、人民至上、胸怀天下的意蕴，为世界其他国家和民族进行独立探索走向现代化，坚持发展的整体协调性，秉持发展的人民至上和胸怀天下，提供了全新选择和经验借鉴，对世界具有深远的意义。②中国所构建的全方位多层次的对外交往新格局，有力地促进了世界持久和平与共同繁荣，也呈现了中国共产党坚持胸怀天下的坚定立场，中国式现代化道路以解决全人类共同问题为目标，通过共商共建“一带一路”来推进构建人类命运共同体，实现“兼济天下”的博大胸襟。③中国需要坚定不移地坚持独立自主的和平外交政策，坚定不移地走和平发展、开放发展、合作发展、共同发展之路，着力打造互利共赢的新型国际关系，着力打造地球生命共同体、人类卫生健康共同体，最终建设人类命运共同体。④据此，习近平总书记强调：“中国共产党将继续同一切爱好和平的国家和人民一道，弘扬和平、发展、公平、正义、民主、自由的全人类共同价值，坚持合作、不搞对抗，坚持开放、不搞封闭，坚持互利共赢、不搞零和博弈，反对霸权主义和强权政治，推动历史车轮向着光明的目标前进！”⑤

再次，在发展理论话语新体系过程中，构建人类文明新形态意味着要超越西方资本主义现代性话语，积极构建具有中国特色的新现代性理论范式。

---

① 陈玉斌：《论中国式现代化新道路的新现代性理论范式》，《社会主义研究》2022年第2期。

② 王晓：《人类文明新形态的世界意义》，《中南民族大学学报（人文社会科学版）》2022年第6期。

③ 刘勇、章钊铭：《胸怀天下：中国式现代化道路的三重意蕴》，《江苏社会科学》2022年第3期。

④ 沈伯平：《基于历史方位视角构建中国式现代化道路的话语体系》，《教学与研究》2022年第6期。

⑤ 习近平：《在庆祝中国共产党成立100周年大会上的讲话》，人民出版社2021年版，第16页。

中国式现代化也意味着要大胆吸收和借鉴人类社会创造的一切文明成果，将其化作中国式现代化的重要动力。中国式现代化改写了现代化的世界版图，为后发国家现代化道路提供了全新选择；中国式现代化重塑了现代化的性质和方向，为人类现代化发展拓展了实现途径；中国式现代化重估了人类传统文明的现代价值，为人类社会的未来走向提供了价值引领。“中国式现代化”源于中国也属于世界，源于过去更属于未来，是人类发展史上的伟大创举。[①]纵观历史，每一次现代化的巨大变迁，都产生了具有世界影响的社会学的发展理论：基于欧洲的现代化实践，产生了社会学的经典现代化理论和后现代化理论；基于美国的现代化实践，产生了“芝加哥学派”、后工业社会理论和网络社会理论；基于拉美国家走向现代化的实践，产生了发展社会学的“世界体系论”“依附理论”；被称为“东亚奇迹”的东亚国家和地区的现代化实践，至今还没有产生具有世界影响的社会学理论和学派，这也说明了当前亟须一种新型的现代化理论创新。[②]在反思性批判西方现代化道路的前提下，破解资本逻辑带来的经济发展与人的发展之间的悖论，中国走出了一条凸显社会主义本质规定且契合中国国情的追求全体人民共同富裕的现代化道路。随着中国国力的日渐强盛，中国式现代化道路日渐成熟，中国有必要进一步推动理论研究，发掘中国历史、中国实践和中国理论的普遍性，总结和推广中国特色的现代化理论话语体系。习近平总书记指出：“我们要建立中国特色、中国风格、中国气派的文明研究学科体系、学术体系、话语体系，为人类文明新形态实践提供有力理论支撑。坚持把马克思主义基本原理同中国具体实际相结合、同中华优秀传统文化相结合，不断推进马克思主义中国化时代化，推动了中华优秀传统文化创造性转化、创新性发展。”[③]

---

① 尹占文：《中西文化比较视域下的中国式现代化：为何与何为》，《云南师范大学学报（哲学社会科学版）》2022年第3期。

② 李培林：《中国式现代化和新发展社会学》，《中国社会科学》2021年第12期。

③ 习近平：《把中国文明历史研究引向深入　增强历史自觉坚定文化自信》，求是网，http://www.qstheory.cn/dukan/qs/2022-07/15/c_1128830256.htm。

全面建设社会主义现代化国家的战略目标与内涵研究

詹宇波　张晓娣　张申　徐昂*

一、引　言

新中国成立以来，中国共产党领导全国人民面向现代化开展了不懈奋斗。特别是在实现了社会主义改造后，我国成为社会主义国家，在此基础上，中国共产党始终坚持马克思主义，将马克思主义基本原理与中国发展实践相结合，批判性地参照吸收世界现代化潮流，形成了社会主义现代化的持续探索。通过数十年坚持不懈的探索后，党的十九大清晰擘画了2020年至本世纪中叶全面建成社会主义现代化强国的时间表和路线图；党的十九届五中全会进一步从经济建设、创新发展、社会治理、文化强国、对外开放新格局等多角度系统描绘了2035年基本实现社会主义现代化国家的发展蓝图。为了确保上述目标的如期实现，应进一步对全面建设社会主义现代化国家开展战略目标与内涵研究，为后续建设实践提供探索方向。

本文第一部分以新中国成立以来不同阶段的社会主义现代化建设目标演

---

* 詹宇波，经济研究所研究员；张晓娣，经济研究所副研究员；张申，经济研究所副研究员；徐昂，经济研究所助理研究员。

进为背景，对全面建设社会主义现代化国家战略目标及其内涵进行阐释；第二部分从现代化目标的拓展、推进和全面提升的角度，对新中国成立以来，特别是改革开放以来的现代化目标演进过程进行了刻画；第三部分对到2035年基本实现社会主义现代化国家的战略目标内涵进行了具体阐述；第四部分是总结和未来展望。

二、社会主义现代化战略目标的历史沿革

在党的十九大报告中，新发展阶段的社会主义现代化奋斗目标被确定为"富强、民主、文明、和谐、美丽"；党的十九届五中全会又将其作为我国到2035年基本实现的社会主义现代化远景目标。这一现代化目标的提出并非一蹴而就，而是根据我国社会主义现代化建设的逐步推进经历了一系列的发展和沿革。在此过程中，社会主义现代化的内涵不断丰富拓展，相应的战略部署有所更新推进；与此同时，现代化的发展理念也得以形成并不断提升，不仅确保了我国社会主义现代化建设的成就取得，也完善并发展了中国特色社会主义理论体系。下文，笔者将从现代化的内涵、战略目标和理念这三个方面来阐述我国社会主义现代化建设的历史演进过程。

第一，现代化的战略目标与时俱进。自新中国成立以来，中国共产党就积极探索中国的现代化图景。在1964年12月20日至1965年1月4日的第三届全国人民代表大会第一次会议上，"四个现代化"的现代化设想首次形成。周恩来提出，"要在不太长的历史时期内，把我国建设成为一个具有现代农业、现代工业、现代国防和现代科学技术的社会主义强国"①。党的十一届三中全会以来，以邓小平为代表的中国共产党人以"中国式现代化"进一步展开探索，要求"现在搞建设，也要适合中国情况，走出一条中国式的现代化

---

① 《建国以来重要文献选编》（第十九册），中央文献出版社1998年版，第483页。

道路”[①],从而提出了“小康社会”的奋斗目标。1987年在党的十三大确定到21世纪末人民生活达到小康水平的奋斗目标后，历届党代会依据国情和形势发展，不断对小康社会的内涵作出新的刻画。2012年，党的十八大提出了“确保到二〇二〇年实现全面建成小康社会宏伟目标”，将新要求发展为“经济持续健康发展”“人民民主不断扩大”“文化软实力显著增强”“人民生活水平全面提高”“资源节约型、环境友好型建设取得重大进展”。[②] 2013年，党的十八届三中全会通过《中共中央关于全面深化改革若干重大问题的决定》,提出了“推进国家治理体系和治理能力现代化”[③],这一目标随后在党的十九届四中全会得到了系统部署，进一步丰富了现代化的内涵。2017年党的十九大提出了2035年基本实现社会主义现代化和2050年建成社会主义现代化强国的目标，特别是针对社会主义现代化强国，做出了“富强民主文明和谐美丽”的描绘。[④] 2020年党的十九届五中全会通过《中共中央关于制定国民经济和社会发展第十四个五年规划和二〇三五年远景目标的建议》，描绘了2035年我国的现代化景象：经济实力、科技实力、综合国力将大幅跃升，基本实现新型工业化、信息化、城镇化、农业现代化，建成现代化经济体系，基本实现国家治理体系和治理能力现代化，建成文化强国、教育强国、人才强国、体育强国、健康中国，广泛形成绿色生产生活方式，形成对外开放新格局，平安中国建设达到更高水平，人的全面发展、全体人民共同富裕取得更为明显的实质性进展，等等，[⑤]已经涵盖了经济、政治、文化、社会和生态方方面面。

---

① 《邓小平文选》第2卷，人民出版社1994年版，第163页。

② 《十八大以来重要文献选编》(上)，中央文献出版社2014年版，第9页。

③ 同上书，第512页。

④ 习近平：《决胜全面建成小康社会 夺取新时代中国特色社会主义伟大胜利——在中国共产党第十九次全国代表大会上的报告》，中华人民共和国中央人民政府网，www.gov.cn/zhuanti/2017-10/27/content_5234876.htm。

⑤ 《中共中央关于制定国民经济和社会发展第十四个五年规划和二〇三五年远景目标的建议》，中华人民共和国中央人民政府网，www.gov.cn/zhengce/2020-11/03/content_5556991.htm。

第二，现代化的战略实施分步推进。随着现代化目标的确立，我国也形成了实现现代化目标的战略部署，建立了基于时间序列的任务路线。最初的战略形成于“四个现代化”提出之时，在第三届全国人民代表大会第一次会议上，周恩来提出，从第三个五年计划起，中国国民经济发展可以按两步来考虑：第一步建立一个独立的比较完整的工业体系和国民经济体系，第二步全面实现“四个现代化”，使中国经济走在世界前列。①但这一战略未能贯彻落实。至1987年党的十三大报告提出了“三步走”战略，我国的现代化建设开始形成了持续连贯的战略部署。党的十三大报告指出：“党的十一届三中全会以后，我国经济建设的战略部署大体分三步走。第一步，实现国民生产总值比一九八〇年翻一番，解决人民的温饱问题。这个任务已经基本实现。第二步，到本世纪末，使国民生产总值再增长一倍，人民生活达到小康水平。第三步，到下个世纪中叶，人均国民生产总值达到中等发达国家水平，人民生活比较富裕，基本实现现代化。”②1997年在前两步目标都已完成的情况下，党的十五大报告提出了“新三步走”，指出：“展望下世纪，我们的目标是，第一个十年实现国民生产总值比二〇〇〇年翻一番，使人民的小康生活更加宽裕，形成比较完善的社会主义市场经济体制；再经过十年的努力，到建党一百年时，使国民经济更加发展，各项制度更加完善；到世纪中叶建国一百年时，基本实现现代化，建成富强民主文明的社会主义国家。”③党的十九大报告在全面建设小康社会基础上，对2020年到本世纪中叶作出了“两个阶段安排”：“第一个阶段，从二〇二〇年到二〇三五年，在全面建成小康社会的基础上，再奋斗十五年，基本实现社会主义现代化”；“第二个阶段，从二〇三五年到本世纪中叶，在基本实现现代化的基础上，再奋斗

① 《建国以来重要文献选编》（第十九册），中央文献出版社1998年版，第483页。

② 《十三大以来重要文献选编》（上），人民出版社1991年版，第16页。

③ 《十五大以来重要文献选编》（上），人民出版社2000年版，第4页。

十五年，把我国建成富强民主文明和谐美丽的社会主义现代化强国。”[①]可见，我国的现代化战略滚动发展，形成了不同时段的任务部署，不仅为现代化目标的落实提供了基本框架，而且使得现代化进程持续推进，不断向更高层次迈进。

第三，现代化理念不断提升。在现代化建设实践中，中国共产党也探索形成了指导现代化建设的发展理念。尤其是改革开放以来，以邓小平为代表的中国共产党人秉承“发展就是硬道理”的理念，提出“判断的标准，应该主要看是否有利于发展社会主义社会的生产力，是否有利于增强社会主义国家的综合国力，是否有利于提高人民的生活水平”[②]的“三个有利于”，解放思想，实事求是，积极推动了社会主义经济体制改革，实现了现代化建设的大步前进。党的十六大以来，以胡锦涛为代表的中国共产党，高举中国特色社会主义伟大旗帜，总结中国发展实践，借鉴国外发展经验，适应中国发展要求，提出了科学发展观，即坚持以人为本，树立全面、协调、可持续的发展观，促进经济社会和人的全面发展。这一重要思想的提出，回答了关于我国需要怎样的发展以及如何实现发展的问题，体现了中国共产党对经济社会发展规律的认识升华。党的十八届三中全会以来，以习近平同志为核心的党中央提出以创新、协调、绿色、开放、共享的新发展理念引领发展，其中：创新发展注重的是解决发展动力问题，协调发展注重的是解决发展不平衡问题，绿色发展注重的是解决人与自然和谐问题，开放发展注重的是解决发展内外联动问题，共享发展注重的是解决社会公平正义问题。[③]新发展理念的形成，系统回答了我国长远发展的关于发展的目的、动力、方式、路径等一系列重要理论与实践问题，形成了对我国现代化建设的科学指引。

---

① 习近平：《决胜全面建成小康社会　夺取新时代中国特色社会主义伟大胜利——在中国共产党第十九次全国代表大会上的报告》，中华人民共和国中央人民政府网，www.gov.cn/zhuanti/2017-10/27/content_5234876.htm。

② 《邓小平文选》，人民出版社1993年版，第372页。

③ 《十八大以来重要文献选编》（中），中央文献出版社2016年版，第825—827页。

三、社会主义现代化国家战略目标的主要内涵

（一）全面建设社会主义现代化国家的经济治理内涵

习近平总书记在十三届全国人大四次会议上指出："走高质量发展之路，就要坚持以人民为中心的发展思想……坚定不移增进民生福祉。"将高质量发展与高质量生活、满足人民美好生活向往结合起来，体现了党和领导人在新阶段经济社会发展的方向和路径部署中深厚的人文情怀。

一个国家政府、一个政党究竟是什么性质，在于其服务对象到底是谁。中国共产党自成立之日起，就将为人民奋斗、为人民谋幸福的根本宗旨和原则，镌刻于旗帜之上、党章之中。也正因如此，党领导的社会主义现代化强国的高质量发展之路，必然是以人民至上为导向，始终以最广大人民的根本利益为基本出发点，以经济增长作为改善民生的措施和手段，将人民福祉、人的全面发展作为落脚点。所以说，以人民为中心是对经济高质量发展路径的价值取向进行校正的永恒标尺。

新发展阶段是全面建成小康社会之后的社会主义初级阶段，对共同富裕必然提出不同于以往的"新"要求。第一，新发展阶段建设共同富裕目标的起点超越以往任何历史时期。2020年我国GDP已突破百万亿元，居世界第二，人均GDP突破1万美元，人均可支配收入达到32 189元，城镇和农村人均可支配收入分别达到43 834元和17 131元。全体人民正整装待发迈向共同富裕的更高阶段。第二，新发展阶段为建设共同富裕设置了全新的外部环境，既面临前所未有的机遇，也包括更为严峻的挑战。在国内环境方面，高质量发展路径为全面提升人民福祉提供了物质基础保障，国家和社会治理上的制度优势保证我国经济长期发展具有较强的韧性，能够保证提升人民富足程度的任务在任何时期都不受干扰、不会中断。但与此同时，我国社会主义市场经济体制改革正处于攻坚克难的深入推进阶段，城

乡之间、区域之间、不同社会民众群体之间、人民需求和民生保障发展之间不平衡不充分的问题依然十分突出，都将成为共同富裕推进道路上的障碍。在国际环境方面，“两个一百年”之大变局下，一方面是新技术和产业革命推动下的人类命运共同体大趋势，另一方面则是逆全球化和区域、国家单边主义的不和谐音。内外发展约束的巨大变革将要求共同富裕成为一个更加复杂的任务目标体系。

党的十九届五中全会将新发展阶段的共同富裕目标明确指向为“全体人民共同富裕取得更为明显的实质性进展”。其中，“更为明显”强调的是要提升民众对于社会主义经济建设的感受：提升人民群众对于改革发展成果的获得感，提升人民群众对于公共服务的幸福感，提升人民群众对重要保障的安全感。“实质性进展”是指推动民生建设成果从“量的积累”到“质的飞跃”的转变：在脱贫扶贫方面推动实现缩小区域、城乡、收入差距上的实质性进展；在民生保障方面推动实现更公平更广泛更普惠的实质性进展。党领导下的社会主义现代化建设体现出鲜明的阶段性特征——从“四个现代化”“两步走”“三步走”，到“两个一百年”奋斗目标，恰好对应着共同富裕目标逐步清晰、不断落实的过程；现代化建设路径不断与人民对高品质生活期盼相对标相调适，才能推动共同富裕取得实质性进展。而这也正是社会主义的本质要求，是社会主义与资本主义相区别的根本性特征。

高质量发展的全新目标同样为共同富裕赋予了新的特征内涵，新发展阶段共同富裕如何才能实现明显的实质性进展，主要需要把握以下重点方向：

一是新发展阶段的共同富裕以生产为基础。共同富裕的根基从高速度经济增长转向高质量全面发展。社会生产力进步永远是物质和文化生活水平提高的基础，如何实现从简单“增长”到全面发展的质的转变，还需要在方式和制度保障上继续深入探索。事实上，自新中国成立以来，党和国家领导人对发展的认识一直处于不断调整和完善的过程中。在国家实现“四个现代化”目标的要求下，党中央将工业和生产的“发展”放在优先地位，为国民经济现代化建设奠定了坚实的工业和国防基础；其后，在满足人民日益增长的美好生活目标的要求下，党中央将如何解决“一部分人富起来”以后所面临的不平衡不充分、收入差距、创新动力不足等问题作为攻坚环节，将发展质量问题提上前所未有的重视高度。从顶层战略部署来看，无论是科学发展观、新发展理念，还是“五位一体”全面布局，都体现了党和国家对发展理念的不断调整和完善，对质量不足短板的不断修正。

二是新发展阶段的共同富裕以分配为重点。新发展阶段切实推进共同富裕必须处理好公平与效率的关系。改革开放终止了“平均主义”“大锅饭”的计划经济体制分配方式，建立了效率优先、多种分配方式并存的收入分配方式，为提升经济效率做出了巨大贡献。1978—2007年，我国人均可支配收入增长40多倍，但与此同时，基尼系数也上升到0.5左右，凸显分配公平不足。2007年党的十七大以后，效率和公平的关系成为政策焦点，并提出要在再分配中更多体现公平因素。我国以往经济建设经验表明，收入差距只有处于适度区间才能成为提高效率的助推器，一旦收入差距过大，不仅会制约中等收入群体扩大，而且将妨碍经济持续增长。因此，新发展阶段的共同富裕，需要重点聚焦提高低收入群体（已脱贫或未脱贫农村人口、城镇农民工人口）和弱势群体（老年人口）的收入能力，在公平和效率的统一中，使得全体民众共享发展成果。

三是新发展阶段的共同富裕以全面为抓手。新中国成立之初与改革开放早期的共同富裕，主要解决的是人民群众的温饱问题，反映的是工业化建设与落后农业国之间的社会矛盾主线。随着改革开放深入推进，共同富裕进入以建设小康社会为标志的历史阶段，这是由人民生活水平显著提高所决定的，反映的是人民日益增长的物质文化需要同落后的社会生产之间的矛盾主线。进入新发展阶段之后，“十大历史性成就”已经取代了“落后生产力”，人民对生活的期望和需求更加丰富、多元，共同富裕的内涵不再局限于物质生活，更要在“民主、法治、公平、正义、安全、环境”[①]等方面统筹推进，不断深化和拓展。

（二）全面建设社会主义现代化国家的政治治理内涵

新中国成立后，尤其是改革开放以来，中国的民主政治制度演进遵从了社会主义现代化进程的发展需要，在实现各个阶段的现代化目标过程中不断得到成熟和完善。在改革开放初期，邓小平就提出“没有民主就没有社会主义，就没有社会主义的现代化”[②]。作为不同于之前任何社会制度的新制度，社会主义中国在建设自身的民主政治制度时没有先例可循，只能在实践中不断摸索。如前所述，新中国成立以来，现代化一直是我国致力于实现的目标，因此包括政治制度在内的各项制度的建立和完善都必须服务于这一目标。而同时，考虑到在不同的发展阶段，现代化目标在不断地递进和调整，因此民主政治制度的发展道路也是对各个阶段的现代化目标的适应过程，正如习近平总书记所指出的：“中国特色社会主义政治发展道路，是近代以来中国人民长期奋斗历史逻辑、理论逻辑、实践逻辑的必然结果。”[③]1982年，党的十二大报告沿用了侧重于物质文明的四个现代化的提法，同时提出了“把我国建设成为高度文明、高度民主的社会主义国家”，这是民主首次作为社会主义现代化国家的目标被提出。2017年，党的十九大报告将社会主义现代化的奋斗目标确定为“富强民主文明和谐美丽”，其中的“民主”目标与党的十八大报告中明确的经济建设、政治建设、文化建设、社会建设、生态文明建设“五位一体”中的政治建设相对

①③ 习近平：《决胜全面建成小康社会　夺取新时代中国特色社会主义伟大胜利——在中国共产党第十九次全国代表大会上的报告》，中华人民共和国中央人民政府网，www.gov.cn/zhuanti/2017-10/27/content_5234876.htm。

② 《邓小平文选》第2卷，人民出版社1994年版，第168页。

应。2020年，党的十九届五中全会进一步明确了“十四五”期间和到2035年基本实现社会主义现代化远景目标时在民主政治建设方面需要达成的主要内容。

改革开放初期，中国社会主义现代化建设的首要任务是恢复以经济建设为中心的“四个现代化”，即工业现代化、农业现代化、国防现代化和科学技术现代化。正如邓小平当时所指出的：“我们当前以及今后相当长一个历史时期的主要任务是什么？一句话，就是搞现代化建设。”因此，这个时期的民主制度就应当与这样的现代化目标相匹配，即恢复我国原有的民主制度活力和党内民主作风，协调民主与集中的辩证关系，继续扩大人民民主。20世纪90年代，我国进入经济体制转型期，民营经济开始发展壮大。这一方面表明整个社会的经济活力在改革开放后得到了充分激发，另一方面也给处于现代化新阶段的经济社会治理格局提出了新的要求。在这个时期，“依法治国”被正式确立为党领导下的国家治理基本方针。至此，党的领导、人民民主和依法办事三者之间的关系得到了有机统一。进入21世纪之后，随着中国融入全球化程度的加深，以及国内利益多元化格局的深化，这一时期的现代化进程要求民主政治制度能够进一步扩大公民的政治参与，以便在更大范围内维护人民利益。为此，党中央在《中共中央关于加强党的执政能力建设的决定》中首次提出“构建社会主义和谐社会”，以便充分调动社会各方面积极因素，之后党的十七大又首次将基层群众自治制度纳入中国特色社会主义政治制度范畴。进入21世纪第二个10年后，我国的现代化进程面临着新的社会主要矛盾的挑战，即人民日益增长的美好生活需要和不平衡不充分的发展之间的矛盾，中国特色社会主义建设进入全面发展的新时代。为了适应这一新形势，党中央首次提出“社会主义协商民主是我国人民民主的重要形式”，通过推动全方位政治协商来保障人民当家作主的权利，以完善社会主义民主政治制度。进一步地，党的十八届三中全会提出“完善和发展中国特色社会主义制度、推进国家治理体系和治理能力现代化”，有效提高国家治理水平。

通过数十年的摸索，中国特色社会主义民主政治治理制度已形成较为完备的基本框架，即中国共产党领导下的人民代表大会制度、多党合作和政治协商制度、民族区域自治制度以及基层群众自治制度。实践证明，这一框架较好地适应了我国现代化进程和国家社会发展的需要，是适合我国国情、能够较为充分地反映党领导下的人民当家作主和依法治国理念的民主政治制度。为了进一步适应未来的现代化进程，并实现建设社会主义现代化国家的目标，我国的民主政治制度在以下几个方面还存在继续完善的空间：第一，我国现行民主政治制度建设与日益扩大的人民民主要求之间存在一定差距。这与当前社会主要矛盾密切相关，因此是未来我国民主政治建设需要关注的首要问题；第二，我国现行民主政治制度建设还不能完全适应经济社会发展的新形势，尤其是后新冠疫情时代国际国内形势出现的新变化，以及产业和技术变迁带来的新挑战；第三，我国社会主义民主政治的具体制度还不能充分保障人民民主权利和发挥人民创造精神。这主要体现在社会主义民主政治的体制、机制、程序、规范和具体运行上有待进一步完善。

中国社会主义现代化建设至今的成功经验表明：一国政治制度和民主政治发展道路应当与该国的国情相适应，应以能否真正保证人民当家作主作为衡量其优劣成败的标准。随着全面建设社会主义现代化国家的继续推进，我国的社会主义民主政治制度也将在这个过程中进一步得到完善。具体而言，可以从以下几个方面着手：第一，坚持党的核心领导作用，进一步完善党内民主，加强、完善和巩固党的领导；第二，坚持人民当家作主，确保社会主义民主制度和措施的落实，让人民享有更充分广泛和真实的民主，拓宽民众参政议政的渠道；第三，坚持依法治国，切实依法保障公民的知情权、参与权、表达权和监督权，任何组织和个人都不得超越宪法、法律，杜绝以言代法、以权压法、逐利违法和徇私枉法等危害社会主义民主政治建设的行为。

（三）全面建设社会主义现代化国家的文化治理内涵

文明是国家管理之下创造出的物质、精神以及制度等方面的发明创造的总和，包括思想、科学、文化、道德等多个方面。社会文明程度是衡量国家综合国力的重要标志之一，对国家的建设与发展具有基础性的作用。习近平总书记指出："文明特别是思想文化是一个国家、一个民族的灵魂。"[①]文化认同是最深层次的认同，是全国各族人民团结之根、和睦之魂。只有继承与发展文明，并在实践中宣扬文明，才能实现具有高层次影响力和推动力的中国精神、中国力量。

"社会文明程度得到新提高"是"十四五"时期经济社会发展的主要目标之一，包含了社会主义核心价值观深入人心，人民思想道德、科学文化以及身心健康素质得到显著提高，公共文化服务体系和文化产业体系更加健全，人民精神文化生活日益丰富，中华文化影响力明显提升，中华民族凝聚力持续增强。我国将全力以赴力求在2035年建成集文化、教育、人才、体育、健康为一体的现代化国家。

没有社会主义文化繁荣发展，就没有中国特色社会主义的全面现代化。党的十八大以来，中国把文化建设提升到一个新的历史高度，把文化自信和道路自信、理论自信、制度自信并列为中国特色社会主义"四个自信"，把坚持马克思主义在意识形态领域指导地位的制度确立为中国特色社会主义制度体系的一项根本制度，把坚持社会主义核心价值体系纳入新时代坚持和发展中国特色社会主义的基本方略[②]。

---

① 习近平：《在纪念孔子诞辰二千五百六十五周年国际学术研讨会暨国际儒学联合会第五届会员大会开幕会上的讲话》（2014年9月24日），人民出版社单行本，第9页。

② 习近平：《习近平在教育文化卫生体育领域专家代表座谈会上的讲话》，《人民日报》2020年9月23日。

习近平总书记指出："要加强对中华优秀传统文化的挖掘和阐发，努力实现中华传统美德的创造性转化、创新性发展。"[①]文化活动的发展有自己的历史继承性。中华文明在五千多年不间断的历史传承中兼容并蓄、创新升华，中国的艺术、科学、技术等相辅相成、相互促进、相得益彰，形成了伟大民族精神和优秀传统文化。学习、继承古代优秀文化遗产，弘扬民族的优秀文化传统，不仅可以使我们更深刻地认识中华民族光辉灿烂的文学史，更能激发各族人民的爱国主义感情，提高民族的自信心与自豪感。

在几千年的历史演进中，中华民族形成了关于国家制度和国家治理的丰富思想，包括天下为公的大同理想、大一统的政治传统、以德化人的德治主张、民贵君轻的民本思想、等贵贱均贫富的平等观念、法不阿贵的法律正义追求，等等。马克思主义传入中国后，科学社会主义的主张在中国扎根并开花结果的过程，是同我国传承了几千年的优秀历史文化和广大人民日用而不觉的价值观念融通的[②]。只有批判地继承我们国家优秀的民族文化，才能更好地走出中国道路、中国气魄和中国精神。

社会主义核心价值观是建设文明社会的重要引领，是社会主义核心价值体系的内核，体现着社会主义核心价值体系的根本性质和基本特征。一直以来，党中央围绕培育和弘扬社会主义核心价值观、弘扬中华传统美德。在坚持社会主义核心价值观的同时，深入推动公民各项精神文明建设、促进文化繁荣、提高各族群众科学文化素质，广泛开展社会公德、职业道德、家庭美德、个人品德教育，不断提升人民文明素养和社会文明程度。

纵观历史，中华文明具有独特文化基因和自身发展历程，植根于中华大地，与时代共进步，有着旺盛生命力，同世界其他文明相互交流，从来没

---

① 习近平：《完善和发展中国特色社会主义制度　推进国家治理体系和治理能力现代化》，《人民日报》2014年2月18日。

② 习近平：《坚持和完善中国特色社会主义制度　推进国家治理体系和治理能力现代化》，《求是》2020年第1期。

有产生过文明冲突和宗教战争。中国自古崇尚亲仁善邻、协和万邦的外交之道，以和为贵、好战必亡的和平理念，秉持和平发展、合作共赢的理念，不走侵略、殖民、扩张的西方道路。全面现代化包含了向世界展示中华文明的独特魅力，与世界各民族夯实共建人类命运共同体的人文基础。

如何在理论的支撑下建设好文明社会，是一个重大的议题。首先，要繁荣发展文化事业和文化产业，提高国家文化软实力，坚持文化为人民服务，为社会主义服务，加强社会主义精神文明建设，最大限度地满足人民群众日益增长的精神文化需要；其次，要提高社会文明程度，推动形成适应新时代要求的思想观念，加强爱国主义教育，推动理想信念教育常态化、制度化，弘扬诚信文化，提倡艰苦奋斗，发展积极健康的网络文化；再次，要健全现代文化产业体系，坚持把社会效益放在首位，并将社会效益和经济效益相统一，深化文化体制改革，完善文化产业规划和政策，加强文化市场体系建设，扩大优质文化产品供给。另外，要向全世界讲好中国历史故事，由民族文化走向世界文化，“更好展现真实、立体、全面的中国，为中国走向世界、世界读懂中国做出新的更大的贡献”①。

（四）全面建设社会主义现代化国家的社会治理内涵

和谐，即实现社会和谐、建设美好社会。当代中国社会主义和谐社会最根本的特征就是民主法治、公平正义、诚信友爱、充满活力、安定有序、人与自然和谐相处。建设和谐的现代化国家有利于实现好、维护好、发展好最广大人民的根本利益，增强民族凝聚力和抗风险能力，更好地维护国家主权、安全和发展利益。

进入新发展阶段，中国仍然存在区域、城乡、收入差距较大等问题。与

---

① 习近平：《不断提升国际传播能力和水平　更好向世界介绍新时代的中国》，《人民日报》2019年9月5日。

此同时，就业、社会保障、收入分配、教育、医疗、住房、安全生产、社会治安等方面关系群众切身利益的问题仍比较突出，成为影响社会和谐稳定的隐患。展望21世纪中叶，中国将拥有高度的社会文明，城乡居民普遍拥有较高的收入，全体人民共同富裕基本实现，公平正义普遍彰显，全民族的思想道德素质、科学文化素质和健康素质明显提高，良好道德风尚、和谐人际关系进一步形成，社会充满活力而又和谐安定。

建设和谐社会的根本基石是缩小发展差距，提升人民生活品质，促进共同富裕。“我们决不能允许贫富差距越来越大、穷者愈穷富者愈富，决不能在富的人和穷的人之间出现一道不可逾越的鸿沟。”①为了达到全方位的和谐发展，还需要统筹兼顾，多管齐下，促进和谐的现代化：

一是促进人的全面发展和社会全面进步。即要从人民群众最关心最直接最现实的利益问题入手，统筹做好各项保障和改善民生工作；要发展好社会主义民主政治，全面落实依法治国基本方略，弘扬法治精神，加快行政管理体制改革，强化政府社会管理和公共服务职能；要加强社会主义文化建设，大力培育文明风尚，广泛开展群众性精神文明创建活动，全面推进文化体制改革。

二是强化建设高质量教育体系。坚持立德树人，打造高素质专业化创新型教师队伍。坚持教育公益性原则，深化教育改革，促进教育公平，推动义务教育均衡发展和城乡一体化，完善普惠性学前教育和特殊教育、专门教育保障机制，鼓励高中阶段学校多样化发展。加大人力资本投入，大力培养技术技能人才。分类建设一流大学和一流学科，加快培养理工农医类专业紧缺人才。

三是完善社会保障和公共服务体系。健全覆盖全民、统筹城乡、公平统一、可持续的多层次社会保障体系。推进社保转移接续，健全基本养老、基

---

① 习近平：《把握新发展阶段，贯彻新发展理念，构建新发展格局》，《求是》2021年第9期。

本医疗保险筹资和待遇调整机制。发展多层次、多支柱养老保险体系。推动基本医疗保险、失业保险、工伤保险省级统筹，健全重大疾病医疗保险和救助制度，落实异地就医结算，积极发展商业医疗保险。健全分层分类的社会救助体系。健全老年人、残疾人关爱服务体系和设施，完善全国统一的社会保险公共服务平台。实施积极应对人口老龄化国家战略，提高优生优育服务水平。

四是全面推进健康中国建设。构建强大公共卫生体系，强化监测预警、风险评估、流行病学调查、检验检测、应急处置等职能；深化医药卫生体制改革，坚持基本医疗卫生事业公益属性，以提高医疗质量和效率为导向，以公立医疗机构为主体、非公立医疗机构为补充，扩大医疗服务资源供给；健全全民医保制度，完善医保缴费参保政策，实行医疗保障待遇清单制度；推动中医药传承创新，坚持中西医并重和优势互补，推动中医药走向世界；建设体育强国，广泛开展全民健身运动，增强人民体质等。

五是全面推进乡村振兴战略。要实现巩固拓展脱贫攻坚成果同乡村振兴有效衔接，改善城乡居民生产生活条件，加强农村人居环境整治，培育文明乡风，建设美丽宜人、业兴人和的社会主义新乡村[①]。整个过程以加快农村产业、让农民更多分享收益为基础，同时注重乡村普惠性、兜底性、基础性的公共建设，特别是提高少数民族地区与农村地区教育质量。此外，农村生态文明建设是保持战略定力的前提，要以钉钉子精神推进农业面源污染防治，加强地下水超采、水土流失等治理和修复。

全面促进实现和谐的现代化，必须加强和创新社会治理。习近平总书记强调："加强和创新社会治理，关键在体制创新，核心是人，只有人与人和谐相处，社会才会安定有序。"[②]社会治理的重心必须落到城乡社区，深化拓展

① 习近平：《坚定不移走高质量发展之路　坚定不移增进民生福祉》，《人民日报》2021年3月8日。

② 习近平：《推进上海自贸区建设　加强和创新特大城市社会治理》，《人民日报》2014年3月6日。

网格化管理，社区服务和管理能力的加强能够夯实社会治理的基础；要尽可能把资源、服务、管理放到基层，使基层更好地为群众提供精准有效的服务和管理；要推进社会协同，加强党群融合，号召公众参与，树立居民主人翁意识，增强群众获得感；要加强人口服务管理，更多运用市场化、法治化手段，促进人口有序流动，控制人口总量，优化人口结构。社会治理能力的现代化将使当代社会主义更加健康稳定、获得有国际社会公认的“安全感”。

（五）全面建设社会主义现代化国家的生态治理内涵

改革开放以来，中国经济发展取得了举世瞩目的成就，但也付出了高能耗和环境生态破坏的代价，严重威胁着中国经济社会可持续发展和美丽目标的实现。党的十八大以来，习近平总书记对生态文明建设提出了新思路、新判断、新举措，对我国实现经济社会发展、保护环境、促进环境可持续发展具有重要意义。

近年来，环境污染和生态破坏已成为建设中国特色社会主义的短板。目前，中国已成为世界上水土流失较为严重的国家之一，每年水土流失量高达50亿吨；耕地总面积占全国土地总面积的1/3，荒漠化土地面积262.2万平方千米，占土地总面积的27.3%；中国是世界上人均森林面积最少的国家之一；地下水污染更为严重。总之，环境污染给国民经济的可持续发展和人民健康带来了极大危害。生态环境的破坏不仅影响人民生活质量的提高、制约资源开发利用的有效性，也对我国对外开放水平的提升产生了不可忽视的负面影响。近年来，由于发达国家环保意识的增强和进口商品环保标准的日益严格，我国有相当数量的出口产品面临着拒收、制裁、反倾销及其他技术壁垒。

中国生态系统脆弱、复杂、不平衡，如果开发利用不当，极易遭到破坏，难以恢复。因而不能走发达国家污染的老路，坚持可持续发展是我国唯一的选择，确保在资源短缺的情况下，重视自然生态环境的自我再生平衡能力，营造良好的生态环境，增强可持续发展能力。习近平生态文明思想就是在这样的背景下提出的。

2019年3月，习近平主席在十三届全国人大二次会议上强调："生态兴则文明兴，生态衰则文明衰。"绵延五千多年的中华文明孕育了丰富的生态文化。自党的十八大以来，习近平总书记反复强调生态文明建设的重要性，他所提出的生态文明建设理念深入人心。一要保持加强生态文明建设的战略定力；二要探索以生态优先、绿色发展为导向的高质量发展新路子；三要加大生态系统保护力度；四要打好污染防治攻坚战。人类发展历史表明，生态兴则文明兴，生态衰则文明衰。自然提供了人类形成社会、发展生产力的基本物质基础，人类必须尊重自然、不负自然、顺应自然，才能为经济建设和发展走出一条长远的可持续之路。因此，人与自然和谐共存、共生、共建，是社会主义现代化建设与经济高质量发展的重要特征。

党的十八大以来，以习近平同志为核心的党中央高度重视生态发展与生态文明，将生态文明置于关乎中华民族千年大计的地位，以人与自然和谐共生的高要求高标准部署和谋划现代化建设全局，持续推进污染防治工作，不遗余力改善生态环境，不断提升人民群众对环境、对健康的安全感、获得感和幸福感。党的十九届五中全会提出"推动绿色发展，促进人与自然和谐共生"，在新发展理念的指引下，部署统筹协调生态文明建设的基本机制，为可持续发展伟大战略的深入推进注入强大动力。站在"十四五"开局，国家提出2030年实现碳达峰、2060年实现碳中和的重大承诺，以实际行动彰显了摒弃以生态为代价的"毁灭性"发展模式的决心，将绿色发展工作推上更高层次。

相较于物质文明建设成就，我国生态文明发展的推进相对落后，也造成不少经济活动和生产活动触碰生态环境的底线。因此，人与自然和谐的关键问题，在于找准经济建设和环境保护的平衡点，严守底线思维，将优质的自然环境所蕴含的无穷价值进行合理而高效的开发，从而创造出普惠群众的综合效益。

高质量发展必须以绿色为基础底色，将青山和蓝天作为绿色生产力的源头，以环境和生态保障民生。2020年以来的新冠疫情，再次印证了生态和自然的稳定之于人类生存发展的重大意义。进入新发展阶段，生态文明建设的内涵已经远远超越了单纯的环境保护，而成为需要从政治、技术、经济等维度多元推进，更需要从思想理念、生活方式、教育文化等层面深刻植入的综合性、系统性工程。

和谐发展的目标最终回应的是人民群众对生态文明的美好期待。人与自然、发展与绿色、经济建设与生态文明之间均为相互依存、和谐统一的辩证关系。从党的十八大至今，生态文明建设坚持从政府、市场、社会三个维度系统协同推进。为了更好地发挥政府的引导作用，一系列政策相继出台，绿色发展顶层设计不断完善，生态及环境保护制度不断健全；为了有效发展市场有序配置资源的作用，通过要素市场化配置机制的深化改革，使得各类能源、资源价格更加贴切地反映禀赋稀缺度、市场供需衔接，以及修复受损生态环境的成本；为了充分发挥社会的治理功效，吸引社会资本、企业积极投入低碳绿色产业，主动进行清洁技术创新，健全和完善第三方环境治理机制。在当前所处的中国特色社会主义现代化战略全面推进的新发展阶段，主动破解经济发展与资源生态的矛盾，推进人与自然的和谐，更是为子孙后代建设美丽家园。

四、结论与展望

本文基于新中国成立以来，特别是改革开放以来我国现代化进程中的战略目标设定及其演进，对到2035年基本实现社会主义现代化国家的战略目标及其内涵进行了阐发。根据我国现代化进程和经济社会发展阶段，党的十九大将“富强民主文明和谐美丽”作为全面建设社会主义现代化国家的目标，党的十九届五中全会则对这一目标的实现场景进一步进行了描述。“富强民主文明和谐美丽”分别对应了我国经济建设、政治建设、文化建设、社会建设和生态建设五大方面，是“五位一体”的总括性表述。随后，我们分别从这五个组成部分对全面建设社会主义现代化国家的战略目标内涵进行了详尽阐述。

立足当下，展望未来，我国刚刚实现了全面建成小康社会第一个百年奋斗目标。与此同时，中国正式步入新时代新发展阶段，开启了全面建设社会主义现代化国家的新征程。综合考量这一时期的现代化战略目标并将之与之前的目标相比较，我们不难看出其中承载了更为丰富的内容和更加厚重的历史使命，将成为中华民族伟大复兴之路上新的重要一环，不仅具有重大的中国意义，还具有深远的世界意义。要实现全面建设社会主义现代化国家的战略目标，必须将其纳入协调推进全面建设社会主义现代化国家、全面深化改革、全面依法治国、全面从严治党的战略布局当中，为我国实现第二个百年奋斗目标打下坚实基础。

中国式现代化与构建新发展格局

魏翊*

中国共产党第十九届中央委员会第五次全体会议审议通过了《中共中央关于制定国民经济和社会发展第十四个五年规划和二〇三五年远景目标的建议》，这是一份开启全面建设社会主义现代化国家新征程、向第二个百年奋斗目标进军的纲领性文件，是今后5年乃至更长时期我国经济社会发展的行动指南。习近平总书记2020年10月29日在党的十九届五中全会第二次全体会议上做了《新发展阶段贯彻新发展理念必然要求构建新发展格局》的重要讲话，阐发了对当前国际国内形势的看法，要求全党从历史和现实、理论和实践的角度全面加以把握新发展阶段，着力构建新发展格局，提高党领导贯彻新发展理念、构建新发展格局的能力和水平。其中，总书记对中国式现代化的实践意义与理论内涵给予了深刻的阐释，对于我们认识中国与世界的关系，理解中国现代化的世界历史意义以及如何把握新发展阶段、建构新发展格局大有裨益。党的二十大报告指出："在新中国成立特别是改革开放以来长期探索和实践基础上，经过党的十八大以来在理论和实践上的创新突破，我们党成功推进和拓展了中国式现代化。"

---

* 魏翊，政治与公共管理研究所助理研究员。

纵观人类历史，真正能够成功实现现代化的国家屈指可数。一方面，率先达成现代化的西方诸强，其在实现自身现代化过程的同时伴随着的是残酷的对内压迫与一次次的对外战争，不仅列强彼此之间不惜以发动战争来谋求权力优势的方式相互竞争，他们还广泛地进行对外殖民扩张和帝国主义入侵，将统治的魔爪从欧洲伸向全球，最终瓜分了世界，总体上给全世界人民带来了巨大的灾难。另一方面，即使是在第二次世界大战（简称“二战”）结束之后去殖民化与民族解放运动的浪潮席卷全世界，但新生的发展中国家的现代化历程同样是困难重重。在这个已然被先发现代化国家塑造过的世界体系中，不少发展中国家的后发现代化尝试往往以这样或那样的原因而最终归于失败，一些国家或是掉进了诸如“资源诅咒”“贫困陷阱”“中等收入陷阱”之中而无法自拔，难以持续有效地实现发展；或是遭遇霸权国家严峻的军备、意识形态竞争而最终国力被拖垮；或是在西方金融强制的胁迫下推行了发达国家所倡导的“结构调整”改革后迷失了发展的方向，作为发展中国家却遭遇了去工业化的命运。发达国家屡屡踢开发展中国家发展梯子的诸多事实说明，发展中国家通往现代化的道路是一条异常艰险的路程，发展中国家不仅要应对来自现代化过程本身引起的社会结构变迁而带来的动荡冲击，还得克服来自先发国家行为体对其造成的外部的、跨国性的负面影响。

总之，广大的发展中国家在历史上被迫沦为西方列强的殖民地或半殖民地，成为列强工业化原材料的生产基地和工业商品的倾销地。这些国家在一段时期内丧失了实现自身现代化的可能性，并承受了列强为实现他们自身现代化和权力优势而施加的巨大代价。二战结束之后，经过去殖民化与民族解放运动，广大发展中国家终于实现了主权独立。在这一政治前提下，广大发展中国家获得了通向现代化的历史可能性，但其身处的国际环境仍然是一个充满竞争性的、不公正公平的且总体有利于西方发达国家的世界体系。

一、推进中国式现代化是中国共产党领导的伟大事业

中国是一个发展中国家，与世界上广大发展中国家一样在近代遭受过西方列强的侵略，人民饱受帝国主义国家的压迫与欺凌，遭受了前所未有的屈辱与苦难。与此同时，中国又是一个人口众多、幅员辽阔且有着悠久历史文明的东方古国，这片土地上，一代又一代的仁人志士不怕流血牺牲，奋发图强，最终由中国共产党人担负起了复兴中华的历史使命，担负起了实现中国现代化的历史重任。习近平总书记深刻地指出，中国共产党建立近百年来，团结带领中国人民所进行的一切奋斗，就是为了把我国建设成为社会主义现代化强国，实现中华民族伟大复兴。1949年中华人民共和国成立，我国新民主主义革命取得了伟大胜利，这不仅仅是中国人民的胜利，也是一个人类发展史上伟大的、带世界性的大胜利，沉重打击了帝国主义者，壮大了世界和平与发展的力量。在中国共产党的领导下，新民主主义革命彻底推翻了压在中国人民头上的帝国主义、封建主义、官僚资本主义三座大山，建立了主权独立的新中国。然而，西方帝国主义仍然敌视中国的革命与进步，限制中国的发展与繁荣，对新生的中华人民共和国实施了全方位的封锁。中国不得不在外部环境恶劣的情况下推进现代化建设。中国共产党孜孜以求，带领人民对中国现代化建设进行了艰辛探索。从1949—1978年，我们党领导人民在旧中国一穷二白的基础上建立起独立的比较完整的工业体系和国民经济体系，有效维护了国家主权和安全，我国社会主义建设事业迈出了坚实步伐。

中国共产党不惧封锁，不惧恐吓，始终坚持独立自主，牢牢把握政治主动权，在经过不懈努力和艰苦斗争之后，终于为中国的发展争取到了一个相对良好的外部环境。于是，1978年在党的领导下我国开启了改革开放和社会主义现代化的伟大征程，在20世纪80年代末解决人民温饱问题，到20世纪末使人民生活达到小康水平。进入21世纪，到建党100年时全面建成惠及十

几亿人口的更高水平的小康社会。在取得举世瞩目的发展成就的同时，中国为推动人类共同发展做出了应有贡献，为世界和平与发展不断贡献了中国智慧、中国方案、中国力量，为广大发展中国家走向现代化提供了成功经验。当下，中国历史的时间已经进入全面建设社会主义现代化国家、向第二个百年奋斗目标进军的新发展阶段，这是中华民族伟大复兴历史进程的大跨越，将对全体人类命运产生空前的积极影响。

二、中国式现代化是人类现代化历史实践中的伟大创举

中国目前已然开启了全面建设社会主义现代化国家新征程、向第二个百年奋斗目标进军的历史性时刻。这个全面建设社会主义现代化国家、向第二个百年奋斗目标进军的阶段就是中国的新发展阶段，这里的新指不仅对中国几千年的悠长历史而言是全新的，而且对全世界全人类的现代化历史实践而言也是全新的。

习近平总书记总结了中国式现代化的五大重要特征：

第一，中国式现代化是人口规模巨大的现代化。中国14亿人口要整体迈入现代化社会，其规模超过现有发达国家的总和，将彻底改写现代化的世界版图，在人类历史上是一件有深远影响的大事。从人类历史进入现代化以来，世界上还没有哪一个国家可以实现如此人口规模的现代化转型，这不仅仅对于发达国家是空前的，对于发展中国家更是如此。

第二，中国式现代化是全体人民共同富裕的现代化。中国在推进现代化过程中将自觉主动解决地区差距、城乡差距、收入分配差距，促进社会公平正义，逐步实现全体人民共同富裕，坚决防止两极分化。因此，中国式现代化将不同于那些导致发展不平衡、拉大贫富差距，导致社会两极分化的现代化模式。后者所造成的结果不是积累到一定程度导致社会内爆进而阻碍现代化的进一步推进或倒退，就是当局将国内尖锐的社会矛盾转移给别国，给别国造成灾难。

而中国坚持的全体人民共同富裕的现代化将避免以上两种不良情况。

第三，中国式现代化是物质文明和精神文明相协调的现代化。我国现代化坚持社会主义核心价值观，加强理想信念教育，弘扬中华优秀传统文化，增强人民精神力量，促进物的全面丰富和人的全面发展。这就不同于片面追求物质文明而忽略精神文明追求的现代化路径。那种现代化路径所造成的最终结果只能是本末倒置，丧失了以人为本的宗旨。

第四，中国式现代化是人与自然和谐共生的现代化。我国现代化注重同步推进物质文明建设和生态文明建设，走生产发展、生活富裕、生态良好的文明发展道路。中国式现代化并不像过去的现代化经验那样将人与自然或社会与自然对立起来，将自然视作是处于社会之外，需要人类进行征服或者崇拜的对象，而是认为自然是社会生产的一部分，两者本就是统一的。重视生态文明建设，实现人与自然和谐共生是内在于中国式现代化关于人与自然社会关系的理论与实践之中的。

第五，中国式现代化是走和平发展道路的现代化。一些老牌资本主义国家走的是暴力掠夺殖民地的道路，是以其他国家落后为代价的现代化。我国现代化强调同世界各国互利共赢，推动构建人类命运共同体，努力为人类和平与发展做出贡献。

由习近平总书记总结的中国式现代化的五大重要特征说明了中国式现代化是人类实现现代化历史实践上的伟大创举。往前追溯五百年的历史，这是人类现代化历史进程上第一次有国家在尝试实现现代化的过程中同时集合这五大特征，其进程必将创造璀璨的人类文明，其成就必将载入人类文明进步的史册。

三、中国式现代化是人类现代化理论上的伟大创新

中国坚定不移地推进中国式现代化，以中国式现代化推进中华民族伟大

复兴，不断为人类做出新的更大贡献，不仅是人类实现现代化历史实践上的伟大创举，也是关于人类实现现代化科学理论上的一次伟大创新。20世纪60年代前后，西方为发展中国家提供的现代化理论曾经在北美风靡一时。而作为一种科学、系统、全面的关于人类现代化的理论，中国式现代化理论不同于历史上由西方世界基于其自身意识形态所提出的现代化理论，是对原先西方版本的现代化理论的一次超越。

第一，西方版本的现代化理论目标群体是广大发展中国家，用以分析和解释二战结束后众多发展中国家独立前与独立后遭遇的现代化问题，试图通过这套建构起来的知识权力结构指导和控制发展中国家的现代化进程。然而该版本的现代化理论却对西方现代化自身的历史真实进程进行了有意的简化和粉饰，并不认真严肃地分析与反思自身现代化模式的局限性及代价，其目的仍然是服务于以美国为首的西方世界的全球霸权战略，因此根本不能有效地指导发展中国家的现代化，只可能是带来欺骗与误导。而中国式现代化理论则是对发达国家早先采取的现代化模式进行了深度反思与批判，并将克服其中的不足与局限作为理论建构与实践目标的重要内容。另外，并不像西方那套不负责任的教师爷式的现代化理论。作为一个发展中国家，中国式现代化理论将用于指导中国自身的现代化实践，是一套真正立足于发展中国家，根据发展中国家实际需要，真正适用于发展中国家的现代化理论，是真正做到与实践相互统一的负责任的科学理论。

第二，西方版本的现代化理论片面、孤立、脱离实际、脱离历史地看待现代化问题，将一个个国家看作是互不影响彼此独立的政治体系，然后假定它们各自从传统的形式演变到现代的形式，其间不受外部世界环境的影响。该理论低估了外部环境对国家的限制。这一看待问题的方式是其在认识论上无法正确分析并指导现代化实践的重要原因之一。当然，也正是利用了这一片面且孤立的认识事物的方法，西方国家巧妙地隐秘了矛盾冲突的关键所在，从而维持了世界霸权的支配性。中国式现代化理论则充分思考了中国与世界的关系。中国式现代化理论并不孤立地看待发展中国家的现代化问题，而是从人类命运共同体的整体性视角出发，一方面思考一个国家在现代化过程中外部环境施加的影响，另一方面也思考一个国家在现代化过程中对外部其他国家形成的效应，中国式现代化坚决反对任何霸权主义的图谋，同时反对以牺牲其他国家利益为代价的现代化。

第三，西方版本的现代化理论假定各国的现代化发展最终只会有一个结果，即发展成为欧美西方国家的样子。这里，欧美国家篡夺了普遍主义的王冠，由于无法正确地揭示西方自身现代化历史的真实进程而采取片面孤立的认识问题的方式，这一关于发展中国家现代化终极归宿的判断或许诺注定只能是虚幻空洞的意识形态泡影。与此同时，这一意识形态泡影却承担了霸权的功能而作为遏制发展中国家自主探索现代化道路的工具。所以，西方版本的现代化理论非但不能指导发展中国家实现自身的现代化，反而作为能够主动出击的意识形态武器来阻碍发展中国家实现自身的现代化。习近平总书记指出，世界上既不存在定于一尊的现代化模式，也不存在放之四海而皆准的现代化标准。中国式现代化既有各国现代化的共同特征，更有基于国情的中国特色；既切合中国实际，体现了社会主义建设规律，也体现了人类社会发展规律。中国式现代化理论实现了普遍性与独特性的有机统一，因此是一种包容开放面向未来的理论。

可见，就实践意义而言，中国式现代化是人类实现现代化历史实践上的一次伟大创举；就科学理论而言，中国式现代化也是人类实现现代化科学理论上的一次伟大创新。

四、新发展阶段面临的时代考验与构建新发展格局的科学内涵

中国式现代化理论始终采取有历史经纬的、联系国际国内形势的科学方法来看待发展中遇到的问题。要把握住全面建设社会主义现代化国家、向

第二个百年奋斗目标进军的新发展阶段，就必须基于当下国内国际的具体形势来建构全新的发展格局。过去一些年来，西方国家推行的新自由主义模式不仅加剧了全球发展中的不平衡问题，而且扩大了西方国家自身的社会阶层间的经济不平等，在片面的西式极化政治发酵下，政治领域引发了民粹主义特别是右翼民粹主义兴起的反向运动。一时间排外主义、单边主义、冷战思维、集团政治、逆全球化甚嚣尘上，而由于这些国家往往掌握着巨大的破坏性物质能力，不仅威胁着世界的和平与发展，而且给全人类的文明进步蒙上了一层阴霾。当前，世界百年未有之大变局正在加速演进，世界进入新的动荡变革期，国际环境日趋错综复杂。可以说，世界形势动荡复杂、不稳定性不确定性增加的状况，对中国实现新发展阶段奋斗目标的伟大事业构成风险挑战。在此关头，习近平总书记特意强调，我们要坚持正确的历史观、大局观、发展观，看清当前国际国内形势纷繁复杂现象下的本质，做到临危不乱、危中寻机、开拓进取、开辟新局，更好统筹中华民族伟大复兴战略全局和世界百年未有之大变局；我们要准确认识决定世界百年未有之大变局走向的关键因素，牢牢把握战略主动；我们要用全面、辩证、长远的眼光看问题，积极拓展发展新空间；我们要增强机遇意识、风险意识，准确识变、科学应变、主动求变，勇于开顶风船，善于化危为机。

与此同时，当今世界，中国不可能独善其身，只有世界好，中国才能好。虽然目前面临来自外部局势动荡的挑战，但中国维护世界和平与共同繁荣的愿望没有改变。对于经济全球化的态度，中国则一直致力于减少全球发展不平衡，推动经济全球化朝着更加开放、包容、普惠、平衡、共赢的方向发展，让各国人民共享经济全球化和世界经济增长成果。中国作为全球第二大经济体和制造业第一大国，将坚持以中国式现代化实现中华民族伟大复兴，将继续积极推动构建人类命运共同体，以中国新发展给世界带来新机遇，为世界和平与发展和人类文明进步贡献智慧和力量。

习近平总书记指出，构建以国内大循环为主体、国内国际双循环相互促进的新发展格局。这是根据中国发展阶段、环境、条件变化，特别是基于中国比较优势变化，审时度势作出的重大决策，也是适应中国发展新阶段要求、塑造国际合作和竞争新优势的必然选择。2008年国际金融危机后，中国就把扩大内需作为保持经济平稳较快发展的基本立足点，推动经济发展向内需主导转变，国内循环在中国经济中的作用开始显著上升。未来一个时期，中国国内市场主导经济循环的特征会更加明显，经济增长的内需潜力会不断释放。构建新发展格局是以全国统一大市场基础上的国内大循环为主体，最终是要促进国内不平衡不充分发展问题的解决，从而推动人的全面发展、社会全面进步，促进全体人民共同富裕取得更为明显的实质性进展。与此同时，构建新发展格局是扩大开放的国内国际双循环，是通过发挥内需潜力，使国内市场和国际市场更好联通。在新发展格局下，中国市场潜力将充分激发，为世界各国创造更多需求，中国开放的大门将进一步敞开，同世界各国共享发展机遇，中国的对外合作将不断深化，同世界各国实现互利共赢。总之，构建新发展格局，是实现中国高质量发展，也是化解全球经济失衡的一项具有全球意义的伟大战略构想。

正如习近平总书记重要讲话标题所指明的那样，新发展阶段贯彻新发展理念必然要求构建新发展格局。在党的坚实领导下，全面建设社会主义现代化国家的历史任务终将能够实现，中华民族的伟大复兴使命终将能够完成。中国人定将会走出一条属于自己的国家现代化道路，她的成功意味着为全人类贡献的是一种全新文明形态的可能和一个更为美好的世界未来。

中国特色社会主义新时代的新文明内涵

祝薪闲*

一、人类社会现代化新道路

自从现代性在特定阶段上取得绝对权力以来，人类历史发展进程通常会被冠以“现代化”一词。人们也往往会以社会的现代化程度作为一种普世的价值标尺，衡量不同国家和民族的历史发展阶段。一般而言的现代化成为人类的普遍命运以及对其生存和发展来说的基本任务。但是随之出现的突出问题在于，对于不同的国家和民族而言，成功的现代化是否直接意味着西方化。对此，需要予以澄清的是，“西方化”这种说法本身就是有待商榷的。在亨廷顿看来，人们对于“西方”概念的强调无非是想人为地制造区分，是欧美文明或者说北大西洋文明在有意地制造“神话”（并且是明显带有萨义德所批评的东方主义的缺陷的神话）。[①]在这一点上，法兰西文明、德意志文明、英国文明、地中海文明等在现代世界仍然具有的强烈个

* 祝薪闲，哲学研究所助理研究员。

① ［美］亨廷顿：《文明的冲突与世界秩序的重建》，周琪、刘绯、张立平、王圆译，新华出版社2010年版，第11页。

性特色就是最好的证明。可以说，即便是在资本文明居于主导地位的现代世界当中，西方也从来不是铁板一块。那么，为什么还要特别地强调“西方”呢？亨廷顿认为，这是为了由“西方”引出“西方化”的概念，进而“促使人们产生使人误入歧途的把西方化和现代化合在一起的想法”。[①]然而，“现代文明即西方文明、西方文明即现代文明”是“完全虚假的同一”。[②]事实上，现代西方文明自诩的普遍性与现代资本文明在特定历史阶段上的普遍性根本不是一回事。当前者指认自身的普遍性时，不过只是在“为西方对其他社会的文化统治和那些社会模仿西方的实践和体制的需要作辩护”，[③]事实上，“西方的发展与历史上诸文明共同的演进模式并无重大的不同”。[④]如果一定要指出什么不同，那便是西方向世界输出了工业文明。人类历史上第一次出现了这样一幅画面：世界上所有的其他文明，无论是自愿还是被迫，都要和一个特定文明的一个决定性特征照面。但是，这一照面并不意味着其他文明接纳了西方文明之整体，而只不过意味着工业文明“正处于合成一个能够容纳世界整体的共同文明的过程之中”。[⑤]这样的情况在人类文明史上并不鲜见，文明之间互相借鉴但又一直保留着各自原有的特征。正像布罗代尔所言：“一个法国人只需越过拉芒什，一个英国人只需踏上欧洲大陆，一个德国人只需进入意大利，他们马上就能认识到工业化并不意味着标准化。”[⑥]对于现代西方文明自诩为普遍文明的做法，马克斯·韦伯认为是有其深刻历史文化根源的，“仅仅在西方文明中才会呈现出

① ［美］亨廷顿：《文明的冲突与世界秩序的重建》，周琪、刘绯、张立平、王圆译，新华出版社2010年版，第26页。

② 同上书，第48页。

③ 同上书，第45页。

④ 同上书，第278页。

⑤ ［法］布罗代尔：《文明史纲》，肖昶、冯棠、张文英、王明毅译，广西师范大学出版社2003年版，第27—28页。

⑥ 同上书，第129页。

那些沿着一条具有普遍意义和普遍价值的发展路线而存在的文化现象”。[①]依据雅斯贝斯的说法，这一文化根源体现在《圣经》宗教对信仰真理的唯一性要求，“通过这种要求，西方发展出另一个与它的自由和无限多变性相反的极端”，[②]这种“排他的要求”在西方世俗化的进程中格外明显，尤其体现为教条哲学和所谓科学的世界直观。[③]

既然现代化并不等同于西方化（正在展开着的现实也在不断告诫我们，非西方社会必须经由西方化实现现代化，并没有成为一个普遍成立的命题），那么各民族的现代化道路究竟应该依据怎样的原则呢？黑格尔曾用“民族精神”来指认历史现实中民族特性的原则：“民族精神便是在这种特性的限度内，具体地表现出来，表示它的意识和意志的每一方面——它整个的现实。民族的宗教、民族的政体、民族的伦理、民族的立法、民族的风俗，甚至民族的科学、艺术和机械的技术，都具有民族精神的标记。”[④]同样，在马克思那里，现实的历史道路根本就不可能由抽象的普遍性来先验地加以决定；恰恰相反，它总是在既定社会的实体性内容中客观地形成的。这样一来，现代化的付诸实行，以及由此而开展出来的历史道路必定是相当不同的，因为它本质地依循于特定民族立足其上的文化传承、社会特性和历史环境。

具体就中国社会而言，现代文明的改造力量在其现代化转型过程中得到了集中体现。为了加快推进社会主义现代化（一种与马克思主义处于本质关联的现代化），中国共产党领导人民进行经济建设、政治建设、文化建设、社会建设、生态文明建设取得了一系列重大成就。中国人民在富起来、强起来的征程中迈出了决定性的步伐。这一切与现代文明的精神本质与价值取向具有不容置疑的内在关联，并且现代文明的内在发展逻辑也在一般意义上潜

---

① ［德］马克斯·韦伯：《新教伦理与资本主义精神》，阎克文译，人民出版社2010年版，第157页。

② ［德］雅斯贝斯：《历史的起源与目标》，李夏菲译，漓江出版社2019年版，第91页。

③ 同上书，第34页。

④ ［德］黑格尔：《历史哲学》，王造时译，上海书店出版社2006年版，第59页。

移默化地影响着中国文化的意识形态，在一定程度上改造了中国社会的内在结构与生活方式。但是与此同时，中国的现代化道路也是必然要从中华民族的感性生命情感以及以之作为基础的中国社会现实中获得其本质定向的。这里需要指出的是，强调在中国社会的现实之中寻求发展的本质定向，并不是要回避世界历史作为一个整体的发展运轨。正如野蛮的日耳曼人为欧洲重新注入了活力一样，外来文明的介入往往能够给原生文明带去新的生命体验，并且这种全新的体验绝不仅仅是现象上的，而是文明内在精神维度的返本创新。因此，中国的现代化道路所要依托的社会现实乃是在现代文明的历史语境下正在展开着的、具体的中国社会现实。中国的现代化实践必定内在地要求与其历史、文化、传统建立起一种新型的逻辑关联。

如果说中国特色社会主义道路的历史性实践突出地在其现代化的进程中反复证明了这一逻辑关联，那么这条道路就在其历史性成就被巩固地建立起来的地方，开始对世界历史进程、对这一进程中全体人类的进步具有意义。它向世界上所有想要独立实现现代化的国家和民族展现了一种路径，即在探索自身现代化道路的过程中，既不脱离本民族的文化传统，也不企望跃出现代文明所开创的基本历史语境，而是在占有现代文明的一切积极成果的基础上，创造性地接续本民族精神文化传统的发展轨迹，开创具有自身特色的现代化道路。

二、现代化新道路与人类文明新形态

习近平总书记在庆祝中国共产党成立100周年大会上提出：坚持和发展中国特色社会主义创造了人类文明新形态。《中共中央关于党的百年奋斗重大成就和历史经验的决议》指出：党领导人民成功走出中国式现代化道路，创造了人类文明新形态。这里的人类文明新形态究竟具有怎样的内涵，就成了中国哲学社会科学研究亟待深入思考与阐释的问题。如果中国特色社会主义的发展方向只是成为西方式的现代化强国，那它充其量只是现代资本文明的一个特例。只有当中国的现代化任务在完成的过程当中、在占有现代文明成果的同时能够建构起人类文明新形态的时候才会具有世界历史意义。那么，这一历史性尝试是如何在中国特色社会主义新时代实践中具体展开的呢？

马克思有言：人们创造历史，但并不是随心所欲地或在由自己选定的条件下创造，而是“在直接碰到的、既定的、从过去承继下来的条件下创造”。[①]中国特色社会主义新时代建构人类文明新形态这一历史性实践亦是如此。那么中国特色社会主义新时代实践与之直接照面的、既定的、从过去继承下来的条件主要是什么呢？

首先，中国特色社会主义新时代对人类文明新形态的建构是在充分占有现代文明的积极成果的前提下展开的。习近平新时代中国特色社会主义思想明确提出：坚持和发展中国特色社会主义，总任务是实现社会主义现代化和中华民族伟大复兴，在全面建成小康社会的基础上，分两步走在本世纪中叶建成富强民主文明和谐美丽的社会主义现代化强国，以中国式现代化推进中华民族伟大复兴。可以说，小康中国的再出发，必须最为坚定地继续推进其现代化任务的纵深开展。因为如果没有现代化的进一步深化，任何超越现代性的企图都不可能转变为现实性，而只能沦为抽象的即虚幻的可能性。

其次，中国特色社会主义新时代对人类文明新形态的建构是以中国社会的实体性内容为根本，在对现代性进行积极扬弃的过程中展开的。这里需要优先论证的是，现代性本身的历史性。众所周知，现代性的发端是地域性的。无论是指正虚无主义起源的尼采还是讨论形而上学历史天命的海德格尔，都将现代性的起源严格限定在对存在者整体的基本结构作感性世界与超感性世界二分的文化范围内。不仅如此，正如沃勒斯坦所言，现代性的本质

① 《马克思恩格斯文集》第2卷，人民出版社2009年版，第470—471页。

规定是由资本文明赋予的，“我们并非生活在一个现代化的世界里，而是在一个资本主义的世界”。[①]这样一来，现代性就成了在现实生活过程中生成的、特殊的、具体的文明样式，尽管它在特定历史时期的确具有世界历史意义。然而，恰恰是由于现代性在特定历史时期具有世界历史意义，它自身必定是历史的，即在历史中生成、发展，并且终将在历史发展的进程中被扬弃。武断地将现代性视为超历史的存在，不仅会人为地阉割现代性在具体展开过程中的丰富内涵，使其沦为空洞的抽象形式，更为灾难性的是，会将人类社会置于无休止的对抗与纷争之中。在明确了现代性本身的历史性之后，仍需要进一步阐释的是，中国社会扬弃现代性所依据的固有实在内容。在这个问题上，习近平总书记曾有明确指认：“站立在960万平方公里的广袤土地上，吸吮着中华民族漫长奋斗积累的文化养分，拥有13亿中国人民聚合的磅礴之力，我们走自己的路，具有无比广阔的舞台，具有无比深厚的历史底蕴，具有无比强大的前进定力”；中国特色社会主义新时代的生命力根源于中国人民生长的土壤、根源于绵延数千年的“有百姓日用而不觉”的独特价值观、根源于那些潜移默化地影响着中国人思想方式和行为方式的文化基因。[②]至此可以说，中国特色社会主义新时代一方面不占有现代性的形而上学基础，另一方面内在地包含扬弃现代性的资本原则的要求。它之所以能够提出关于扬弃现代性进而建构人类文明新形态这一具有鲜明历史性与革命性的主张，其底气除了来自中国在现代化进程中已经取得的成就，更加来自“周虽旧邦，其命维新”的开创精神、来自“天行健，君子以自强不息”的变革精神、来自“地势坤，君子以厚德载物”的开放精神。无论是习近平总书记提出的关于“共同富裕”“以人民为中心”的要求，还是关于“文明互鉴”“新型大国关系”“人类命运共同体”的展望都不可能在现代性的框架

① ［美］沃勒斯坦：《沃勒斯坦精粹》，黄光耀、洪霞译，南京大学出版社2003年版，第137页。

② 《习近平谈治国理政》第1卷，外文出版社2018年版，第171页。

下、在现代资本文明之中得到真正的理解与实现，只有在人类文明新形态中才能得到展开。

三、人类文明新形态在中国特色社会主义新时代的展开

马克思、恩格斯曾经指出，随着资产阶级成功开拓世界市场，“一切国家的生产和消费都成为世界性的了”，“过去那种地方的和民族的自给自足和闭关自守状态，被各民族的各方面的互相往来和各方面的互相依赖所代替了。物质的生产是如此，精神的生产也是如此。“各民族的精神产品成了公共的财产”“民族的片面性和局限性日益成为不可能，于是由许多种民族的和地方的文学形成了一种世界的文学”。不可否认，资本统治下的现代世界把民族的历史、地域的历史变成了世界历史，使人与人之间普遍的交往积极地开展出来，为文明互鉴提供了最广阔的可能性。但是，恰恰是在资本统治下的现代世界中，文明互鉴是最少的，它在开辟世界历史的同时，现代性的权力也规定了基本的支配和从属关系：资产阶级“使未开化和半开化的国家从属于文明的国家，使农民的民族从属于资产阶级的民族，使东方从属于西方”。[①]对于这一历史现象，吴晓明教授评价道:“现代资本作为一种本身抽象的并且是遍及一切的抽象化力量，不仅内在地包含着数量上的强权，而且其活动本身乃是吞噬性的和不知餍足地饕餮的”，并且“正是这种在历史的现实中生成的力量，不仅构成了现代强权主义或霸权主义的深刻基础，而且切近地导出了当今所谓‘文明之冲突’的基本动因和主要线索”。[②]可以说，现代资本的本质决定了在以现代资本文明为主导的人类文明形态中难以实现真正的文明互鉴。与之形成鲜明对比的是，近年来，习近平总书记多次在包括

① 《马克思恩格斯文集》第2卷，人民出版社2009年版，第35—36页。

② 吴晓明：《哲学之思与社会现实——马克思主义哲学的当代意义》，武汉大学出版社2010年版，第135页。

联合国总部演讲、联合国教科文组织总部演讲、“一带一路”国际合作高峰论坛开幕式等重要国际场合反复阐释文明互鉴的内涵与意义。习近平总书记指出，人类文明多样性赋予了世界姹紫嫣红的色彩，是世界的基本特征，“文明没有高下、优劣之分，只有特色、地域之别”，文明间的差异本身非但不是世界冲突的根源，并且特别地是人类文明进步的动力，全部人类历史正是在不同文明的交流互鉴中才得以展开自身。[①]古丝绸之路就是绝佳的例证。它不仅是一条通商易货之道，更是一条文明互鉴之路。沿着绵亘万里、延续千年的古丝绸之路，佛教、伊斯兰教以及阿拉伯的天文、历法、医药等传入中国，中国的儒家文化、四大发明等亦由此传向世界。古丝绸之路不仅见证了一段和平合作、开放包容、互学互鉴、互利共赢的人类历史，更是在推动人类发展方面扮演了不可替代的重要角色。

在倡导文明互鉴的同时，习近平总书记还提出了关于构建新型大国关系的要求。称之为“新型”表明，这是一种有别于过往的大国关系状态。近年来，国际格局在多重因素的共同作用下正在经历深刻的历史性变革。中国强势崛起无疑是新旧世界格局交替之际最具代表性的事件。伴随着中国的崛起，“中国威胁论”成为西方学界一再炒作的政治话题。米尔斯海默以其进攻现实主义学说为出发点，试图从理论上论证中美争霸的必然性。亨廷顿更是明言，如果中国的崛起继续下去“就将在21世纪初给世界的稳定造成巨大的压力”。[②]可以说，在以物竞天择、适者生存的丛林法则为基石的现代大国关系中，世界和平须以保持各方实力均等为前提。依照现代大国关系的基本逻辑，各方实力的均势一旦被打破，和平的局面必定随之瓦解。这样一来，一个国家在崛起之后不称霸就成了不可思议的事情。事实上，如果我们还没有忘记马克思对于诞生在西欧社会的现代资本文明进攻的、扩张的内在

① 《习近平谈治国理政》第2卷，外文出版社2017年版，第544页。

② ［美］亨廷顿：《文明的冲突与世界秩序的重建》，周琪、刘绯、张立平、王圆译，新华出版社2010年版，第288页。

原则的指认，便不会为此感到任何错愕。但是，中国特色社会主义新时代实践绝不会遵从这样一种霸权主义的大国关系的基本逻辑，中国始终相信“国虽大，好战必亡”的道理，不认同所谓“国强必霸”的陈旧逻辑，有信心能够跨越国际秩序中的“修昔底德陷阱”。党的十八大报告指出：“我们将改善和发展同发达国家关系，拓宽合作领域，妥善处理分歧，推动建立长期稳定健康发展的新型大国关系。”新型大国关系由此成为中国外交战略的重要内容。2013年6月，习近平总书记在与美国总统奥巴马的庄园会晤中特别强调了中美新型大国关系的内涵，即相互尊重、合作共赢；次年11月，习近平总书记与奥巴马总统的“瀛台夜话”更是为中美新型大国关系调弦定音。中美新型大国关系要求，摈弃传统大国关系模式中的对抗逻辑和零和思维，在充分尊重各自社会制度与发展道路、尊重彼此核心利益和重大关切的基础上，客观理性地看待彼此的战略意图，以对话的方式妥善处理矛盾和分歧，在寻求自身发展的同时促进共同发展，不断深化利益交融格局。可以说，新型大国关系的提出准确命中了中美关系发展的现实需要，也为中国发展与其他大国关系以及其他大国之间发展关系提供了思路。如果说，弱肉强食的现代大国关系是以现代性尤其是现代资本的内在原则为其根本定向的，那么，新型大国关系则是中国特色社会主义新时代实践以中国几千年的文化传统为坚实土壤提出的关于扬弃前者的要求。正如习近平总书记所言：“中华文明历来崇尚‘以和邦国’‘和而不同’‘以和为贵’。中国《孙子兵法》是一部著名兵书，但其第一句话就讲：‘兵者，国之大事，死生之地，存亡之道，不可不察也’，其要义是慎战、不战。几千年来，和平融入了中华民族的血脉中，刻进了中国人民的基因里。”[①]马克斯·韦伯亦曾做出判断：儒教归根到底是和平主义的，它的“理性”是一种“秩序的理性主义”，其“理性本质上具

① 《习近平谈治国理政》第2卷，外文出版社2017年版，第545页。

有和平主义的性质”。[①]

在中国特色社会主义新时代具体建构人类文明新形态的过程中，习近平总书记关于“人类命运共同体”的思想引起了广泛的关注。对这一思想展开哲学研究或许将有助于人们更加深刻地把握人类文明新形态语境下的人类命运共同体的存在论性质、把握人类文明新形态本身的存在论性质、把握中国特色社会主义新时代建构人类文明新形态在哲学层面上的世界历史意义。

2017年1月，习近平主席在联合国日内瓦总部发表题为《共同构建人类命运共同体》的演讲。其间，习近平主席提出：从《威斯特伐利亚和约》到《日内瓦公约》确立的国际人道主义精神，从《联合国宪章》的四大宗旨和七项原则到万隆会议的和平共处五项原则，人类在历史演进的过程中积累了一系列公认的原则，这些原则是构建人类命运共同体的基本遵循。在这里，习近平主席不仅指出了构建人类命运共同体所要依循的普遍原则，并且指出了人类命运共同体所要超越和扬弃的对象。上述诸公约、精神、宗旨、原则，就像康德的《永久和平论》一样，试图通过缔结某种契约或成立某种联盟来调停争端、维护永久和平。公允地说，它们的确在人类历史上为消弭纷争、维护和平做出了卓越的贡献，但是，正如黑格尔所指认的那样，由于这些公约或联盟的权力来自各国以道德的、宗教的或其他理由和考虑为依据的一致同意，即“始终是以享有主权的特殊意志为依据”的一致同意，它们只能是“带有偶然性的”。[②]全人类的和平绝不能诉诸仅仅是偶然的一致意见。因此，有必要对个别的特殊意志本身展开批判。在黑格尔看来，个别意志只具有主观的确定性，没有真实性。把个别意志看作真实的，便会认为一切未经全体表决或者不符合少数服从多数原则的决议都是不具有权力的。对此，黑格尔断言：以“个别意志”为前提，主张“这种‘自由’形式的东西——

① ［德］马克斯·韦伯：《儒教与道教》，洪天富译，江苏人民出版社2010年版，第177页。

② ［德］黑格尔：《法哲学原理》，范扬、张企泰译，商务印书馆1961年版，第395页。

这种抽象性”，将“不容许任何政治的组织可以巩固成立”。[①]那么，人类和平的重托究竟应该赋予怎样的基石之上呢？

在习近平总书记倡导构建人类命运共同体的过程中，曾多次提到“大道之行，天下为公”。这一典故出自《礼记·礼运》中关于大同思想的阐述：“大道之行也，天下为公，选贤与能，讲信修睦。故人不独亲其亲，不独子其子，使老有所终，壮有所用，幼有所长，鳏、寡、孤、独、废疾者皆有所养，男有分，女有归。货恶其弃于地也，不必藏于己；力恶其不出于身也，不必为己。是故谋闭而不兴，盗窃乱贼而不作，故外户而不闭，是谓大同。”可见，在习近平总书记描绘的宏伟蓝图中，人类历史将在“大道”之中展开，人类生活将呈现出一幅“大同”景象。在大同世界里，人与人、民族与民族、文明与文明之间的和平共处、互利共赢不再取决于带有偶然性的基于物质利益考量或情感道德应当的一致意见，而是人存在状态的自然展开。这种存在状态，用马克思的话来讲：“是人和自然界之间、人和人之间的矛盾的真正解决，是存在和本质、对象化和自我确证、自由和必然、个体和类之间的斗争的真正解决。”[②]这样一来，习近平总书记关于构建人类命运共同体的主张便内在地具有生存论性质。

事实上，不仅是习近平总书记关于构建人类命运共同体的主张，中国特色社会主义本身作为马克思主义理论在中国社会的现实展开，先行地就是以马克思存在论革命为前提的。当马克思以感性对象性活动为立脚点对黑格尔哲学中意识的存在特性进行追问的时候，他已经在对被意识预设的存在展开根本的批判了。这一批判意味着，马克思在要求贯穿意识内在性的同时，呈现出了一种不同于现代形而上学基本建制的存在性质，并且正是这种生存论的存在性质为人类在资本与技术对历史存在进行双重肢解的现代世界之中，

---

① [德]黑格尔：《历史哲学》，王造时译，上海书店出版社2006年版，第422页。

② 《马克思恩格斯文集》第1卷，人民出版社2009年版，第185页。

成功开辟一条人类文明由此展开的新路径提供了可能。中国特色社会主义新时代对于人类文明新形态的建构就是要把这一可能变成现实的伟大尝试，在中华民族发展史上、在世界社会主义发展史上、在人类社会发展史上具有重大意义。

四、结语

中国特色社会主义发展道路在特定的历史阶段上展现出了这样一种意义：中华民族的伟大复兴在完成现代化任务的同时，正在开启一种人类文明新形态的可能性，并且正在将这种可能性转变为现实性。这种可能性固然是在较高的阶段上，即在中国特色社会主义进入新时代才积极地显现出来，但它作为本质的东西却植根于中国的现代化和马克思主义中国化的历史性进程中。易言之，就像中国的现代化和马克思主义中国化在特定阶段上形成中国特色社会主义道路一样，中国特色社会主义道路在特定阶段上、在新的历史方位上表明：它在继续执行现代化任务的同时，正在建构着人类文明新形态。

共同富裕是中国式现代化的核心命题

骆明婷*

一、引言

历经百年探索，中华民族在中国共产党的带领下走出了一条中国式现代化的道路。这条道路蕴含着两个重要特征：第一，中国式现代化建立在中国特殊国情之上，中国人口规模庞大、跨越式发展速度极快，中国式现代化必然是一个艰难向上而又充满机遇的过程。第二，中国式现代化有别于以资本逻辑为主导的西方现代化，体现了社会主义的核心价值，即“以人民为中心”、以共同体的价值为基本遵循，以实现社会平等和共同富裕为价值目标。①

我们目前正处于全面建设社会主义现代化国家、向第二个百年奋斗目标进军的新发展阶段。如何体现中国式现代化的特殊性与优越性？如何充分践行“以人民为中心”的发展思想、巩固党的执政基础？其关键就是要将实现共同富裕摆在突出重要的位置，更好满足人民日益增长的对美好生活的需要。正如习近平总书记所说：“实现共同富裕不仅是经济问题，而且是关系党的执政基础的重大政治问题。”②

---

* 骆明婷，政治与公共管理研究所助理研究员。

① 唐爱军：《中国式现代化的三重逻辑》，《社会科学报》2022年1月20日。

② 习近平：《全党必须完整、准确、全面贯彻新发展理念》，《求是》2022年第16期。

二、共同富裕的理论内涵

从某种意义上说，实现共同富裕是全体人类的共同梦想，但由于生产力发展水平的局限和社会制度的制约，共同富裕目标尚未在任何一个国家实现。马克思、恩格斯对资本主义私有制条件下的劳动异化现象进行了批判，认为在资本主义制度下，共同富裕必然不可能实现。对于如何实现共同富裕的途径，马克思在《1857—1858年经济学手稿》中提出，要建立一种新的社会制度，在这种社会制度中"社会生产力的发展将如此迅速，……生产将以所有的人富裕为目的"。①

新中国成立后，以马克思主义为指导的社会主义中国，在中国共产党的领导下不断探索实现共同富裕的路径。"共同富裕"概念第一次在党的文献中出现是1953年12月发布的《中共中央关于发展农业生产合作社的决议》，提出要"使农民能够逐步完全摆脱贫困的状况而取得共同富裕和普遍繁荣的生活"。②毛泽东在党的七届六中全会上作的《关于农业合作化问题》报告中进一步指出："要巩固工农联盟，我们就得领导农民走社会主义道路，使农民群众共同富裕起来。"③中国共产党带领农民发展生产、走农业合作化道路，是社会主义中国对共同富裕路径的初步探索。在改革开放的新时期，邓小平提出了"贫穷不是社会主义"的论断，将"共同富裕"上升为社会主义的本质。他强调："社会主义的目的就是要全国人民共同富裕，不是两极分化。共同富裕是社会主义区别于资本主义的根本特点。"④从此，共同富裕与社会主义密不可分，共同富裕成为社会主义最终目标和核心命题。"三个代表"重

---

① 《马克思恩格斯选集》第2卷，人民出版社2012年版，第786—787页。

② 中共中央文献研究室：《建国以来重要文献选编》（第4册），中央文献出版社1993年版，第661—662页。

③ 韩振峰：《中国共产党探索共同富裕的历程及经验启示》，《光明日报》2022年3月2日。

④ 《邓小平文选》第3卷，人民出版社1993年版，第110、123页。

要思想、科学发展观从内涵、目标、路径等方面进一步对共同富裕概念进行了深化阐释，使共同富裕这一概念更加丰富全面。[①]在中国共产党的领导下，经过几代人的探索，共同富裕的概念越来越清晰，一条适合中国国情的共同富裕之路呼之欲出。

党的十八大以来，在新的历史方位上，习近平总书记在共同富裕问题上提出了许多新论断、新理念和新要求，使我们对共同富裕的认识更加深刻、更加全面、更加系统。

第一，共同富裕是社会主义的本质要求。社会主义本质指的是区别于包括资本主义在内的其他社会制度的核心特征。将“共同富裕”作为社会主义的本质要求包括两层含义：“富裕”体现出社会主义制度解放生产力、发展生产力、提高人民生活水平的最终目标；“共同”则体现出社会主义制度以人民为中心的本质属性。改革开放后，中国将经济发展放在核心地位，形成了效率优先的分配格局。毋庸置疑，以效率为标准的分配方式有力地激发了人民的生产热情，中国的综合国力、人民生活水平得到了显著提高，创造了一个又一个“中国速度”和“中国奇迹”。2020年，我国全面建成小康社会，历史性地解决了绝对贫困问题，社会主义建设已经达到了新的高度。但不可忽视的是，以市场为核心的分配方式造成的贫富差距、东西差距、城乡差距已在中国社会凸显出来。在向全面建成社会主义现代化强国的第二个百年奋斗目标迈进的进程中，习近平总书记再次强调“共同富裕是社会主义的本质要求，我们推动经济社会发展，归根结底是要实现全体人民共同富裕”。[②]这是站在新的历史方位上进行思考，致力于解决社会主要矛盾的战略部署，具有很强的现实意义，充分体现出社会主义制度的优越性。

① 张占斌：《中国式现代化的共同富裕：内涵、理论与路径》，《当代世界与社会主义》2021年第6期。

② 习近平：《关于〈中共中央关于制定国民经济和社会发展第十四个五年规划和二〇三五年远景目标的建议〉的说明》，中国政府网，http://www.gov.cn/xinwen/2020-11/03/content_5556997.htm。

第二，共同富裕是中国式现代化的重要特征。西方现代化模式推进过程中，基于资本主义私有制本身的缺陷，产生很多不可调和的矛盾：贫富分化、阶层固化、城市病……这些矛盾逐渐演变为阶级冲突与社会割裂，物质财富的差距演变成普遍性的精神贫瘠与社会焦虑，在社会冲突不断演化的过程中，保守主义思潮和民粹主义思潮逐渐抬头，成为西方一些国家社会动荡的隐患。[①]中国式现代化是具有中国属性的现代化之路，是一条“坚持和发展中国特色社会主义，实现物质文明、政治文明、精神文明、社会文明、生态文明协调发展”[②]的人类文明的新路径。中国式现代化区别于西方现代化道路的一个重要特征就是要逐步缩小贫富差距、城乡差距、地区差距，最终实现共同富裕，这也将从根本上消减因贫富分化不断扩大而导致的各种矛盾。以共同富裕为目标的现代化之路是公平的、健康的、可持续的，将会实现对资本主义现代化道路的超越。

第三，共同富裕体现于尊重人民、依靠人民、使人民共享发展成果。资本主义现代化强调以资本为中心，其目的是最大限度地实现自我增值，资本家对利润的追逐掩盖了资本积累与人民福祉之间的矛盾；而中国式现代化则蕴含着强烈的人本逻辑，共同富裕思想的理论源流即马克思主义政治经济学中“使社会全体成员得到全面发展”的基本立场。中国共产党始终把人民的需求放在最重要的位置，并不断探索、实践以人民为中心的共同富裕道路。习近平总书记在党的十九大报告中指出："我国社会主要矛盾已经转化为人民日益增长的美好生活需要和不平衡不充分的发展之间的矛盾。”[③]为了适应我国社会主要矛盾的变化，必须把促进全体人民共同富裕作为为人民谋幸福的

---

① 郭晗、任保平：《中国式现代化进程中的共同富裕：实践历程与路径选择》，《改革》2022年第7期。

② 习近平：《在庆祝中国共产党成立100周年大会上的讲话》，《求是》2021年第14期。

③ 习近平：《决胜全面建成小康社会　夺取新时代中国特色社会主义伟大胜利——在中国共产党第十九次全国代表大会上的报告》，中国政府网，http://www.gov.cn/zhuanti/2017-10/27/content_5234876.htm。

着力点。可以说，党的领导是实现共同富裕的前提与保证，实现共同富裕也将夯实党的执政基础。让发展成果更多更公平惠及全体人民，不断增强人民群众获得感、幸福感、安全感，让人民群众真真切切感受到共同富裕不仅仅是一个口号，而是看得见、摸得着、真实可感的事实。只有这样才能突出社会主义的本质，让人民群众真切感受到社会主义的优越性。①

三、中国式现代化为共同富裕赋予了新的意义

中国式现代化是中国共产党继承马克思主义现代化理论，遵循人类社会普遍发展规律，结合中国的国情与现代化发展历程而形成的一条具有历史性、自主性、独创性的现代化之路。共同富裕是一个动态的概念，随着中国式现代化的进程不断完善和发展，在中国式现代化的独特语境下，实现共同富裕也有了更丰富的意义。

第一，共同富裕目标必须建立在中国式现代化进程的特殊背景之上。中国拥有特殊的国情，中国走向现代化是一场非常罕见的巨大社会变迁。中国式现代化是人口规模庞大的现代化：世界现代化进程进行了几百年，至今全世界实现现代化的发达国家总人口也还不到10亿人，而中国是14亿多人共同走向现代化，东方和西方现代化的版图将会因此发生根本性的变化。②中国式现代化是跨越式发展的现代化：改革开放以来，中国在现代化道路上加速前行，国内生产总值年均增速为9.5%，国内生产总值占世界生产总值比重为15.2%，成为世界第二大经济体、制造业第一大国、商品消费第二大国。③中国用了几十年的时间走过了很多国家上百年的发展历程，这样快速发展的

① 杨煌：《共同富裕：中国共产党百年的奋斗与追求》，《世界社会主义研究》2021年第9期。

② 李培林：《中国式现代化和新发展社会学》，《中国社会科学》2021年第12期。

③ 习近平：《在庆祝改革开放40周年大会上的讲话》，新华网，http://www.xinhuanet.com/politics/leaders/2018-12/18/c_1123872025.htm。

进程必然导致出现贫富差距拉大、城乡差距拉大等问题。2019年我国人均国民收入为10 410美元，根据世界银行的划分标准，我们已经成为一个中等偏上的中高收入国家，但我国收入基尼系数仍然高达0.465，[①]高于0.4的国际警戒线。中国式现代化是伴随着体制机制变革的现代化：自新中国成立至改革开放，自改革开放至新发展阶段，中国式现代化的进程融合了经济体制改革、政府职能转变、社会结构转型等一系列变革，共同富裕目标也必然要契合中国式现代化进程的每一个阶段、每一个变革，根据不同阶段的目标分步推进。

第二，共同富裕目标在中国式现代进程中不断深化。自新中国成立以来，中国就一直在探索一条适合自身国情的现代化道路。在社会主义建设时期，中国采取高度集中的计划经济体制，虽然未能摆脱经济短缺的困境，但彻底结束了旧中国一盘散沙的局面，从一穷二白的基础上建立起独立的比较完整的工业体系和国民经济体系，为共同富裕道路奠定了基础；改革开放后，明确了社会主义的本质是“解放生产力，发展生产力，消灭剥削，消除两极分化，最终达到共同富裕”，逐步建立起社会主义市场经济体制，坚持按劳分配为主体，多种分配方式并存的制度，实现了中国经济的跨越式发展，向着共同富裕目标稳步前进。进入新发展阶段后，中国实现了脱贫攻坚的伟大胜利，全面建成小康社会，党中央提出了社会主要矛盾转化为人民日益增长的美好生活需要和不平衡不充分的发展之间的矛盾，明确要以高质量发展为导向，建立现代化经济体系，采用更加注重公平的分配方式，最终达到共同富裕。

共同富裕在中国式现代化发展进程中，不断被诠释、被深化、被实践，共同富裕并非一个理想的结果状态，而是一个动态概念，是社会的持续善治

---

① 李实、陈基平、滕阳川：《共同富裕路上的乡村振兴：问题、挑战与建议》，《兰州大学学报（社会科学版）》2021年第5期。

过程。[①]中国式现代化与共同富裕目标是相互促进，相辅相成的，中国式现代化是实现共同富裕的先决条件和重要保证，共同富裕则是中国式现代化的核心命题，是中国式现代化区别于资本主义现代化的重要特征。

第三，中国式现代化进入新发展阶段，共同富裕面临机遇与挑战。经过几代人的奋斗，中国已完成脱贫攻坚任务，全面建成小康社会，实现了第一个百年奋斗目标。但目前也面临着前所未有的复杂环境。从国际看，世界百年未有之大变局进入加速演变期，虽然和平与发展仍是时代主题，但随着新一轮科技革命和产业变革的发展，国际经济体的力量对比发生变化，全球范围内反全球化逆流不断提升，民粹主义盛行。新冠疫情影响深远，俄乌冲突也为全球和平与发展的大局带来新的变数，中国发展面临的外部环境更趋复杂。从国内看，疫情的影响短期内难以完全消除，经济运行结构性矛盾比较突出，中美贸易摩擦背景下关键核心技术“卡脖子”领域面临风险。目前中国经济发展已经到了较高的水平，经济增长对收入分配的涓滴效应下降，区域之间、城乡之间、群体之间依然存在着大量制度性不公平，在这样的背景下，共同富裕目标的实现遇到了巨大的挑战。

党中央适时调整政策，尝试将“危”转为“机”。第一，明确“发展”仍是解决一切问题的第一要务，推进“富裕”的基本落脚点在于不断解放和发展社会生产力，不断创造和积累社会财富，从而实现经济社会的快速稳定发展。目前，国际国内形势复杂严峻，国内改革发展稳定任务异常艰巨，在这样的背景下，党中央及时提出了要“逐步形成以国内大循环为主体，国内国际双循环相互促进的新发展格局”[②]巩固已有经济社会发展成果，寻找新的增长点，确保实现共同富裕的经济基础坚实有力。第二，强调“绝不允许贫

① 郁建兴、任杰：《共同富裕的理论内涵与政策议程》，《政治学研究》2021年第3期。

② 习近平：《在经济社会领域专家座谈会上的讲话》，求是网，http://www.qstheory.cn/yaowen/2020-08/25/c_1126408718.htm。

富差距越来越大，绝不能在富人和穷人之间出现一道不可逾越的鸿沟”。[①]并适时调整效率与公平的关系，强调“初次分配和再分配都要兼顾效率和公平，再分配更加注重公平”“构建初次分配、再分配、三次分配协调配套的基础性制度安排”[②]的同时，统筹解决就业、教育、养老、医疗、社会保障、住房等问题，促进基本公共服务均等化。第三，明确共同富裕不是平均主义，不是同时富裕、同步富裕、同等富裕，而是从局部到整体、从量变到质变的动态发展的进程。[③]只有人人有机会参与，人人有空间发展，让全体人民有机会、有能力均等地参与到高质量经济社会发展中，才能共享共同富裕成果。

四、如何在中国式现代化进程中实现共同富裕

历经百年奋斗，在中国共产党的领导下，中国走出了一条中国式现代化道路，创造了中华民族从站起来、富起来到强起来的伟大飞跃。共同富裕是中国式现代化的重要特征，也是中国式现代化进程中的核心命题，进入新发展阶段，共同富裕的外延更宽、内涵更深、标准更高，我们要不断探索实现共同富裕的路径，丰富共同富裕的理论体系。

首先，明确中国式现代化进程中实现共同富裕的新定义。传统的共同富裕概念主要体现在物质层面，指的是全体社会成员共同享有社会财富，目前我国已消除了绝对贫困，实现了全民小康，对于共同富裕的定义也应该随之改变。在新发展阶段，中国式现代化语境下的共同富裕外延更加扩展，内涵更加深刻，标准也更高，应该体现出人民生活富裕、精神富足、社会和谐、环境友好、公共服务普惠的基本特征。从经济层面看，表现为物质财富的增

① 习近平：《把握新发展阶段，贯彻新发展理念，构建新发展格局》，《求是》2021年第9期。

② 习近平：《扎实推动共同富裕》，《求是》2021年第20期。

③ 人民日报评论部：《朝着共同富裕的目标扎实前进》，《人民日报》2022年2月7日。

加，表现为人民总体收入水平和财富水平的提升，这一方面依靠高质量的经济发展，将“蛋糕”做大，另一方面依靠多种分配方式协调推进，将“蛋糕”分好；从精神层面看，主要表现为人民精神富足、自信自强，对未来发展前景具有良好的预期，乐于参与到共建共同富裕的进程中，最终实现人的全面发展和社会的全面进步；从社会层面看，主要表现为资源的合理配置和社会服务的均衡发展，体现出人民对民主法治、公平正义、文化价值、社会环境方面的需求；从环境层面看，主要表现为采用低碳集约的发展模式，构建以低能耗、低污染、低排放为基础的经济模式，促进人类的可持续发展。

根据新发展阶段共同富裕的新定义，应抓紧制定促进共同富裕行动纲要，提出科学可行、符合国情的指标体系和考核评估办法。始终将人民的需求作为考核评估的重要方向，实践与运用全过程人民民主，建立健全人民诉求的表达、回应、反馈、绩效评价与应用体制机制，确立完善包括起点公平、过程公平与结果公平的社会运行体系。[①]

其次，确立中国式现代化进程中共同富裕的坚实领导。在中国式现代化进程中推动共同富裕应坚持以党的领导为纲，以人民为中心的工作导向。新中国成立初期，中国积贫积弱，经过70多年的建设与发展，中国消除了绝对贫困，实现了人民生活小康，中国共产党在推动实现共同富裕的道路上始终保持着与时俱进的态度。这一历程说明中国最终选择了把马克思主义基本原理同中国具体实际相结合的道路，选择了中国共产党的领导，选择了中华人民共和国的国体和政体，是一种历史的选择。[②]中国特色社会主义制度的最大优势是中国共产党的领导，党的领导是保证中国式民主沿着正确道路前进的唯一保证。人民的需求则是共同富裕的主要导向，一个国家是不是善治的，体现于国家的发展成果能否普惠于人民，共同富裕所强调的人民平等参

---

① 袁红英：《新时代中国现代化的理论范式、框架体系与实践方略》，《改革》2021年第5期。

② 李培林：《中国式现代化和新发展社会学》，《中国社会科学》2021年第12期。

与、平等发展体现了人本价值；共同富裕所倡导的生活富裕、精神富足、社会和谐、公共服务普惠也代表着人民最美好生活的向往，以人民需求为导向的共同富裕之路是公平的、健康的、可持续的。

再次，开拓中国式现代化进程中实现共同富裕的新路径。中国式现代化发展之路必须遵循其特殊的国情和历史背景，要将一切有利于中国现代化进程、有利于实现共同富裕的因素内化吸收为适合中国国情、具有可操作性的中国方案，必须处理好五组关系。

一是处理好效率与公平的关系。效率是实现共同富裕的基础，根据效率原则调节分配关系将创造更多的社会财富；公平是实现共同富裕的最终目标，是鼓励全民共建共享的动力源泉，过于强调效率将会导致贫富差距扩大，过于强调公平则会导致平均主义。以美国为代表的新自由主义制度崇尚资本对经济发展的积极作用，而忽视了资产阶级对无产阶级的剥削，造成了贫富差距不断扩大；以北欧国家为代表的高水平福利政策下，“养懒汉”现象频发，社会活力不足。这两种模式都不符合中国的特殊国情，中国式现代化的目标就是要实现效率与公平的均衡发展。

二是处理好政府、市场与社会的关系。市场是资源配置的基础性力量，以有序市场为主导机制的初次分配，可以激发生产活力，增加社会财富。政府则是引导性力量，在中国式现代化发展的各个阶段，无论在制定战略、宏观调控、维护市场秩序上，政府都发挥了强有力的作用。在实现共同富裕道路上必须首先在顶层设计上保障民众的基本权利，使民众有能力有机会均等地参与并共享经济社会高质量发展成果。[①]通过各级政府的现代化治理模式，将经济社会发展成果辐射到广泛的社会群体。社会是调节性力量，是能促使资源和财富在不同社会群体间趋向均衡和公平的微循环行为。[②]由社会机制

① 郁建兴、任杰：《共同富裕的理论内涵与政策议程》，《政治学研究》2021年第3期。

② 唐任伍、李楚翘：《共同富裕的实现逻辑：基于市场、政府与社会“三轮驱动”的考察》，《新疆师范大学学报（哲学社会科学版）》2022年第1期。

主导的资源配置活动是对初次分配和再次分配的有效补充。只有实现政府、市场和社会的“三轮驱动”，共同富裕的前景才会更加广阔。

三是处理好当前目标与远景目标的关系。中国式现代化是一个曲折向前的进程，目前我们已经全面建成小康社会、实现第一个百年奋斗目标，正向着第二个百年奋斗目标进军，进入了一个新发展阶段。中央为共同富裕设置了阶段性的目标：第一阶段是到2035年，要在共同富裕方面取得更为明显的实质性进展；第二阶段是到21世纪中叶，基本实现共同富裕。[①]为了实现这个远景目标，就需要从当下开始，集中着力于每一个短期目标，要充分认识到共同富裕不是一个结果，而是一个过程，共同富裕不会一步到位，不可能一蹴而就，应对其长期性、艰巨性、复杂性有充分估计。[②]

四是处理好稳步发展与跨越式发展的关系。习近平总书记曾说：“我国现代化同西方发达国家有很大不同，我国发展必然是一个‘并联式’的过程，工业化、信息化、城镇化、农业现代化是叠加发展的。”[③]这就意味着我们的现代化发展是快速的、跨越的、多线程叠加并进的，因此中国的劳动力危机、老龄化危机、贫富差距拉开的速度与幅度都会比其他现代化国家来得更快、更猛烈。我们一方面要坚持稳步发展为基础，不断反思西方现代化进程中走过的弯路，避免生态污染、环境破坏、虚无主义、民粹主义、消费主义、精神匮乏等现代性负面效应，[④]迈向物质富裕、精神富足、社会和谐、公共服务普惠的共同富裕；另一方面也要抓住跨越式现代化发展的机遇，充分利用数字技术等最先进的科学技术，完成全面赶超任务，为实现共同富裕奠定坚实基础。

---

① 中共中央关于制定国民经济和社会发展第十四个五年规划和二〇三五年远景目标的建议，中国政府网，http://www.gov.cn/zhengce/2020-11/03/content_5556991.htm。

② 习近平：《扎实推动共同富裕》，《求是》2021年第20期。

③ 习近平：《在十八届中央政治局第九次集体学习时的讲话》，载《习近平关于社会主义经济建设论述摘编》，中央文献出版社2017年版。

④ 袁红英：《新时代中国现代化的理论范式、框架体系与实践方略》，《改革》2021年第5期。

五是处理好共建与共享的关系。共建是实现共同富裕的有效路径；共享是共同富裕要达到的最终目标，两者需要通过“激励相容”来达成。也就是说，参与者通过自由行动获取自我利益的同时，让其他参与者也能共享利益，且契合集体的利益。[①]从“激励相容”的角度出发，应该在经济发展、政府治理、信息共享、公共服务均等化等方面实现全方位的共建共享，使落后地区、落后人群全面参与到共同富裕的共建中来，从而实现发展成果的共享。

最后，构建中国式现代化进程中实现共同富裕的理论体系。中国进入现代化是世界现代化进程中的重大事件，中国式现代化是人口规模巨大的现代化，是经济跨越式发展的现代化，是具有鲜明中国特色、有别于西方现代化模式和特征的现代化。作为中国式现代化的核心命题，共同富裕是中国共产党人孜孜以求的奋斗目标。党的十八大以来，党中央把实现全体人民共同富裕放到了更加重要的位置上，面对不断变化的国际国内形势和各类矛盾，提出了一系列新战略、新理念、新举措，不仅完成了消除绝对贫困的伟大成就，还向着共同富裕道路迈出了坚实的步伐。自新中国成立以来，中国所采取的开发式扶贫、“先富带动后富”、西部大开发战略、精准扶贫、乡村振兴、新发展理念等，都是具有中国特色社会主义理论指导下的迈向共同富裕的创举，中国特色社会主义共同富裕理论是系统的体系，是遵照马克思主义理论和经济社会发展实际指导中国不断扎实推进共同富裕的科学理论。[②]不断丰富与完善中国特色社会主义共同富裕理论体系必将引领全中国人民走向共同富裕，也将赋予中国式现代化生动的实践内涵，向世界展示中国式现代化的光明前景。

---

① Leonid Hurwicz, “The Design of Mechanisms for Resource Allocation,” *The American Economic Review*, Vol.63, No.2, May 1973.

② 王婷、苏兆霖：《中国特色社会主义共同富裕理论：演进脉络与发展创新》，《政治经济学评论》2021年第6期。

总量同步与结构协调：共同富裕实现路径研究

胡晓鹏*

一、引言：共同富裕中的两个重要问题

党的二十大报告明确指出，共同富裕是中国式现代化的根本特征，实现全体人民共同富裕是中国式现代化的本质要求。那么，该如何正确理解共同富裕呢？习近平总书记强调："'国之称富者，在乎丰民。'中国要实现共同富裕，但不是搞平均主义，而是要先把'蛋糕'做大，然后通过合理的制度安排把'蛋糕'分好，水涨船高、各得其所，让发展成果更多更公平惠及全体人民。"①这就意味着，中国式现代化不是只关心国民财富的生产和增长，也更加注意经济活动中人与人平等的生产关系以及所创造财富在国民经济中公平分配。

在推动国家现代化的历史进程中，中国共产党充分吸收了西方现代化的成功经验，并经过几代领导人的努力探索，发展出了一条与中国特色社会主

---

* 胡晓鹏，世界经济研究所研究员。

① 习近平：《坚定信心　勇毅前行　共创后疫情时代美好世界——在2022年世界经济论坛视频会议的演讲》，新华网，http://www.xinhuanet.com/。

义相符合的现代化道路。这条道路从一开始就依据社会主义国家建设的时空维度把经济增长与共享增长的关系统一起来。特别是在党的十八大报告中，我国首次提出了“双倍增”目标，即到2020年实现国内生产总值和城乡居民人均收入比2010年翻一番的目标。今天看来，这个目标已经完全实现。2020年城镇居民和农村居民人均可支配收入分别为43 834元和17 131元，是2010年的2.33倍和2.73倍。不仅如此，2008年以来，无论是名义增长还是实际增长，我国居民可支配收入与经济增长均表现出同步增长格局（图1、图2）。初次分配调整后的居民名义可支配收入占比不断攀升（图3），2019

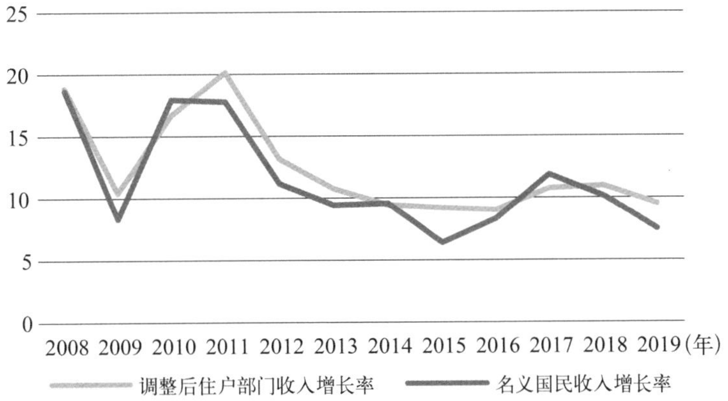

图1　2008—2019年初次分配调整后住户部门名义可支配收入和名义国民收入的增长率

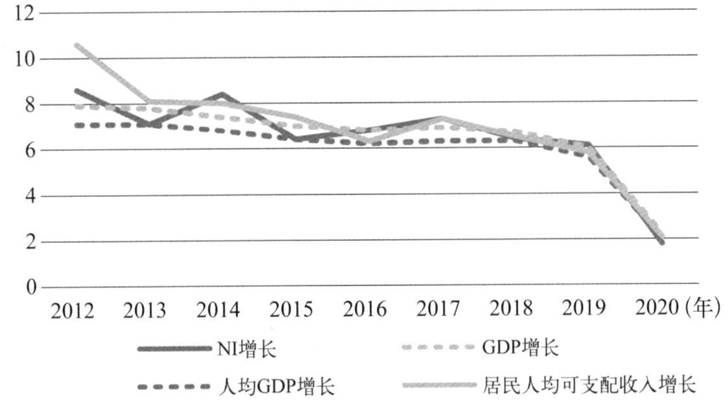

图2　2012—2020年居民人均可支配收入与经济增长关系（上年同比，%）

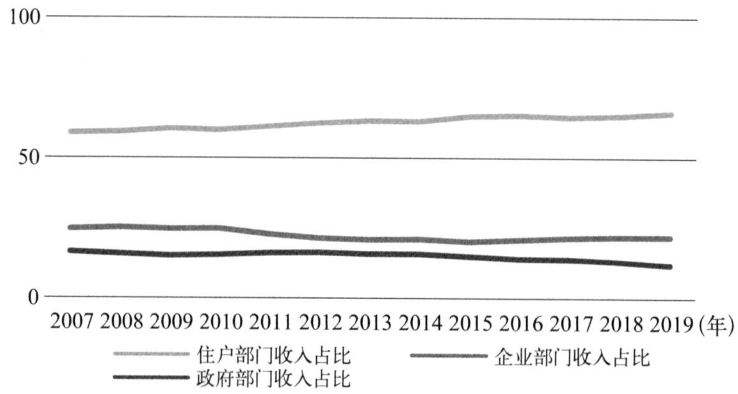

图3 2007—2019年住户、企业和政府初次分配调整后名义可支配收入占比（%）

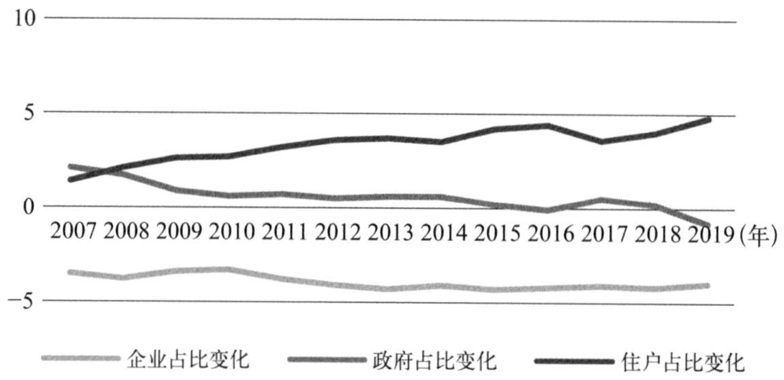

图4 2007—2019年企业、政府和住户初次分配调整前后可支配收入占比变动趋势（%）

资料来源：根据国家统计局网站年度数据计算而得，https://data.stats.gov.cn/easyquery.htm?cn=C01。

年达到66.2%，比2007年提高了7.3个百分点。然而，与调整前初次分配格局相比，调整后的企业名义收入占比每年都在下降，虽然个别年份调整后的政府名义收入占比也有下降，但2007—2019年企业和政府年均调整力度分别为−3.93%和0.59%（图4），明显呈现出向居民分配倾斜和调低企业初次收入分配的双重调整特征。

尽管过去10多年的发展实践已经表明我国国民经济与居民收入呈现同步增长局面，但这种同步更多发生在中长期而短期却可能背离，更多发生在总量层面而分配结构却可能背离。因此，聚焦经济发展与共同富裕的逻辑关系，还需要既深入挖掘国民经济增长与居民收入增长同步的深层次问题，也需要解析不同维度上（区域、群体等）居民收入结构变化的协调问题。从这个意义上看，本文对共同富裕的研究将被细分为“收入总量同步”和“分配结构协调”两个重要问题。这不仅是中国特色社会主义在走入新时代迈向新征程背景下需要回答的问题，更是在高质量发展中推进共同富裕的根本要求。

二、文献综述：最近10年来的相关研究

中国政府历来重视收入分配公平问题，共同富裕是社会主义的本质体现和最终目标，这也是中国共产党人矢志不移的初心。最近10年来，据不完全归纳，党的重要文件中对收入分配问题都有着明确的目标设定和具体要求。比如，在党的十八大报告中，我们首次提出国民生产总值和城乡居民收入“翻番”的“双倍增目标”，将共同富裕明确表述为要“使发展成果更多更公平惠及全体人民”①。党的十九大报告对共同富裕做出规划，即“‘十四五’时期的阶段性目标是全体人民共同富裕迈出坚实步伐，到二〇三五年的展望是取得更为明显的实质性进展，到21世纪中叶的目标是全体人民共同富裕基本实现”②。党的十九届四中全会提出“中等收入群体比例明显提高”③的目标要求；党的十九届五中全会上重点指出要让“全体人民共同富裕取得更为明显的实质性进展”④；党的十九届六中全会指出“在高质量发展中推进共同富裕，稳步迈向第二个百年奋斗目标”⑤；党的二十大报

① 《十八大以来重要文献选编》（上），中央文献出版社2014年版，第79页。

② 习近平：《决胜全面建成小康社会　夺取新时代中国特色社会主义伟大胜利——在中国共产党第十九次全国代表大会上的报告》，人民出版社2017年版，第29页。

③ 《十八大以来重要文献选编》（上），中央文献出版社2014年版，第537页。

④ 《党的十九届五中全会建议学习辅导百问》，党建出版社2020年版，第57页。

⑤ 《中共中央关于党的百年奋斗重大成就和历史经验的决议（全文）》，中华人民共和国中央人民政府网，http://www.gov.cn/zhengce/2021-11/16/content_5651269.htm。

告则进一步作出了“中国式现代化是全体人民共同富裕的现代化”的重要论断，并强调指出“共同富裕是中国特色社会主义的本质要求，也是一个长期的历史过程”[①]。

虽然共同富裕内容涉及政治、经济、文化、社会、生态等诸多方面，但让大多数人共享经济发展成果却是其最为核心的要求。在已有关于经济发展和居民收入共同增长的研究文献中，以党的十九大为分界点可以将最近10多年来的研究重点划分为两个阶段。

一是从党的十八大前后到十九大，研究重点围绕“两个增长”的关系以及西方发达国家收入倍增计划经验的介绍、评价和归纳。虽然当时鲜少使用“共同富裕”这一关键词，但实际是研究共享经济增长的问题，如转型期中国收入分配与经济增长的关系（权衡，2004[②]；董碧松，张少杰，2009[③]；黄思宁，纪宏，2012[④]）、收入增长对经济发展的作用[⑤]、经济增长过程中如何避免收入分配扭曲[⑥]等。另外，在两个增长的国际经验方面，美国员工持股计划、日本国民收入倍增计划（魏拴成，2010[⑦]；张车伟等，2010[⑧]）等的关注

① 习近平：《高举中国特色社会主义伟大旗帜为全面建设社会主义现代化国家而团结奋斗——在中国共产党第二十次全国代表大会上的报告》，中华人民共和国中央人民政府网，https://www.gov.cn/xinwen/2022-10/25/content_5721685.htm。

② 权衡：《收入分配与经济增长的相关性：现代分析框架及其争论》，《社会科学》2004年第6期。

③ 董碧松、张少杰：《收入分配与经济增长——基于消费需求视角的研究》，《生产力研究》2009年第18期。

④ 黄思宁、纪宏：《居民收入与经济发展的适度性协调增长测算——以北京市城镇居民为例》，《首都经贸大学学报》2012年第2期。

⑤ 任碧云：《借鉴日本“国民收入倍增计划”推动天津市居民消费增长》，《天津经济》2009年第1期。

⑥ 乔榛、孙菲菲：《经济增长促进收入分配转型的中国式路径》，《学习与探索》2011年第3期。

⑦ 魏拴成：《实现国民收入倍增计划的有效途径——职工持股制度》，《经济师》2010年第8期。

⑧ 张车伟、蔡翼飞、董倩倩：《日本“国民收入倍增计划”及其对中国的启示》，《经济学动态》2010年第10期。

度很高；包括上述的定性讨论和定量绩效评估（Joseph Blasi, Douglas Kruse and Aaron Bernstein, 2003[①]）等多种视角。从观点上看，这类研究大都以我国现实政策需要为基点，试图阐明中国如何参照日本等国实施国民收入倍增的经验[②]，这里面包括对实施国民收入倍增计划必要性和可行性的探讨[③]，也包括对党的十八大提出“双倍增”意义以及“主体与内容、导向与目标、手段与途径”的探究[④]。

二是党的十九大之后社会各界对共同富裕及存在问题的热度迅速提升。党的十九大做出了我国经济已由高速增长阶段转向高质量发展阶段的重大判断。在这个发展阶段里，我们提出了“从全面建成小康社会到基本实现现代化，再到全面建成社会主义现代化强国”的两阶段战略安排，并明晰了共同富裕的愿景目标。此后一段时间里，社会各界分别从不同角度对共同富裕进行了讨论。在定性研究方面，雷明[⑤]详细探讨了共同富裕的本质以及推进共同富裕实现的路径。林兆木[⑥]指出，“实现共同富裕是一个长期的历史过程，高质量发展则是促进共同富裕的基础”。贺立龙等[⑦]表示共同富裕是中国特色社会主义现代化的重要特征，也是社会主义市场经济超越资本主义市场经济的必然结果。在实证研究方面，学者们[⑧]通过CHIP数据库详细探讨了我国收入差距的变动、分配结构的特征以及中等收入群体的比

① Joseph Blasi, Douglas Kruse and Aaron Bernstein. In the Company of Owners: The Truth About Stock Options and Why Every Employee Should have Them[J]. Academy of Management Perspectives, August 2003, pp.6–8.

② 顾建平、朱岩：《日本国民收入倍增计划对我国分配改革的启示》，《经济研究导刊》2012年第8期。

③ 秦攀：《浅谈国民收入倍增计划》，《湖北经济学院学报》2011年第11期。

④ 胡晓鹏：《从GDP到居民收入：双倍增计划的内涵解读》，《社会科学》2013年第8期。

⑤ 雷明：《共同富裕的内在逻辑与现实选择》，《山东经济战略研究》2021年第12期。

⑥ 林兆木：《在高质量发展中促进共同富裕》，《理论动态》2021年第29期。

⑦ 贺立龙、刘丸源：《新发展阶段扎实推进共同富裕的政治经济学分析》，《政治经济学评论》2022年第3期。

⑧ 罗楚亮、李实、岳希明：《中国居民收入差距变动分析（2013—2018）》，《中国社会科学》2021年第11期。

重等问题。在对策建议方面，笔者[①]认为，在高质量发展中推进共同富裕，需要牢牢抓好“机会共享”这个重点任务，通过全面改革破解造成阶层固化的制度难题，让所有人的自主活动能力得到充分发挥，真正实现人人享有平等参与、平等发展权利，财产权利得到公平充分保障的局面。熊园[②]将共同富裕的实现路径看作是既要“做大蛋糕”（核心是高质量发展和提高发展效率），更要“分好蛋糕”（包括第三次分配与分配正义）的过程，但难点是“分好蛋糕”，重点是把控好劳动力、资本等要素的改革以及更好调节高收入。潘文轩[③]从优化服务、富足精神消费、提高分配效率和城乡协同发展视角对构建提高生活品质与推动共同富裕的长效机制提出建议。刘培林等[④]根据第二个百年奋斗目标“两步走”的安排，提出的新时代共同富裕三个细分阶段划分标准。

总的来说，已有成果通过对国外样本的对比和对中国样本的经验研究，从不同角度对共同富裕的实践内涵、主要矛盾、实现路径等进行了全面阐释。虽然学者们均认为，提高居民收入并不能简化为工资收入的增长，更不能将收入分配与国民经济增高割裂开来。但要确保共同富裕的真正实现，却需要收入增长和收入分配的统筹规划与互促协调。这恰是本文对共同富裕问题深化研究的视角，即从我国居民收入层面，聚焦总量增长和收入分配的演化进程及其匹配关系，尝试归纳出实现共同富裕过程中要注意的关键要点，并据此提出实现共同富裕的基本思路。

---

① 胡晓鹏：《高质量发展推进共同富裕：逻辑关系与理论建构》，《社会科学》2022年第6期。

② 熊园：《全面理解共同富裕：内涵、路径、目标、影响》，《国盛宏观研究报告》2021年9月5日。

③ 潘文轩：《共同富裕目标下政府转移支付“造血”功能的实现》，《郑州大学学报（哲学社会科学版）》2022年第5期。

④ 刘培林、钱滔、黄先海、董雪兵：《共同富裕的内涵、实现路径与测度方法》，《管理世界》2021年第8期。

三、收入增长与来源差异：共同富裕与总量同步

深入探讨收入总量同步的问题，我们还需要思考城镇居民收入和农村居民收入的变化关系？各自收入来源的差异及其变动关系？以及由此产生的城乡收入差距及其在区域层面的变化特点等。

（一）低收入者收入增长速度更快

城乡收入相对差距从2013年的2.81∶1持续下降至2022年的2.45∶1，表明低收入的农村居民收入增长速度更快一些，符合共同富裕要求。分组来看，低收入组城乡收入相对差距是影响全国城乡收入相对差距的主要因素，比值一直高位徘徊在3以上。以2013—2022年全国城乡收入比值的变化为参照，五等份收入组中的高收入组比值下降程度（0.38）高于全国下降程度（0.36），说明高收入组的农民群体相对于该组城市居民具有更好的增收效果。与此同时，2013年以来，唯有低收入组城乡收入差距经历较为显著的“倒U形”变动趋势，其他四组城乡收入相对差距均保持非常稳定的轻微缩小态势。但从2016—2022年短期情况来看，低收入组城乡收入比值却是从2016年的最高点4.33下降至2022年的3.38，绝对下降幅度非常大，这表明我国实施脱贫攻坚工程引致的短期效应，虽然在各组农村居民增收中都有体现，但更多体现为低收入组农村居民的增收。

城乡绝对收入差距从2013年的17 037元扩大到2022年的29 150元，年均增长速度为6.15%。在五等份收入组中，中间偏上收入组的城乡收入绝对差距年均增长速度是6.63%，是全国城乡收入绝对差距拉大的主要原因。特别强调的是，在新冠疫情还未对居民收入产生深度影响的2013—2020年，中间偏上收入组以及高收入组的城乡收入绝对差距年均增长速度分别为7.29%和6.74%，高于该期间全国城乡绝对差距年均增长速度（6.63%）。相对而

表 1　　**2013—2020 年城乡收入差距变化趋势**

差距 \ 年份		2013 年	2014 年	2015 年	2016 年	2017 年	2018 年	2019 年	2020 年	2021 年	2022 年	年均增速
相对差距	低收入组	3.44	4.05	3.96	4.33	4.16	3.92	3.65	3.33	3.45	3.38	—
	中间偏下收入组	2.95	2.98	2.97	2.95	2.94	2.92	2.75	2.65	2.60	2.61	—
	中间收入组	2.86	2.80	2.82	2.82	2.82	2.81	2.71	2.67	2.57	2.54	—
	中间偏上收入组	2.76	2.65	2.65	2.66	2.67	2.72	2.68	2.63	2.55	2.50	—
	高收入组	2.71	2.57	2.50	2.47	2.46	2.49	2.54	2.49	2.38	2.33	—
	全国	2.81	2.75	2.73	2.72	2.71	2.69	2.64	2.56	2.50	2.45	—
绝对差距	低收入组	7 018	8 451	9 145	9 998	10 421	10 721	11 286	10 917	11 890	11 946	6.09%
	中间偏下收入组	11 662	13 047	14 225	15 227	16 201	16 349	17 030	17 109	18 547	19 215	5.71%
	中间收入组	15 735	17 147	18 794	20 363	21 803	22 666	23 892	24 566	25 952	26 832	6.11%
	中间偏上收入组	20 798	22 182	24 035	26 079	28 219	31 123	33 175	34 026	35 838	37 078	6.63%
	高收入组	36 438	37 668	39 068	41 900	45 798	50 864	55 634	57 542	59 514	61 149	5.92%
	全国	17 037	18 355	19 773	21 253	22 964	24 634	26 338	26 703	28 481	29 150	6.15%

注：① 城乡收入相对差距=城镇居民人均可支配收入 ÷ 农村居民人均可支配收入；② 城乡收入绝对差距=城镇居民人均可支配收入−农村居民人均可支配收入，单位为“元”。

资料来源：根据国家统计局网站年度数据计算而得，https://data.stats.gov.cn/easyquery.htm?cn=C01。

言，其余三组收入绝对差距年均增速均低于全国平均水平。由此笔者认为，2013年以来，虽然农村居民收入增长速度普遍快于城市居民的收入增长速度（因为相对差距在缩小），但由于中间偏上收入组以及高收入组城乡绝对差距的增长速度更快，说明相对于中间及中间以下收入组的农村居民，较高收入组农村居民收入的增速更为缓慢一些。

（二）农村居民收入增速快于城镇居民

2012年以来，居民可支配收入的实际增长速度不断下降，从2012年的10.6%降至2022年的2.9%。剔除掉新冠疫情影响的2020—2022年，2019年实际增长速度为5.8%，是2012年的一半左右，2022年的增速又下降至2019年的一半左右，足见经济面和新冠疫情对收入的影响之大。从收入结构上看，城镇居民的工资性收入是其主要收入来源，占总收入的比重达到60%以上。农村居民以工资性收入和经营性收入作为其收入的两大主要来源，分别占到总收入的40%和35%。从名义值变化情况看（表2），2012—2020年四种收入来源的名义增长速度在城镇和农村居民间存在显著差异。这里以城镇和农村居民总收入的年均名义增长速度为标准，城镇居民工资性收入年均名义增速（7.09%）显著慢于总收入的年均名义增速（7.75%），而农村居民工资性收入年均名义增速（10.56%）却显著高于总收入的年均名义增速（9.33%）。疫情期间，农村和城镇收入增速快速下降，尤其以城镇居民收入名义增长速度下降的更快。

表2　城镇和农村居民四种收入来源的年均名义增速　单位：%

指　标	2012—2019年	2012—2020年	2021—2022年
城镇居民人均可支配收入年均名义增速	8.37	7.75	3.95
——工资性收入年均名义增速	7.66	7.09	3.85

续 表

指　　标	2012—2019年	2012—2020年	2021—2022年
——经营净收入年均名义增速	8.61	7.13	3.75
——财产净收入年均名义增速	10.16	9.55	3.68
——转移净收入年均名义增速	9.79	9.47	4.53
农村居民人均可支配收入年均名义增速	9.68	9.33	6.35
——工资性收入年均名义增速	11.24	10.56	6.17
——经营净收入年均名义增速	6.70	6.54	6.40
——财产净收入年均名义增速	12.53	12.35	8.53
——转移净收入年均名义增速	12.56	12.36	6.76

资料来源：根据国家统计局网站年度数据计算而得，https://data.stats.gov.cn/easyquery.htm?cn=C01。

从收入实际增长的角度来看，将城乡居民各种收入年度实际增长速度相除，可以看到引起城乡收入差距变化的主要原因。由表3可知，2013—2022年城镇居民经营净收入的实际增长率绝大多数年份里高于农村居民，这是唯一能够扩大城乡收入差距的因素。2020年因新冠疫情影响，城镇居民经营性净收入锐减，增长速度仅为-2.7%，农村居民的其他三种收入实际增速都显著快于城镇居民。具体来看，工资收入增速比呈现不断上升趋势，财产净收入增速比虽然有一定波动，但总体经历了先上升后下降的态势，转移净收入增速比也同样经历先上升后下降的趋势。这表明2013年以来我国的分配政策全面向农村倾斜，但2020年城镇居民工资收入增速的迅速降低以及经营性收入的负增长，虽然对缩小城乡差距指标有重大意义，但也预示着城市经济发展潜伏危机并开始影响到城镇居民增收。

表 3　按来源的城乡居民名义收入增长速度比值

指标＼年份	2013	2014	2015	2016	2017	2018	2019	2020	2021	2022
工资收入增速比	0.53	0.58	0.72	0.75	0.78	0.79	0.77	0.54	0.63	0.57
经营性收入增速比	1.28	1.32	0.95	1.60	1.30	1.41	1.20	−0.49	0.61	1.78
财产净收入增速比	0.80	0.72	0.62	0.91	0.90	0.91	0.87	0.49	0.44	0.76
转移净收入增速比	0.69	0.82	1.08	0.84	0.88	0.58	0.64	0.66	0.66	0.63

资料来源：根据国家统计局网站年度数据计算而得，https://data.stats.gov.cn/easyquery.htm?cn=C01。

（三）区域经济发展水平与城乡差距呈现显著负相关

在不考虑新冠疫情影响的正常情况下，2013—2020年，各区域城乡收入比虽有变化，但甘肃省和天津市一直是城乡人均可支配收入差距最大和最小的两个极端省市。其中，甘肃省和天津市的比值分别一直保持在3以上和1.9以下的水平。相对于全国居民城乡收入比，欠发达地区的城乡差距普遍比较大，且普遍高于全国平均水平。2013年有9个省份高于全国平均水平，它们从大到小排列依次是甘肃、贵州、云南、陕西、青海、西藏、广西、内蒙古和宁夏。2019年，广西城乡收入差距低于全国平均水平；2020年，广西和内蒙古的城乡收入差距都低于全国平均水平。从这一现象中，我们可以发现一个重要的推论，即经济发展水平是共同富裕程度的物质基础，或者说越是经济发展水平高的地区，其城乡差距会越小。为此，笔者测算了2020年各省份城乡居民人均可支配收入比值与各省份人均GDP的相关关系，两者的相关系数达到−0.868，特别是剔除直辖市异质数据之后，这种负的关系更加显著，达到−0.903。

四、分配差距与群体分化：共同富裕与结构协调

最近10多年以来，我国居民收入增长速度显著快于经济增长速度，已经体现出居民共享经济增长的基本事实。特别是2013年以来，农村居民收入增长速度更是普遍快于城市居民收入增长速度，表明收入分配向低收入农村居民倾斜的政策导向。但这是否意味着我国的收入分配差距正在显著缩小呢？以及如何看待收入分配变动的原因呢？

（一）区域间城镇居民收入差距迅速拉大

探讨中国收入基尼系数的变化，可以从区域收入差异和群体收入差异两个角度进行研究。这里我们先从区域角度进行分析，包括区域间城乡收入差距（CX）、区域间城镇收入最大差距（CC）和区域间农村收入最大差距（XX）三个指标。为此，本文计算了2012年以来上述三大指标的变化情况，公式及结果如下。

$$CX=\frac{\max\left[(ic_1/ix_1),\ (ic_2/ix_2),\ \cdots,\ (ic_i/ix_i),\ (ic_n/ix_n)\right]}{\min\left[(ic_1/ix_1),\ (ic_2/ix_2),\ \cdots,\ (ic_i/ix_i),\ (ic_n/ix_n)\right]}$$

$$CC=\frac{\max(ic_1,\ ic_2,\ \cdots,\ ic_i,\ ic_n)}{\min(ic_1,\ ic_2,\ \cdots,\ ic_i,\ ic_n)}$$

$$XX=\frac{\max(ix_1,\ ix_2,\ \cdots,\ ix_i,\ ix_n)}{\min(ix_1,\ ix_2,\ \cdots,\ ix_i,\ ix_n)}$$

其中，ic表示城镇居民人均可支配收入，ix表示农村居民人均可支配收入，1，2，…，n代表各区域。

由表4可知，区域间农村经济发展水平有着更高的非均衡性，农村居民人均收入最高的区域是最低区域的3倍以上，这显然是区域间收入差距的主

表 4　2012—2021 年我国收入基尼系数与区域内（间）收入差距

年份 指标	2012	2013	2014	2015	2016	2017	2018	2019	2020	2021
CX	1.864	1.884	1.876	1.857	1.864	1.857	1.826	1.805	1.763	1.718
CC	2.288	2.258	2.240	2.228	2.245	2.281	2.331	2.386	2.457	2.456
XX	3.539	3.437	3.376	3.346	3.422	3.445	3.450	3.447	3.375	3.369
Gi*	0.474	0.473	0.469	0.462	0.465	0.467	0.468	0.465	0.468	0.466

资料来源：根据国家统计局网站年度数据计算而得，https://data.stats.gov.cn/easyquery.htm?cn=C01。

导因素。相对而言，区域间城乡收入差距的非均衡性更小，城乡收入比值最大区域是最小区域的1.7倍左右，是区域间三大收入差距的最小因素，这意味着我国农村和城镇收入的变化具有比较强烈的同城同步特征。从变动趋势上看，2016年以来我国区域间城镇收入差距具有持续拉大的特征，城镇居民人均收入最高地区与最低地区的比值从2016年的2.245扩大到2021年的2.456，呈现出与基尼系数完全同步同向的性质。从收入差距变化的角度来看，笔者对包括基尼系数在内的上述指标进行了差分处理，进而描绘出变化值的关系（图5）。具体来看，2013年以来，以基尼系数变化值为观测点，区域间城乡收入差距基本是一路下降，因此该指标不是引起基尼系数的主要因素。相对而言，区域间城镇收入差距以及区域间农村收入差距的变化较为频繁，2013—2016年以前它们变动方向基本相同，2016年以后两者呈现负向变动趋势。对照基尼系数变化，2016—2019年区域间农村收入差距缩小是导致基尼系数缩小的主要因素，2020—2021年区域间城镇收入差距缩小则成为基尼系数缩小的主要因素，这从一个侧面印证了新冠疫情对城镇收入增长及其分化的影响程度更大。此前一项研究中，李实从统计数据中发现[①]，2008

* Gi，基尼系数。

① 李实：《中国特色社会主义收入分配问题》，《政治经济学评论》2020年第1期。

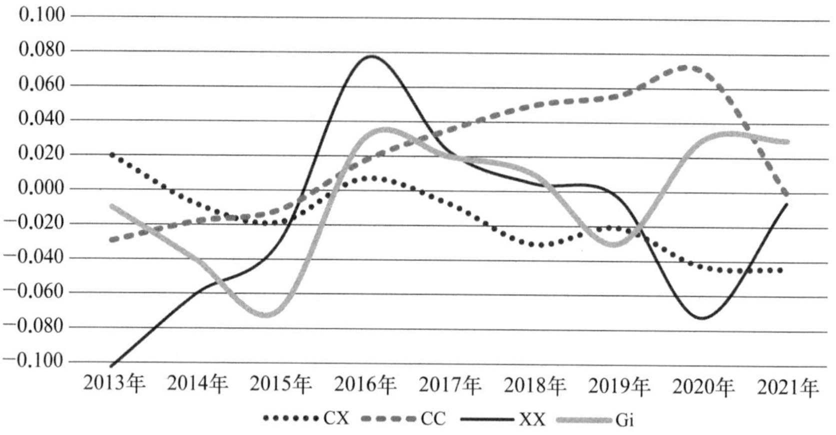

图5　基尼系数变化与三大收入差距变化的关系

资料来源：根据国家统计局网站年度数据计算而得，https://data.stats.gov.cn/easyquery.htm?cn=C01。

注：为更好展示图形的比例，基尼系数扩大了10倍。

年后农村居民收入增长超过城市居民收入增长，导致城乡之间收入差距缩小，以及全国收入差距的缩小。因此，2016年以后，城乡收入差距变化不再是导致全国收入差距变化的主要因素，区域间城镇收入差距和区域间农村收入差距的变动开始决定全国基尼系数的变化。特别是在新冠疫情发生期间，城镇收入差距的拉大程度甚至超过了区域间城乡收入差距和农村收入差距缩小的程度，因此要高度重视新冠疫情对城镇居民收入的影响，关注区域间城镇居民收入差距的变动。

（二）中间收入阶层流失严重

利用五等份收入统计数据，我们计算了2015年和2022年三类居民（全国总体、城镇和农村）的收入占比分布及其变化（表5）。经测算发现，在三类居民中，高收入组人均可支配收入几乎占到所有居民人均可支配收入总和的40%—45%，高收入组城镇居民收入占比要比同组农村居民收入占比低2个百分点左右，这意味着尽管同是不同类的高收入者，但农村高收入者要比城镇高收入者的组内相对收入更高。在低收入组中，全国居民可支配收入不到

表 5　2015—2022 年五等份收入组人均可支配收入占比及流动　单位：%

		低	中间偏下	中间	中间偏上	高
2015年占比	全部居民	4.34	9.88	16.04	24.45	45.30
	城镇居民	7.35	12.89	17.49	23.18	39.10
	农村居民	5.05	11.80	16.86	23.77	42.53
2022年占比	全部居民	4.39	9.85	15.61	24.18	45.97
	城镇居民	6.49	11.94	16.94	23.61	41.02
	农村居民	5.18	11.25	16.59	23.44	43.81
变化（2015—2022年）	全部居民	0.05	−0.03	−0.43	−0.27	0.67
	城镇居民	−0.86	−0.95	−0.55	0.43	1.92
	农村居民	0.13	−0.55	−0.27	−0.33	1.28

资料来源：根据国家统计局网站年度数据计算而得，https://data.stats.gov.cn/easyquery.htm?cn=C01。

该组收入总和的5%，但城镇居民要比农村居民的收入占比高出近2个百分点，说明城镇低收入者要比农村低收入者的组内相对处境略好一些。值得注意的是，2015—2022年，中等收入组（包括中间偏下、中间、中间偏上三组）三类居民人均可支配收入占比均出现显著下降，且以中间收入组居民收入占比下降最快。与此同时，从中等收入组居民转移出来的相对收入，都转化为高收入组和低收入组居民相对收入的增加，在城镇层面则转化为中间偏上组和高收入组相对收入的增加。其中，全国层面低收入组与高收入组居民增加的相对收入比例为1∶13.4，农村层面这一比例是1∶9.85。总的来看，三类居民的中等收入比重呈现下降趋势，相对收入结构呈现出向两端集中的态势。

接下来，我们进一步观测不同收入群体的数量分布结构。李实等[①]根

① 李实、杨修娜：《中等收入群体与共同富裕》，《经济导刊》2021年第3期。

据2018年世界人口收入分布中位数的67%—200%为分界线，详细估算了我国低、中、高收入人群的比重。研究发现（表6），我国低收入人群比重是67.5%，而农村的这一比重高达93.1%。无论是针对哪一类群体，收入从高到低的人群数量均呈现出“倒金字塔形”的状态。此外，低收入人群的相对比重和地区经济发展水平高度相关，这可以从不同地区三类人群的分布情况中看出，即经济欠发达的中、西部地区的低收入人群占有更大比重，低收入人群占比分别为75.5%和74.2%。事实上，与发达国家同等发展阶段相比，我国中等收入群体的规模明显偏低。中等收入群体不仅是维护社会稳定的中

表6　不同收入组人群的城乡和地区分布（2018年）　单位：%

	低收入者	中等收入者	高收入者	总　计
A. 横向比重				
城市	50.0	45.1	4.9	100
农村	93.1	6.6	0.3	100
流动人口	52.6	42.5	4.9	100
全国	67.5	29.5	3.1	100
B. 纵向比重				
城市	37.4	77.1	81.3	50.4
农村	55.1	9.0	3.3	39.9
流动人口	7.5	14.0	15.4	9.7
全国	100	100	100	100
A. 横向比重				
东部	57.1	37.8	5.1	100
中部	75.5	23.1	1.5	100
西部	74.2	24.1	1.7	100
全国	67.5	29.5	3.1	100
B. 纵向比重				
东部	35.2	53.3	70.0	41.6
中部	34.9	24.5	14.9	31.2
西部	29.9	22.2	15.1	27.2
全国	100	100	100	100

资料来源：李实、杨修娜：《中等收入群体与共同富裕》，《经济导刊》2021年第3期。

坚力量，也是释放消费红利的主力军。因此，中等收入群体规模的扩张，不仅是经济转型发展的体现，更是经济高质量发展的基本要求。面对我国中等收入群体比重不足的问题，中央在多个场合反复强调要进一步提高中等收入群体比例，促进我国形成中间大、两头小的“橄榄形”分配结构。

此外，中国还有一个独特的农民工群体，它既是熨平城乡收入差距的一个重要因素，也是新生代农村居民共享城市经济发展的主要方式。根据公开统计数据显示，2014年以来，我国跨省农民工流动的规模不断衰减，尤其是2016年以来农民工月均收入增速呈现快速下降态势，而且疫情发生后，农民工外出群体规模增速不断趋缓，甚至一度出现负增长，由此可见，突发事件对该群体收入持续性的影响。

表7　2014—2020年农民工收入及规模增长速度（较上年）　单位：%

指标＼年份	2014	2016	2017	2019	2020	2021	2022
农民工月均收入	9.77	6.61	6.41	6.48	2.78	8.84	4.13
跨省流动农民工规模	1.65	−1.02	0.12	−1.13	−6.07	1.11	−0.97
农民工规模	1.86	1.53	1.71	0.84	−1.78	2.42	1.06
本地农民工规模	2.82	3.44	2.05	0.71	−0.44	4.12	2.43
外出农民工规模	1.27	0.30	1.48	0.92	−2.67	1.26	0.11

资料来源：根据《中国统计年鉴（2023）》计算而得。

（三）行业间收入差异稳中有降且离散度降低

观察收入分配的结构性特征，还可以对行业间工资差异进行探讨。通常来说，由于技术水平、政策管制、市场性质等，不同行业的工资差异是普遍存在的。但对连续时点进行动态分析，则可以发现趋势性和规律性的性质。根据国家统计局公开的19个行业平均工资数据，此处考察新冠疫情对收入变动产生影响前的正常情景。经计算，笔者发现，2010—2020年，行业间平均工资的相对差距呈现出稳中缩小趋势，最高和最低行业平均工资倍数从2010年的4.20下降到2020年的3.66。进一步分析，11年间19个行业平均工资的变异系数也表现出逐渐降低的趋势（表8），虽然变异系数数值保持在0.33左右，但2020年较2010年却下降了3.76%。这意味着行业间平均工资的分布更为集中，波动的离散程度不断降低，与我国相对收入差距缩小的趋势相吻合。

表8　2010—2020年分行业平均工资相对差距和变异系数表

指标＼年份	2010	2012	2014	2016	2018	2020
相对差距	4.20	3.96	3.82	3.64	4.05	3.66
变异系数	0.346 1	0.330 8	0.335 4	0.327 4	0.331 5	0.333 1

注：相对差距等于平均工资最高行业数值与最低行业数值之比。
资料来源：根据国家统计局网站年度数据计算而得，https://data.stats.gov.cn/easyquery.htm?cn=C01。

具体从行业分布来看，虽然行业间平均工资的分布比较稳定，但也存在排序变动的显著结构特征。2010—2020年，金融业、信息行业（全称是信息传输、计算机服务和软件业）、科技行业（全称是科学研究、技术服务和地质勘查业）、电力行业（全称是电力、燃气及水的生产和供应业）的人员平均工资始终保持前四位的高平均工资水平。农业（全称是农、林、牧、渔业）、住宿和餐饮业、居民服务和其他服务业、公共管理业（全称是水利、环境和公共设施管理业）、建筑业、制造业等六个行业的人均工资始终保持后六位排序。其中，农业和住宿餐饮行业一直保持着倒数第1位和倒数第2位的低工资水平。从排序变化上看，信息行业由2010年的第2位提升至2016年的第1位，金融业则在2016年降为第2位，且两者平均工资的绝对差距从2016年的5 000元扩大到2020年的44 000元。之所以出现这样的变化，很大程度上与2015年后我国面对“脱实向虚”问题逐步加大对金融行业强力管制的政策有关，而信息行业平均工资的逐步提高则与面对诸多“卡脖子”问题后国家加大科技创新的激励密切有关。这表明行业间工资差异虽然和行业的技术和市场特性密切相关，但也会受到国家宏观调整政策的强力影响。这种情况也同样体现在低工资行业的变动趋势上，比如，受国家低碳环保政策的影响，采矿业从2010年的第5位下降至2020年的第10位。另外，由于全社会对提高公共服务能力的关注度和国家实施的政策力度不断上升，教育行业从2010年第10位上升到2020年的第7位，卫生、社会保障和社会福利业由2010年的第8位上升到第5位，公共管理和社会组织由2010年的第11位上升到2020年的第8位。

五、国际经验与启示：共同富裕的实现路径

总的看来，我国的收入分配日益呈现出居民共享发展成果的局面，经济增长与居民收入保持了基本同步态势；但深入到收入总量和分配结构两个维度后，本文发现：

第一，分配政策不断向农村居民倾斜，产生的实际效果是农村低收入群体相对收入快速提高，而中间及中间偏下收入组农村居民增收的相对速度更慢一些。

第二，城镇居民收入来源比较单一，工资性收入占比达60%左右；新冠疫情发生的2020年，城镇居民不仅工资收入增速迅速降低，而且经营性收入呈现负增长。

第三，经济发展水平是共同富裕程度的物质基础，越是经济发展水平高的地区，其城乡差距越小；西部一些省份的城乡差距在全国各省份中名列前茅。

第四，我国收入基尼系数已经达到国际警戒线水平，城乡收入差距虽

然不是最为关键的因素，但区域间城镇居民收入差距的分化却更需要引起关注。

第五，收入结构加速呈现中等收入向高收入和低收入两端流动的特征，中间收入阶层不断减少，收入分配结构呈现“哑铃形”变动趋势。

（一）国际视角的比较

在各国经济发展实践中，许多国家在特定阶段都相继提出或实施过收入倍增计划，这些计划虽然取得了不少成就，但也有值得吸取的教训（表9）。比如，日本池田内阁于1960年提出“国民收入倍增计划”，核心内容是从1961年至1970年，实现日本经济总量和人均国民实际收入翻倍。[①]但由于过度依赖市场力量，制造业与农业的相对劳动生产率日益悬殊，呈现显著的“U形”变动态势，到1979年制造业劳动生产率相当于农业劳动生产率的7倍。20世纪70年代初，美国政府提出职工持股计划，主要目的是希望改善资本主义传统雇佣劳动关系，激发工人的积极性和创造力，打破资本的财富垄断，提高中下阶层的收入，使社会更加稳定和公平。但实施中突出的问题是职工持股数量分散且占有比例较小，职工对企业所有权控制程度非常有限，原本希望激励职工积极性的目的难以达成[②]。1999年，俄罗斯普京政府提出“强国富民”战略，计划从1999—2007年，俄罗斯GDP年均增长约为6%，人均实际工资和人均实际收入的增长速度比GDP的增长速度高出2倍。虽然俄罗斯政府通过一系列政治改革措施削弱了既得利益者的地位和权力，为经济增长提供了稳定的政治环境。但俄罗斯畸形的经济结构却长期得不到解决，表现为产业结构不合理、地区发展不协调、重工业失调、农业长期落后等，且人力资本流失和短缺的问题越发严重。

---

① 秦攀：《浅谈国民收入倍增计划》，《湖北经济学院学报》2011年第11期。

② 魏拴成：《实现国民收入倍增计划的有效途径——职工持股制度》，《经济师》2010年第8期。

表 9　　部分国家收入倍增计划的经验与不足

	主要经验	显著不足
俄罗斯强国富民战略	• 政治改革为经济发展提供支撑 • 扩大内需为经济发展提供动力 • 打破垄断行业 • 科技创新助推经济发展	• 经济结构畸形未彻底改变 • 产业、地区间发展不协调 • 人力资本短缺威胁可持续发展
美国职工持股计划	• 专门机构集中规范管理 • 激励职工参与公司管理 • 提供各种优惠政策 • 配套服务机构比较健全	• 职工受到失业和资产损失的风险 • 职工对企业所有权控制程度有限 • 未能同步提高经营业绩
日本倍增计划	• 高效平衡政府干预与市场自由关系 • 注重劳动生产率的提高 • 有效统筹增加收入与扩大消费 • 经济政策适合日本国情	• 工农业生产率差距未有效降低 • 公害与城市拥挤问题恶化 • 通胀问题没得到有效控制 • 对民间设备投资热情估计偏低

资料来源：笔者整理。

（二）启示

借鉴他国实践并结合前文主要观点，笔者认为，在推动共同富裕的过程中，要高度关注收入总量同步和分配结构协调，重点处理好以下三对关系。

第一，处理好创新发展与收入提高的关系，确定符合创新导向的收入分配原则。共同富裕不是共同贫穷，而是经济高质量发展中的合理分配。从质量角度讲，1978—2017年，我国TFP年均增速约为3.5%，对经济增长贡献的平均值为36%；但2008年以后，TFP增速总体呈现下降趋势，对经济增长的贡献已下降至30%以下。[①]通常来说，TFP是国民经济创新水平的体现，而创新既是引领发展的第一动力，又是衡量高质量发展水平的重要标准。因此，有效提高全要素生产率将是实现中国经济高质量发展的关键任务。理论和实践均证明，创新是推动经济持续增长的重要原因。正如Jianhui

① 国务院发展研究中心：《创新中国——培育中国经济增长新动能》，中国发展出版社2020年版。

Jian等[①]的研究发现，创新对人均GDP增长率的确具有显著的正向影响。但创新却不必然地改善收入分配格局，甚至会显著拉大不同群体的收入差距。比如，陈怡、刘芸芸[②]发现，技术创新对高收入分位人群带来的收入增长效应更大，对总体收入不平等也具有显著拉升作用；而且技术创新的回报率在城乡之间存在显著差异，且技术创新对城镇的回报率始终高于农村。从相反的角度看，收入差距的拉大也会对创新产生阻碍作用。程文、张建华[③]就发现，当进入中高收入阶段后，如果收入差距未能随着收入水平的提高而不断缩小，不仅自主创新将会受到抑制，经济增长也将陷入停滞。上述结论意味着要在高质量发展中推进共同富裕，首要问题是处理好创新驱动与居民增收的关系。在笔者看来，高质量发展是共同富裕的物质基础，提高国家创新能力是解决发展中所有问题的先决条件，包括降低收入差距和改善收入分配。为此，我们必须要确立能够有助于TFP贡献率提升的、符合创新目标导向的收入分配优化原则，促进两者在相互促进中同步优化。具体内容包括：一是在对创新型人才衡量标准和创新绩效评估原则顶层设计的基础上，大力提高创新型人才的收入标准和增长目标，形成“创新引致收入增长”的社会共识标准；二是各级政府要加大对创新研发的支持力度，分配政策上要给予适度倾斜；三是要保护市场自由公平竞争的能力，确保市场配置资源的能力和要素自由流动的权力，形成“竞争力提高增收能力”的市场共识标准。此外，也要借助社会力量，全力做好有利于缓和收入差距的分配伦理与经济道德的建设。

---

① Jianhui Jian, Xiaojie Fan, Shiyong Zhao, Dong Zhou. “Business creation, innovation, and economic growth: Evidence from China’s economic transition, 1978–2017”, Economic Modelling, Volume 96, 2020, pp.371–378.

② 陈怡、刘芸芸：《技术创新对收入分配的影响——基于不同收入人群的分析》，《南京财经大学学报》2019年第2期。

③ 程文、张建华：《收入水平、收入差距与自主创新——兼论“中等收入陷阱”的形成与跨越》，《经济研究》2018年第4期。

第二，处理好高收入和低收入居民的收入差距，明确适合国情的中等收入群体标准。共同富裕不是平均主义，更不是“杀富济贫”，要承认一定的收入分配差距对经济发展的积极意义。我国一直特别强调超大规模的市场优势，但问题在于“超大规模”究竟是潜在优势还是现实优势呢？这些年来，居民有效消费不足和可持续性不强一直是制约经济发展的重要原因，核心表现就是中等收入群体的收入总量及其规模比重不高。如表6所示，2018年虽然我国中等收入群体的人口规模在全国仅占29.5%，但中等收入群体的消费总支出约占全国总体的46.5%。因此，要想把我国所具有的潜在优势转化为现实发展条件，就需要高度关注不同收入群体的分配结构，切实提高中等收入群体收入及其人口比重。为此，一方面，要加大对极高收入者和极低收入者的税收调节和转移支付力度，减缓中等收入者相对收入过度流向高收入者的问题；另一方面，要根据实际情况确定中等收入标准及其群体范围。目前，世界银行对中等收入认定的下限是2.5万元人民币、上限是25万元人民币，如此之大的差距必然削弱扩大中等收入群体收入和规模的政策效果。实际上，在符合上述认定标准中，一国只有达到上限标准的人数规模越多，该国的消费能力和经济稳定性才会越强。

第三，处理好不同群体增收的关系，设计弹性可控的精准政策体系。收入分配结构调整是一个长期的动态化过程，需要因时动态调整。这些年来，在脱贫攻坚政策驱动下，农村居民尤其是低收入农村居民的收入获得了更为快速的增长。新冠疫情发生以后，虽然居民收入仍然保持增长态势，但农民工和城镇居民两大群体却受到较大负面冲击。其中，农民工月均收入和城镇居民人均可支配工资性收入的实际增速分别是4.13%和3.9%，还不及上年收入实际增速的一半。特别是城镇人均可支配经营性净收入，2020年的实际增速仅为−2.3%，在所有群体中是唯一负增长的收入来源。虽然2021年恢复较快（实际增速14.2%），但2022年实际增速（3.8%）仅有上年的1/4。因此，不能认为城乡收入差距缩小或者不同群体收入差距缩小就一定是好事，要把收入差距合理化作分配调节的目标方向。结合我国实际，笔者认为，我们需要牢牢坚持以经济建设为中心这条工作主线，牢牢坚持按劳分配为主和按要素分配相结合的多种分配方式，重视对不同群体收入来源多样化与均衡化的政策支持，加强对城镇经济发展信心的重建和民间投资预期的引导。对农村居民而言，重点是增加农村居民的财产性收入。截至目前，农村居民人均可支配财产性净收入仅占其总收入的2%左右，这并不利于农村居民收入的持续稳定增长。所以，我们要加快农村土地制度改革的深化，推进宅基地流转、置换方式的创新，让农村可以凭借土地财产的抵押、担保、转让获得更多的财产性收入。对城镇居民而言，我们要加快经济体制改革的步伐，全面消除阻碍市场化的各类垄断和体制性壁垒，在规范监管的基础上加大金融产品创新力度，鼓励员工参股、创业和持有金融资产；与此同时，还要不断提高公共投入水平并驱动公共服务均等化，降低城镇居民在教育、医疗、养老等方面的压力。对农民工群体来说，我们要探索扩大农民工融入城市社会的方式，在就业、子女就学、社会保障、住房保障等方面出台行之有效的政策。

总之，实现共同富裕必须以高质量发展为基础，收入分配调整必须有利于高质量发展要求。在推动居民共享经济发展成果的时候，要密切关注“收入总量同步”和“分配结构协调”，聚焦不同居民类别，不同收入组别，不同地理区域，不同行业，不同收入来源总量、比重与速度的协同问题，重点处理好创新发展与收入提高、高低收入差距和不同群体增收三对关系。

社会主义新发展阶段论对中国特色社会主义政治经济学的理论贡献

徐昂　沈开艳*

新发展阶段是以习近平同志为核心的党中央对我国社会主义发展建设所处方位做出的重大判断。2020年8月，习近平总书记在经济社会领域专家座谈会上首次提出我国将在“十四五”时期进入新发展阶段。10月，习近平总书记在党的十九届五中全会第二次全体会议上指出中国决胜全面建成小康社会、决战脱贫攻坚的目标即将实现，中国进入一个新发展阶段。2021年1月，习近平总书记从理论和实际、历史和现实、国内和国际相结合的高度，分析了中国进入新发展阶段的理论依据、历史依据、现实依据。他围绕新发展阶段的一系列重要论述构成了社会主义新发展阶段论的主体内涵。

中国特色社会主义政治经济学是当代中国经济学理论的根本和主流。理论的生命力在于不断创新。新发展阶段的重大判断与中国特色社会主义政治经济学系统创新的理论关系，本质上在于后者如何立足当代中国国情和发展实践，深入研究世界经济和中国经济面临的新情况新问题，揭示出中国特色社会主义的新特点新规律。这一命题的意义在于站在人类发展前沿，回应时

* 徐昂，经济研究所助理研究员；沈开艳，经济研究所研究员。

代之间，进一步推进马克思主义中国化，为丰富和发展21世纪马克思主义贡献中国智慧。

一、新发展阶段论推进中国特色社会主义政治经济学的时代化

中国特色社会主义政治经济学是改革开放以后，中国共产党不断推进马克思主义中国化，并用以指导实践的理论产物。这一理论体系继承了马克思主义经典理论及其第一次中国化，在马克思主义经典作家未尝论述、过去也没有实践和认识的领域，发展出了许多适应当代中国国情和时代特点的重要成果。

当代中国正在经历人类历史上最为宏大而独特的实践创新，改革发展稳定任务之重、矛盾风险挑战之多、治国理政考验之大都前所未有，世界百年未有之大变局深刻变化前所未有。[①]面对新形势下大量亟待回答的理论和实践课题，中国特色社会主义政治经济学需要不断地时代化、当代化，才能科学地阐释党和国家事业发展的目标任务和大政方针；只有从中国和当今世界最新的发展变化出发，审时度势，才能为新时代坚持和发展中国特色社会主义提供理论指导。新发展阶段的重大战略判断，为此提供了必需的、坚实的理论基础。

（一）新发展阶段论对两个大局的深刻把握，成为新时代中国特色社会主义政治经济的基本出发点

党的十九大以来，中华民族伟大复兴的战略全局与世界百年未有之大变局呈现出交织激荡的深刻复杂形势，是过去从未有过的。从国内看，我国继续发展既有多方面的优势条件，也面临不少挑战和阻力。从国际看，世界大

---

① 习近平：《更好把握和运用党的百年奋斗历史经验》，《求是》2022年第13期。

变局正加速演变，全球经济版图的深刻变化、新一轮科技革命和产业变革带来的新陈代谢和激烈竞争、国际力量对比的革命性变化以及全球治理体系的不适应、不对称，都是前所未有的。

从中华民族伟大复兴的战略全局的高度出发，中国特色社会主义政治经济学明确了新发展阶段的最终指向——在中国特色社会主义道路上，通过从全面建成小康社会到基本实现现代化，再到全面建成社会主义现代化强国，实现中华民族以更加昂扬的姿态屹立于世界民族之林。

从深刻把握两个大局出发，中国特色社会主义政治经济学辩证认识和把握当前复杂现象下的本质，深刻认识我国社会主要矛盾变化带来的新特征新要求，深刻认识错综复杂的国际环境带来的新矛盾新挑战。[①]

（二）新发展阶段论科学把握中国当前经济发展的历史方位，为中国特色社会主义政治经济学提供了新的现实依据

新发展阶段是中华民族伟大复兴历史进程的大跨越，是中国人民从站起来、富起来到强起来的历史性跨越。这一跨越连接着“两个一百年”的奋斗历程。一方面，新发展阶段建立在第一个百年奋斗历程所实现的历史性成就和历史性变革之上。马克思主义中国化的历程，是党领导中华民族改变前途命运、不断实现人民对美好生活的向往、开辟伟大复兴的正确道路的百年奋斗历程。经历了马克思主义中国化的前两次飞跃，才能有新时代中国特色社会主义思想的新的飞跃。

另一方面，新发展阶段是党和人民事业所处的前进阶段。当前中国全面建成小康社会，历史性地解决了绝对贫困问题，开启了全面建设社会主义现代化国家新征程。党的十九大对实现第二个百年奋斗目标做出分两个阶段推进的战略安排。这是中国特色社会主义政治经济学理论体系构建的

① 习近平：《正确认识和把握中长期经济社会发展重大问题》，《求是》2021年第1期。

根本依据。

（三）新发展阶段论准确定性当前中国历史方位的战略特征，概括了当代中国特色社会主义政治经济学的战略意义

习近平总书记明确指出，当前和今后一个时期，我国发展仍然处于重要战略机遇期，但机遇和挑战都有新的发展变化，机遇和挑战之大都前所未有，总体上机遇大于挑战。[①]对于重要战略机遇期，新发展阶段论认为危和机并存、危中有机、危可转机，机遇更具有战略性、可塑性，挑战更具有复杂性、全局性。

立足时代特征，中国特色社会主义政治经济学聚焦全面把握“重要战略机遇期”，研究机遇和风险问题，为长时间应对外部环境变化做好理论准备，力求“准确识变、科学应变、主动求变，勇于开顶风船，善于转危为机”。[②]同时，坚定不移抓机遇、用机遇，调动和运用好形势变化带来的一切积极因素，充分发挥中国的独特优势，抢占未来发展制高点。

二、新发展阶段论推动中国特色社会主义政治经济学的系统化创新

中国特色社会主义需要符合时代特征的理论指引，新发展阶段论为中国特色社会主义政治经济学的系统化创新做了重要理论准备和贡献：

（一）在新发展阶段，习近平新时代中国特色社会主义思想是中国特色社会主义政治经济学系统化创新的科学指南与根本指导

党的十八大以来，以习近平同志为核心的党中央全面审视国际国内新的形势，通过总结实践、展望未来，创新、全面、系统回答了新时代坚持和发

① 习近平：《把握新发展阶段　贯彻新发展理念　构建新发展格局》，《求是》2021年第9期。
② 习近平：《新发展阶段贯彻新发展理念必然要求构建新发展格局》，《求是》2022年第17期。

展什么样的中国特色社会主义、怎样坚持和发展中国特色社会主义这个重大时代课题。习近平总书记多次对马克思主义政治经济学的系统化创新做出指示。2015年11月，他提出要“把实践经验上升为系统化的经济学说”，要求形成“对我国经济发展实践的规律性成果的思想提炼和理论总结”；2017年12月，习近平新时代中国特色社会主义经济思想的提出，包含了“系统化的经济学说”的七个“坚持”原则；2020年8月24日，习近平总书记再次强调了中国特色的“系统化的经济学说”，指出 :“我们要运用马克思主义政治经济学的方法论，深化对我国经济发展规律的认识，提高领导我国经济发展能力和水平。”①

马克思主义政治经济学同中国经济发展的具体实际相结合的理论飞跃，赋予了中国特色社会主义政治经济学鲜明的政治性、人民性、科学性、实践性、开放性、民族性这六个理论品格。②实践证明，确立习近平新时代中国特色社会主义思想的指导地位，对新时代党和国家事业发展、对推进中华民族伟大复兴历史进程具有决定性意义。

（二）新发展阶段论深化了关于社会主义本质的理论内涵，体现了社会主义本质在新时代的实现过程

新发展阶段则是促进全体人民共同富裕的重要阶段。实现共同富裕是中国特色社会主义的根本目标，也是“关系党的执政基础的重大政治问题”。党的十九届五中全会指出“我们不能等实现了现代化再来解决共同富裕问题，而是要始终把满足人民对美好生活的新期待作为发展的出发点和落脚点，在实现现代化过程中不断地、逐步地解决好这个问题”。③

---

① 习近平 :《正确认识和把握中长期经济社会发展重大问题》，《求是》2021年第1期。

② 何毅亭 :《习近平新时代中国特色社会主义经济思想的理论品格》，《经济日报》2021年3月16日。

③ 习近平 :《全党必须完整、准确、全面贯彻新发展理念》，《求是》2022年第16期。

进入新发展阶段，正确认识和把握实现共同富裕的战略目标和实践途径，成为政治经济学研究的重要原则性问题。当代中国的社会主义既要不断解放和发展社会生产力，不断创造和积累社会财富，又要防止两极分化，切实推动人的全面发展、全体人民共同富裕取得更为明显的实质性进展。新发展阶段还要求更有效的制度安排，处理好效率和公平关系，构建好初次分配、再分配、三次分配协调配套的基础性制度。[①]在新发展阶段，以人民为中心、促进全体人民共同富裕的立场决定了中国特色社会主义政治经济学的理论创新的总体方向。

（三）新发展阶段论丰富发展了社会主义初级阶段理论

社会主义初级阶段论是中国共产党深刻把握社会主义本质之后的重要思想创造。习近平总书记指出："新发展阶段是社会主义初级阶段中的一个阶段，同时是其中经过几十年积累、站到了新的起点上的一个阶段。新发展阶段是我们党带领人民迎来从站起来、富起来到强起来历史性跨越的新阶段。"[②]

新发展阶段是社会主义初级阶段的稳定性与发展性、连续性与跨越性的辩证统一。我国社会主要矛盾已转化为人民日益增长的美好生活需要和不平衡不充分的发展之间的矛盾。这是党根据我国社会主义初级阶段不断变化的新特点做出的重大战略判断。我国社会主要矛盾的变化，虽然没有改变我国社会主义所处历史阶段的判断，却是关系全局的历史性变化。[③]

发展的不平衡不充分，是我国新发展阶段面临诸多问题的总特征。中国特色社会主义政治经济学致力于在新时代实现社会经济的充分、平衡发展，其中包括：发达地区与落后地区之间、东中西部之间、城乡之间的发展的进

① 习近平：《正确认识和把握我国发展重大理论和实践问题》，《求是》2022年10月。
② 习近平：《把握新发展阶段 贯彻新发展理念 构建新发展格局》，《求是》2021年第9期。
③ 习近平：《更好把握和运用党的百年奋斗历史经验》，《求是》2022年第13期。

一步平衡，各地域之间、各行业之间资源分配的进一步平衡，国家在政治、经济、文化、社会、生态各领域之间的治理的进一步平衡，不同社会结构人群之间的财富收入分配的进一步平衡。同时，社会经济发展注重发展质量和高效益。

（四）新发展阶段论拓展了中国特色社会主义政治经济学的理论空间和视野

从党的十八届五中全会提出创新、协调、绿色、开放、共享的五大新发展理念，到党的十九大报告指出我国经济已由高速增长阶段转向高质量发展阶段，再到2020年4月习近平总书记提出构建以国内大循环为主体、国内国际双循环相互促进的新发展格局。这一系列重要判断和重大战略的提出，丰富了中国特色社会主义政治经济学的全新内涵。

党的十九大以来，中国特色社会主义政治经济学理论体系构建工作正式“破题”。2017年12月的中央经济工作会议对以新发展理念为主要内容的习近平新时代中国特色社会主义经济思想，提出了七个“坚持”的原则；2021年12月的中央经济工作会议上，习近平同志对进入新发展阶段后，正确认识和把握实现共同富裕的战略目标和实践途径、资本的特性和行为规律、初级产品供给保障、防范化解重大风险、碳达峰碳中和等我国发展重大理论和实践问题，发表重要讲话。①

新发展阶段的中国特色社会主义政治经济学，强调加强党对经济工作的全面领导，坚持以人民为中心的发展思想，坚持稳中求进工作总基调，坚持和完善社会主义基本经济制度，立足新发展阶段、贯彻新发展理念、构建新发展格局、推动高质量发展，统筹发展和安全，全面深化改革开放，促进全体人民共同富裕。这些都分别丰富发展了马克思主义政治经济学关于经济

① 习近平：《正确认识和把握我国发展重大理论和实践问题》，《求是》2022年10月。

和政治关系的理论、关于经济发展原则的理论、关于市场经济的理论、关于生产和需要关系的理论、关于社会再生产的理论和关于世界经济的理论，等等，全面开拓了政治经济学的理论视野，使其在“育新机”“开新局”中找到中国经济发展的新优势和新路径。①

三、新发展阶段论开拓中国特色社会主义政治经济学的新境界

（一）新发展阶段论继承和发展了马克思主义世界观和方法论

中国特色社会主义政治经济学始终以辩证唯物主义和历史唯物主义科学世界观、方法论认识世界、改造世界，同时警惕以教条主义和实用主义对待马克思主义。习近平总书记指出：“以科学的态度对待科学、以真理的精神追求真理。”②准确把握新发展阶段，在根本上就是掌握马克思主义的科学方法和已有的社会主义经济发展规律，用全面、辩证、长远的眼光，研究新时期经济运行的复杂过程。

在新发展阶段，中国特色社会主义政治经济学坚持理论与实践相结合，着眼客观实际和时代特征，聚焦发展不平衡不充分的深层次矛盾，聚焦新阶段国际国内环境深刻复杂变化和经济运行面临的风险挑战。

新发展阶段的中国政治经济学继承了马克思主义政治经济学、毛泽东经济思想以及包含在邓小平理论、“三个代表”重要思想、科学发展观经济思想中的“理论精髓”。同时，“独特的文化传统，独特的历史命运，独特的国情，注定了中国必然走适合自己特点的发展道路”。③归根到底，是把马克思主义基本原理同中国具体实际相结合、同中华优秀传统文化相结合。

---

① 顾海良：《新发展阶段中国特色社会主义政治经济学的理论升华》，《经济日报》2020年9月16日。

② 习近平：《更好把握和运用党的百年奋斗历史经验》，《求是》2022年第13期。

③ 《习近平在布鲁日欧洲学院的演讲》，《人民日报》2014年4月2日，第2版。

新发展阶段的经济理论不仅用马克思主义的立场、观点、方法观察时代，而且广泛借鉴现代西方经济学中的有益成分，注意借鉴西方经济学的各方面知识及其反映社会化大生产和市场经济的一般规律。[①]同时，对国外特别是西方经济学去粗取精、去伪存真，采取坚持以我为主、为我所用的立场，批判其中反映资本主义制度属性、具有西方意识形态色彩的内容，展现出马克思主义政治经济学兼容并包的开放品格。

（二）新发展阶段论为21世纪马克思主义贡献了中国智慧

新发展阶段最大的实践就是全面建设社会主义现代化国家、实现中华民族伟大复兴。新发展阶段设定到2035年基本实现社会主义现代化远景目标，到本世纪中叶把我国建成富强民主文明和谐美丽的社会主义现代化强国。习近平总书记特别强调了中国式现代化是人口规模巨大的现代化，是全体人民共同富裕的现代化，是物质文明和精神文明相协调的现代化，是人与自然和谐共生的现代化，是走和平发展道路的现代化。[②]

全面性特征是中国式现代化的鲜明标志。在中国特色社会主义政治经济学的理解中，这种全面性体现在：从各领域内部的量的增长，上升为发展质量的提升、整体结构的现代化；以人民为中心的发展观要求新发展阶段的现代化过程依靠人民，现代化成果由人民共享；实现人的现代化——即全面调动人的积极性、主动性、创造性，实现人的全面发展；同世界各国互利共赢，深化全球经济治理协作，缩小南北发展差距，推动人类和平与发展。

实践表明，中国式现代化既切合中国实际，具有高度现实性、可行性，在推进中华民族伟大复兴的同时体现社会主义建设和人类社会发展规律。[③]在中国特色社会主义政治经济学理论指导下，中国特色社会主义为发展中国

---

① 习近平：《不断开拓当代中国马克思主义政治经济学新境界》，《求是》2020年第16期。

② 习近平：《把握新发展阶段　贯彻新发展理念　构建新发展格局》，《求是》2021年第9期。

③ 习近平：《新发展阶段贯彻新发展理念必然要求构建新发展格局》，《求是》2022年第17期。

家走向现代化、为解决当今世界经济的难题贡献中国智慧和中国方案，实现中国对21世纪马克思主义的实践引领。

（三）新发展阶段论提出了社会主义事业推动人类命运共同体发展的重要命题

新发展阶段论深刻阐明了世界百年未有之大变局是人类社会各类矛盾冲突、发展的新产物，更受到中国长期自力更生、艰苦奋斗、深刻改变世界政治经济格局的影响。从全球视野的角度把握当前的巨大不确定性，中国特色社会主义政治经济学升华了对自主和开放、发展和安全、国内经济循环和国际经济循环的辩证理解，也为提出构建人类命运共同体的中国智慧与中国方案，提供了逻辑内涵与理论依据。

在新发展阶段，中国代表发展中国家积极参与全球治理的方向，推动国际贸易正常化，保障世界经济安全，推动国际社会共担时代责任，合作应对挑战，实现全球化的机遇共享，也是当代中国政治经济学的应有之义。中国特色社会主义政治经济学通过指导我国继续提高对外开放水平，建设更高水平开放型经济新体制，最终实现构建新发展格局，实现互利共赢。[①]

随着全球资本主义体系危机的暴露和西方资本主义意识形态受到广泛质疑，以“共商、共建、共享”作为治理新秩序的人类命运共同体构想有了更重大的思想指导意义。当代中国特色社会主义政治经济学，有别于当代资本主义政治经济学的“系统化”形式，是总结并服务于人类命运共同体的系统化政治经济学。中国特色社会主义政治经济学对马克思主义做出原创性、时代性贡献，使人们对共产党执政规律、社会主义建设规律、人类社会发展规律的认识达到更新的历史高度。中国的社会主义事业在伟大斗争中不断取得的历史性成就，锻造了与时俱进的马克思主义理论，使科学社会主义释放出

---

① 习近平：《把握时代潮流　缔造光明未来》，《人民日报》2022年6月23日，第2版。

具有强大的影响力、说服力和感召力。[①]

四、结 论

时代是思想之母，实践是理论之源。新发展阶段论推进了中国特色社会主义政治经济学的时代化，以“两个大局”为基本出发点，科学把握中国特色社会主义的历史方位、现实依据和时代特征。

新发展阶段论推动了中国特色社会主义政治经济学的系统化创新，以习近平新时代中国特色社会主义思想为根本指导，深化了社会主义本质论与社会主义初级阶段论的理论内涵，拓展了理论体系的空间和视野。

新发展阶段论开拓了中国特色社会主义政治经济学的理论境界，发扬马克思主义世界观和方法论，为21世纪马克思主义贡献中国智慧，提出了社会主义事业推动人类命运共同体发展的重要命题。

归根到底，只有继续坚持把马克思主义基本原理同中国具体实际相结合、同中华优秀传统文化相结合，才能在新发展阶段，实现马克思主义中国化新的飞跃，续写中国特色社会主义政治经济学的新篇章，使科学社会主义在21世纪焕发出新的蓬勃生机。

① 《求是》杂志编辑部：《以史鉴今　砥砺前行》，《求是》2021年第12期。

从习近平新时代中国特色社会主义思想与中华优秀传统文化的有机结合看马克思主义中国化的第三次飞跃

耿勇　刘晶*

中华文明具有五千多年的悠久传统，在相当长的历史时期中始终处于领先地位，对东亚、东南亚，乃至整个人类社会的发展与进步起到了不可磨灭的促进作用。然而，当世界历史跨入19世纪之际，以机器大生产为主要特征的工业化逐渐成为人类社会的主流趋势，中国却没有能够跟上世界的步伐，与世界潮流暂时脱节了。受此影响，中国成为资本主义列强欺辱与剥削的对象，被迫卷入资本主义世界体系中，由原先引领人类进步的"领头羊"，变成任列强欺压的"待宰羔羊"。近代中国无数仁人志士学习西方先进技术、制度、思想，奋起直追，寻找救国救民的良方，同时在不断探寻中国之所以落后挨打的病因。在中西、古今二元对立的分析框架之下，中国传统文化被当作是致病元凶，被认为是与以西方为模范的近代化格格不入。对此，中国共产党人并没有人云亦云，在将马克思主义的普遍原理同中国具体实际相结合的过程中，在不断推进马克思主义中国化的过程中，

* 耿勇，世界中国学研究所助理研究员；刘晶，世界中国学研究所助理研究员。

注重中华优秀传统文化的时代价值，从中汲取营养。作为马克思主义中国化的最新理论成果，习近平新时代中国特色社会主义思想在理论探索与实践中，高度重视中华文明优秀成果的价值，不仅是对中华优秀传统文化面临困境的正面回应，为中华优秀传统文化开拓出新的境界，而且将之付诸实践，服务于中国特色社会主义建设的伟大事业、中华民族伟大复兴的历史伟业和构建人类命运共同体的伟大构想，完成了马克思主义中国化的第三次飞跃。

一、习近平新时代中国特色社会主义思想，是对中华优秀传统文化面临困境的正面回应

1840年6月，随着英国海军少将懿律（George Elliott）率领的英国远征军抵达广州海面，第一次鸦片战争爆发。战争的结果，彻底打破了半个世纪之前清朝在英国使团面前吹嘘的“天朝物产丰盈，无所不有，原不借外夷货物，以通有无”的神话，在英国洋枪火炮的威胁之下，被迫打开了国门。此后100余年，帝国主义的侵略不断加深，第二次鸦片战争、八国联军侵华、甲午中日战争、抗日战争，不平等条约不计其数，割地、赔款、出让国家主权和利权，似乎已经成为近代中国政治领域中的家常便饭。面对来自西方的冲击，中国开始了艰难的近代化历程，大规模引进西方的生产技术、政治制度、思想文化，尝试以之挽救迫在眉睫的亡国灭种的危机。经过一系列的艰难探索，终于找到了马克思主义，并在中国共产党的领导下，推翻了帝国主义、封建主义和官僚资本主义的压迫，实现了百年来梦寐以求的民族解放的梦想。1978年，党的十一届三中全会以后，在改革开放的伟大实践与接力探索中，中国共产党开辟出了中国特色社会主义道路，国家富强、社会进步、人民幸福的理想日渐成真。然而，经过100余年的探索与努力，中国虽然将“东亚病夫”这顶污名化的帽子甩向了太平洋，取得了举世瞩目的发展成

就，堪称人间奇迹。但有一个问题始终没有得到很好的解决，那就是对于工业社会和现代化进程而言，中国传统文化是否仍然具有价值？具有什么样的价值？

实际上，在由传统中国转向现代中国的过程中，中华传统文化的价值与作用向来是一个争论不休的问题。而对中华传统文化的质疑，同样来自西方的冲击。1840年以来，中国在应对东西方帝国主义列强侵略方面节节败退，逃无可逃。在这一过程中，中国社会各阶层也提出和进行了各种形式的政治实践，应对来自列强的挑战，先后爆发了太平天国运动、洋务运动、维新变法、义和团运动、辛亥革命。这些改革和革命虽然在一定程度上打击了封建统治和帝国主义列强的嚣张气焰，在诸多方面提升了中国近代化的水平；但是，中国却在半殖民地半封建社会的历史深渊中越陷越深，与世界的差距越来越大。因此，20世纪初，一部分先进的中国人士提出，中国的改革不能仅仅停留在学习生产技术与政治制度两个层面，儒家学说所代表的中国传统文化才是阻碍中国社会进步的真正因素；中国要自立于世界民族之林，必须要“打倒孔家店”，与传统作最决绝的割断，甚至提出了“全盘西化”的口号。20世纪后半叶，在中国共产党的领导下，中国社会经济建设实现了翻天覆地的变化，但因为中国与西方发达国家仍然存在一定的差距，中华优秀传统文化在现代化背景下的价值仍然面临不小的挑战。

较之世界上诸多文明形态，中华文明最为明显的一大特征就是中国人的宗教观念极为淡薄，历史与传统在中国人的精神世界中充当着价值评判的衡量尺度。用有些学者总结的话说，“历史是中国人的宗教”[①]“历史在中国承担着形而上的功能，它要回应精神世界所面对的无限性、无穷性”[②]。中

---

① 葛兆光：《历史是中国人的宗教》，《学林访谈》2017年10月7日。

② 赵汀阳：《中国人的信仰为什么是历史而非宗教？》，《领导决策信息》2019年第5期。

国的现代化建设，势必没有办法完全回避中华传统文化在现代化背景下遭遇的问题。处理好这一问题，关系到中国人如何理解中国共产党的领导是近代中国历史选择的必然结果，关系到中国人如何认识社会主义现代化道路的正确性，也关系到中国人在新的历史时期如何看待中国与世界关系的重大问题。

新时代以来，习近平新时代中国特色社会主义思想，在继承和发扬马克思列宁主义、毛泽东思想、邓小平理论、“三个代表”重要思想、科学发展观的基础上，将马克思主义中国化推向更高水平的过程中，在历史上第一次全方位正面回应了中华传统文化面临的困境，积极从中华优秀传统文化中汲取养分，将之有机地与中国化的马克思主义进行融合。习近平总书记曾多次强调，中华优秀传统文化并不是我们前进道路上的负担，而是中华民族极为宝贵的精神财富。2013年3月，在中央党校建校80周年庆祝大会暨2013年春季学期开学典礼上，习近平总书记指出：“中华文化博大精深，学习和掌握其中的各种思想精华，对树立正确的世界观、人生观、价值观很有益处。学史可以看成败、鉴得失、知兴替；学诗可以情飞扬、志高昂、人灵秀；学伦理可以知廉耻、懂荣辱、辨是非。”[①]同年11月，习近平总书记在山东考察时发表重要讲话，指出：“一个国家、一个民族的强盛，总是以文化兴盛为支撑的，中华民族伟大复兴需要以中华文化发展繁荣为条件。”[②]2014年10月，习近平总书记在文艺工作座谈会上，进一步指出：“中华优秀传统文化是中华民族的精神命脉，是涵养社会主义核心价值观的重要源泉，也是我们在世界文化激荡中站稳脚跟的坚实根基。”[③]习近平总书记对于中华优秀传统文化的一系列重要阐释，明确了中华优秀传统文化在现代化建设、在中华民族争取生

① 习近平：《在中央党校建校80周年庆祝大会暨2013年春季学期开学典礼上的讲话》，《理论视野》2013年第3期。

② 《习近平在山东考察时强调，认真贯彻党的十八届三中全会精神，汇聚起全面深化改革的强大正能量》，《人民日报》2013年11月29日。

③ 习近平：《十八大以来重要文献选编》（中册），中央文献出版社2016年版，第135页。

存和发展历史进程中的重要地位，掷地有声地解决了百余年来困扰几代中国人的困惑。

二、习近平新时代中国特色社会主义思想，为中华优秀传统文化开拓新境界

习近平新时代中国特色社会主义思想，不仅正面回应了中华优秀传统文化所面临的困境，肯定了中华优秀传统文化在中华民族发展过程和中国现代化建设过程中的重要地位，坚定了中国人对于本民族优秀传统文化的信心和底气。更为重要的是，习近平总书记一系列有关中华优秀传统文化的重要讲话，进一步阐明了在新的时代背景之下如何继承和发扬中华优秀传统文化，如何使中华优秀传统文化与中国特色社会主义高度融合。这为中华优秀传统文化在新时代的发展，开拓出了新境界，使之面对中国与世界百年未有之大变局的复杂局势，立得住、站得稳、行得远，为中华民族在新的历史局面中攻坚克难提供坚实的精神基础。具体体现在以下三个方面：

（一）继承和发扬中华优秀传统文化，不是"复古""守旧"，而是去粗取精，最终实现中华优秀传统文化的创造性转化、创新性发展

近代中国以后，面对西方的强烈冲击与民族生存和发展危机的加深，也有一部分人站出来强调中国传统文化的价值，前有洋务派的"中学为体，西学为用"，后有国粹学派、本位文化派以及晚近的新儒家等。它们虽然在相当程度上批判了全盘西化论的极端之处，但对于中国传统文化，仍旧不脱"接着讲"的范畴，过分强调对于中国传统文化的温情与敬意，而没有反思其不切合现代社会之处，走向了另一个极端。对此，习近平总书记在论及中国传统文化的价值时，一再强调："故步自封、陈陈相因谈不上传承，割断血脉、凭空虚造不能算创新。要把握传承和创新的关系，学古不泥古，破法

不悖法。”[①]他特别强调，在传承和弘扬中国传统文化的实践中，“传承中华文化，绝不是简单复古，也不是盲目排外，而是古为今用、洋为中用，辩证取舍、推陈出新，摒弃消极因素，继承积极思想”[②]。在此基础之上，习近平总书记进一步提出中华优秀传统文化的创造性转化、创新性发展这一重大历史命题。2016年5月，在全国哲学社会科学工作座谈会上，习近平总书记发表重要讲话，提出："要加强对中华优秀传统文化的挖掘和阐发，使中华民族最基本的文化基因与当代文化相适应、与现代社会相协调，把跨越时空、超越国界、富有永恒魅力、具有当代价值的文化精神弘扬起来。要推动中华文明创造性转化、创新性发展，激活其生命力。”

（二）继承和发扬中华优秀传统文化，不是单向阐发中华优秀传统文化的价值，而是坚持马克思主义的普遍原理同中华优秀传统文化相结合

习近平总书记通过对中国历史，尤其是对中国共产党史、中国近代史的深刻分析，正确地提出马克思主义受到中国人民热烈欢迎，并最终扎根中国大地、开花结果，归根结底是由于马克思主义“同我国传承了几千年的优秀历史文化和广大人民日用而不觉的价值观念融通的”[③]。而中华优秀传统文化之所以在面临种种挑战的困境之下重获生机，正是得益于中国共产党“用马克思主义真理的力量激活了中华民族历经几千年创造的伟大文明，使中华文明再次迸发出强大精神力量”[④]。基于此，对于中华优秀传统文化的创造性转化、创新性发展的实现路径，习近平总书记指出要将之与马克思主义结合起来，指出“推动中华优秀传统文化创造性转化、创造性发展，以时代精神激活中华优秀传统文化的生命力。要把坚持马克思主义同弘扬中华优秀传统文

① 习近平：《在中国文联十一大、中国作协十大开幕式上的讲话》，《人民日报》2016年12月1日。

② 习近平：《十八大以来重要文献选编》（中册），中央文献出版社2016年版，第135页。

③ 习近平：《习近平谈治国理政》（第3卷），外文出版社2020年版，第120页。

④ 习近平：《在党史学习教育动员大会上的讲话》，《求是》2021年第7期。

化有机结合起来，坚定不移走中国特色社会主义道路”[①]。2021年7月1日，习近平总书记在庆祝中国共产党成立100周年大会上，首次明确提出“坚持把马克思主义基本原理同中国具体实际相结合、同中华优秀传统文化相结合”[②]。同年11月，党的十九届六中全会进一步将“两个结合”写入党的第三个历史决议。2022年5月27日，在主持党的十九届中央政治局第39次集体学习时，习近平总书记再次强调，要在“两个结合”的基础上“不断推动马克思主义中国化时代化”[③]。

（三）继承和发扬中华优秀传统文化，不是简单的“各美其美”，而是“美美与共”，挖掘中华优秀传统文化的世界价值

中国作为一个负责任的大国，既要“集中精力办好自己的事”，也没有忘记“为人类做出新的更大贡献”。中华优秀传统文化，不仅是集中体现了经过几千年历史沉淀下来的经验、智慧和思想，涵养和哺育中华民族，也是属于全人类的精神财富，理应造福世界人民。新时代以来，习近平总书记非常注重中华优秀传统文化的国际传播能力建设。2016年，他在阐释中华优秀传统文化必须要创造性转化、创新性发展的同时，也强调这种创造性转化的中华文明，实践的领域并非仅仅限于中国，而是为解决全人类面临的问题提供来自中国的因应之道。习近平总书记指出："中华文明同各国人民创造的多彩文明一道，为人类提供正确精神指引。要围绕我国和世界发展面临的重大问题，着力提出能够体现中国立场、中国智慧、中国价值的理念、主张、方案。我们不仅要让世界知道‘舌尖上的中国’，还要让世界知道‘学术中的中国’‘理论中的中国’‘哲学社会科学中的中国’，让世界知道‘发展中的

① 习近平：《习近平谈治国理政》（第4卷），外文出版社2022年版，第315页。

② 习近平：《在庆祝中国共产党成立100周年大会上的讲话》，人民出版社2021年版，第13页。

③ 习近平：《把中国文明历史研究引向深入，推动增强历史自觉坚定文化自信》，《人民日报》2022年5月29日。

中国'‘开放中的中国’‘为人类文明作贡献的中国’。”[①]2018年8月，习近平总书记进一步勉励全国宣传系统："中华优秀传统文化是中华民族的文化根脉，其蕴含的思想观念、人文精神、道德规范，不仅是我们中国人思想和精神的内核，对解决人类问题也有重要价值。要把优秀传统文化的精神标识提炼出来、展示出来，把优秀传统文化中具有当代价值、世界意义的文化精髓提炼出来、展示出来。”[②]这种美美与共，将中华优秀传统文化贡献给全人类的胸襟，不仅体现了中国文明中“民胞物与”“天下大同”的高尚理念，更为构建人类命运共同体提供了宝贵的精神资源。

三、习近平新时代中国特色社会主义思想，是对中华优秀传统文化的伟大实践

马克思主义的普遍原理同中国具体实际相结合，绝对不是从理论到理论的概念阐释，而是一直处于实践当中、持续接受实践检验并根据实践经验完善理论。同样，党的十八大以来，习近平总书记多次强调“知行合一”的重要性，而习近平新时代中国特色社会主义思想，真正体现了将马克思主义的普遍原理同中华优秀传统文化相结合，真知躬行，以中华优秀传统文化助力中华民族伟大复兴的历史伟业。

（一）以中华优秀传统文化提振中国人的骨气和底气

较之世界上其他古老文明，中华文明更为注重民族、国家在个人与社会生活中的优先顺序，很早就形成了以家国为重、以家国为荣的价值取向，激励着一代又一代中国人不计个人得失，为了中华民族的生存、发展、荣誉

① 习近平：《论党的宣传思想工作》，中央文献出版社2020年版，第228页。
② 习近平：《习近平谈治国理政》（第3卷），外文出版社2020年版，第312页。

等“国之大者”而不懈奋斗。面对中国和世界出现的百年未有之大变局，以习近平同志为核心的党中央充分认识到中华传统文化在凝聚中华民族的自信心、爱国心中的重要作用，大力推动中华优秀传统文化以各种形式扩大影响力。习近平总书记强调，对于中国人民和中华民族的优秀文化和光荣历史，“要加大正面宣传力度，通过学校教育、理论研究、历史研究、影视作品、文学作品等多种方式，加强爱国主义、集体主义、社会主义教育，引导我国人民树立和坚持正确的历史观、民族观、国家观、增强做中国人的骨气和底气”[①]。近些年来，上自政府层面推动的大遗址保护、国家考古遗址公园、中华古籍保护计划、中国诗词大会、中国汉字听写大会、中国成语大会，下自社会层面蔚为风潮的汉服、国风、国潮，无一不是受此启发、得此促动。较之近代中国以来的任何时期，现在的中国人无比为自己赓续了中华民族的血脉、中华文明的文脉而自豪。与世界上其他先进文明与发达国家相比，现在的中国人再也不会觉得自己低人一等，由原先的仰视转为现在的平视。这既得益于中国特色社会主义建设所取得的伟大成就造就的政治和经济实力，也是继承和弘扬中华优秀传统文化带给我们的骨气和底气。

（二）以中华优秀传统文化助力国家治理体系与治理能力的现代化

中华文明在长时期的发展过程中，积累了大量与国家治理息息相关的智慧。党的十八大以来，党和国家在推动国家治理体系与治理能力现代化过程中的一系列重要举措，从中华优秀传统文化中汲取了不少合理成分。中央八项规定、反腐倡廉的大力实施，契合了中华民族以清官情结为代表的传统廉政文化。习近平法治思想，全面依法治国，既源于马克思主义法治思想，也是对“民为邦本，本固邦宁”“明德慎罚，德主刑辅”等一系列中华优秀传统法律文化的继承；习近平新时代中国特色社会主义思想中有关“绿水青山

① 《建设社会主义文化强国，着力提高国家文化软实力》，《人民日报》2014年1月1日。

就是金山银山”的重要论述和具体实践，是“天人合一,万物一体”“取之有度，用之有节”等中国传统生态思想的创造性转化和创新性发展；等等。

（三）以中华优秀传统文化支持抗击新冠疫情事业

2019年底暴发的新冠疫情，对中华文明和中华民族的生存与发展构成了巨大的挑战。面对疫情防控的不可知性、国际政治局势的复杂性，以习近平同志为核心的党中央带领全国人民，依靠科学防控措施，主动担当作为，始终将人民群众的生命健康放在第一位，取得了举世瞩目的抗疫成绩。这种面对大灾大难时正视困难、不妥协、不退缩的斗志，充分体现了中国古人“变灾为祥，转祸为福”的应灾、抗灾思想。中华民族在应对各类疾病和疫情的历史实践中，积累了丰富的防治疫病的经验，形成了较为完备的理论体系。在这次抗击新冠疫情的过程中，国家卫生医疗系统积极将中医药全程深入介入预防和患者救治；中西医结合、中西药并用是这次新冠疫情防控的一大特点，也是中华优秀传统文化守正创新、造福社会的生动实践。

综上可见，习近平新时代中国特色社会主义思想与中华优秀传统文化的有机结合，完成了马克思主义中国化的第三次飞跃，不仅使处于危机与困境之中的中华优秀传统文化重获生机，而且使马克思主义在中国的进一步传播、实践和发展，具备了广阔的历史深度。从这个意义上讲，马克思主义中国化的第三次飞跃，是集古今、中外各方面智力成果与实践效能于一身，为中国特色社会主义事业和中华民族的伟大复兴提供了源源不断的前进动力。

马克思主义中国化与中国经济学的成长

张申*

2015年11月23日，习近平总书记在中共中央政治局第二十八次集体学习时指出："要立足我国国情和我国发展实践，揭示新特点新规律，提炼和总结我国经济发展实践的规律性成果，把实践经验上升为系统化的经济学说，不断开拓当代中国马克思主义政治经济学新境界。"① 在这一重要论述指导下，学界掀起了以中国特色社会主义政治经济学为核心的中国经济学研究热潮，有力地推动了中国经济学的创新与发展。事实上，中国经济学构建是一项中国经济学人在近代以来以中华民族伟大复兴为祈愿而致力开拓的百年命题，并且在百年间的古今巨变、中外冲击、理论激荡与现实探索中，逐渐展现出构建中国经济学的四条学理路径：马克思主义经济学中国化、西方经济学中国化、传统中国经济思想现代化及中国经济发展改革实践理论化②。其中，马克思主义经济学中国化是中国经济学成长的理论指导，其以科学性、人民

* 张申，经济研究所副研究员。

① 《习近平：立足我国国情和我国发展实践 发展当代中国马克思主义政治经济学》，《人民日报》2015年11月25日，第1版。

② 程霖、张申、陈旭东：《中国经济学的探索：一个历史的考察》，《经济研究》2020年第9期。

性、实践性和开放性，在马克思主义中国化的三次历史性飞跃[①]中促使中国经济学实现了起步、转型和崛起。在未来加快构建中国经济学学术体系、学科体系和话语体系的过程中，应坚持和运用马克思主义，以“两个结合”作为基本方向，续写马克思主义中国化的飞跃，实现中国经济学的成长。

一、马克思主义中国化是中国经济学成长的理论指导

2018年5月4日，习近平总书记在纪念马克思诞辰200周年大会讲话中指出：“历史和人民选择马克思主义是完全正确的，中国共产党把马克思主义写在自己的旗帜上是完全正确的，坚持马克思主义基本原理同中国具体实际相结合、不断推进马克思主义中国化时代化是完全正确的！”[②]这一重要论述，在马克思主义经济学中国化及中国经济学的成长过程中同样成立。原因在于：

首先，马克思主义中国化与马克思主义经济学中国化具有密切的关联。从逻辑的层面，马克思主义经济学中国化，就是把马克思主义经济学基本原理同中国革命与建设的实践相结合，走出一条符合中国国情的经济社会发展之路。该过程离不开马克思主义中国化这一总命题，并且其重要性也在我国经济建设地位的不断提升中日益得到凸显[③]。从历史的层面，基于马克思主义经济学的科学魅力和诠释能力，在很长一段时间，国人看待马克思主义也常常聚焦于其经济学说，将其作为分析和改造中国经济问题的指导原则[④]。所以，马克思主义中国化和马克思主义经济学中国化，在逻辑和历史的层面都存在高度一致。

---

① 《中共中央关于党的百年奋斗重大成就和历史经验的决议》，《人民日报》2021年11月17日。

② 《习近平在纪念马克思诞辰200周年大会上的讲话》，《人民日报》2018年5月5日。

③ 王文寅：《马克思主义经济学中国化研究》，山西经济出版社2008年版，第3—4页。

④ 谈敏：《1917—1919：马克思主义经济学在中国的传播启蒙》（上），上海财经大学出版社2016年版，第22页。

其次，马克思主义中国化（或称马克思主义经济学中国化）以马克思主义科学性、人民性、实践性和开放性特征，充分满足了中国经济学的构建诉求。从科学性来看，马克思主义创造性地揭示了人类社会发展规律，为寻求救亡图存的中国人民提供了前进方向，而中国经济学从其理论自觉萌芽时起，就力图揭示中国经济运行的客观规律，解释中国经济问题，进而指导中国经济的未来演进。从人民性来看，中国经济学探索的形成就是以近代以来寻求国家独立与民族复兴为背景，致力于改善中国人民的经济生活条件。近代已有不少学者表示，中国经济学即是为了"改进中国最大多数人民的物质生活与文化生活"[①],"是在解决人民的物质生活,实现人民的经济平等"[②]。自中国共产党带领中国人民成立中华人民共和国后，更是把为中国人民谋幸福作为开展经济建设的一贯宗旨。从实践性来看，中国经济学构建探索多年来持续强调的一个重要问题，就是中国经济具有独特历史、独特现状、独特道路，已有经济学说不能完全解释中国经济问题，因而必须立足本土，与实践相结合。这与马克思主义强调实践的基本观点相一致。而从时代性来看，中国经济自近代以来经历从传统到现代的转型，无论是外部环境还是主要矛盾都发生数次深刻变化，这就要求经济学说能够与时俱进，正如马克思主义始终开放发展，不断探索时代提出的新问题。由此可见，中国经济学的成长必须要以马克思主义中国化为理论指导，也正是在马克思主义中国化三次飞跃的过程中，中国经济学实现了起步、转型与崛起。

二、马克思主义中国化的第一次飞跃与中国经济学的起步

近代以来，马克思主义传入和中国共产党成立，为中华民族伟大复兴提供了前进方向，使得中国的面貌发生了根本性改变。作为马克思主义中国

---

① 众北：《经济科学的中国化》，《大学月刊》1942年第1卷第8期。

② 赵兰坪：《民生主义经济学论》，《经济论衡》1943年创刊号。

化的第一次历史性飞跃，毛泽东思想中蕴含了丰富的经济思想。在1939年《中国革命与中国共产党》中，毛泽东系统论述了“殖民地、半殖民地、半封建”[①]这一中国近代主要社会经济形态的性质和特点，由此明确了新民主主义革命任务，并通过不断发展，形成了新民主主义革命的“没收封建阶级的土地归农民所有，没收蒋介石、宋子文、孔祥熙、陈立夫为首的垄断资本归新民主主义的国家所有，保护民族工商业”[②]的三大经济纲领。新中国成立后，毛泽东根据马克思列宁主义并依照中国的具体情况，确定了中国从新民主主义过渡到社会主义的“基本上实现国家工业化和对农业、手工业、资本主义工商业的社会主义改造”[③]的总路线，从而在中国建立了社会主义经济制度，制定形成了从一穷二白、人口众多的农业大国向现代化国家迈进的目标和战略[④]。以上经济思想不仅初步探索了中国无产阶级革命过程中的经济发展规律，更为新民主主义革命、社会主义革命和社会主义建设提供了必要的物质基础，成为该时期中国经济学发展的一条主线。

伴随上述主线，学界也展开了相应的经济研究，并在马克思主义经济学传播过程中逐步萌发了创立中国经济学的想法。1933年，马克思主义经济学家陈豹隐就提出：“我们应当以中国人的资格，站在中国人的立场，来研究中国经济学说与外国经济学说间的区别和联系，并指出现今中国经济学的发达程度及以后的发展倾向。”[⑤] 1946年，王亚南出版《中国经济原论》及相关研究[⑥]，

---

① 《毛泽东选集》(第2卷)，人民出版社1991年版，第631页。

② 《毛泽东选集》(第4卷)，人民出版社1991年版，第1253页。

③ 中共中央文献研究室编：《建国以来重要文献选编》(第4册)，中央文献出版社1993年版，第349页。

④ 张申、程霖：《中国共产党经济现代化思想的演进：逻辑体系与理论创新》，《中国经济问题》2021年第5期。

⑤ 陈豹隐：《经济学讲话》，好望书店1933年版，第231页。

⑥ 王亚南：《政治经济学在中国》，《新建设》1941年第2卷第10期；王亚南：《关于中国经济学建立之可能与必要的问题》，《东南日报》1944年11月14、15、18日；王亚南：《中国经济原论》，经济科学出版社1946年版。

明确提出和论证了“中国经济学”，并运用《资本论》的基本原理，对中国半殖民地半封建经济形态的内部矛盾进行了深刻剖析，成为近代中国经济学构建探索的一大代表性成果。与此同时，在新民主主义革命的发展过程中，薛暮桥、许涤新、沈志远、马寅初等也对新民主主义经济的历史条件、性质特征、发展规律、经济政策等形成了深入思考，论证并强化了新民主主义经济思想的科学性[①]。新中国成立后，中国经济学者一方面学习马克思主义经济学经典著作，另一方面引进苏联社会主义政治经济学，其间也产生了诸如李平心的关于生产力经济学的论述、马寅初的“新人口论”等卓越的理论观点[②]。以上探索共同拉开了中国经济学构建探索的序幕，不仅在彼时的历史背景下指导了中国经济发展，也为中国经济学体系的构建提供了若干理论要素。

三、马克思主义中国化的第二次飞跃与中国经济学的转型

党的十一届三中全会以来，党中央把党和国家的工作重心转移到经济建设上，为中国的经济发展和中国经济学探索打开了一个新局面。作为马克思主义中国化的第二次飞跃，邓小平理论所蕴含的经济思想，深刻地解答了如何建设社会主义经济的问题。邓小平经济思想强调将社会主义初级阶段作为开展经济研究的出发点，“一切都要从这个实际出发，根据这个实际来制定规划”[③]，在此基础上论证了社会主义与市场经济之间的关系，“社会主义也可以搞市场经济”[④]，并探索了我国社会主义经济制度的实现形式，“一条是公有

① 张亚光、沈博：《中国共产党新民主主义经济思想的形成与现代意义》，《东南学术》2021年第4期。

② 赵晓雷：《中华人民共和国经济思想史纲——经济思想发展与转型（1949—2019）》，首都经济贸易大学出版社2019年版，第1—2页。

③《邓小平文选》第3卷，人民出版社1993年版，第252页。

④《邓小平文选》第2卷，人民出版社1994年版，第236页。

制经济始终占主体地位，一条是发展经济要走共同富裕的道路，始终避免两极分化”[①]，以及“我们提倡按劳分配……；也提倡一部分人和一部分地方由于多劳多得，先富裕起来”[②]。这些认识上的重大突破，无疑有力地推进了中国经济学的理论创新。正如邓小平指出，1984年党的十二届三中全会通过的《中共中央关于经济体制改革的决定》“是马克思主义基本原理和中国社会主义实践相结合的政治经济学”[③]。党的十四届三中全会、党的十六大以来，以江泽民、胡锦涛为主要代表的中国共产党人，围绕着社会主义以及发展的问题，对中国特色社会主义经济制度、经济体制改革的基本框架和发展观等予以不断明确，进一步为中国经济学的成长创造了包括经济基础、制度、道路和方向等在内的一系列有利条件。

在此背景下，构建中国经济学这一议题转而进入中国经济研究的主流视野。党的十二大提出“建设有中国特色的社会主义”后，20世纪80年代中后期中国经济学界即出现冠以“有中国特色”的经济学及经济理论的提法，如“有中国特色的社会主义经济理论”[④]等，但讨论的热潮正式始于1995年樊纲和崔之元的经济学范式之争。该讨论引发了彼时众多经济学者参与其中，构成了“中国经济学向何处去”的世纪发问。此番争论的直接原因是改革开放后，我国经济研究一方面坚持马克思主义经济学的研究传统，另一方面积极引进并学习西方经济学，造成了后者对前者的一定冲击；但更为实质的是，中国经济学界在中国特色社会主义的建设过程中开始思考，应如何融合马克思主义经济学与西方经济学，并将其与中国本土发展与改革的实践相结合。这是中国经济思想的转型，也是中国经济学的转型。虽然彼时学者们“中国经济学”的提法是否科学等莫衷一是，但很多学者认同，“中国经济学

① 《邓小平文选》第3卷，人民出版社1993年版，第373页。
② 《邓小平文选》第2卷，人民出版社1994年版，第51页。
③ 《邓小平文选》第3卷，人民出版社1993年版，第83页。
④ 何剑：《浅谈创立有中国特色的社会主义经济理论》，《财政研究》1986年第5期。

的重建和发展，必须深深地扎根于中国的实际，能够解决中国改革和发展的问题”①，并且不少学者强调，中国经济学必须以马克思主义为指导，兼并吸收古今中外的多种思想成果②。21世纪以来，伴随着党中央要求哲学社会科学“始终坚持马克思主义指导地位”③、改革开放30周年和新中国成立60周年以及国际金融危机对西方的冲击，考察中国模式、中国道路的研究层出不穷，极大地丰富了中国经济学的理论素材和思想基础。

四、马克思主义中国化的第三次飞跃与中国经济学的崛起

党的十八大以来，党中央面对世界百年未有之大变局和新冠疫情的冲击，如期全面建成小康社会，实现了第一个百年奋斗目标，并开启全面建设社会主义现代化国家的新征程。作为马克思主义中国化的第三次飞跃，习近平新时代中国特色社会主义思想包含了大量系统性、原创性的经济论述，构成了习近平经济思想，不仅是新时代经济工作的行动指南，也是运用马克思主义基本原理指导我国经济发展实践形成的重大理论成果④，直接助推了马克思主义中国化指导下的中国经济学构建探索的崛起。在2015年提出“不断开拓当代中国马克思主义政治经济学新境界”后，2016年7月8日，习近平总书记进一步擘画了中国特色社会主义政治经济学的理论形态和理论属性，即“要以马克思主义政治经济学为指导，总结和提炼我国改革开放和社会主义现代化建设的伟大实践经验，同时借鉴西方经济学的有益成分，中国特色社会主义政治经济学只能在实践中丰富和发展，又要经受实践的检验，进而

---

① 晓亮：《困惑中的思考——读“中国经济学向何处去”》，《上海经济研究》1996年第8期。

② 刘诗白：《中国经济学构建的若干问题》，《经济学家》1997年第1期。

③《始终坚持马克思主义的指导地位　大力推进哲学社会科学繁荣发展》，《人民日报》2004年5月30日。

④ 习近平经济思想研究中心：《做好新时代经济工作的根本遵循——习近平新时代中国特色社会主义经济思想的重大意义和丰富内涵》，《学习月刊》2022年第2期。

指导实践。要加强研究和探索，加强对规律性认识的总结，不断完善中国特色社会主义政治经济学理论体系，推进充分体现中国特色、中国风格、中国气派的经济学科建设”[①]。与此同时，习近平总书记做出了很多理论上的新概括，提出了很多创新性的观点，包括：坚持加强党对经济工作的集中统一领导；坚持以人民为中心，创新、协调、绿色、开放、共享的发展理念；坚持和完善社会主义基本经济制度和分配制度；使市场在资源配置中起决定性作用，更好发挥政府作用；转向高质量发展和建设现代化经济体系；等等，极大地丰富和发展了当代中国马克思主义政治经济学、中国特色社会主义政治经济学[②]。

在中国特色社会主义政治经济学这一面旗帜下，中国经济学界掀起了前所未有的中国经济学构建热潮。具体表现为：第一，该时期探讨相关问题的经济学文献显著增加。根据中国知网统计，在2015年以“中国特色社会主义政治经济学”为主题的学术研究有10篇，2016年增至270篇，2017年360篇，2018年415篇，2019年217篇，2020年228篇，2021年227篇，并且众多经济学专业期刊均开辟了有关中国特色社会主义政治经济学的研究专栏，这从一个侧面反映出学界对于该问题的探索热情。第二，相较于此前更多关注中国经济学能否成立，在此时期学界已充分明确了以马克思主义为指导而构建中国经济学的科学性与必要性，进而在此基础上更多地深入探讨了其体系构建的相关问题，例如：论述了中国特色社会主义政治经济学的研究对象、任务和方法，形成过程、主线、主要理论和体系结构，需要处理的几个重要关系等[③]；论述了中国特色社会主义政治经济学的若干原则[④]，理论来

---

① 《习近平主持召开经济形势专家座谈会》，《人民日报》2016年7月9日。

② 秋石：《习近平新时代中国特色社会主义经济思想的原创性贡献》，《求是》2018年第14期。

③ 逄锦聚：《中国特色社会主义政治经济学论纲》，《政治经济学评论》2016年第7期。

④ 程恩富：《要坚持中国特色社会主义政治经济学的八个重大原则》，《经济纵横》2016年第3期。

源[①]、话语体系[②]和科学内涵[③]等，不断促使中国经济学的轮廓更加清晰，形态更加丰满。第三，在中国特色社会主义政治经济学的视野下，很多学者对新时代以来理论与现实的重大问题开展了讨论，例如经济新常态、推进中国社会主义基本经济制度成熟定型、供给侧结构性改革、“一带一路”倡议与全球治理、新发展格局等，不仅深化了对这些重大问题的认识，也强化了中国经济学以实践启发理论、以理论指导实践、以实践检验理论而又进一步推进理论的发展趋向。

五、坚持“两个结合”，加快发展中国经济学体系构建

在向第二个百年奋斗目标迈进、实现中华民族伟大复兴中国梦的进程中，中国经济学的建成将成为一个历史的必然。过去百年来中国经济学的起步、转型与崛起，都是以马克思主义中国化作为指导、主线和滋养，而在加快构建中国经济学学术体系、学科体系、话语体系的过程中，也应坚持不懈地以马克思主义为指导，并且如同习近平总书记指出的，“坚持把马克思主义基本原理同中国具体实际相结合、同中华优秀传统文化相结合”[④]，以“两个结合”作为基本方向，及时回答中国之问、时代之问、人民之问、世界之问，续写马克思主义中国化的新飞跃，实现中国经济学的成长。

首先，中国经济学构建应进一步扎根本土，在马克思主义指导下服务于中国经济发展问题的解释与解答。中国经济学构建之所以能够成为一项百年议题，最为核心的原因就是中国经济存在特殊性。这种特殊性与经济学作为一门科学的一般性共存，而不能被一般性所完全掩盖。早在近代，就有学者

---

① 王立胜、郭冠清：《论中国特色社会主义政治经济学理论来源》，《经济学动态》2016年第5期。

② 洪银兴：《〈资本论〉和中国特色社会主义经济学的话语体系》，《经济学家》2016年第1期。

③ 张宇：《中国特色社会主义政治经济学的科学内涵》，《经济研究》2017年第5期。

④《在庆祝中国共产党成立100周年大会上的讲话》，《人民日报》2021年7月2日，第2版。

指出经济学须基于时代背景，已有经济学说不适合中国的特殊国情[①]。在20世纪90年代“经济学向何处去”的世纪大争论中，支持“中国经济学”建立者也是更看重经济学与具体经济环境的结合。而在当前构建中国特色社会主义政治经济学的热潮中，学界共识更是将立足中国实践、解决中国问题作为中国经济学的来源与根本。由此可见，中国经济学一直以来都是马克思主义与中国具体实际相互作用的结合部，其未来也将在中国式现代化的建设过程中获取更多优势性、独特性的研究素材。

其次，中国经济学构建应进一步从中国传统经济思想中汲取养分，在马克思主义指导下推进中国传统经济思想现代化。在结合中华优秀传统文化的问题上，中国经济学也有突出作为。自先秦时期至鸦片战争前，中国传统文化中孕育了丰富的经济思想，产生过不少卓越的创见，只是一直处于前科学状态，并且在近代中国形势发生巨变的情况下瞬间丧失了解释力。但在接触舶来经济学说后，1902年就有梁启超提出“余拟著一《中国生计学史》，搜集前哲所论，以与泰西学说相比较”的观点[②]，成为中国经济学的探索先驱。而在中国经济学的成长过程中，不少学者也积极从传统经济思想中寻找前期积淀和理论渊源。在未来的探索过程中，应以马克思主义为指导，在厘清中国传统经济思想演变规律、原因、逻辑的基础上，进一步认识中国经济的发展逻辑与文化特征，提炼其中的理论要素与经验启示，利用好中国传统经济思想这一中国经济学构建的独特优势，为中国经济学学术体系、学科体系和话语体系构建提供坚实基础。

---

① 张中、信瑶瑶：《近代学人构建中国经济学的努力》，《文汇报》2020年1月17日。

② 梁启超：《论中国学术思想变迁之大势》，上海古籍出版社2001年版，第43页。

论马克思主义中国化社会建设与文化建设的历史逻辑

谢牧夫*

马克思主义与中国优秀传统文化相结合的本质是要为新中国“再造文明”，曾经我们有从苏联输入的革命文化，经过几十年发展，中国要面对并承担自己再造文明的历史使命。中国共产党领导下的新中国，既是一个实现了民族解放和现代化的社会主义国家，同时也是五千年中华文明的继承者，这两个身份之间不是相互独立的，而是统一的。社会存在决定社会意识，文化建设要以社会建设为前提，否则文化就无所附丽。新中国前30年致力于国家建设，特点是国家的政治化，以及以国家的一元性构建社会这一原则下的社会组织化；改革开放30年建立了繁荣的社会主义市场经济制度，特点是国家退出部分领域，国家与市场的二元化消解了原本社会的组织化程度，社会的市场化同时造成了去组织化。在新时代，再造文明也就是再造社会、再造人民、再造中华民族共同体。

* 谢牧夫，中国马克思主义研究所助理研究员。

一、第一次结合：国家的政治化与社会的组织化

马克思主义与中国实际的第一次结合奠定了中国道路的基础，即党作为无产阶级先进性组织构建政治一元化社会。

今天我们常说，中国政府相对于西方国家的政府来说是全能政府，西方民众对于政府的预期较弱，让渡给政府的权力也较少，中国人民对于党和政府的预期很强，希望政府承担尽可能多的政治责任，同时让渡给政府的权力也较多。或者按照列宁主义的原则来说，在中国，具有政治权力、作为政治主体的人民是在无产阶级先锋队政党构建国家之后才存在的，即先锋队政党构建国家之后人民才拥有政治权力成为政治主体。因此，一方面，由于中西社会存在方式和作为权力主体的人民产生的方式的不同，举国体制这一政治经济形式对于中国来说是优势，而绝不能用西方政治学的标准来评价；另一方面，社会存在和社会发展的路径虽然不同，举国体制的本质在于其构建社会的人工性和非自发性，它不能既是起点也是终点。国家具有培育社会，使其成熟、繁荣、自立的义务。一方面，社会和一切社会组织的建构应该在党的领导之下而非脱离党的领导；另一方面，党和国家不能为了维持社会的基本结构和运转秩序使其永远处在低维的摇篮状态。党是先锋队，是与人民教学相长的先进性组织，党应该并且能够主动促进社会的升维和成熟。在这一意义上，中国共产党构建中国社会有着丰富的成绩和经验，其历程大致可以分为国家主导的一元化社会时期；国家、市场两分的二元化社会时期和国家、市场、社会并立的多元化社会时期。同样，三个时期的主导意识形态和文化也各有其特点。

革命时期的社会建设和文化建设又被称为社会改造和文化改造。改造一词有几层含义：一是非连续性。改造是新社会对旧社会的取代、新文化对旧文化的取代，新旧社会之间具有非连续性，不是连续发展的过程。二是

人工性。改造不是等待旧社会自发地由传统转向现代，而是先进性组织采用人为的手段重构社会和文化。三是嵌合性而非直线性。中国虽然引进了苏联五段论的社会历史观，但这一机械性的线性历史观背后有着天启宗教的神学背景，中国在引进五段论历史观时是带有修辞性、政治性地来使用的，而非当作信仰的、彻底的线性历史观来使用的，其在中国不具备充分的理论说服力。中国共产党的文化观、道德观，如毛泽东的“老三篇”、刘少奇的《论共产党员的修养》、雷锋精神等一系列中国共产党人的精神谱系、中国共产党对于婚姻家庭的态度等，都具有很强的中国色彩，不能够简单地用马克思列宁主义基本原理来概括，因此改造不是将所有传统文化全部移除再以共产主义文化取代，而是新旧融合的。

首先，政治改造，即党如何整合国家。新中国的国家建构与传统中国有所不同。新中国的建立，是中华民族历史上第三个大时期即贵族封建、皇权郡县之后人民共和时代的开端。中国共产党建立新中国是一种全新的创制，既不同于传统中国，也不同于西方国家，与苏联也有所区别。传统中国是一种较弱的专制主义，不仅社会建设弱，国家政治建构也不强，皇权不下县。一方面，国家相对于老百姓主要体现为权力而很少有义务；另一方面，大部分农业剩余并不转化为国家税收而是为中间阶层所截留。这就是“黄宗羲定律”，即传统中国确实有能力维持一个国家较为稳定的暴力结构，但是上层的皇权和中层的官僚、地主、胥吏的博弈越激烈，社会解体越快，这就是“土崩瓦解”。儒家知识分子理想的制度是“寓封建于郡县”，但这很难实现，士的官僚化和封建领主的私人地主化，导致不断透支国家的治理技术和手段，同时治理成本提高，国家治理能力则下降。

新中国的国家建构与西方民族国家也很不相同。中国共产党诞生于儒家社会和官僚国家衰败这一土壤之中，借助列宁主义克服了传统中国社会无法有效整合的根本问题。与西方相比，中国是由于儒家社会的瓦解导致无法建立现代国家需要的上层政权，好比流沙之上无法建立高楼，因此现代中国构建的机制是先产生代表人民的先进性组织的党，由党建构国家，再由国家建构社会，这个过程不能颠倒，否则目标无法达成。西方则是在中世纪传统社会转型中产生了现代国家，再产生俱乐部政党，每个政党都代表各自群体的利益。因此，历史进程不同（而不是马克思主义意义上的历史阶段不同），社会建构方式不同，制度无法简单比较。新中国在政治改造层面形成了所谓了举国体制、党治国家，由民国时期的联合政府转为一党政府，由地方分权转向中央集权，再实现大权集中于党。[①]恰恰是这一方式才实现了主权国家的建立，而民国时期的中国实质上是一个军阀割据的东亚文明，一个小型的国际体系，并不是一个主权国家，也无法自发转型为一个主权国家。

新中国的国家建构与苏联也不相同。一是列宁主义继承了马克思主义作为当时的体制外反对者这一身份特征，其党建的原则是以秘密政党为初衷的；而中国共产党即使在历史上主要也不是秘密政党。二是苏联体制不是苏共一夺取政权就确立的，而是在内战时期建立完善的，是以战时共产主义为基础，以世界革命为目的；而中国虽然继承了列宁党组织原则和共产主义革命理想，但中国共产党政权体制的初创始于抗日战争，其原型是延安体系，此后中国的意识形态结构也基于此。三是苏联维系存在在于其革命意识形态的超越性和无限性；中国对于革命的理解不作超越性理解，而作经验性理解，是无数革命先烈抛头颅洒热血的历史功绩的总成。[②]因此，中共之于中国与苏共之于苏联，既有可比较之处，也有不可比较之处，两者合法性的来源有所不同，后续构建国家的方式和道路也有差异。他人的经验可以借鉴，但是他人的困境未必会影响我们的道路自信。

其次，社会改造，即党如何通过国家整合社会。社会主义发展有其阶段性，这不是说存在一个普遍的人类社会共有的路径，而是说社会主义作为一

① 萧冬连：《筚路维建：中国社会主义道路的五次选择》，社会科学文献出版社2014年版，第62—64页。

② 刘海波：《先进性团体政治的中国实践和一般理论》，《经济导刊》2015年第4期。

种后发的赶超模式，每一个时期都必须准确判断自身所处的环境和面临的主要矛盾，这样才能维持政权存在并不断发展。新中国要维持自身，第一，要实现工业化，采取相应的赶超型战略。这一需求反映到社会层面，就是建立一个国家主导的一元化社会，能够简单有效地动员全体人民服务于国家发展的方向，不能允许过度的社会分化而中断这一关键性进程。这一时期，中国建立了城乡二元制度、户籍制度、单位制度、人事档案制度、城镇街居制度等，国家对社会的管理覆盖到几乎每个角落，完全改变了传统中国皇权不下县的治理结构。新中国成立后的前30年的社会建构在建立这套覆盖全民的制度体系时，大致消灭了中国社会原生的地主、宗族、帮会、民间宗教等社会组织，这是建立一元化社会的前提，但不是举国体制的必然要求，在党的领导下，带有传统中国色彩的部分社会组织将来或有重建的可能甚至必要。第二，这一时期中国创建了一些带有理想主义色彩的组织类型，比如人民公社。这是一笔非常丰富且当下尚无足够历史判断力对其进行全面评价的历史遗产，在此基础上未来有可能会产生新的理论。第三，城乡制度、户籍制度等有些松动、有些保留，其中哪些是中国社会运行必不可缺的基础，哪些是阻碍社会前进的桎梏，未来需要有深厚的实践理性和历史理性才能厘清。

再次，文化改造，即党通过改造人的精神世界，保证道路的正确性和唯一性。文化改造与社会改造大体上是同步配合的，因为意识形态和政策制度之间需要形成相互支持的合力，才能有效推进社会朝某一方向发展。新中国成立后的第一个30年结束了此前晚清至抗战思想界众多流派思潮无休无止的争论，实现了意识形态一元化，尽管这个一元化是形式上的。一方面，毛泽东思想作为中国化的马克思列宁主义，完整地包含意识形态的三个部分，即价值—信仰系统、认知—阐释系统、行动—策略系统。[①]价值—信仰层面

---

① 陈明明：《在革命与现代化之间——关于党治国家的一个观察与讨论》，复旦大学出版社2015年版，第276页。

包含消灭三大差别的共产主义和作为道德基础的集体主义；认知—阐释层面包含对阐释中国革命的性质、主体、目标、任务的历史方位论、社会主义取代资本主义论等；行动—策略层面包含灌输阶段斗争、群众运动等方式配合国家赶超战略等目标。这是形式上中苏意识形态相近之处。另一方面，毛泽东思想也有基于中国传统、中国现实的，不能简单用马克思列宁主义界定的部分。“老三篇”就体现了中共的精神底色、党与人民群众、共产主义的超越式理想与现实实践等，不再是列宁主义式的灌输与被灌输，目的与手段等两分关系，而是中国式的体用不二的关系。如果说意识形态本身可以根据功能做一分类，那么毛泽东思想是一种适用于举国体制的意识形态，虽然诞生于具体的历史环境之中，但是在特定的历史时期却被当作一种试图为人的精神世界提供方方面面整体性需求和指引的价值体系。而改革开放之后，随着意识形态一元化时代的结束，毛泽东思想跟列宁主义一样由显入隐，既成为时代洪流下暗含的底色，又分化为诸多不同的理解和解释，等待着在新的历史节点以新的面目发生作用。

二、社会的去组织化与市场化

马克思主义与中国实际的第二次结合开启了改革开放和中国特色社会主义道路，原本国家主导的一元化社会逐步演进为国家、市场两分的二元化社会，这一时期的社会建设和文化建设有许多新的特征。

社会建设方面，主要是国家的部分退出，形成了一个部分由市场主导的社会，社会的有序流动程度和人民的生活水平大大提升。改革开放之前的由国家一元化主导的中国是一个分化程度较低的“总体性社会”，政治中心、经济中心、意识形态中心是统一的，结构相对简单划一，社会依附于国家存在。改革开放之后，总体性社会向分化性社会转变。一是城市农村分化的方式不同，城市主要体现为体制内外的分化，农村则先后出现了乡镇企业和农民工外出的打工潮。二是社会结构由原本体制内行政级别等身份等级决定的等级性分化转变为由社会身份类属等决定的团块式分化。三是不平等的扩大，纵向的分化大于横向的分化。[①]作为维系前30年中国社会结构的几条绳索如阶级身份系列、城乡居民身份系列、干部和工人身份系列、所有制身份系列都趋于松动和弱化。[②]

以上社会建设的变化，都是基于“一个中心”即以经济建设为中心而做出的改变。社会主义革命和建设事业每次重大推进，都基于对基本国情做出新的科学判断。改革放开初期我们理论上最重大的成就是社会主义初级阶段理论，这既是对当时中国基本国情的科学、准确的判断，也是中国特色社会主义理论体系的根本基石，更是对科学社会主义的重大发展。在社会主义初级阶段理论的指导下，我们确立了与之对应的社会主义市场经济这一基本制度，包括以公有制为主体、公有制的形式多样化、非公经济是社会主义市场经济的重要组成部分等，社会建设的转型是与经济制度的转型同步的。

文化建设方面，有两个大的变化。一是主流理论内部，中国特色社会主义理论体系与毛泽东思想有很多不同；二是理论界以外的思想界重新繁荣，分化明显。中国特色社会主义理论体系与毛泽东思想具有继承性，新的意识形态既不能完全原原本本地延续旧的，也不能完全重起炉灶，此后的主流理论界则是通过对原本处在变动中的毛泽东的思想做出一种固定的体系化的解释，并且在原有意识形态话语基础上做出具有连续性、调适性的话语创新，从而达成理论创造的目的。

而在理论界之外的思想界则大不相同，改革开放30多年思想界的多元化程度，可以说与晚清至抗战几十年中国近代思想界的多元化程度是相当

---

① 孙立平：《转型与断裂：改革以来中国社会结构的变迁》，清华大学出版社2004年版，第7页。

② 同上书，第19页。

的。抗战决定了新中国的形态只能是中国共产党建立的新民主主义社会，党的十八大决定了中国将通过实现伟大复兴而达成社会主义现代化强国的建构。但是，历史节点虽然是明确的，但两个历史节点之间的过程是纷繁可变的，只有经历和积累了足够多的经验，新的判断才能够基于足够的历史理性来指导未来社会发展方向。因此，在党的十八大之前的几十年间，尽管实际处在主流理论并不完全指导各种社会思潮的状态下，社会思潮呈现出传统左翼思潮分化、保守主义建制派思潮兴起、非建制派思潮由盛行至衰落三大复杂局面。但正是各种思想如潮水般此起彼伏，人心乱而后宁，撄而后成，社会共识才重新得以凝聚，我们能够更成熟地看待过去的道路，更理性地规划未来的道路，中国社会主义道路的自成主体、自建体系才真正成为人民自己的选择。

习近平总书记在2013年就指出，改革开放前后的两个30年“在进行社会主义建设的思想指导、方针政策、实际工作上有很大差别，但两者决不是彼此割裂的，更不是根本对立的”。对这两个阶段，不能用其中一个否定另一个，同时对两者都要坚持其中的真理，修正其中的错误，这样才能推进党和人民的事业。[①]对这一问题，思想界也有思考。甘阳在2005年就提出了“通三统”的观点。这一说法在当时引起了极大争议，现在则已经成为不少人的共识，只有有效地把历史上种种歧异的历史资源、政治资源、思想资源整合起来，才有利于当下和未来的事业。但是，共识虽然初步形成，理论的深入建构还很不够，离总结各个时期、各种传统正反两方面经验并在此基础上形成一套统一的史观还有不小距离。

如何认识改革开放前后两个历史阶段的连续性？如何总结两个阶段正反两方面的经验，并且上升为一般性理论，并服务于新时代的新的伟大斗争？这既是有待研究的难题，也是实现中华民族伟大复兴必须的理论准备。有学

① 《习近平谈治国理政》第1卷，外文出版社2014年版，第23页。

者指出，哈耶克的理论指出了自发秩序的优点，而马克思的理论指出了资本主义作为自发秩序同样也蕴含了自我毁灭的倾向。[①]因此在社会构建上，自发秩序与人工秩序相互各有优劣。新中国成立后的第一个30年是以列宁主义人工秩序建构国家，第二个30年是人工秩序引入市场这一自发秩序，两者互为对立，而又对立统一，上升为第三个阶段更高的秩序。也有学者指出，相对于第一个阶段的“政治化”和“组织化”，第二个30年的特征是“去政治化”和“去组织化”，即权力机制对群众主体性的消解，以及将原本组织起来的人民重新拆散为市场逻辑下原子式的个人；而新时代将实现“再政治化”和“再组织化”，世界体系将发生根本性的转变。[②]还有学者谨慎地提出，新中国成立以来的三个时期，分别以阶级斗争为中心、以经济建设为中心、以社会建设为中心。[③]新时代新的伟大斗争还刚开始，这场伟大斗争的胜利必然以彻底消化前两个阶段的成果为前提。

三、文化建设要与再组织化的社会建设协同共进

党的十八大以来，习近平总书记特别重视中国传统文化作为新时代文化建设重要思想资源的重大意义，关于文化建设与社会建设之间的关系也做出了很多具有原创理论价值的重大思考。

中国道路，由表及里，应该包含经济模式、政治制度、社会组织建设和婚姻家庭模式。文化建设与经济建设、政治建设、社会建设、婚姻家庭建设之间不是并列的关系，而应是将文化渗入各项建设的方方面面中去。

首先，文化建设与家庭建设的关系。婚姻家庭模式本身应该属于社会建

---

① 刘海波：《“延安体系”概念的初步思考》，《国企》2013年12月。

② 白钢：《美国世纪的终结与世界体系的未来》，红旗出版社2020年版，第159—168页。

③ 陈明明：《在革命与现代化之间——关于党治国家的一个观察与讨论》，复旦大学出版社2015年版，第281页。

设的开端和起点，但因其在东亚社会中特别的重要性，应当单列出来做一分析。习近平总书记非常关注家庭和家风建设，他指出：中华民族历来重视家庭，正所谓“天下之本在国，国之本在家”，家和万事兴。国家富强，民族复兴，最终要体现在千千万万个家庭都幸福美满上，体现在亿万人民生活不断改善上。千家万户都好，国家才能好，民族才能好。[①]这是指出了家庭建设的重要性，家庭虽小，但是中国社会是家国同构的模式，家庭就是社会和国家有机体的细胞，家庭建设是社会建设和国家政治建设的起点。

习近平总书记还指出：尊老爱幼、妻贤夫安，母慈子孝、兄友弟恭，耕读传家、勤俭持家，知书达理、遵纪守法，家和万事兴等中华民族传统家庭美德，铭记在中国人的心灵中，融入中国人的血脉中，是支撑中华民族生生不息、薪火相传的重要精神力量，是家庭文明建设的宝贵精神财富。[②]这段论述非常深刻。第一，家庭的维持和存续必须依存于某一传统，因此必须依据一整套道德规范和礼仪风俗。传统中国阶级并不固化，不同阶层之间礼俗虽然有别，但是道德规范相近，都以敬天法祖、重视家庭人伦之道为要。东亚以外的各种文明，往往同一个国家之内不同阶层之间生活方式不同，依据的道德准则也不同，因而并不存在一个统一的国家意识形态，中国的家族构建以传统文化作为纽带，将不同阶层之间打通，做到了有教无类，是今天能够建成中华民族共同体的重要文化基础和前提。第二，中国的家庭文化不仅尊重传统、重视礼仪，而且上下各阶层都以出人头地、自强不息为人生观、事业观，这又与社会主义崇尚奋斗、拼搏、奉献有相近之处。中国家庭的事业观在新中国的不同历史时期都为社会主义建设提供了磅礴的动力，中国之所以能够在短短几十年内取得世界第一工业大国这一奇迹般的成就，与中国

---

① 习近平：《在2018年春节团拜会上的讲话》，《关于注重家庭家教家风建设论述摘编》，中央文献出版社2021年版，第11页。

② 习近平：《在会见第一届全国文明家庭代表时的讲话》，《关于注重家庭家教家风建设论述摘编》，中央文献出版社2021年版，第10页。

各阶层家庭都崇尚奋斗、崇尚自强这一民族文化有很大关系。第三，家庭的永续是一个文明永续的前提，如果一种婚姻家庭模式是走向自我衰败的，那这个国家的政治建设、经济建设再成功，也将是无本之木，难以为继。中国应当重视家庭建设，以传统文化和社会主义文化构建中国式家庭、家族，提高生育率水平，以家庭的永续为中华文明和社会主义中国的永续奠定基础。

其次，文化建设与社会建设的关系。全党和全国各族人民在以习近平同志为核心的党中央的领导下，创造了人类减贫史上的奇迹，也是社会建设和经济建设的奇迹。

习近平总书记指出：中华文明根植于农耕文明。从中国特色的农事节气，到大道自然、天人合一的生态伦理；从各具特色的宅院村落，到巧夺天工的农业景观；从乡土气息的节庆活动，到丰富多彩的民间艺术；从耕读传家、父慈子孝的祖传家训，到邻里守望、诚信重礼的乡风民俗；等等，都是中华文化的鲜明标签，都承载着华夏文明生生不息的基因密码，彰显着中华民族的思想智慧和精神追求。[①]这一论述极为深刻，不仅可以看作社会主义文化建设、社会主义社会建设的根本宗旨，甚至对于何为中华文明也提出新的整体性视角。

不能将现代化等同于城市化、工业化，也不能将发展等同于经济增长，不能将中国的小农经济模式视为落后，甚至将农业文明视为落后，将新自由主义经济视为先进，这是对现代化的误解，对社会发展的误判，对马克思主义基本原理指导中国具体实际的误读。中国的小农经济本质上是精细小农业，在古代，这一农业模式与广土众民的国家形态相耦合，在新中国，精细小农业又与高端大农业相互支持。[②]而自古至今，这种精细小农业模式的

---

① 习近平：《走中国特色社会主义农村振兴道路》，《论“三农”工作》，中央文献出版社2022年版，第253页。

② 刘海波等：《建设组织化的小农可持续农业发展模式》，中国社会科学出版社2017年版，第68页。

维系，第一，它是一种生活和生产方式，是一个整体，不能将生产从广大农村和农民的生活中剥离出来。第二，这种生活生产方式需要一整套相关的伦理道德和社会组织，这是一个社会生态系统，没有来自中国传统的道德和组织，这种生活无法持续，这方面习近平总书记曾指出“我国农耕文明源远流长、博大精深，是中华优秀传统文化的根。我国很多村庄有几百年甚至上千年的历史，至今保持完整。很多风俗习惯、村规民约等具有深厚的优秀传统文化基因，至今仍然发挥着重要作用。要在实行自治和法治的同时，注重发挥好德治的作用，推动礼仪之邦、优秀传统文化和法治社会建设相辅相成。要继续进行这方面的探索和创新，并不断总结推广。”[①]第三，传统和现代不是对立的。西方式现代化对于中国来说是输入式的文化，不具有在地性和内生性，中国式现代化的发展需要以中国内生性秩序为基础，这就是在党的领导下建立并发展中国式人民自治社会组织，也就是总书记所说的“基层政权组织、经济组织、自治组织、群团组织、社会组织”[②]，实现政府—市场—社会三元的平衡互补。

再次，文化建设与生态文明建设的关系。习近平总书记对此有很多非常生动且感人的表述，除了脍炙人口的“绿水青山就是金山银山”外，对于农村的生态文明建设，习近平总书记说：要注重地域特色，尊重文化差异，以多样化为美，把挖掘原生态村居风貌和引入现代元素结合起来。……要突出村庄的生态涵养功能，保护好林草、溪流、山丘等生态细胞，打造各具特色的现代版“富春山居图”。[③]对于城市的生态文明建设，习近平总书记说：城市建设，要让居民望得见山、看得见水、记得住乡愁。“记得住乡愁”，就要

① 习近平：《把乡村振兴战略这篇大文章做好》，《论“三农”工作》，中央文献出版社2022年版，第279页。

② 习近平：《在贵州调研时的讲话》，《人民日报》2015年6月19日。

③ 习近平：《加强和改善党对“三农”工作的领导》，《论“三农”工作》，中央文献出版社2022年版，第265页。

保护弘扬中华优秀传统文化，延续城市历史文脉，保留中华文化基因。[①]生态文明建设与产业化是相对的，产业化是片面的市场化、解构，而非建构社会的市场化。教育和医疗的产业化就是双刃剑，既推动中国经济发展，又阻碍了中国社会有机体的重建，近年教育产业化的弊端已得到很大纠正。农业是中华文明的基础，农村和城市的生态化就是去西方化的现代化，将中国式现代化连接到中国优秀传统文化的根上来。这就是中国社会主义的再造文明。

① 习近平：《统筹改革、科技、文化三大动力，提高城市发展持续性》，《习近平关于社会主义精神文明建设论述摘编》，中央文献出版社2022年版，第220页。

新时代文化治理的逻辑演进及实践路径

李琳*

一、引言

2013年以来，以习近平同志为核心的党中央对加快推进社会治理现代化作出了一系列重要部署和战略决策。党的十八届三中全会以“全面深化改革”为主题，首次提出“推进国家治理体系和治理能力现代化”，完善和发展中国特色社会主义制度；党的十九届五中全会提出“推进社会主义文化强国建设”的任务和“建成文化强国”的目标，标志着我国文化建设在“两个一百年”奋斗目标接续推进中进入了一个新的历史阶段；党的十九届六中全会通过的《中共中央关于党的百年奋斗重大成就和历史经验的决议》，总结了党的百年奋斗重大成就和历史经验，为未来建功新时代提供了根本指导。

文化兴国运兴，文化强民族强。中华民族的复兴离不开中华文化的大发展与大繁荣。而发展文化产业，提高国家文化软实力正与促进国家治理体系

* 李琳，文学研究所助理研究员。

和治理能力现代化的需求不谋而合。一方面，积极发展文化产业，搭建文化治理系统，保障国家文化安全，成为中国建设社会主义文化强国的出发点和新维度；另一方面，通过文化治理寻求一种文化的创造性转换和包容性发展，推动文化治理到文化善治的转变，实现文化产业的繁荣发展。

二、概念界定：文化治理的内在脉络

在信息化、网络化、智能化时代，数字技术革新了人们的生活方式，互联网文化深入了日常生活的方方面面。为契合新技术与新文化的发展，展开文化治理研究，提升文化治理能力成为我国文化建设的应有之意。

（一）文化治理的概念释义

文化既是治理的对象，又是治理的手段。文化为人们的生活赋予价值意义和精神追求，文化治理是一种柔性治理范式，展现的是人文精神在社会教化、文化传播、信仰塑造、认同强化等方面的重要作用。文化治理最早的研究可追踪到20世纪60年代伯明翰学派建立的大众文化研究范式，后伴随着葛兰西、福柯等西方学者对文化治理的进一步阐释和建构，文化治理的相关研究成果拓展到多个领域。20世纪80年代之后，第三种管理维度即文化治理进入了学界视野。文化治理可以视作一种以人为本的管理模式，通过共同价值观的培育，在系统内塑造健康和谐的文化氛围，实现社会价值和自我价值的最大化。

文化治理兼具文化治理性与经济治理性。由于文化的公共属性与价值属性，文化治理在初始价值、治理对象、治理进程、治理效果等环节均与传统治理模式有所不同。无论是学界批判的工具论与目的论之争，还是批判工具理性与价值理性的焦点，文化治理的双重性，甚至是多重性内涵，都彰显了文化治理不仅要用治理的逻辑来发展文化，还要以文化为载体和内容来解决政治、经济和社会问题[①]。因此，文化治理是在社会文化建设的过程中，政府、社会和市场等参与主体对社会文化发展的决策与法规、公民文化权益的保护和文化产品及服务的交换等相关问题取得的认同与共同推进文化的大发展大繁荣的实践过程[②]。

（二）文化治理的基本范畴

当前学界研究中，诸多学者围绕着文化治理进行了深入研究，通常从以下几个范畴展开：公共文化治理、乡村文化治理与文化产业治理。

公共文化治理是当代文化发展的关键要素。文化是人类精神凝结而成的硕果，是人类社会发展中的共识，具有公共性，在社会交往中占据绝对地位。公共文化治理则是治理理念、治理实践与文化价值转换、文化体制改革相互交织、相互作用的过程。公共文化治理属于文化治理范畴，要发挥软治理的作用，立足于国家治理的战略高度，秉持系统观和生态观，实现对公共文化物质层、制度层、理念层及诸要素的系统集成[③]。

乡村文化治理是当代文化建设的重要构成。乡村文化是乡村振兴的精神支柱与奋斗标志。习近平总书记说过，乡村振兴，既要塑形，也要铸魂。没有乡村文化的高度自信，没有乡村文化的繁荣发展，就难以实现乡村振兴的伟大使命。乡村文化治理主要面临着基层政府“行政主导”模式突出、社会组织和农民参与性不强、专业人才短缺等现实困境。[④]为解决此难题，既要发挥基层组织所代表的国家力量的效用，又要注重以移风易俗理事会为代表

---

① 胡惠林：《国家文化治理：发展文化产业的新维度》，《学术月刊》2012年第5期。

② 陈怀平、吴绒、刘吉发：《权力边界与职责担当：文化治理的“三元”主体格局建构——基于协商民主的视角》，《社会主义研究》2015年第3期。

③ 曹爱军：《“公共文化”治理：出场逻辑与行动路向》，《云南民族大学学报（哲学社会科学版）》2022年第39卷第5期。

④ 方军、张国祥、任志安：《多中心治理理论视角下乡村文化治理》，《山西大同大学学报（社会科学版）》2022年第36卷第4期。

的社会内生权威的作用，来形成配合型的双轨互动关系。[①]

文化产业治理是当代文化繁荣的核心驱动力。文化繁荣发展离不开文化产业的成熟发展。在全球文化产业发展方兴未艾之际，文化产业竞争已成为衡量国家文化软实力发展的重要指标。文化产业作为当代精神生产最主要的范式，需要从社会综合治理的高度出发，重建文化的价值型发展观与政策实践，在发展中不断发现和优化其推动社会进步的动能，以差异又统合的价值理性与工具理性，调整文化治理与经济治理功能的协调发展与优化[②]。

（三）文化治理的战略地位

文化治理在国家治理体系和治理能力现代化中占据重要位置。作为我国文化建设的核心任务和重大课题，文化治理是一项系统性工程。文化治理以激发文化创造活力、解放和发展文化生产力，处理好政府与市场、社会在参与文化活动、实施文化管理等方面的关系为目标，以构建政府、市场和社会相统一的文化治理体制机制为核心[③]。近年来，中国政府先后颁布了一系列有关文化治理的政策文件，如：2021年3月颁布“十四五”规划和2035年远景目标纲要，2021年5月颁布《“十四五”文化产业发展规划》，2021年7月颁布《“十四五”文化和旅游发展规划》，2022年8月颁布《“十四五”文化发展规划》等。这充分说明了文化治理在加快健全现代文化产业体系、构建国家治理能力体系和治理能力现代化、建设社会主义文化强国的战略布局中占有重要地位，是不可或缺的组成部分。

文化治理是中国共产党文化建设中与时俱进的时代使命。随着技术创新和全球一体化进程，国家与国家间的竞争逐渐转向譬如以文化竞争为主的软

---

① 李紫瑶、班涛：《动员型双轨结构：村庄价值生产异化与乡村文化治理路径》，《社会科学动态》2022年第4期。

② 段莉：《文化产业治理的辩证法》，《中国文化产业评论》2021年第31卷第2期。

③ 祁述裕：《推动文化管理向文化治理与善治的转变》，《人民论坛》2014年第11期。

实力竞争。“文化是不可少的，任何社会没有文化就建设不起来[①]”。建设繁荣发展的中国特色社会主义文化，对国家和民族的前途和命运至关重要。从我国发展的历史进程来看，中国共产党始终走在世界发展大势之前，从战略发展高度指导我国文化的发展方向，在不同历史时期积极推进符合我国现实国情的文化建设。一方面，文化治理需坚持以人民为中心，在贯彻党的群众路线过程中厚植和培育文化治理的主体力量，进而实现文化治理现代化；另一方面，文化治理应鼓励人民积极参与文化创新创造、依法参与国家文化治理，达到文化成果众人享的目标，满足人民日益增长的精神文化需求，提升文化传播力、影响力与感召力。

三、逻辑演进：文化治理的发展框架

面对利益分化、意义竞争、规则多元的转型社会，构建新时代文化治理的发展框架刻不容缓。本文从文化治理的文化逻辑、治理逻辑及安全逻辑出发，探索新时代文化治理主体、治理空间、治理方式的逻辑演进。

（一）新时代国家文化逻辑

文化治理是文化功能主义的外延性探索。文化是人们相互依存的社会活动产物，在特定群体中具有共享性。文化是由价值、规则和物态构成的整体。但在现代化与全球化的冲击下，个体淡化了对中国传统文化的认同感与归属感，文化共同体与传统权威性力量衰落，社会之间的联系越来越松散，中国文化脉络处于消解与断裂的危险之中。因此，新时代文化逻辑亟须弘扬主旋律，倡导主导价值观，凝聚全社会共同的理想信念，使传统文化与现代文化、精英文化与大众文化、公益文化与商业文化良性互动，形成主流突

① 《毛泽东文集》（第3卷），人民出版社1996年版，第110页。

出、多元共存的文化生态结构。

中国文化治理亟须促进文化认同，发挥文化传承功能。文化在社会性群体中突出体现为主体间核心价值的共识，发挥着凝聚人心与文化传承的作用，对国家内部对国家外部均有着重要的感召力和影响力。因此，文化治理不单单要满足人民的基本文化需求，更要增强民众对社会主义核心价值观的信仰，强化公众对于传统文化与国家发展的认同。自党的十八大以来，党中央前所未有地重视文化的发展地位与重要作用。以建设中国特色社会主义文化为新时代发展目标，应提升坚守文化传承、坚定文化自信、激发文化创新，以中国特色社会主义文化建设逻辑串联起文化人才、文化生态、文化振兴、文化生产、文化消费、文化传承、文化产业发展等方面，迈向中国特色社会主义文化发展道路。

（二）新时代国家治理逻辑

文化治理是治理在文化层面的功能性展示。治理是现代公共事务管理的共同趋势，治理的核心原则是基于合作主义的多元主体协商；文化治理是治理理论中的一种，是治理在文化领域的指向。文化治理的元治理主体为国家，通过以国家政权机关为主的治理主体运用公共权力解决文化问题、发展文化利益的实践活动，满足人民的文化需求，提供更为高效和优质的文化服务，是“党着眼于国家长治久安、人民安居乐业，建设更高水平的平安中国”的必然职责。文化治理应实现“自治、法治、德治”有机统一，将社会主义核心价值观融入群众日常生活，重构国家与群众关系，让群众通过切身感受，潜移默化地养成共同的社会心理、价值观和思维方式，为大众提供更为优质的公共文化产品和服务，让人民获得更为主动的精神力量。

中国文化治理主要经历了四个历史阶段的变革：新民主主义革命时期实现了民族独立、人民解放的历史任务，中国共产党强调以阶级意识和民族意识为基准的文化治理；新中国成立后，中国共产党带领人民巩固政权，凸显文化治理的政治担当，对社会主义文化事业进行改造与建设；改革开放后，在社会主义市场经济主导下的文化治理着重于解放和发展文化生产力，探索文化发展新模式；新时代以来，中国共产党文化治理以文化自身逻辑为出发点、善治为目标、人民为核心，深刻把握时代发展脉络和文化发展规律，立足实践经历，进一步推进文化治理现代化[①]。当前，我国文化治理的脉络总体呈现为意识形态建设、精神文明建设、教育与科学建设和文艺创作四个维度，重点为加强意识形态建设和文艺创作、强调教育与科学建设等方向[②]。

（三）新时代国家安全逻辑

保障国家文化安全是文化治理的发展诉求。安全是一个动态的、具有多重意涵的复杂概念。广义上的安全研究由传统安全研究与非传统安全研究组成：传统安全研究强调国家安全与军事安全，以军事武力和战略震慑为核心研究范式；非传统安全研究着重关注由于文明认同、民族文化、地区历史等相关议题引发的安全问题，已成为当今社会最重要的安全理念和战略思想之一。文化安全是非传统安全的重要构成，它是一种不受威胁的客观状态，是作为文化核心的价值体系的合法生存和合理发展。文化安全是国家安全的“软安全”，具有非物理性，是一种无形的防御体系，更是文化繁荣发展、文化产业建设乃至文化治理的终极目标。

文化安全是国家安全必不可少的构成要素。文化都是政治的先导、经济的反映和社会精神的表现。在利益博弈的国际竞争中，文化、价值观、意识形态是构成国家安全维护和社会制度竞争的重要基础。面临当下百年未有之大变局，全球范围内各种文化价值观念暗流涌动，各色文化差异互相交织交

---

① 王馨、李雪萁：《中国共产党百年文化治理及其历史经验》，《边疆经济与文化》2022年第4期。

② 何桂洪：《新中国以来文化治理注意力配置研究——基于政府政策的文本分析》，《西安建筑科技大学学报（社会科学版）》2022年第41卷第4期。

锋，国家之间的竞争不再是单纯的硬实力较量，软实力竞争已经逐渐成为当下各国综合国力较量的全新场域。在国家软实力构成中，文化是核心和本质要素，它反映了一个国家的社会心态、行为规范和价值追求，是国家软实力的重要标识。我国应在求同存异的基础上，捍卫文化安全达到“不战而屈人之兵”的目标，从而保障我国政治安全、经济安全与社会安全以至习近平总书记提出的总体国家安全。

四、实践路径：文化治理现代化的善治之道

社会转型带来社会结构和文化秩序的改变，导致中国文化面临主体性危机、主流价值弱化、文化治理实践碎片化、文化市场被蚕食、西方文化冲击等现实困境。面对复杂多变的国际局势，需抓住当下新兴文化治理的先机，在未来的实践路径中，应以创新作为引领文化治理的动力之源，从网络文化治理、数字文化治理、智能文化治理三个维度探索中国文化治理现代化的善治之道。

（一）新时代网络文化治理路径

网络文化治理应以网络意识形态安全为核心，促进治理主体多元化，以社会主义核心价值观为引导。随着信息技术的创新更迭和互联网的全球一体化，中国即将迎来全民上网的“后网络时代”。在此宏观背景下，借由互联网潜入的西方恶意观念也逐渐增多，极易引发中国的网络文化危机。习近平总书记指出，当今世界，互联网发展对国家主权、安全、发展利益提出了新挑战，必须认真应对[①]。因此，在意识形态斗争异常严峻的形势下，推进中

---

① 中共中央党史和文献研究院：《习近平关于网络强国论述摘编》，中央文献出版社2021年版，第149页。

国特色网络文化建设就不能忽视网络意识形态这一范畴，需壮大主流思想舆论，推动统一思想、凝聚力量[①]。鉴于网络文化的网络化、互动化、去中心化的特质，应积极发展网络文化新兴业态，促进网络文化治理主体多元化，以社会主义核心价值观为引导，积极抵御网络文化风险，构建整体的、专业的、完善的网络文化治理体系。

（二）新时代数字文化治理路径

数字文化治理应以数据治理为核心，运用前沿数字技术等工具，构建具有可行性的数字文化治理系统。文化治理的现代化离不开数字技术与数据治理。数字技术驱动提供了技术创新和开放治理的保障[②]。一方面，通过顺应形势变化，树立技术创新意识、培养互联网大数据的使用技术、制定系统的发展战略并出台相关法律规范，充分运用数字技术来预测和指导功能来规范公共文化服务程序、维护文化市场竞争安全、拓展公民参与文化治理的渠道、加强文化治理活动过程和结果的监管与评估，释放更大更强的治理潜能；另一方面，通过数据挖掘技术，能够使用“大数据”“数字记忆”“云共享”“数字孪生”等前沿技术及时和精准地把握大众的文化需求和文化趋势与文化热点，推动提升政府主体决策的科学化及灵活性、社会及市场主体的参与热情和沟通效率，实现数字经济和文化产业的数字化转型升级[③]。

（三）新时代智能文化治理路径

智能文化治理应以发展创新为核心，积极发展智能文化产业，提升文

---

① 中共中央文献研究室：《习近平关于社会主义文化建设论述摘编》，中央文献出版社2017年版，第34页。

② 王涛、郑建明：《多源异构公共数字文化数据治理的构成和机制探析》，《图书馆》2022年第4期。

③ 蔡晓倩：《新时代推进文化治理现代化的多维路径》，《哈尔滨工业大学学报（社会科学版）》2022年第24卷第4期。

化核心竞争力。支持文化生产，保障文化权利，促进文化消费是文化治理的终极目标。伴随人工智能技术的不断创新，智能文化借助于现代信息技术平台，借由穿戴式设备、5G互联技术等高新实用技术，逐渐进入大众的视野。元宇宙、区块链、NFT等前沿文化产品带来了沉浸式、场景式、自动式文化体验。而未来智能文化将打通线上和线下、虚拟和现实、在场和在线，为大众描绘了通往未来新世界的美好图景。但智能文化的快速发展可能带来体验沉溺、内容审查困难、消费者权利侵害、平台公司垄断、消解主流价值观等文化危机，因此在积极发展智能文化产业的基础上，亟待培养完善的智能文化治理生态系统。一方面，应促进可信AI、向善AI的智能技术创新；另一方面，从合法性、透明性、责任性、法治性四方面来打造文化治理的善治路径，促使文化治理迈入文化善治的新阶段。

论习近平法治思想与中国特色社会主义法治人才培养

李小年*

一、习近平法治思想对新时期社会主义特色法治人才培养的指导意义

习近平法治思想，既是对党领导法治建设丰富实践和宝贵经验提炼升华的重大理论创新，更是引领新时代全面依法治国、培养中国特色社会主义法治人才的指导思想。习近平法治思想内涵丰富、论述深刻、逻辑严密、系统完备，集中体现在“十一个坚持”，即：坚持党对全面依法治国的领导；坚持以人民为中心；坚持中国特色社会主义法治道路；坚持依宪治国、依宪执政；坚持在法治轨道上推进国家治理体系和治理能力现代化；坚持建设中国特色社会主义法治体系；坚持依法治国、依法执政、依法行政共同推进，法治国家、法治政府、法治社会一体建设；坚持全面推进科学立法、严格执法、公正司法、全民守法；坚持统筹推进国内法治和涉外法治；坚持建设德才兼备的高素质法治工作队伍；坚持抓住领导干部这个“关键少数”。习近平法治思想内涵丰富、思想深刻，包含着科学系统的法治人才培养思想，是

* 李小年，应用经济研究所研究员。

引领法学教育改革发展和法治人才培养的指导思想和行动指南。

新时期中国特色社会主义法治人才培养始终要做好“十一个坚持”，需要在法治人才培养的宗旨、原则、学科体系建设和教师人才队伍建设等各方面全面贯彻与落实，这是一个系统工程，需要做好长远的人才培养战略部署和规划，尤其要强调坚定不移走中国特色社会主义法治道路。笔者认为，“十一个坚持”体现在法治人才培养上，需聚焦以下几方面：

第一，确定法治人才培养方面不可动摇的基本原则：首先是党的领导，其次是以人民为中心，再次是中国特色，最后是宪法至上。

第二，法治人才培养是全面依法治国体系化建设不可分割的重要组成部分。国家治理体系要走上法治轨道，依法治国、依法行政和依法执政，推进科学立法、沿革执法、公正司法、全民守法，建设法治国家、法治政府和法治社会贯穿国家治理和法治人才培养的始终。

第三，统筹推进国内法治和涉外法治则体现了国际视野下全面提升国家治理能力，积极参与全球治理体系改革的长远目标。坚持建设德才兼备的法治队伍，要求领导干部提高运用法治思维和法治方式的能力则是进一步提升国内治理水平，要求加强立法、司法、执法队伍全方位建设及提升领导干部这个“关键少数”的法治水平是全面依法治国必备的基础人才保障。

二、构建和完善中国特色社会主义法学学科体系

（一）加强对中国特色社会主义法治理论的研究

法学体系在学科体系、学术体系及话语体系上的明显影响，也反映在法治人才的培养过程中，即不仅西方法学体系所确定的法治人才培养的目标体系、课程体系、方法体系明显地影响了高校法学专业人才培养的素质要求，而且西方法学体系中植根于西方特殊性的理论观点及知识体系也在很大程度上被当作了普遍的规律。法学教育研究中存在片面强调西方国家法学教育对

中国法学启发价值的倾向。①

（二）完善我国法学教育体系

近年来，我国法学教育和法治人才培养成效显著，法治人才培养规模和质量不断提高，形成了多类型、多层次的法学教育体系，建成了种类齐全、内涵丰富的法学学科体系。同时，法学教育和人才培养也存在一些不足和问题。学科结构、学科体系和课程体系不够完善；新兴学科、法学学科与其他学科如管理学等交叉融合不够，有的学科理论建设滞后于实践，不能回答和解释现实问题；法学教材编写和实施，法学教育中对西方法学理论缺乏鉴别批判，对中国特色社会主义法治理论研究不够深入，有的法学教育重形式轻时效、法治人才培养重专业轻思想政治素质等。这些都要统筹谋划、整体布局，通过调整和创新，使法学学科建设跟上新时代的发展，体现坚持和发展中国特色社会主义的客观要求。②

在创新法学学科体系、课程体系、教材体系、教学体系，培养法治人才的法治素质方面，要深入研究和解决好为谁教、教什么、教给谁、怎样教的问题，努力以中国智慧、中国实践为世界法治文明建设作出贡献③。对世界上的优秀法治文明成果，要积极吸收借鉴，也要加以甄别，有选择地吸收和转化，不能囫囵吞枣、照搬照抄。新时代创新法学学科体系、课程体系的主要任务就是：优化学科结构，完善法律学学科体系，创新法治学学科体系，加快国际法学、涉外法治学科体系建设，推动法学与其他社会科学、自然科学、工学、思维科学等的交叉融合，用新法学的学科建设成

① 朱梦羽：《美法两国法学教育模式对我国高等法学教育的启示》，《中国大学教学》2015年第12期。

② 中共中央宣传部、中央全面依法治国委员会办公室：《习近平法治思想学习纲要》，人民出版社2021年版，第135—138页。

③ 习近平：《在中国政法大学考察时强调：立德树人，德法兼修，抓好法治人才培养，励志勤学，刻苦磨炼，促进青年成长进步》，《北京人大》2017年第5期。

效推动法治人才培养新模式的创新，实现从培养法律人才向培养高素质法治人才的历史性转变。[①]

（三）创新法学教学形式，具体举措是在法学教材和课程体系方面进一步围绕中国特色社会主义本质做进一步的调整与完善

各法学院校要抓好习近平法治思想的学习贯彻落实工作，法学专业教师要做到全覆盖学习、开展原创性研究、抓好融入式教学，开设习近平法治思想大讲堂，参训教师要在他们的带领下，全面、系统、深入地读原著、学原文、悟原理，努力成为习近平法治思想的深度学习者；要做好学理转化，将其有机融入专业课教育教学中，努力成为习近平法治思想的专业解读者；要将其核心要义和工作要求落实到法治人才培养的全过程各环节，努力成为习近平法治思想的积极践行者。[②]为此，应将《习近平法治思想概论》纳入所有法学高等院校和科研机构的必备教材和重点课程。法学师生都要全面学习习近平法治思想的鲜明特色、重大意义、丰富内涵、核心要义、科学方法、实践要求。要深刻了解习近平法治思想是一个内涵丰富、论述深刻、逻辑严密、系统完备的科学理论体系，是马克思主义法治理论中国化最新成果，是习近平新时代中国特色社会主义思想的重要组成部分，是全面依法治国的根本遵循和行动指南。

（四）注重培养能在实践中运用国际法的涉外法律人才

当前，中国法律法规比较原则、笼统，中国法域外适用的法律体系不够健全，涉外执法司法的水平还有待提高。进入新发展阶段，构建以国内大循环为主体，国内国际双循环相互促进的新发展格局，迫切需要运用法治方

---

① 杨宗科：《习近平德法兼修高素质法治人才培养思想的科学内涵》，《法学》2021年第1期。

② 罗天林：《全面推进习近平法治思想纳入高校法治理论教学体系，教育部推出习近平法治思想大讲堂》，中国网，2021年5月28日。

式推动建设更高水平的开放型经济新体制。当前，全球经济治理体系和规则正在面临调整，应对外部经济风险、维护国家经济安全，争取国际经济话语权，运用国际经贸规则对涉外法治人才提出了更高的要求。在法学教育中需要培养坚持底线思维，能够在实践中提高科学运用国际法维护我国主权、安全和发展利益的能力，而不是简单地了解和比较国际法。国际法学教育需引导学生深入思考，对不公正不合理、不符合国际演变大势的国际规则和国际机制，要提出改革方案，用法治推动全球治理变革。中国坚持和发展国际法要加大培养国际法人才的力度，国际法研究要更加注重本土化、专业化、现代化和国际化的结合，为国际人才培养、国际规则制定、中国国际话语权的提升做出更大贡献[①]。习近平总书记首倡的人类命运共同体理念自提出以来，已经多次载入联合国有关决议，并日益成为国际共识。2018年3月，推动构建人类命运共同体写入中国《宪法》的序言，纳入中国法律制度体系，为人类命运共同体的法治化道路树立了典范。当前，我们应当以构建“一带一路”法律合作机制为契机，围绕人类命运共同体理念形成更加清晰的中国方案，并推动其成为全球治理的共同方案和有效行动。为此，国际法治人才培养首先要丰富和完善新时代中国国际法理论体系，以建设性态度积极参与国际规则制定，推动国际法治朝着更加公正合理的方向发展。

三、建设德才兼备的高素质法治队伍是法治人才培养的根本目标

（一）培养以人民为中心、以德为先的复合型及应用型法治人才

培养什么人的问题是教育首先要解决的问题。时代不同，法学教育培养的目标也各不相同。建设法治国家、法治政府、法治社会，实现科学立

---

① 孙美娟：《探索构建人类命运共同体法治道路》，《中国社会科学报》2019年11月11日第1812期。

法、严格执法、公正司法、全民守法，都离不开一支高素质的法治工作队伍，法治人才培养上不去，法治领域不能人才辈出，全面依法治国就不可能做好。[①]

从培养“政法人才”到“卓越法律人才”教育培养计划的实施，再到进入新时代，习近平总书记明确提出要培养“德法兼修的高素质法治人才”。新中国成立初期，我们需要的是“政法人才”；改革开放新时期，我国法学教育的目标是培养法律人才；进入21世纪以后，教育部和中央政法委组织实施了“卓越法律人才”教育培养计划；进入新时代，习近平总书记明确提出要培养“德法兼修的高素质法治人才”的新目标。从“法律人才”到“法治人才”，虽一字之差，却蕴含着丰富的内涵，体现了中国法学高等教育新的发展目标[②]。面向全面依法治国的现实要求，面向推进国家治理体系和治理能力现代化的必然要求，面向实现中华民族伟大复兴的历史使命，是中国特色社会主义法治人才培养的新目标。

“专门的法治队伍主要包括在人大和政府从事立法工作的人员，在行政机关从事执法工作的人员，在司法机关从事司法工作的人员”“律师队伍是依法治国的一支重要力量。”可见，法治队伍内涵丰富，既包括专门的法治队伍，即立法人员、行政执法人员、司法人员等政法干警、纪检监察机关的执法办案人员；也包括律师等法律服务工作者和高校法学教师、学术科研机构的法学专家、学者。各支队伍各司其职，各负其责，相辅相成，共同汇聚成推进全面依法治国的磅礴力量。[③]

高标准的政治素质、高觉悟的道德修养、高层次的法治素质、高效率的知行合一能力，是高素质法治人才的基本规格和要求，换言之，“信念坚

---

① 《习近平在中国政法大学考察时强调：立德树人，德法兼修，抓好法治人才培养，励志勤学，刻苦磨炼，促进青年成长进步》,《人民日报》2017年5月4日。

② 《习近平在全国高校思想政治工作会议上强调：把思想政治工作贯穿教育教学全过程，开创我国高等教育事业发展新局面》,《人民日报》2016年12月9日。

③ 习近平：《加快建设社会主义法治国家》,《求是》2022年第4期。

定”“品德高尚”“信仰法治”“明法笃行”是高素质法治人才的基本特征。其中，高层次的法治素质应当包括全面系统的法律知识、扎实的法律理论功底、丰富的法治理论知识、坚定的法治信仰、逻辑严密的法律表达能力、完整熟练的法治实践能力。只有具备了信念坚定、品德高尚、信仰法治、明法笃行、家国情怀、良好人格等基本“要素”，并且使之处于不断提升的“高质量”状态，才有可能成为“高素质”的法治人才，成为社会主义法治坚定的守护者和实践者①。

（二）培养具有中国立场和国际视野的高素质法治人才

具有中国立场和国际视野是高素质法治人才的时代特征。随着改革开放的不断深入，我国日益走近世界舞台中央，在全球治理中的角色和地位越来越重要。当前和今后的一段时期，是中华民族伟大复兴的关键时期，在应对大变局和参与全球治理的过程中，不仅要求能够有效运用法治手段解决好国内法治问题，还要求在和世界其他各国打交道时善于运用国际法律规则有效解决涉外法治问题。法治是国家核心竞争力的重要内容。统筹两个百年之未有之大变局，必须坚持统筹国内法治和涉外法治。“卓越法治人才”的培养目标，需把德育放在第一位，采取强专业、重实践、深协同、强德能、拓渠道、促开放等八个方面的法学教育改革方向与举措。

法治人才培养不仅要面向国内法治的需求，还要面向涉外法治的需求。特别是在加强涉外法治建设和加快涉外法治工作布局时，无论是有效运用国际法维护国家、企业和公民在海外的合法权益，还是不断深化国际法学研究，这些都离不开涉外法治人才的积极参与。②加强涉外法治专业人才培养，积极发展涉外法律服务，强化企业合规意识，保障和服务高水平对外开放。

---

① 叶青 :《高等政法院校的责任与担当》,《光明日报》2017年9月19日。

② 叶青 :《统筹国内法治和涉外法治　坚持全要素法治人才培养》,《新文科教育研究》2021年第1卷第1期。

为此，必须推进法学院校改革发展，加大涉外法学教育力度，尽快补齐涉外法治人才培养的短板，培养一大批具有国际视野和中国情怀、通晓国际法律规则、善于处理国际法律事务和维护中国国家利益的涉外法治专业人才。

（三）创新中国特色社会主义法治人才培养机制

创新法治人才培养机制。坚持用马克思主义法学思想和中国特色社会主义法治理论全方位占领高校、科研机构法学教育和法学研究阵地，加强法学基础理论研究，形成完善的中国特色社会主义法学理论体系、学科体系、课程体系，组织编写和全面采用国家统一的法律类专业核心教材，纳入司法考试必考范围。坚持立德树人、德育为先导向，推动中国特色社会主义法治理论进教材进课堂进头脑，培养造就熟悉和坚持中国特色社会主义法治体系的法治人才及后备力量。建设通晓国际法律规则、善于处理涉外法律事务的涉外法治人才队伍。

健全政法部门和法学院校、法学研究机构人员双向交流机制。实施高校和法治工作部门人员互聘计划，重点打造一支政治立场坚定、理论功底深厚、熟悉中国国情的高水平法学家和专家团队，建设高素质学术带头人、骨干教师、专兼职教师队伍。

（四）面向更为广泛的中国特色法律职业者队伍建设

高素质法治人才既是法治工作队伍的后备力量，也是治国理政的后备力量。新时代我国法学教育培养的法治人才的职业面向，不限于过去的司法职业如“法官、检察官、律师”，而是面向更为广泛的中国特色的“法律职业者”。

从2018年第一次中央全面依法治国委员会会议上提出的“十个坚持”发展到2021年的“十一个坚持”，增加的这个坚持就是建设德才兼备的高素质法治工作队伍。要坚持建设德才兼备的高素质法治工作队伍，加强理想信念教育，深入开展社会主义核心价值观和社会主义法治理念教育，推进法治专门队伍革命化、正规化、专业化、职业化，确保做到忠于党、忠于国家、忠于人民、忠于法律。习近平总书记坚持需求导向和问题导向，从政法队伍和法治工作队伍建设的战略需求出发，提出培养德法兼修高素质法治人才的任务和要求。为此：

一是要进一步推进法学院校改革发展，提高法治人才职业队伍的培养质量。例如，从全球海洋治理人才培养的角度，我国海洋治理虽然已经开始走向“全球化”，但目前涉外海洋法治人才数量和质量都与全球海洋治理的需求不匹配。涉外法律人才匮乏，国际海洋法研究稀少，海洋法律学科非常专业但较为小众，受重视程度不高，涉海论文发表较难，有关海洋综合治理人才培养专项计划还没有提上议事日程。这样就无法满足海洋事业发展需要，更不能有效支撑构建“海洋命运共同体”这一理念。因此，需加快构建涉外海洋法律体系，强化国际海洋法研究和应用，提高涉外海洋工作法制化水平，培养具备全球视野、通晓国际规则、精通涉外海洋法律的高端人才，为践行“海洋命运共同体”理念提供优质的法律服务，为维护我国海洋权益提供全方位法律支持。

二是要将法学知识教学和实践教学有机结合，打破法学研究机构和教育机构校和立法、司法和执法队伍之间体制壁垒，将实际工作部门的优质教学资源引进高校，发挥政府管理人员、法官、检察官、律师和企业法律顾问在法治人才培养中的积极作用。进一步深化法治人才职称改革，健全政法部门和法学院校、法学研究机构双向交流机制，实施法学高校和科研机构、智库与法治工作部门人才互聘、挂职交流、人才引进等计划，大力推进院校和社会的双硕导双博导制度，重点打造一批政治立场坚定、理论功底深厚、熟悉中国国情的高水平法学家和专家团队，建设高素质法学学术带头人、骨干教师、专兼职教师队伍，更好地加强法学理论与实践教学的有机统一。

综上，中国特色法治人才培养需要做到：首先，明确指导思想、基本原则和根本道路；其次，在法学学科体系、课程体系、教师人才队伍建设上为培养多元化复合型国家和全球治理人才服务；再次，一切以实际出发，创新法治人才培养机制，建立德法兼修高素质的法治人才队伍是为全面依法治国的国家战略培养人才的根本目标。

习近平法治思想中的法学研究和发展理论的基本要义

陈宇超*

党的十九大报告明确提出了中国特色社会主义进入新时代的重大判断，并对全面依法治国和法治中国建设做出了重大理论创新，提出了一系列法治新思想新战略，标志着全面依法治国进入新时代。2020年11月召开的中央全面依法治国工作会议上部门法首次提出了习近平法治思想，并将习近平法治思想确立为全面依法治国的指导思想。在全面推进依法治国的过程中，构建具有中国特色的法学学科体系、学术体系和话语体系尤为重要，具有学理支撑和智识支持的基础性作用。2021年12月8日，习近平总书记在中共中央政治局第三十五次集体学习时强调，要求“加强中国特色法学学科体系、学术体系、话语体系建设”[①]。习近平总书记为中国法学学科的发展指明了前进方向，如何加快构建新时代全面依法治国所需的法学研究和发展体系是全体法学同仁的重要历史使命。申言之，习近平法治思想中的法学研究和发展理论为新时代我国法学学科发展提出了更为具体明确的要求，解决了当前法学

---

* 陈宇超，法学研究所助理研究员。

① 习近平：《坚定不移走中国特色社会主义法治道路　更好推进中国特色社会主义法治体系建设》，《人民日报》2021年12月8日。

研究和发展中面临的理论困境和方向迷茫问题，具有重大的理论和现实意义。笔者拟从习近平法治思想中的法学研究和发展的理论和实践来源及基本内容入手，讨论习近平法治思想中的法学研究和发展理论对法学学科、法学研究教育机构、法学教研人员和法学生的具体要求。

一、习近平法治思想中的法学研究和发展理论的理论与实践来源

习近平法治思想中法学研究和发展理论的产生来源主要有两方面：一是习近平个人成长工作环境、特定的社会和历史条件背景和个人的持续学习和经验累积；二是马克思主义法学思想、中国特色社会主义法治理论、中国优秀传统法律文化和党的依法治国实践经验共同构成了习近平法治思想的基础渊源。

（一）马克思主义法学思想

习近平总书记博览群书，涉猎无数中外经典著作，其中对马克思主义法学理论尤为精通。马克思主义法学思想体系博大精深，蕴含着丰富的法学哲理。马克思、恩格斯在人类历史上第一次深刻揭示了法的本质与一般规律，指出了法在社会主义国家形态中应具有的功能和价值。习近平总书记论述道："在人类思想史上，没有一种思想理论像马克思主义那样对人类产生了如此广泛深刻的影响。"①

习近平总书记对马克思主义经典著作熟稔于心，他的一系列著作和重要讲话，都充分体现了马克思主义法学观。在他的众多著作和讲话中屡次引用《共产党宣言》《国家与革命》等经典中的科学观点和精辟论述，广泛吸收了

① 习近平：《在纪念马克思诞辰200周年大会上的讲话》（2018年5月4日），人民出版社2018年版，第10页。

马克思主义法治理论的精粹。习近平法治思想中的法学研究和发展理论深受马克思主义法学思想的影响，如相关论述中提出的要“加强法治理论研究和宣传，加强中国特色法学学科体系、学术体系、话语体系建设”来源于马克思主义法学思想中关于矛盾的普遍性和特殊性的理论；“弘扬理论联系实际学风，紧密联系思想和工作实际，把研究解决问题作为学习的着眼点，决不能坐而论道、凌空蹈虚”来源于马克思主义法学思想中的实践观；坚持全面依法治国的观点来源于国家和法律一致性的观点；“让人民群众在每一项法律制度、每一个执法决定、每一宗司法案件中都感受到公平正义这个目标”来源于马克思主义法学思想中的人民阶级性理论。由是观之，习近平的思想根植于马克思主义理论，习近平法治思想中的法学研究和发展理论是马克思主义法学理论在法学研究和发展领域的深化总结和改革创新。

（二）中国优秀传统法律文化资源

习近平总书记高度重视吸收优秀传统本土法律文化，曾多次在公开讲话中强调要汲取中华传统法律文化精华，对我国传统文化有深厚的认识，多次主持参加全国文艺工作座谈会，并对传统文化的精髓和当代作用进行深刻阐述，如“要挖掘中华优秀传统文化的思想观念、人文精神、道德规范，把艺术创造力和中华文化价值融合起来”“要把握传承和创新的关系，学法不泥古、破法不悖法，让中华优秀传统文化成为文艺创新的重要源泉”。[①]习近平法治思想中的法学研究和发展理论也深受中华传统法文化的滋润，是对我国传统的民本思想、法不阿贵、德主刑辅等思想的新时代解读。

民本思想是中国传统文化的根基。在我国漫长历史的不同时期，历代中华哲人都对此做出过精辟论述，典型观点有“敬天保民”[②]“民惟邦本，本固

---

① 习近平：《增强文化自觉坚定文化自信 展示中国文艺新气象铸就中华文化新辉煌》，《人民日报》2021年12月15日。

② 周公：《尚书·召诰》，王世舜译注，中华书局2023年版。

邦宁”[①]“民为贵，社稷次之，君为轻”[②]“善为国者，爱民如父母之爱子、兄之爱弟，闻其饥寒为之哀，见其劳苦为之悲”[③]等。中国古代在以封建地主阶级剥削为前提的封建经济基础和上层建筑的冲击之下，民本思想逐渐演化成为一种口惠而实不至的政治口号。在中国共产党批判继承历史遗产的基础上，民本思想在中国特色社会主义制度之下重新绽放出光芒，其思想内涵所折射出的为民作主、为民办事、为民负责、为民服务、为民谋幸福的观念才真正得到实践。习近平自其少年时代就将做人民公仆、为人民做实事树立为人生目标，他的著作《之江新语》中收录的《为民办实事成于务实》《干在实处走在前列》等文章集中体现了中国传统文化所倡导的民本思想的精华。中国共产党的宗旨是全心全意为人民服务，党和国家在新时代进行的各项建设和改革都是为了更好地满足人民群众的需求。法学研究和发展是法学学科自我革新的内在要求，而其根本也是为了更好满足人民群众对优质法治的需求。

德主刑辅是中国古代重要的法律思想，也是治国理政基本经验的总结。“刑”，在中国古代是“法”的代名词；“德”，则有两层基本的意思：一是“为政以德”的“德”，指与“法”相对应的国家与社会治理措施，即执政者治国的措施应该得到民众的认同，符合民众的利益；二是“大学之道，在明明德”的“德”，指一种社会规范，即以社会民众普遍认同的是非观、价值观为基本内容的道德。[④]德主刑辅的理念在中国古代始终是官方指导思想，从商周时期倡导的“明德慎罚”，到春秋时期孔子倡导的“为政以德”，而后西汉董仲舒提出的“德主刑辅”，再到宋明时期朱熹等人所开创的“明刑弼教”，虽然历朝统治者对德治与法治的主次轻重关系的认识有所差异，但是主张德刑并用、引礼入法，重视道德和教化的作用在中华传统法律文化中长

① 橘孝州：《尚书·五子之歌》，王世舜译注，中华书局2023年版。
② 孟子著，陈渔编：《孟子·尽心章句下》，吉林人民出版社2007年版。
③ 刘向：《说苑·政理》，程翔译注，商务印书馆2018年版。
④ 陈忠林：《“德主刑辅”构建和谐社会》，《法学杂志》2007年第1期。

期占据主流地位。[1]清末以来，西法东渐，中国在法治近代化的进程中以继受西方法律为主，逐渐与传统中华法文化脱钩。[2]然而，外来的法律在治理中国社会中出现了较为明显的排斥效应，诚如萨维尼所言："法律只能是土生土长和几乎是盲目地发展，不能通过正式理性的立法手段来创建""一个民族的法律制度，像艺术和音乐一样，都是他们的文化的自然体现，不能从外部强加给他们"。[3]习近平总书记在总结历史成败得失经验后，提出了全新的论述，他指出："要坚持建设中国特色社会主义法治体系。中国特色社会主义法治体系是推进全面依法治国的总抓手。要加快形成完备的法律规范体系、高效的法治实施体系、严密的法治监督体系、有力的法治保障体系，形成完善的党内法规体系。要坚持依法治国和以德治国相结合，实现法治和德治相辅相成、相得益彰。"[4]习近平总书记在中国古代"重德轻法"和西方"法律至上"中做出平衡，强调"法治"和"德治"是互为表里、并行不悖的双轮驱动战略。习近平总书记法学研究和发展理论中对新时代法治人才的要求也必须具有坚定理想信念、强烈家国情怀和扎实法学根底，即德才兼备。

（三）新时代依法治国的实践

习近平总书记是新时代中国特色社会主义法治建设的领航者，是新时代全面依法治国的总设计师。习近平家学渊源深厚，他的父亲习仲勋是老一辈无产阶级革命家的重要代表。习仲勋在陕甘宁边区就积极参与边区立法和司法工作，新中国成立后更是担任过全国人大常委会法制委员会主任，先后主持召开了17次法制委员会主任办公会议、5次法制委员会会议，讨论和审议

---

① 龙大轩：《关于"德主刑辅"法律思想的再思考》，《宁夏社会科学》1993年第4期。

② 公丕祥：《法制现代化的理论逻辑》，中国政法大学出版社1999年版，第1—10页。

③ ［德］弗里德里希·卡尔·冯·萨维尼：《当代罗马法体系》，朱虎译，中国法制出版社2010年版，第35页。

④ 习近平：《习近平在中央全面依法治国工作会议上强调　坚定不移走中国特色社会主义法治道路　为全面建设社会主义现代化国家提供有力法治保障》，《人民日报》2020年11月18日。

的法律和决议、决定草案25部，为中国法制建设作出了卓越贡献。[①]习近平法治思想的形成深受其父亲的经历和思想影响。在他数十年的从政实践中，他持之以恒地关注法治、研究法治、推行法治，在实行依法治县、依法治市、依法治省、依法治国、全面依法治国的伟大实践过程中，从现实和历史相承续、国际和国内相统筹、理论和实际相结合上，科学回应了中国特色社会主义法治建设的一系列重大理论、制度和实践问题。1984年3月，习近平在正定县委书记任上主持印发了《中共正定县委一九八四年工作大纲》，明确提出："加强法治宣传教育，搞好综合治理……增强人民的法制观念和道德观念，人人争做遵纪守法的模范。"[②]在福建工作期间，习近平便提出依法反腐，指出"人民把权力交给了我们，怎么样才能让人民放心？一个很重要的措施就是建章立制。建立一整套系统、全面的制度以制约和监督权力的使用，这是杜绝腐败的根本性措施"。[③]在浙江工作期间，习近平创造性提出"法治浙江"建设，深刻揭示出"市场经济必然是法治经济""和谐社会本质上是法治社会""党的领导是法治的根本保证"，要求"逐步把经济、政治、文化和社会生活纳入法治轨道""弘扬法治精神，形成法治风尚""坚持法治与德治并举"等。[④]习近平在成为党和国家最高领导人后，更加重视法治在国家治理中的根本性作用。2012年，党的十八大把法治确定为治国理政的基本方式；2017年，党的十九大进一步把坚持全面依法治国提升到新时代坚持和发展中国特色社会主义的基本方略之一，展现了中国共产党在法治理论和实践上推陈出新、与时俱进的自我革新精神。

---

① 王万宾：《习仲勋——社会主义民主法制建设的积极推动者》，《人民日报》2013年10月16日。

② 倪洋军：《从习近平1984年的工作大纲读出啥》，人民网，http://cpc.people.com.cn/xuexi/n/2015/0319/c385478-26719447.html。

③ 习近平：《廉政建设是共产党人的历史使命》，人民网，http://theory.people.com.cn/n/2014/1016/c389908-25846404.html。

④ 习近平：《之江新语》，浙江人民出版社2013年版，第202—207页。

二、习近平法治思想中法学研究与发展理论的基本内容

习近平法治思想中的法学研究与发展理论是系统完备的科学理论。这套理论分别从指导思想、发展目标、发展方法等各个方面，为中国法学学科未来的研究与发展做了全面规划。

（一）新时代法学研究与发展的指导思想

党的十八大以来，习近平总书记站在治国理政的战略高度，提出了习近平法治思想。这是马克思主义法学中国化进程的最新理论成果，直接推进了我国依法治国的进程，取得了重大法治成效并推动了社会的长足进步。新时代法律人应当深入研究习近平法治思想，并以此作为指导思想，贯穿于法学研究与发展的全领域。

第一，对理论法学研究和发展具有指导意义。理论法学包括法理学和法史学两大组成部分。党的十九届六中全会通过新的历史决议，站在新的历史发展阶段进一步推动了习近平法治思想的创新发展，丰富了中国特色社会主义法治理论的内涵，这为理论法学研究及其发展提供了明确方向。习近平法治思想不仅蕴含着公平、正义、权利、秩序等法的基本精神和要义，而且立足于中国实践勾勒治国理政的法治中国图景，这为法理学研究继续深化法的一般理论提供了中国样本，呈现出法理中国的鲜明品质。[①]也为法史学研究中国传统法律制度和文化，以及近代法制变革提供了清晰的价值导向。习近平法治思想还创造性的运用法治思维，开辟了党法关系论、法治系统论等全新研究领域，对理论法学的纵深发展具有重大指导意义。

---

① 张文显：《法理学的中心主题和法学的共同关注》，《清华法学》2017年第4期。

第二，对于立法学研究和发展具有指导意义。习近平总书记非常注重立法工作，多次谈及立法的重要性，“要加强国家安全、科技创新、公共卫生、生物安全、生态文明、防范风险等重要领域立法，加强民生领域立法，努力健全国家治理急需、满足人民日益增长的美好生活需要必备的法律制度”[①]“要抓住立法质量这个关键，深入推进科学立法、依法立法、统筹立法改废释纂，提高立法效率，增强立法系统性、整体性、协同性”[②]“各级立法机构和工作部门要遵循立法程序、严守立法权限，切实避免越权立法、重复立法、盲目立法”[③]。立法学研究者应为此提供智识资源和理论基础，围绕如何提高立法质量这个中心点，一方面，在宏观上展开立法“立改废”、加强重点领域立法、完善部门法系之间相衔接、建构科学立法体系等方面的理论研究；另一方面，在微观上对系统立法技术与规则、民众参与立法实施路径、立法保留与立法授权、地方特别立法的司法适用与方法等方面进行全面深化的理论研究，从而推动立法学科的发展与进步。

第三，对于行政法学发展具有指导意义。党的十九届四中全会提出要“坚持和完善社会主义行政体制，构建职责明确、依法行政的政府治理体系”。习近平法治思想在阐明全面依法治国这一宏观战略的同时，提出了依法行政要与依法治国、依法执政共同推进，法治政府要与法治国家、法治社会一体建设。习近平总书记强调法治政府建设是法治中国建设中的“重点任务和主体工程”，要“率先突破”，并擘画了具体途径，如，“用法治给行政权力定规矩、划界限，规范行政决策程序，加快转变政府职能”[④]“健全政府守信践诺机制，提高依法行政水平，推进严格规范公正文明执法，让执法

①②③ 习近平：《坚定不移走中国特色社会主义法治道路　更好推进中国特色社会主义法治体系建设》，《人民日报》2021年12月8日。

④ 中共中央文献研究室：《习近平关于全面依法治国论述摘编》，中央文献出版社2015年版，第43页。

既有力度又有温度，提高执法质量”[①]。如何在习近平法治思想指导下建设有为、有效、有力的法治政府，强化法治政府建设强度、提升法治政府建设水准，无疑需要行政法学界结合社会发展需要和行政实践，深入研究行政机构设置的功能预设及其内在规律，以探求行政权力配置的规律；探究权责法定在当前权力清单与责任清单中的清晰定位；理顺法治政府与党的领导、法治国家、法治社会等要素之间的关系；有效处理全面反腐与行政不作为和“懒政”之间的内在关系等。

第四，对于民法学发展具有指导意义。《中华人民共和国民法典》是新中国历史上第一部以“法典”命名的法律，是新时代中国社会主义法治建设的重大成果，是习近平法治思想的生动实践。习近平总书记高度重视《民法典》编纂和实施，专门从加强民法典重大意义的宣传教育、加强民事立法相关工作、加强民法典执法司法活动、加强民法典普法工作、加强我国民事法律制度理论研究五个方面进行论述。[②]民法学界要加强对民事法律制度的理论研究，尽快构建体现我国社会主义性质，具有鲜明中国特色、实践特色、时代特色的民法理论体系和话语体系，为有效实施民法典、发展我国民事法律制度提供理论支撑。[③]

第五，对刑法学发展具有指导意义。根据实践发展的需要，不断推进刑事立法特别是对违法犯罪行为惩治和矫正法律的完善，是习近平法治思想中关于刑事立法完善的重要观点。[④]党的十八大以来，对于如何完善刑事立法和政策，习近平总书记多次做出重要论述：“废止劳动教养，完善对违法犯罪

① 习近平：《坚定不移走中国特色社会主义法治道路 为全面建设社会主义现代化国家提供有力法治保障》，《求是》2021年第5期。

② 习近平：《充分认识颁布实施民法典重大意义 依法更好保障人民合法权益》，《求是》2020年第12期。

③ 王立民：《以民法典颁行为契机推动中国法典化进程——学习习近平法治思想中的法典化理论》，《东方法学》2021年第6期。

④ 姚建龙：《习近平法治思想中的刑事法要义》，《政治与法律》2021年第5期。

行为的惩治和矫正法律”[①]“全面落实认罪认罚从宽制度”[②]“健全冤错案件发现受理、审查办理、监督纠正等机制”[③]，等等。刑法学界应纠偏在法制移植过程中照搬西方经验与理论的现象，诚如有学者指出：“不应当也无法沉醉于自我之中，而应当更进一步关注现实，尤其是中国特色社会主义现实”。[④]习近平法治思想为新时代中国刑事法立法和理论研究指明了方向，在深刻领会习近平法治思想的博大精深基础上，立足于中国国情与本土法治特色，形成中国化的刑事法理论框架。

（二）新时代法学研究与发展的目标

习近平法治思想中的法学研究与发展理论以加快构建中国特色法学学科体系、学术体系、话语体系（简称“三大体系”）为目标[⑤]。这三者的生成机理与内在逻辑是互为表里的，即学术体系是学科体系和话语体系的理论土壤，学科体系是学术体系和话语体系的系统框架，话语体系是学术体系和学科体系的表达载体和规范样态。加快构建新时代中国特色社会主义法学三大体系，应当根据三者的性质、功能和相互关系有所侧重。

第一，从完善现有学科体系短板出发，构建新时代中国特色社会主义法学学科体系。习近平总书记指出：“法学教育和法治人才培养也存在一些问题和不足。比如，学科结构不尽合理，法学学科体系、课程体系不够完善；社会亟需的新兴学科开设不足，法学学科同其他学科交叉融合还不够，知识容量需要扩充；有的学科理论建设滞后于实践，不能回答和解释现实问题。”

---

① 习近平：《关于改革司法体制和运行机制》，载《论坚持全面依法治国》，中央文献出版社2020年版，第33页。

② 中共中央文献研究室：《习近平关于全面依法治国论述摘编》，中央文献出版社2015年版，第43页。

③ 习近平：《全面推进依法治国是一项长期而重大的历史任务》，载《论坚持全面依法治国》，中央文献出版社2020年版，第172页。

④ 姚建龙：《社会变迁中的刑法问题》，北京大学出版社2019年版，第17页。

⑤ 习近平：《十九届中央政治局第三十五次集体学习时的讲话》，2021年12月6日。

这体现了习近平法治思想对当前法学学科体系存在短板的深刻洞见，并指明了法学学科体系建设布局的方向。习近平总书记提出："没有正确的法治理论引领，就不能有正确的法治实践。"习近平总书记对中国特色话语体系建设始终持有高度的学术关怀和世界眼光，尤其是在法学学科体系建设的问题上，他高瞻远瞩地指出："我们不能做西方理论的搬运工，而是要做中国学术的创造者、世界学术的贡献者。"这对于纠偏目前法学学术研究存在的现实问题具有举旗定向的作用，深刻回应了应该以怎样的立场来推进中国法治的重大理论问题。

第二，从中国实践需要出发，构建新时代中国特色社会主义法学学术体系。法学学术体系是法学学科的根本，它直接关系到中国法学学科的生命力，从根本上影响学科的基础理论建设、整体发展水平和未来发展趋向，更关涉到该学科走向世界的途径。长期以来，中国法学学科学术体系构建存在机械模仿和照搬西方理论的现象，本土法学学科学术体系的发展存在一定程度的停滞问题。习近平总书记指出："解决这些问题，要统筹谋划、整体布局，该坚持的坚持，该改进的改进，该调整的调整，该创新的创新，使法学学科建设跟上时代发展，体现坚持和发展中国特色社会主义的客观要求。"这为统筹法学学术体系的整体设计指明了方向，具有很强的实践操作性。我们应当在促进传统学术体系的转型升级的同时，开创具有中国主体性、原创性的法学学术体系。党的十八大以来，中国法学学术研究取得了丰硕成果，一大批具有中国特色的学术概念、理论范式得以提炼，中国法学研究的学术自主性得到很大提升。

第三，从增强中国法学国际影响力出发，构建新时代中国特色社会主义法学话语体系。话语体系是人们遵循一定的理论内容、实践经验和逻辑主线所打造的概念性、范畴性表述的表达系统，是彰显一个国家思想文化和价值观念的中国参考。不断增强中国特色社会主义法学话语体系的感召力，要在强化法学理论研究的组织和交流上发力。习近平总书记指出："要聚焦国际社会共同关注的问题，提出并牵头组织研究项目，增强我国哲学社会科学研究的国际影响力。”这一阐释对于推动中国法学的话语体系建设可以说具有重大的促进作用。习近平总书记还指出：“要善于提炼标识性概念，打造易于为国际社会所理解和所接受的新概念、新范畴、新表述，引导国际学术界展开研究和讨论。”

新中国史研究动态的回顾与省思

张秀莉*

中华人民共和国已走过73年的光辉历程，国内外关于新中国史的研究几乎与之同步。党的十八大以来，新中国史研究获得了前所未有的历史机遇。习近平总书记不仅在不同重要场合强调新中国史的重要性，其关于新中国史的重要论述亦是新时代中国特色社会主义理论和马克思主义中国化的有机组成部分。2013年1月，习近平总书记对坚持和发展中国特色社会主义的几个问题做了重要论断，提出“对改革开放前的历史时期要正确评价，不能用改革开放后的历史时期否定改革开放前的历史时期，也不能用改革开放前的历史时期否定改革开放后的历史时期”①。2013年6月，习近平总书记在党的十八届中央政治局第七次学习时即对此做了全面阐述：“历史是最好的教科书。学习党史、国史，是坚持和发展中国特色社会主义、把党和国家各项事业继续推向前进的必修课。这门功课不仅必修，而且必须修好。要继续加强对党史、国史的学习，在对历史的深入思考中做好现实工作、更好走向未来，不断交出坚持和发展中国特色社会主义的合格答卷。”② 2021年，在迎接建党百

---

* 张秀莉，历史研究所研究员。

① 习近平：《关于坚持和发展中国特色社会主义的几个问题》（2013年1月5日），《十八大以来重要文献选编》（上），中央文献出版社2014年版，第112页。

② 习近平：《在第十八届中央政治局第七次集体学习时的讲话》（2013年6月25日），《人民日报》2013年6月27日。

年之际，新中国史被纳入“四史”教育。这一切都为新中国史研究提供了重要遵循和历史机遇，加强新中国史的学科体系建设已是新时代赋予研究工作者的光荣使命。因此，有必要对70余年来新中国史研究的主体、焦点、方法、立场、观点的变化做一回顾与反思，思考新中国史研究在新时代的方向与定位。

一、国内研究回顾

国内关于中华人民共和国成立以来的73年历史的研究有较为明确的历史分期：

（一）接管与改造时期（1949—1956）的研究

这一时期研究的重点是城市接管、镇压反革命、“三反”运动、“五反”运动、“公私合营”研究。这一时期被认为是“用革命的逻辑来建构新秩序新国家，不仅要分左、中、右，而且要分革命与反动、进步与落后”。从研究方法和研究趋势看，学术化越来越强，基于档案、报纸、文献汇编为依据的研究更加细致地展示了历史事件的前因后果与内在逻辑，有助于人们客观地看待那段历史。比如，对这一时期的核心问题“公私合营”，有学者经过对私营工业改造的大量档案分析，得出一个最基本的结论：“20世纪50年代新中国的‘公私合营’，是中国共产党人及其领导下的国家政权，在其自身的信仰和理论指导下，动员全社会的资源和力量，有步骤、有计划地实行的中国社会企业制度的巨大变革。从社会变迁和社会进步的角度来看，一种社会形态替代另一种社会形态，一种社会制度替代另一种社会制度，本来就是人类社会前进的必然历史现象。从这一点上来说，公私合营标志着一个时代和一种制度的终结，乃是特定历史条件下社会变迁的一个组成部分。”

（二）社会主义建设道路10年（1956—1966）探索时期的研究

这一时期研究聚焦的热点是党的八大、反右派斗争、“三面红旗”（1958年社会主义建设总路线、“大跃进”运动、人民公社化运动）、庐山会议、党的知识分子政策、中外关系。学者们对党的八大的评价比较肯定，认为这次探索不仅使毛泽东思想发展到一个高峰，而且成为党的十一届三中全会以来党的正确路线的历史来源。学者们认为反右派斗争扩大化的结果，为“大跃进”运动中普遍忽视和不尊重科学与客观规律埋下了祸根，并为唯意志论的张扬提供了条件，强化了党内在社会主义建设方略上的“左”倾错误。关于“三面红旗”的评价，学者们认为其本意是要搞经济建设，但由于违背客观经济规律，违背历史唯物主义基本原理，对社会主义经济建设造成巨大的破坏，其本身虽然不是阶级斗争，却孕育了党内斗争，既是三年经济困难的原因，也是其后近20年党内斗争的根源，因此它不仅直接引发了可怕的经济危机，也孕育了党内严峻的政治危机。关于庐山会议的评价，学者们观点比较一致，认为是新中国成立以后党内政治生活中的一次重大失误，中断了在经济工作中纠“左”的进程。关于这一时期的中外关系，随着苏联档案的解密与翻译，有力推进了中苏关系史、中美关系史的研究。

总体而言，关于这一时期的研究成果很多，新史料、新视角、新观点都有所体现。学者们认为这一时期的探索是一次思想解放运动，阐明的社会主义社会矛盾学说、发展阶段与战略的提出、工业化道路的思想、经济与文化、领导核心和依靠力量的协调发展等，对后来中国的现代化建设具有重要指导意义，党的十一届三中全会后的探索是初步探索的继续和发展。对于探索阶段的失误和错误，有学者认为均平主义理想、对集体化的过分乐观认识、个人崇拜、自律本位和传统经学的政治思维方式等，都产生了显著的影响和作用。

（三）"文化大革命"史的研究

研究始于20世纪70年代末，取得了不少成果，如亲历者口述资料的搜集整理、起因的宏观探索、性质界定以及经验教训等，但由于核心史料缺乏、主观因素影响等，致使某些领域的研究难以深入，使得"文化大革命"史成为党史和国史研究中最为薄弱的领域。近年来关于"文化大革命"史研究的推进表现为研究视角与范式的转移，研究者将视野深入社会结构的底层，描述人们在"非常"时期的"正常"生活，使"文化大革命"史的研究不仅有政治运动的框架，也有社会生产、社会生活的血肉。从社会史的视角研究"文化大革命"，就是将政治运动与国民经济生产、社会管理、日常生活等区分开来，往下看，可看到普通的百姓生活；往上看，则可看到"国家管理"的"在位"。此类学术性的爬梳与探讨，或许有助于人们更加客观地评价或了解"文化大革命"。

（四）改革开放史的研究

这一阶段的研究成果最为丰硕，尤其是2018年改革开放40周年之际，从不同层面、不同角度总结改革开放历史经验的成果喷薄而出。40年的改革开放一方面给中国带来了天翻地覆的变化，得到了绝大多数人的肯定和支持；但另一方面也引发了一部分人的质疑和否定，出现了改革开放"失败论""变质论""倒退论"等历史虚无主义观点。

关于改革开放的成就，代表性的观点有：（1）中国共产党带领全党全国各族人民进行改革开放的过程，亦是不断凝聚改革共识的过程。党的十三大形成了坚持"一个中心，两个基本点"的改革共识。党的十四大确立了发展"社会主义市场经济"的改革共识。党的十六大形成了"科学发展观"的改革共识。党的十八大以来，中国站在了全面深化改革的新的历史起点上，以"习近平新时代中国特色社会主义思想"为根本指导，凝聚全面深化改革共识，是中国改革发展新航标的重要指引。（2）改革开放是中国特色社会主义在中国大地上的伟大实践，历经目标探索、框架构建、体制完善和全面深化等阶段，取得了举世瞩目的成就。(3)中国经济体制改革和对外开放的深入和发展是邓小平倡导的解放思想、实事求是思想路线的胜利。改革开放是中华民族伟大复兴的必由之路。(4)改革开放不仅改变了中国，也正在并将继续改变世界。(5)中国改革开放实际就是不断融入全球化的过程，但对全球化必须从生产力和生产关系两方面全面认识，否则就掉入陷阱。中国要成为国际经济规则制定者，就要改变出口导向型模式和格局。

改革开放的成就巨大，但积累的问题也很突出，如：(1)就业和社会保障问题；(2)腐败问题；(3)环境代价太大，资源过度消耗；(4)贫富差距拉大，劳工权益受损；(5)文化失落，社会道德环境出现了让人忧心的状况。有学者称：我们现在的状况是“两头冒尖”，成就巨大但也面临着严峻的挑战。

对于问题出现原因分析有：(1)目前我们所面临的种种社会问题是改革不彻底带来的。例如，产权制度改革没有完全到位，国有经济的布局调整和国有企业的股份化改制也没有完全到位，国有企业改革中行业垄断还没有消除，资本市场的合规性监管有待加强，等等。(2)城乡二元体制基本上没有触动。

(五)关于贯通新中国史的研究

近年来也有几部权威性的成果问世，总结了中国对一些重大历史问题、历史事件的最新评价，诸如《中华人民共和国史稿》《中国共产党的九十年》《中国共产党历史(第二卷)》等，都成为学术界对相关问题评判立论的基本准则。整体史的研究中有两个广受关注的重大理论问题：一是改革开放前后两个历史时期的关系；二是中国社会主义的起点是1949年还是1956年。围绕第一个问题的广泛讨论在2013年习近平总书记讲话以后已趋向统一，第二个问题尚未有定论。

二、国外研究回顾

国外对于中华人民共和国历史的研究大致经历了三个历史阶段：

第一阶段是20世纪50年代至60年代中期，主要是与共和国有特殊渊源的美苏两个大国对共和国史的研究。由于初期中苏之间的友好关系，苏联对中华人民共和国史的研究也最为积极。1954年以前，最初的研究筹备工作由莫斯科东方学研究所完成，1956年创办中国学研究所，出版《苏联中国学》杂志，内容涉及中国现状尤其是经济情况的介绍。与苏联截然不同的是，美国是在将新中国作为敌人和封锁目标的背景下开始了中国当代史的研究。

第二阶段是20世纪60年代中期至80年代初期，这一时期美苏两国依然是研究的中心，其他一些国家对共和国的研究开始兴起。中苏关系的恶化非但没有阻碍苏联学者对于中国的研究，反而推出了更多的研究成果，其中不仅包括中国内部事务特别是经济问题的研究，而且加强了对中国与其他国家关系的研究。1972年中美关系的解冻，不仅使得美国对共和国史的研究进入了新一轮高潮，而且带动了其他一些西方国家的共和国史的研究。

第三阶段是20世纪80年代初至今，中国的改革开放不仅对外打开了经济的大门，也为海外的研究者打开了实地调研和研究的大门。随着中国经济的崛起和国际地位的提高，海外共和国史的研究也日益繁荣，出现了世界各地相关研究百家争鸣的局面。形成了对中国的政治、经济、社会与文化诸方面的多学科综合性研究高潮，在研究队伍、机构、经费、资料、成果等方面出现了质的飞跃，而且总体上越来越倾向于科学地重新认识中国，并逐渐形成一门区别于传统汉学的新学科。

国外关于共和国史的研究最主要的是经济问题，从最初对于毛泽东时代国民收入、工业生产、农业生产等领域的估算，到改革开放经济成就的研究，都涌现出一批代表性的学者和研究成果。尤其是改革开放的研究涵盖经济改革、制度及政策、宏观经济发展、中外经济关系与全球化、香港地区和内地经济发展、中国经济的地区性发展、从计量统计看中国等广泛议题。海外学者试图从对“中国特色”的研究中，寻找中国崛起的基因，主要观点有：(1)中华人民共和国成立70年以来的成就，与中国立足于本国国情的发展密不可分。中国自近代以来一直受到西方的影响，但这并不意味着中国就会西方化。除了中国的传统文化使然，中国当前所走的道路也是政治的选择。在新中国成立初期，中国就在参考苏联发展模式的基础上，结合中国的实际情况进行调整，提出了自己的发展计划，使中国实现比苏联更快的增长。1978年以后的改革也没有遵循其他西方国家的改革路线，而是基于中国国情提出建立“社会主义市场经济”。(2)中国农村人口众多，始于农业和广大农村地区的改革和发展进程具有广泛优势，这可以为国家工业化奠定基础；从集体农业逐步转向家庭农业，逐步放松对国有企业的限制，甚至具有革命性的“开放战略”，集中于扩大中国东南沿海几个省和特区的贸易和投资活动，这均体现了“中国特色”。(3)从国际共产主义视角下来探究中国经验，证明了制度改革的性质和完成程度不仅仅取决于改革策略，还取决于指导思想和制度本身。中国的改革是在社会主义框架内引导、以市场为导向的新的国有企业蓬勃发展。中国没有进行政治体制变革就从“从计划经济转变为市场经济”，这是对其他社会主义国家的发展逻辑和历史传统的超越。(4)扎根于中国传统文化的社会主义核心价值观，在动员中国人民投入中国社会主义社会建设中发挥了积极作用。(5)中国有目的地追求国家的现代化，为了社会和政治发展的利益，推行渐进式改革，加强法治和公民权利，促进人民群众形成新的社会共识以及建立新的有效社会管理模式。

海外学者认为，“中国经验”表明，中国通过发展“中国特色社会主义市场经济”，大大改善了大众福利，满足了人民的“基本需求”。中国所推行的扶贫政策也受到海外学者的高度评价，他们认为中国的开发式扶贫政策，通过推动贫困地区的发展促进了中国的减贫进程，同时减缓了区域差距扩大化趋势；中国扶贫投资在整体上为贫困地区带来了利益，使贫困地区的平均收入和消费增长高于其他条件相同的非贫困地区。

海外学者对政府作用和计划手段给予积极的评价。有学者认为基本的经济改革不会在没有政治改革的背景下发生，中国改革的中心任务在于建立以市场为控制机制的计划商品经济，“促进改革”的战略需要在政治经济体制中找到可释放的因素。中国改革的结果是释放社会主义体系中隐藏的潜力。同时，不断维持政治稳定，这促使了市场力量逐步发展，促进了财政稳定，为大规模外资流入提供了稳定的环境，同时为市场失灵提供了干预手段。有学者认为，中国的市场经济和其他国家的市场经济的显著区别，在于政府作用的发挥，政府对经济的监管和参与远远多于大多数高收入的市场经济体，但这并不是直接控制。这种政府的参与程度可以保证经济政策发挥更多的效用。有研究指出，政府在中国工业的快速增长中发挥着重要作业。地方政府因为处于行政等级的下端，与企业距离更近，搜集信息更为容易，可以进行更明确的财政激励和约束，对企业的监管能力更强，所以其优越性体现得更为明显。

有学者认为中国的发展造福了全世界。特别是自2008年全球金融危机爆发以来，中国在全球经济增长中扮演了更加重要的角色，不仅仅是中国自身的经济得到了发展，也带动了对自然资源以及大宗商品的需求，而在非洲和美国，这方面的需求增速缓慢。如果研究中国为全球经济增长所做的贡献，我们会发现它占据了全球经济增长的很大一部分。有学者认为中国的发展为世界其他发展中国家实现经济快速增长、消除贫困提供了一条可借鉴的道路。中国国家主席习近平提出构建人类命运共同体理念，赢得世界广泛赞扬。“一带一路”倡议成为各方共同发展的重要平台。正因为中国取得的巨大发展成绩，越来越多的国家关注并学习中国经验。

进入新时代，中国日益走近世界舞台中央，也愈加受到海外学者的关注。美国外交关系委员会《外交事务》杂志在党的十九大召开后迅速刊登题为《习近平思想的意义》的文章，解读习近平新时代中国特色社会主义思想的内容与影响。胡佛研究所连续出版专刊分析党的十九大后的中国经济、国防、外交等政策走向。欧盟委员会秘书处图书馆在其《智库评论》中专门推出“中国特辑”，收集了2016年9月—2018年2月世界各大智库有关中国研究的代表性文章约140篇。英国皇家联合国防研究所学者出版的著作中，呼吁各国以务实策略对待中国的经济影响。瑞典安全与发展政策研究所学者认为，党的十九大报告中提出的全面开放新格局、共商共建共享全球治理观体现了中国的发展思路与大国担当。波兰华沙大学欧洲中心学者认为，中国明确支持联合国发挥积极作用与近来某大国的做法形成鲜明对比，欧盟应该从这种对比中洞鉴动态差异并微调对华政策。

有学者指出，40年前邓小平开启改革之时，需要克服的主要是意识形态上的“姓资姓社”问题；而今天，主要的问题已经转换为改革中逐渐形成的不同利益集团之间的利益角逐。接下来的改革，将不可避免地触及深层次的社会关系和既有利益格局的调整，遇到的阻力会越来越大，面对的暗礁、潜流、漩涡可能也会越来越多，触动的利益往往比触及灵魂还难。与此同时，随着中国国力的日益强盛，美国等国家开始感到惴惴不安，美国的亚太再平衡战略和日本右翼势力的兴起让中国的周边环境和国际环境恶化。今天，中国的改革可能是一场生死攸关的新的“赶考”，所要解答的题目是人类历史上从来没有出现过的，它对中国共产党提出了更高的要求。有学者认为，过去70年，特别是改革开放40年来，中国在转型中基本的制度都已经到位了，经济基本制度已形成一个三层资本共存的大结构，政治基本制度设立了国家监察委，对外开放政策自党的十八大以后开始形成4.0版，兼具“请进来”和“走出去”要素。

三、启示与思考

综观国内外新中国史的研究，有以下几点思考：

第一，当前过于明确的历史分期，凸显了一些敏感性的问题（诸如“反右倾”“大跃进”“上山下乡”“文化大革命”等），容易分割人们对于中华人民共和国70年成就的整体认识。贯穿70年的主线就是社会主义道路的探索，无论是新民主主义时期还是社会主义改造完成后，都是以建设社会主义为目标的探索，探索过程中有错误、有倒退，但整个过程始终处于螺旋式的上升趋势，这应该是研究与评判70年的出发点。

第二，西方对中国的研究作为西方关于中国的知识生产的一部分，受到西方意识形态、政治体系、社会结构、文化价值、学术传统以及历史经验之不同的影响。简言之，西方对所研究问题的选择从来不是随机的，而总是在某个分析框架下做出的。因此，无论是官方、媒体，还是学术界在利用西方的概念来对话与研究时，必须谨慎其背后隐含的价值观和实际指向。例如，“中国模式”这一概念过去更多是海外研究者在提，但“中国模式”被我们官方和主流媒体使用后，就被西方观察家解读为“中国模式”意在与西方模式竞争，从而可能会导致海外普通民众的误解。再如，曾经提出“软实力”这一概念的哈佛大学教授约瑟夫·奈，近期又提出西方要积极应对中国的“锐实力”。这一概念的转换已隐含了“中国威胁论”的意味。英国《经济学人》周刊随后迅速跟进，宣称西方应以自身的价值减弱中国“锐实力”的冲击。可以预见，中西话语的竞争，包括概念、叙事和传播手段等，在未来一段时间内会继续上演。中国的学术界应加强这方面的研究。

第三，在一些敏感性的历史问题上，学术界的研究，相比于文学影视作品、个人回忆、口述等表达方式，更为客观全面，但传播力和影响力太低，主流媒体平台应加强对相关学术成果与观点的传播，从而消减自媒体、社交媒体中那些别有用心或茫然无知而带来的错误言论的影响。在当今的媒体传播状况下，应该用正确客观的声音压倒杂音，更多发挥学术界的作用。

习近平“人民城市”理论的思想内涵及其实践的上海样本

陈凌云*

一、习近平“人民城市”理论的思想内涵

习近平关于上海城市精神的系列重要论述是在对我国社会主要矛盾变化进行清晰认知、对传统城市发展模式进行深刻反思、对大城市病进行有效破解的基础上形成的科学理论思想。该系列论述继承了中国传统民本思想，借鉴了马克思主义政治经济学关于城市发展的理论，并赋予马克思主义人本思想以新时代的内涵，丰富了中国特色社会主义理论体系，总结了新中国成立以来上海城市发展的实践经验，为上海建设超大城市探索出一条正确道路，为世界超大型城市可持续发展提供了中国方案。

（一）习近平关于上海城市精神的系列重要论述继承了中国传统民本思想，肯定了人民的主体地位和作用

第一，城市发展的目标在于满足人民的生活需求，提高居民的生活水平，实现人民在城市建设中的共建共治共享的目标。“人民城市人民建、人

* 陈凌云，文学研究所助理研究员。

民城市为人民”这一思想超越了传统的“民生、民心”观点，把人民的主体性提到了治理体系的高度，肯定了作为城市建设过程中的建设者和评判者角色，鼓励人们积极主动地参与到火热的城市建设大潮中，使城市更加符合人民的需求和期待。

第二，习近平总书记指出：“无论是城市规划还是城市建设，无论是新城区建设还是老城区改造，都要坚持以人民为中心，聚焦人民群众的需求，合理安排生产、生活、生态空间，走内涵式、集约型、绿色化的高质量发展路子，努力创造宜业、宜居、宜乐、宜游的良好环境，让人民有更多获得感，为人民创造更加幸福的美好生活。”将人民作为城市的“始点”，同时也是城市发展的“终点”，即城市建设成果归于人民自身，真正实现城市是人民共建共治共享的共同体目标。

（二）习近平关于上海城市精神的系列重要论述赋予马克思主义人本思想以新时代的内涵

马克思和恩格斯有关城市发展地位、“城市病”治理及城市布局的科学预见和深刻洞视，为习近平提出关于上海城市精神的系列重要论述提供了根本理论遵循。基于资本主义社会尖锐的城乡对立，日益泛滥的“城市病”及大城市内愈发紧张的阶级对立，马克思和恩格斯认为未来社会有必要对城市进行协调平衡布局。人民作为城市建设的主体验证了马克思主义“人民是历史的创造者”“整个所谓世界历史不外是通过人的劳动而诞生的过程”等观点。人民既然作为历史的创造者，其所作的一切都应该以“人”为出发点进行操作，这个“人”强调的是作为实践活动中本体的“人”，而不是作为客体的人存在。这也就是意味着人民城市的建设应该要区别于从前以满足政府绩效为主、将人民需求与人民参与作为客体的做法。比如，过去曾经存在“GDP崇拜”“物化城市”建设等经验，客观上忽略了人民的存在，把人民当成了旁观者甚至是客体，“人民城市人民建、人民城市为人民”的提出既是对过去偏差的正本清源，也是一种思想纠正。

（三）习近平关于上海城市精神的系列重要论述丰富了中国特色社会主义理论体系

一方面，它强调了人民作为城市的主人参与城市建设的时代意涵，是从能动性角度对人民提出的政治期待；另一方面，它凸显了城市建设和治理以人民为中心的政治原则，目标是实现人民共享城市成果。在中国特色社会主义理论体系中，“共享”发展理念坚持人民主体地位，彰显了中国特色社会主义的本质特征。无论是邓小平理论中的“先富带动后富，实现经济成果共享”，还是“三个代表”重要思想中强调的“代表最广大人民群众的根本利益”，抑或是科学发展观中提出“全面协调可持续”的发展观，以及习近平新时代中国特色社会主义思想，已经形成了逻辑严密的、一脉相承的理论体系。在这个理论体系中，“共享”的新发展理念最具有时代特质，成为中国特色社会主义理论体系的一大关键词语。习近平关于上海城市精神的系列重要论述是共享发展理念在城市空间、城市语境下的具体应用和发展，而共享的目标就是要努力打造人人都有在城市的出彩机会、人人都能有序参与城市治理、人人都能享有城市的高品质生活、人人都能切实感受城市温度、人人都能拥有对城市的归属与认同。

（四）习近平关于上海城市精神的系列重要论述，坚持马克思主义唯物史观的立场观点方法

以“人民城市”为核心理念，深刻阐明了中国共产党领导下的中国特色社会主义城市建设发展的根本立场与治理路径，深刻揭示了新时代中国城市工作的宗旨与方针、主体与依靠、导向与重心、部署与规划。做好新时代城市工作，必须坚持以人民为中心，明确城市是人民的城市、人民是城市的主人，把“属民”“为民”“靠民”的人民城市重要理念真正落到实处，全心全

意为人民群众创造更加幸福的美好生活。

推进国家治理体系和治理能力现代化是习近平治国理政思想的重要方面。习近平总书记在上海考察时强调："城市治理是国家治理体系和治理能力现代化的重要内容。一流城市要有一流治理，要注重在科学化、精细化、智能化上下功夫。既要善于运用现代科技手段实现智能化，又要通过绣花般的细心、耐心、巧心提高精细化水平，绣出城市的品质品牌。""衣食住行、教育就业、医疗养老、文化体育、生活环境、社会秩序等方面都体现着城市管理水平和服务质量。要牢记党的根本宗旨，坚持民有所呼、我有所应，把群众大大小小的事情办好。要推动城市治理的重心和配套资源向街道社区下沉，聚焦基层党建、城市管理、社区治理和公共服务等主责主业，整合审批、服务、执法等方面力量，面向区域内群众开展服务。要推进服务办理便捷化，优化办事流程，减少办理环节，加快政务信息系统资源整合共享。要推进服务供给精细化，找准服务群众的切入点和着力点，对接群众需求实施服务供给侧改革，办好一件件民生实事。"上海深入学习贯彻习近平总书记治国理政新理念新思想新战略，把握超大城市基层党建工作方向和实践要求，着眼推进城市治理体系和治理能力现代化，以巩固党在城市执政基础、增进群众福祉为目标，以街道社区党组织为核心，以党建引领基层治理为抓手，以解决突出问题为突破口，重基层、重实效、重实干，努力探索符合超大城市特点和规律的基层治理新路子。

二、"人民城市"理论对上海改革发展实践的指导意义

习近平总书记"人民城市人民建，人民城市为人民"的重要理念，为上海下一步的改革发展指明了前进方向，提供了根本遵循。中共上海市委按照党中央的部署和要求，带领上海市广大干部群众肩负使命、忠实践行，积极探索新时代在社会主义国际化大都市发展进程中建设人民城市的新路径。

（一）准确把握新时代人民城市建设发展的特点与规律

“上海是世界观察中国的一个重要窗口。”要把新时代人民城市的建设发展放在党中央对上海部署与定位的大局、全局中进行思考擘画，更好地向世界展示中国形象、传递中国声音，为国家改革发展大局做出更大贡献。上海在探索超大规模人民城市建设发展的进程中，要始终坚持人民城市的属性，把人民的向往作为城市建设发展的方向，把人民的需求作为城市建设发展的追求，把人民的痛点作为城市建设发展的重点，把人民的感受作为检验城市建设发展成效的标尺。充分发挥群众在人民城市现代化建设发展中的主体作用，真正做到共建共治共享。要科学认识、顺应和把握城市发展规律，加快走出一条符合超大城市特点和规律的人民城市建设发展新路子。

（二）积极探索新时代人民城市的治理新路

上海正在深入贯彻落实党的十九届四中全会精神，聚焦以人为本、系统治理、科技赋能、重心下移、建章立制等五个方面，积极探索超大规模人民城市的治理新路。在坚持“一切为了人民、紧紧依靠人民”的前提下，率先构建以经济治理、社会治理、城市治理统筹推进和系统集成为特点的超大城市治理体系，加强系统治理、依法治理、综合治理、源头治理。抓好政务服务“一网通办”和城市运行“一网统管”两张网建设，不断提高治理的科学化、精细化、智能化水平，有效服务城市高效运行，有效防范化解重大风险。

2020年12月20日颁布实施的《中共上海市委关于制定上海市国民经济和社会发展第十四个五年规划和二〇三五年远景目标的建议》（简称《规划建议》）充分体现了习近平上海城市精神重要论述对上海改革发展实践的指导意义，其贯穿始终的一条主线，就是全面梳理习近平总书记对上海的指示要求，逐项部署任务举措，逐条进行细化落实。《规划建议》中，特别强调上海整个城市空间的多中心化发展，嘉定、青浦、松江、奉贤、南汇5个新城发力，成为独立的综合性节点城市，将使得全市城市空间结构得到优化，资源配置更加合理。强化“四大功能”是习近平总书记对上海提出的明确要求，《规划建议》对此深入研究，听取各方意见将强化“四大功能”的路径措施做细做实在。高端产业引领功能方面，《规划建议》提出“3+6”产业布局，就打破了上海工业领域六大重点产业的传统定位，以明确的先导性布局，推动打造一批代表未来发展方向的新兴产业。“人民城市人民建，人民城市为人民”是一个大的指导思想。《规划建议》在“十四五”发展目标和2035年远景目标中强调“谱写出新时代‘城市，让生活更美好’的新篇章”等发展导向；在指导思想和基本原则中提出“把人民宜居安居放在首位，把最好资源留给人民”等工作要求；在任务举措中提出“把更多‘工业锈带’变成‘生活秀带’‘发展绣带’”“扎实推动共同富裕”“打造一批宜居、宜业、宜乐、宜游的人民城市建设示范点”“打造人人有责、人人尽责、人人享有的社会治理共同体”“把城市安全的防线筑得更牢”等工作措施。从这些建议内容看，上海“十四五”规划编制的导向、指导思想、原则，以及具体的任务举措，都将从提升人民群众获得感、幸福感、安全感角度出发，充分体现了习近平上海城市精神重要论述对上海改革发展实践的指导意义。

三、上海贯彻落实习近平城市精神重要论述的工作部署

（一）以国际文化大都市建设凝聚城市发展治理的精神动力

改革开放40年，是上海文化建设日益受到重视，文化设施加速更新，文化政策法规日趋完善，文化管理水平迅速提升，文化产品不断丰富的40年。上海文化发展经历了从重视文化，制定文化发展战略到全面繁荣文化事业和文化产业，努力建设国际性文化交流中心，努力建设国际文化大都市的发展脉络，并逐渐塑造出“海纳百川，追求卓越，开明睿智，大气谦和”的

城市精神。文化是城市的灵魂，是城市发展重要的软实力。上海确定“国际文化大都市”建设的定位，体现了上海力求在文化建设方面实现继往开来，开拓创新的理想追求。

习近平总书记指出：“没有高度的文化自信，没有文化的繁荣兴盛，就没有中华民族伟大复兴。”从文化自觉到文化自信，不仅使上海对中国特色社会主义文化有了更深刻的认识，而且进一步坚定了实现中华民族伟大复兴的决心和信心。上海国际文化大都市建设经历多年实践，为上海全球城市建设目标的实现提供了重要的精神文化支撑。上海在第十一次党代会报告中率先在全国提出“人文城市”的建设目标，成为中国未来城市文化发展的引领者。通过广泛征求意见，广开言路，凝聚共识，基于坚定的文化自觉与文化自信，上海改革开放以来各个阶段的文化战略都代表了社会各界民意诉求的最大公约数。因此，以习近平总书记关于上海城市精神的重要论述为实践指导，上海在国际文化大都市建设的过程中，最大程度地凝聚了城市发展治理的精神动力。

（二）打响“四大品牌”彰显城市品格与魅力

习近平总书记在首届中国国际进口博览会开幕式上作主旨演讲时指出，开放、创新、包容已成为上海最鲜明的品格。上海所取得的发展进步，就是靠主动拥抱开放，以开放倒逼改革；始终致力创新，以创新追求卓越；注重吸纳包容，以包容聚合力量。上海城市品格从萌发到生长，从锤炼到铸就，已渗透进上海市民的气质，融入了上海市民的血脉。上海城市品格与海纳百川、追求卓越、开明睿智、大气谦和的城市精神一起，是解读上海过去发展的无形密码，也是推动上海未来发展的深层力量。

为了进一步彰显上海“开放、创新、包容”的城市品格和“人文之城”的魅力，上海市委市政府积极采取有力措施，全力推进打响“上海服务”“上海制造”“上海购物”“上海文化”四大品牌（简称“四大品牌”）的实施行动，更好地落实和服务国家战略、加快建设现代化经济体系，推动上海城市高质量发展，为上海市民创造高品质生活。其中，要着力打响“上海文化”品牌，大力发展社会主义先进文化，积极培育和践行社会主义核心价值观，全面打响上海红色文化品牌、海派文化品牌、江南文化品牌，推动上海城市文化软实力显著增强，城市文化特质更加彰显，文创产业更加发达，文化事业更加繁荣，文化交流更加频繁，文化人才更加集聚。

2020年是“上海服务”“上海制造”“上海购物”“上海文化”四个专项三年行动计划的收官之年。自2018年4月以来，为深入贯彻上海市委市政府全力打响“四大品牌”的重大部署，市委宣传部会同各责任单位，扎实推进文化品牌三年行动计划落地落实，形成3大品牌任务、12项专项行动、46项抓手、150例重点项目、65家责任单位的文化品牌建设任务体系。截至2020年11月底，中国共产党第一次全国代表大会纪念馆正在加快建设，中国共产党发起组成立地旧址等一批革命遗址完成修缮，龙华革命烈士纪念地保护利用展示及功能拓展项目顺利完成；此外，虹口区“四川北路红色文化生态示范区”、杨浦区“杨树浦滨江百年工业秀带”、宝山区“国际邮轮滨江文化带”等区域文化品牌不断擦亮。下一步，将以充分用好用活红色文化、海派文化、江南文化资源为主攻方向，以制订实施新一轮打响“上海文化”品牌三年行动计划为重要抓手，持续发掘、重振、擦亮、创造一批标识度鲜明的“上海文化”品牌。聚焦庆祝中国共产党成立100周年等重大节点，建成中国共产党第一次全国代表大会纪念馆，完成中共中央军委机关旧址、中共中央秘书处机关旧址等纪念馆筹建，并完成红色资源保护利用立法，建设上海红色文化资源数据平台。

（三）“两城论”激发广大人民群众主体创新精神

2020年6月23日，中国共产党上海市第十一届委员会第九次全体会议审议通过《中共上海市委关于深入贯彻落实“人民城市人民建，人民城市为人民”重要理念，谱写新时代人民城市新篇章的意见》(简称《意见》)，对落实“两城论”进行了部署，提出了未来上海发展的五大目标：人人都有人生出彩机会、人人都能有序参与城市治理、人人都能享有品质生活、人人都能切实感受城市温度、人人都能拥有归属认同。

“人民城市人民建，人民城市为人民”重要理念，深刻回答了城市建设发展依靠谁、为了谁的根本问题，深刻回答了建设什么样的城市、怎样建设城市的重大命题，为上海市深入推进人民城市建设提供了根本遵循。《意见》指出，要更加自觉地把“人民城市人民建，人民城市为人民”重要理念贯彻落实到上海城市发展全过程和城市工作各方面，把为人民谋幸福、让生活更美好作为鲜明主题，切实将人民城市建设的工作要求转化为紧紧依靠人民、不断造福人民、牢牢植根人民的务实行动。要坚持和加强党对城市工作的全面领导，始终与人民群众同呼吸、共命运、心连心，努力学懂弄通城市建设和治理这门科学，努力掌握城市发展规律，不断提高领导人民城市建设的能力本领，不断完善领导人民城市建设的工作格局。

《意见》强调，要把握人民城市的人本价值，更好满足人民群众对美好生活的向往。以更优的供给满足人民需求，用最好的资源服务人民，提供更多的机遇成就每个人。打造充满活力的机遇之城，创造更多就业机会、创业平台、事业舞台，努力为工作生活在这座城市中的人们提供用武之地、打开成功之门。《意见》还强调，要把握人民城市的精神品格，着力提升城市软实力。大力弘扬“海纳百川、追求卓越、开明睿智、大气谦和”的城市精神和“开放、创新、包容”的城市品格，凝聚起建设人民城市的强大精神和品格力量，回答好我们应该有什么样的追求、胸襟、底气的时代命题。要追求卓越、争当一流、勇立潮头，坚持全球视野、对标意识、更高站位、更大突破，以不懈攀登、不断超越的志气心气，敢闯敢试、敢于创造，努力拿出引领性的思想理念、关键性的创新突破、标志性的重大改革、带动性的战略举措。要开明睿智、大气谦和，更好展现海纳百川、开放包容的气度，更好汇聚人气、集聚人才、凝聚人心，使五湖四海的人们向往这座城市、汇聚到这座城市，在成就梦想的同时共建美好城市。

（四）以城市一流治理绣出城市品质品牌

2018年11月，习近平总书记考察上海时指出："城市治理是国家治理体系和治理能力现代化的重要内容。一流城市要有一流治理，要注重在科学化、精细化、智能化上下功夫。既要善于运用现代科技手段实现智能化，又要通过绣花般的细心、耐心、巧心提高精细化水平，绣出城市的品质品牌。上海要继续探索，走出一条中国特色超大城市管理新路子，不断提高城市管理水平。"两年以来，上海市政府深入贯彻习近平总书记指示精神，以城市一流治理"绣出"城市品质品牌。上海市通过在科学化、精细化、智能化上下更大功夫，持续推进城市管理精细化工作向纵深发展，不断满足人民对美好生活的期待。2020年9月，南京路步行街东拓延伸段正式开街。截至2020年10月底，完成二级旧里以下房屋改造266万平方米、受益居民达13.2万户，提前超额完成"十三五"目标；2020年12月，苏州河42千米滨水空间基本实现全线贯通等。

2019年11月，习近平总书记在上海考察时强调，要深入学习贯彻党的十九届四中全会精神，提高城市治理现代化水平。要抓一些"牛鼻子"工作，抓好"政务服务一网通办""城市运行一网统管"，坚持从群众需求和城市治理突出问题出发，把分散式信息系统整合起来，做到实战中管用、基层干部爱用、群众感到受用。作为"一网统管"主体推进部门和城市大脑的重要组成部分，上海城市运行管理和应急处理系统对应86个一级指标，整合接入了包括公共安全、绿化市容、住建、交通、应急、民防、气象、卫生健康等领域的22家单位共33个专题应用。2020年4月13日，上海召开了一场"千人大会"——"一网通办""一网统管"工作推进大会。上海市委书记李强强调，上海城市运行"一网统管"已经从探索设想进入全面建设阶段。要坚持“一屏观天下、一网管全城”的目标定位。尽管受新冠疫情冲击，但上海针对“两张网”的工作一直没有放松。2020年底，“一网统管”城运系统正从1.0版向2.0版聚力攻坚提升。防台防汛监测、停电报修、红绿灯信号控制、社区防疫动态观察等，均利用线上数据流助力线下管理创新，让城市更智能，群众更受用。

新时代增值税改革的历史意义

于广*

习近平总书记指出："当前，我国处于近代以来最好的发展时期，世界处于百年未有之大变局，两者同步交织、相互激荡。"[①]近代以来，中国经历过屈辱和抗争，直到1921年中国共产党成立，将马克思主义与中国具体实际相结合，才找到适合中国国情的社会主义革命和建设道路，带领中华民族走上崛起之路。百年来，马克思主义中国化不断推进，在各个领域积累了宝贵经验，不断地进行理论创新，尤其在党的十八大以来，以习近平同志为核心的党中央在领导全党全国各族人民开展中国特色社会主义经济建设的伟大实践中，形成了习近平新时代中国特色社会主义思想，深刻回答了新时代社会经济发展的一系列重大理论和实践问题。

税收是国家公共财政的重要收入形式和来源，在国家经济生活和社会文明方面发挥着重要作用。作为全球工业门类最全的国家，中国目前推行以流转税为主的税收体系，其中增值税的比重占到国家总税收的36.8%。[②]习近平总书记多次在会议中指出："减税降费政策措施要落地生根，让企

---

* 于广，历史研究所助理研究员。

① 中共中央宣传部国家发展和改革委员会：《习近平经济思想学习纲要》，人民出版社、学习出版社2022年版，第31页。

② 《财政收支—税收收入明细表》，CSMAR数据库。

业轻装上阵。”[①]党的十八大以来，在习近平经济思想的指导下，中国逐步推进增值税深化改革，在促进经济增长与稳定财政收入之间找到平衡，尤其是极大地改善了近代以来一直困扰中国的重复征税问题，向税收现代化迈出重要一步，在历史长河中具有开拓性的意义，促进中国经济持续快速发展。

一、近代货物税征收的困境

自近代出现机器大工业以来，中国社会开始从以农业税为主的传统税制向以工商税为主的现代税制过渡，但长期以来，近代中国的税收治理思想并未从过去的传统农业税征收中得到转变。在传统的农业税征收中，总体来讲有“不变”和“变”两个特点。从不变的角度，征税对象始终是土地，尤其在雍正年间实行“摊丁入亩”后，国家将土地分为上、中、下三等九则，分别制定税率按亩征税。传统中国社会强调不与民争利，正税长期保持在一定的税额。由于征税对象和数额长期固定，政府不重视定期清丈工作，社会容易出现“占田多而收税少，田少而增税多”的现象，久而久之积弊丛生，由此而产生另一个“变”的特点。到了近代，田赋征纳中名实不符、逃税漏税的现象已十分严重，地方政府为了增补税收，常在正税之外添加花样百出的附加税，甚至频繁出现田赋预征的现象，体现出其税无定则、赋无定法的特点。因此，传统中国的农业税治理基本处于表面的“不变”与实际的“变”中，两者的循环往复恰与历代的王朝更替所呼应。

随着商品经济的发展，近代中国的机器工业迅速发展。1895—1913年新设的工厂数量达到416家，是1894年以前的7倍有余，资本额的年均增

① 《减税降费政策红利集中兑现　纳税人感受满满获得感》，光明网新闻，2019年4月15日。

长率均达到了35%以上。[①]1913年中国的旧式手工业产品的市场占有率是39.33%，1925年该比例降到26.2%，而机器工业生产物的市场占有率则从24.80%上升到35.2%。[②]工业时代的来临，为中国提供了大量的工商税源，其中以货物税最为重要。然而，由于缺乏征管经验，仍因循旧有的农业税征收思维，近代中国的货物税滋弊颇多：（1）征税对象无差别。晚清时期的厘金饱受诟病，原因之一在于其对所有货物实行无差别征税，故被称作百货厘金，即使战争或天灾时期的粮食运输，也要缴纳一定数量的厘金，充分体现出这一时期的货物税征收仍是以满足财政作为单一目的；（2）重复征税严重。无论是厘金、统税或是货物统税，重复征税的现象十分严重，往往在一地缴纳后，销售到其他地区，仍需再次缴税。在商品的整个生产链条中，每一个环节也都要缴税，导致商民负担沉重，难以应对西方商品的竞争；（3）中央与地方税权混乱。传统中国是没有分税制的，集权体制之下的地方没有太多财权，主要依靠中央的解饷维持开支。当中央财政吃紧时，地方就开始滥征，即使近代出现过几次分税制改革，但由于地方督抚、军阀势力强大，分税制很难顺利推行；（4）税法的滞后。近代中国大部分工商税的实行只有政府颁布的行政条例，并没有法律的保护。由此，导致近代中国的征税标准时常会根据当政者喜好发生变化，不利于民族工商业的长远发展。

由此可以看出，尽管货物税在近代就已经出现，但治理思想仍依循旧有的农业税，基本以增加财政作为税收的单一目的，需灵活变通之处因循守旧，需固定标准之处则变化无常，制约着近代中国经济的发展。

---

① 陈真、姚洛编：《中国近代工业史资料（第2辑）：帝国主义对中国工矿事业的侵略和垄断》，生活·读书·新知三联书店1958年版，第1页。

② 彭泽益：《中国近代手工业史资料：1840—1949》第3卷，生活·读书·新知三联书店1957年版，第63页。

二、新中国货物税改增值税的历程

1949年11月，中央财政经济委员会和财政部在北京召开全国首届税务会议。首届税务会议面临着一个重要的问题，即如何解决中央政府严重的财政赤字问题。会议上有两种观点：一是增加税收；二是增发货币。为了减少通货膨胀的风险，中央人民政府作出了加强税收工作的决策。会议拟定了《全国税政实施要则》，并制定了《工商业税、货物税的统一税法条例草案》。[①]1950年1月，政务院正式颁布《关于统一全国税政的决定》和《全国税政实施要则》，初步地统一全国税政，创建了新中国的工商税体系。[②]在工商业税中，货物税是最为主要的税种。货物税是向应税货物从价征税的税种，采取"税不重征"和"一物一税"的原则，计税依据和办法按照从价征收的办法，最低税率为钢铁的3%，最高税率是烟酒的120%。1950年7月，为了照顾生产的恢复和发展，政务院财经委员会发布《关于全国开始调整税收的通知》，决定调整税收，酌量减轻税务，货物税的税目从1 136个减为358个，税率也大范围的减少，例如改性酒精税率由100%减为30%、罐头由30%减为20%、火柴由20%减为15%。1953年，中国开始进入第一个五年计划的经济建设时期，为配合对资本主义工商业的社会主义改造，工商税制按照"公私区别对待，繁简不同"的原则，进行了一系列的"保证税收，简化手续"的改革。[③]1953年1月1日，全国正式实行《商品流通税试行办法施行细则》，从征收货物税的品目中，选择卷烟、酒、麦粉、水泥等22种基本上可由国营经济控制的产品，把原来在生产环节应纳的货物税、营业税等税种

① 《首届全国税务会议》,《中国税务》1985年第2期。

② 《中央人民政府政务院颁布全国税政实施要则》,《山东政报》1950年第2期，第44—45页。

③ 《中央人民政府财政经济委员会发出关于开始调整全国税收的通知》,《山东政报》1950年第6期，第96—98页。

合并，只征收一次商品流通税。[①]在上述22种改征商品流通税之外，对其余征收货物税的产品，将原来缴纳的营业税及附加的各种税种并入货物税种，货物税税目从原来的385目改为174目，充分体现了“简化手续”的原则。

1978年召开的党的十一届三中全会，决定把全党工作的着重点转移到社会主义现代化建设上来，税收工作要进一步科学化、精细化。1981年财政部向国家提出改革工商税制的设想，按当时工商税的性质划分为产品税、增值税、营业税和盐税4个税种。国务院批准了这个设想，决定建立增值税制度。1983年，财政部发布《关于对国营企业征收所得税的暂行规定》，对国营企业按7%—55%的8级超额累进税率征收所得税。[②]1984年，财政部向国务院报送《关于在国营企业推行利改税第二步改革的报告》和《国营企业第二步利改税试行办法》，根据报告和试行办法，同年国务院颁布增值税实施细则。[③]然而，这一时期的增值税税率档次过多，征税范围并不包括全部产品和环节，并不是严格意义上的增值税，但增值税这种计税方法得以普及。

1986年开始，国家开始逐步调整增值税的征收：一是扩大征税范围；二是改进计税办法，至1993年我国增值税的征收范围已逐步扩大到了大部分工业产品。1993年年底，国务院批准国家税务总局报送的《工商税制改革实施方案》，并发布《中华人民共和国增值税暂行条例》，规定自1994年1月1日起，增值税的征税范围包括销售货物，加工、修理修配劳务和进口货物。[④]然而，这种“生产型增值税”不包括一般纳税人扣除固定资产的进项税额，容易导致重复征税。到了2004年，国家开始在东北地区实行扩大增值税抵扣范围政策的试点，试点行业的购进固定资产、用于自制固定资产的

① 《商品流通税试行办法施行细则》，新华社新闻稿，1953年第956—985期，第19—29页。

② 《财政部关于对国营企业征收所得税的暂行规定》，《中华人民共和国国务院公报》1983年第13期，第584—588页。

③ 《财政部关于在国营企业推行利改税第二步改革的报告》，《中华人民共和国国务院公报》1984年第23期，第796—798页。

④ 《工商税制改革实施方案》，《中国财政》1994年第3期，第34—38页。

购进货物或应税劳务、通过融资租赁方式取得的固定资产，以及为固定资产所支付的运输费用等进项税额均可以按规定抵扣。2008年11月，国务院公布《中华人民共和国增值税暂行条例》，扩大了进项税额抵扣范围，标志着我国增值税制度从生产型向消费型的转型。[①]然而，这一时期的增值税仍存在税率较高、价税分离机制不彻底、重复征税等问题，尤其是与营业税之间的划分并不明晰，且税收立法出现了明显滞后。

三、新时代增值税改革的意义与展望

2012年，党的十八大提出了全面建成小康社会的目标。2013年，党的十八届三中全会上，习近平总书记指出："随着形势发展变化，现行财税体制已经不完全适应合理划分中央和地方事权、完善国家治理的客观要求，不完全适应转变经济发展方式、促进经济社会持续健康发展的现实需要，我国经济社会发展中的一些突出矛盾和问题也与财税体制不健全有关。"[②]在习近平新时代中国特色社会主义思想的指导下，我国全面深化增值税改革，在进一步规范、简化税制的基础上，逐步开展"减税降费"的工作。

2012年，为了消除货物和劳务分别征收增值税与营业税所产生的重复征税问题，营业税改增值税（简称"营改增"）试点工作先行在上海开展，又逐步扩大到北京、天津、江苏、浙江等省份，旨在以创造更加公平的税制环境，促进经济发展。2012年年底，纳入营改增试点范围的纳税人超过100万户，共实现减税超过400亿元。2013年，营改增继续扩大试点，逐渐按行业推开，并在全国"一字排开"。2013年8月1日，交通运输业和现代服务业营业税改征增值税试点工作在全国范围内推开。2014年1月1日，铁路运输和

---

① 《中华人民共和国增值税暂行条例实施细则》，《财务与会计》2009年第2期，第64页。

② 《习近平介绍深化财税体制改革部分内容》，人民网，http://gd.people.com.cn/GB/123947/357790/358051/index.html。

邮政业也开始试行“营改增”；同年6月1日，电信业也纳入营改增的试点。截至2015年底，营改增累计实现减税6 412亿元。2016年3月5日，在十二届全国人大四次会议通过的《政府工作报告》中明确指出，从2016年5月1日起全面推开营改增试点，并强调要“确保所有行业税负只减不增”。

2016年5月1日，营改增在全国范围内的建筑业、房地产业、金融业和生活服务业全面推开。[①]针对营改增工作面临的咨询需求多、办税易拥堵等问题隐患，各地国、地税通过服务资源的整合优化，提速减负，主要体现在共建办税服务厅、完善窗口办税职能、开通绿色服务通道等方面，全面促进了国税、地税征管体制的深化改革。据统计，2016年5月以后，全国四大行业新纳入营改增的934万户小规模纳税人税负平均下降了26.7%。全面实施营改增试点改革，推进了供给侧结构性改革，意味着营业税和增值税并行征收的格局宣告结束，流转税制重大转换基本完成，相当于财税领域的“农村联产承包责任制”，在中国税收改革和发展史上具有里程碑意义。

2017年，“营改增”的力度进一步推进。7月1日起，增值税税率由四档减至17%、11%和6%三档，取消了13%这一档税率，农产品、天然气等增值税税率从13%降至11%。2017年10月30日，国务院常务会议通过《国务院关于废止〈中华人民共和国营业税暂行条例〉和修改〈中华人民共和国增值税暂行条例〉的决定（草案）》，标志着我国实施60多年的营业税正式废止。[②]

习近平总书记指出：“要有‘先给后取，培植财源’的远见卓识的财政观，讲究‘欲取先予’的艺术，而不做‘竭泽而渔’的蠢事。”[③]这是习近平新时代中国特色社会主义经济思想的一个重要理论基础。在习近平经济思想

---

① 《全面推开营改增试点工作政策解读》，国务院新闻办公室网站，2016年12月5日。

② 《国务院关于废止〈中华人民共和国营业税暂行条例〉和修改〈中华人民共和国增值税暂行条例〉的决定》，《中华人民共和国国务院公报》2017年第35期，第8—13页。

③ 习近平：《摆脱贫困》，福建人民出版社1992年版，第78页。

指导下，2018年5月1日起，国务院常务会议决定实施深化增值税改革措施。一是适当降低税率水平，将制造业等行业增值税税率从17%降至16%，将交通运输、建筑、基础电信服务等行业及农产品等货物的增值税税率从11%降至10%，由此将17%、11%、6%三档税率调整为16%、10%、6%。二是统一增值税小规模纳税人标准，将工业企业和商业企业小规模纳税人的年销售额标准由50万元和80万元上调至500万元，并在一定期限内允许已登记为一般纳税人的企业转登记为小规模纳税人，让更多企业享受按较低征收率计税的优惠。三是退还部分企业的留抵税额，对装备制造等先进制造业、研发等现代服务业符合条件的企业和电网企业在一定时期内未抵扣完的进项税额予以一次性退还。实施上述三项措施，2017年全年减轻市场主体税负超过4 000亿元，内外资企业得到同等受益。2018年9月20日，国家税务总局印发《关于进一步落实好简政减税降负措施更好服务经济社会发展有关工作的通知》，再次强调要不折不扣、不拖不延地落实好各项减税降费的措施，更好地营造稳定公平透明、可预期的税收营商环境，为市场主体添活力，为人民群众增便利。[①]2018年11月1日，习近平总书记主持召开民营企业座谈会，对发挥税收作用支持民营经济发展作出重要指示，明确要求更大规模减税降费。[②]

2019年，全国税务系统继续以习近平新时代中国特色社会主义思想为指导，深入进行减税降费改革，高质量推进新时代税收现代化，更好发挥税收在国家治理中的基础性、支柱性、保障性作用。2019年1月9日，国务院常务会议确定新推出小微企业普惠性减税措施，是2019年减税降费的‘先手棋’，对深化供给侧结构性改革，减轻企业负担，激发市场活力起到了良好作用。2019年3月5日，十三届全国人大二次会议通过的《政府工作报告》，

---

① 《国家税务总局关于进一步落实好简政减税降负措施更好服务经济社会发展有关工作的通知》，《中国工会财会》2018年第11期，第60—61页。

② 《习近平：在民营企业座谈会上的讲话》，新华社2018年11月1日电。

将制造业等行业16%的增值税税率降至13%，将交通运输业、建筑业等行业现行10%的增值税税率降至9%，保持6%一档的税率不变，继续向推进税率三档并两档，税制简化方向推进。2019年上半年全国累计新增减税降费11 709亿元，其中减税10 387亿元。减税降费充分激发和释放了市场活力，2019年一季度中国GDP增速超出市场预期，达到6.4%，高新技术制造业增加值同比增速超过两位数，平均达到11.2%。

新冠疫情发生以来，中国经济发展将面临不确定性增多、下行压力增大、财政收入增长放缓、企业生存发展困难等挑战。以习近平同志为核心的党中央准确把握疫情形势，及时作出统筹疫情防控和经济社会发展的重大决策，坚持在常态化疫情防控中加快推进生产生活秩序全面恢复，把疫情造成的损失降到最低限度，制定一系列纾困惠企的政策。[①]在增值税方面，国家先后实施了加计抵减、小规模纳税人免征增值税、留抵退税等多项税收优惠政策。据统计，仅2022年4月1日—8月15日，留抵退税政策已有20 131亿元退税款退到纳税人账上。各地税务部门在习近平新时代中国特色社会主义思想的指导下，围绕“战疫情、保运转、稳发展”的目标，充分发挥信息化、智能化、数字化优势，开通“云办税、云辅导、云咨询”等绿色通道，切实将新冠疫情带来的不利影响降到最低，纳税人也充分感受到减税降费带来的好处。例如，上海顺衡物流有限公司对此表示：“税务部门第一时间通过税企沟通直联群与企业对接，并开展远程线上政策辅导和操作指引，千万元留抵退税红包装进口袋，为我们企业抗疫复工带来了信心和底气。”[②]

在习近平新时代中国特色社会主义思想的指导下，中国的增值税已经到了深化改革的新时期。今日的增值税改革，它不仅是一项结构性减税措施，也不只是简化税制，更是一项优化税制的改革，从根本上优化和完善了工商

---

① 《习近平经济思想学习纲要》，人民出版社2022年版，第158页。

② 《留抵退税助发展　提振信心稳经济》，《中国税务》2022年第9期。

税制，尤其是百年来困扰着中国政府的重复征税问题，促进了企业的分工细化和技术进步，激发和释放了市场活力，推动着我国税收现代化的进程。当然，这一改革进程仍在进行中，习近平总书记指出："社会主义市场经济本质上是法治经济，必须坚持法治思维、增强法治观念，依法调控和治理经济。要改变单纯依靠行政手段来管理经济的办法。要依法办事，更加自觉地运用法治思维和法治方式来深化改革、推动法治、化解矛盾、维护稳定，依法治理经济，依法协调和处理各种利益问题。"[①]根据习近平经济思想，增值税的立法进程正在进行中，2019年12月《增值税法（征求意见稿）》发布，统一了现行众多的增值税政策文件，准备将流转税征收从行政过渡到法律。与此同时，近年来中国已经出台了多项前所未有的税法，诸如《中华人民共和国保护法》《中华人民共和国契税法》《中华人民共和国印花税法》《中华人民共和国烟叶税法》等，对未来增值税的立法提供了重要的借鉴。第二个百年历程中，增值税的税法势必将会出台，制度体系也将会更加完善，税率和收入分配会更加动态化、灵活化、科学化。在深化减税降费的过程中，也将会促进中小企业发展有关的优惠政策更加规范化，尤其是大规模留抵退税政策，对真实符合条件的企业简化程序，对偷税偏补的团伙提升查缉的效率，真正实现增值税的税收中性原则。

① 《习近平经济思想学习纲要》，人民出版社2022年版，第21页。

管控“伦理倾销”与构建人类命运共同体

计海庆　戴潘*

一、人类命运共同体与科技进步的协调发展

2015年9月28日，习近平总书记在出席第七十届联合国大会一般性辩论时的讲话中，提出了人类命运共同体的重大命题，主张通过建立平等相待、互商互谅的伙伴关系，营造公道正义、共建共享的安全格局，谋求开放创新、包容互惠的发展前景，促进和而不同、兼收并蓄的文明交流，构筑尊崇自然、绿色发展的生态体系等来打造人类命运共同体。①这一论断事实上包含的是人类命运共同体的多重建构思路。作为描述世界潮流演变趋势和当今人类社会生存发展状态的概念，人类命运共同体主要是指世界各国、各地区在经济、文化、安全等众多领域形成的空前的紧密联系和不可分割、命运互连的状态。应该看到，人类命运共同体中不可分割、命运相连的状态并不仅仅包括经济和贸易层面的合作和发展，它还包含了更多的层面和内容，而多

* 计海庆，哲学研究所研究员；戴潘，哲学研究所助理研究员。

① 习近平：《携手构建合作共赢新伙伴　同心打造人类命运共同体》，《人民日报》2015年9月29日。

重建构的思路相应的正是多层面的全球人类合作发展的现实。

笔者认为，作为指引全球化发展方向的人类命运共同体思想中，除了包括经济发展和贸易互通层面的要求外，还包含了对科技进步层面的价值规范，即要努力实现科技进步与人类命运的协调和可持续发展。人类只有一个地球，各国共处一个世界。当今人类所面临的种种挑战，如粮食安全、气候变化、资源短缺、环境污染、疾病流行等，归根到底是如何实现地球上的人类和现代科技协调发展的问题。粮食安全呼吁着更加安全可靠的农业增产技术，气候变化的调控需要碳中和技术的创新，资源短缺和环境污染预示的是绿色可再生能源的利用，流行疾病管控要求的是分子生物学和免疫科学的突破，等等。这些科技创新一方面可以帮助人类社会应对各种挑战，但其中也蕴含着代价、成本和风险，有时甚至是危机。而“建立人类命运共同体”强调的是一种均衡发展的价值理念，世界各个国家都应从科技进步中获得发展的红利，而不是发达国家独享发展成果，发展中国家承担发展的代价和成本。中国作为一个发展中的人口大国，特别需要在科技治理这个关乎人类未来命运的大问题上，贯彻和实践“人类命运共同体”的价值观，并做出创新性的探索和实践，这是一个负责任大国应有的国际担当。只有站在维护人类命运共同体、实现人类共同利益的高度，来认识和推进科技治理工作，才能实现人类命运共同体的多重建构思路。

二、管控“伦理倾销”体现了人类命运共同体的价值原则

由此，必须要提到2022年3月中共中央办公厅、国务院办公厅印发的《关于加强科技伦理治理的意见》(简称《意见》)。[①]对于我国的科技治理事

① 《中共中央办公厅　国务院办公厅印发〈关于加强科技伦理治理的意见〉》，中国政府网，http://www.gov.cn/zhengce/2022-03/20/content_5680105.htm。

业而言，这份文件的出台意味着中国正越来越意识到伦理治理在科技治理工作中所应扮演的重要角色。随着《意见》的出台，以及2020年国家科技伦理委员会的成立，中国国家层面科技伦理治理的顶层设计已初步完成；[①]它也是中国科技伦理治理承前启后的里程碑，[②]是中国从20世纪末开始的科技伦理治理工作的一次质的提升。在《意见》颁布之前，中国的科技伦理治理并非白纸一张，在基因工程伦理、医学技术伦理等方面已经开展了相关的治理实践。但这次颁布的《意见》中涵盖的治理对象却并非某个单一的门类或领域，"科技伦理"前面并没有任何限定，而是指一般意义上科技活动的伦理规范，因此《意见》提出的是一种层级更高的、涵盖了各类研发领域的治理要求。

除了标志中国科技伦理治理的顶层设计初步完成和治理工作质的提升这两点意义之外，《意见》的颁布，还指出了我们要在科技伦理治理领域中同样积极贯彻构建人类命运共同体的战略部署，这集中体现在科技伦理治理工作中的管控"伦理倾销"（Ethics Dumping）上。"伦理倾销"指的是：某项研究未能达到研究者所在国的伦理监管要求，被判定为不得开展，但是通过转移地点，在未做实质性改变的条件下，该研究被输出到伦理监管较宽松的国家得以继续进行[③]。产生"倾销"的原因，是它利用了国际间科技伦理治理存在的差异，蓄意在伦理监管薄弱或缺失的国家实施具有伦理风险的实验，其实质是伦理风险的恶意转移；其后果可能造成被倾销国家在公民健康、生物安全、可持续发展等方面的消极影响。

---

① 倪思洁、韩扬眉：《科技伦理治理需破壁垒、明权责、共参与》，《中国科学报》2022年3月21日。

② 段伟文：《"科技伦理治理"意见出台，为什么这四个方面值得关注》，新京报·智库，https://www.bjnews.com.cn/detail/1647868865168612.html。

③ "伦理倾销"概念最初是由欧盟委员会于2013年提出，用以杜绝欧洲的研究组织在欧洲以外地区开展具有高风险和敏感伦理问题的研究。参见Schroeder D., Cook J., Hirsch F. (ed.), *Ethics Dumping: Case Studies from North-South Research Collaborations*, Springer, 2018。

近年来，随着全球化的展开，科研领域的全球合作日趋增多，但国际间“伦理倾销”的现象也伴随产生。2008年，在湖南发生了“黄金大米试验”事件。美国塔夫茨大学科研团队在未向中国相关主管部门申请的条件下，擅自在湖南某小学中进行转基因水稻人体摄入实验。这是在美国不允许情况下而转移至中国做的。[①]2016年，哈尔滨医科大学和意大利医生卡纳瓦罗合作进行头部移植手术，俗称“换头术”。该实验之所以在中国进行，是因为卡纳瓦罗医生的手术实验在意大利被禁止进行，而不得不选择转移至监管相对较弱的中国来做[②]。2018年，贺建奎基因编辑婴儿事件中，学者和媒体也质疑其中有伦理倾销成分，[③]因为相关研究在美国不允许进行。“伦理倾销”这个消极外部因素的存在，决定了管控“伦理倾销”应该成为科技伦理治理深入开展的重要“治理抓手”。推进这一举措的意义，不仅是为弥补现实中的治理短板，还在于管控“伦理倾销”体现了“构建人类命运共同体”的本质要求。

首先，管控“伦理倾销”体现了“人类命运共同体”的主权平等原则。构建人类命运共同体提倡的是“主权平等”的原则，即世界各国不管大小、强弱、贫富，主权和尊严必须同样尊重。[④]实施“伦理倾销”的行为，往往是那些发达国家向发展中国家进行的伦理风险转移，利用的是发展中国家社会治理方面的漏洞。本质上是把他国当作实现自身目的的工具，而且是以违反知情同意原则的暗箱操作的手段。这种行为违反了人类命运共同体各成员之间一视同仁的主权平等原则，在科技伦理上实施了价值双标。因此，我们

---

① 翟晓梅、邱仁宗：《公共卫生伦理学》，中国社会科学出版社2016年版，第240—243页。

② Lei R. P., Qiu R. Z., Impassable scientific, ethical and legal barriers to body-to-head transplantation. *Bioethics*, No.2, 2020, pp.172-182.

③ Henry T. Greely, Recent Events Highlight An Unpleasant Scientific Practice: Ethics Dumping, *The Economist*, January 31, 2019；雷瑞鹏等：《人类基因组编辑：科学、伦理学与治理》，中国协和医科大学出版社2019年版，第319—322页。

④ 习近平：《共同构建人类命运共同体》，《求是》2021年第1期。

需要在坚持主权平等原则下，用统一的规则来管控“伦理倾销”，杜绝这种把伦理风险恶意转移的行径。

其次，管控“伦理倾销”有利于实现“人类命运共同体”的互惠发展原则。构建人类命运共同体应坚持共建共享，发展成就惠及每个成员。而实施“伦理倾销”是一种短视的孤立主义态度。全球化的进程已经把世界各国的利益统一到了一个共同的发展进程中，暗箱操作、损人利己或许一时会得到蝇头小利，但其行为埋下的恶果势必反过来侵蚀自己的发展。面对全球变暖、能源匮乏、流行病肆虐等全球性危机，没人能独善其身。而“建立人类命运共同体”强调的是一种均衡发展的价值理念，世界各个地域、各个国家都应从科技进步中获得发展的红利，而不是发达国家独享发展成果，发展中国家承担发展的代价和成本。只有实现科技普惠，才能真正发挥科技推动社会进步的积极效应。因此，管控“伦理倾销”，及时弥补制度短板，人类命运共同体的互惠发展才有可能实现。

再次，管控“伦理倾销”有助于捍卫人类命运共同体的生物安全。生物科技，尤其是基因工程的研发和应用，充满了不确定性。由于以人类的基因组作为实验和干预对象，基因工程研发的不确定性，在某些场景下将被放大为对整个人类物种基因安全的威胁。例如，对人类生殖细胞的基因编辑是被严格禁止的，因为其对人类基因组的负面效应将是无法撤销和不可逆的，且尚未被系统的评估；但是某些急功近利的科研工作者却迫不及待地跨过了这一伦理红线，实施了人类婴儿的基因编辑实验，造成了极大的潜在的不良后果。他们之所以能打出擦边球，就是利用了“伦理倾销”这一非常规手段，在有效的监管范围之外来进行。除了基因编辑之外，致命性病毒研究、合成生物学研究等也会对人类物种的生物安全产生威胁，但对这类危害世界各国在认识上并不统一，制度和措施也不一致，这就给“伦理倾销”制造了滋生的土壤。而要对这些研发行动进行有效管控，局限于一国一地的科技伦理治理显然是鞭长莫及，必须在全球范围内管控“伦理倾销”才可能加以遏制。

因此，要想从总体上捍卫人类的生物安全，维护人类命运共同体的长远利益，就必须着眼全球视野来管控“伦理倾销”。

三、管控“伦理倾销”的进一步工作要求

事实上在《意见》中，管控“伦理倾销”已经被确立为一项科技伦理治理工作的重要内容。例如，在防范方面，《意见》强调“要加强对国际合作研究活动的科技伦理审查和监管，这类研究项目应同时满足各个参与国的伦理要求和相应的审查”；在治理方面应“积极推动、参与国际科技伦理重大议题研讨和规则制定”。笔者认为，除此之外，还可以采取如下三项措施来进一步推进。

第一，推动设立国际间科技研发的伦理合规性认证体系，从制度建设上杜绝“伦理倾销”发生的可能。如前所述，“伦理倾销”之所以能发生就是由于世界各国在科技创新的伦理治理上认识不统一、制度不协调导致的。因此设立国际间科技研发的伦理合规认证体系，是管控“伦理倾销”的制度保障。

从事企业生产管理的人士对国际标准化组织ISO都不陌生，国际标准化组织的目的和宗旨是：“在全世界范围内促进标准化工作的开展，以便于国际物资交流和服务，并扩大在知识、科学、技术和经济方面的合作。”其主要活动是制定国际标准，协调世界范围的标准化工作。企业从事生产和跨国贸易首先涉及的就是产品标准，这是展开经营活动的前提，因此参考ISO组织的系列标准进行设计就是一个必要的步骤。而科学研究也是同样，随着全球化的深入，现今的科学研究或工程研发都需要在全球范围内进行资源整合和配置，虽然其涉及标准化的程度不像商品生产那样严格，但也是必需的，其中伦理合规性的认证就应该是一个先决条件。有了这个条件，科研成果伦理合规性在世界范围内的互认互通才得以可能，科研活动的伦理治理才得以在

一个标准明确的统一平台上得到规范。但现在的情况是，尚缺乏这么一套标准，在国际标准化组织的清单中还没有这方面的规范。现在中国作为世界科研大国，在自然科学领域发表的论文数量上已经超过美国，跃居世界第一位。世界上被引述最多的前1%论文中，中国人的研究占了27.2%，这一指标也力压美国而成为第一。[①]中国应该充分利用这一优势地位，在科技创新的伦理治理上积极作为，通过国际标准化组织、世界卫生组织、联合国教科文组织等国际机构，来设立科技研发的伦理合规性认证体系，从制度建设上杜绝伦理倾销发生的可能。

第二，推动建立针对伦理倾销的争端仲裁和解决机制，为受害方维权构建申诉渠道。设立科技研发的伦理合规性认证体系是杜绝“伦理倾销”的制度保障，但这一工作的完成并非立竿见影，需要各国相互间的博弈，与此同时，“伦理倾销”事件却并不会销声匿迹；因此，在制度保障建立之前，先行设立针对“伦理倾销”的争端仲裁和解决机制就显得更为必要。虽然普遍的伦理合规性认证尚付阙如，但这并不妨碍相关机构针对具体“伦理倾销”案例，以一事一议的方式来寻求解决方案，为受害方主持正义。在印度宫颈癌筛查事件、西非埃博拉疫苗事件、墨西哥疟原虫抗癌免疫疗法研究中，“伦理倾销”行为已经造成相关国家的生命财产、公共安全上的损失，这时相应的争端仲裁和解决机制便显得更为急迫。当伤害已经产生时，商讨追责和补偿的仲裁机制可以起到实质性的救济作用。事实上尽管世界上还没有一部对各国有约束力的“跨国贸易法”，但已形成了贸易争端的仲裁和解决机制；因此，在实践中探索一套杜绝伦理倾销的仲裁机制，是一个更为务实和灵活的解决方案。当然这一方案的实施也需要本着多边主义的精神通过国际组织来积极推进。

---

① 满达：《日本研报：中国科学论文数量世界第一，质量也力压美国》，极目新闻，https://baijiahao.baidu.com/s?id=1740946938841073809&wfr=spider&for=pc。

第三，建立科技商品伦理准入机制，反向规范研发中的伦理要求。管控“伦理倾销”还需要注意的一点是：充分认识到21世纪科技创新本身具有的特点，这个特点就是市场力量的介入和推动。在以往那种国家投资、科研机构或高校承揽的研发路径之外，诞生了新的研发形式，即由小微科技公司提供创意和技术—天使基金投注—形成商业模式—科技巨头收购—行业标准重构的快速迭代模式。基于区块链加密技术的比特币也好，基于AI技术的人脸识别也罢，抑或是基于环境智能识别的自动驾驶技术，这些新兴技术从创意诞生到投入研发，再到商业化应用的效率要远远快于传统研发模式下的转化速度。这种基于商业化的从研发到应用的快速转化，给传统基于行政管理和行业自律的伦理治理造成了很大的挑战，令后者的监管努力几乎无法触及研发的最前沿。而恰恰是在这类资本和市场推动的新兴技术的研发和应用中，由于资本的逐利特性，基于公司的研发行为越来越多地倾向于在全球范围内配置科研资源，这也为相关科研活动逃避某国某地的监管创造了有利条件。同时，受雇于企业的科研人员属于游走于体制之外的研发力量。当企业中的科学家和工程师在资本利益与职业道德产生矛盾时，往往会屈从于资本的意志，无力或不能对伦理倾销行为加以拒绝。因此，如何对跨国企业的伦理倾销进行治理，是一个难题。

笔者认为，可以通过在应用阶段对科技产品或服务的伦理合规性加以制度化，来杜绝伦理违规产品流通的可能。例如，市场监管部门可以对高科技商品提供方实施更严格的伦理准入机制，通过严格的伦理审查来杜绝违规商品进入市场的可能，一旦发现产品研发中涉及伦理倾销等违规行为，就取消产品的市场准入资格；也可以通过“消费者教育”的方式来提升购买者对伦理合规商品的敏感意识。类似做法在“环保商品消费”等实践中已经展开，并取得了一定的成效。这些都是从市场这个科技产品的应用终端来发力，倒逼企业研发达到伦理合规性的有益尝试。对于管控体制外研发的伦理风险可以起到积极的规范作用。

中国作为一个发展中的人口大国，特别需要在科技伦理治理这个关乎人类未来命运的大问题上，贯彻和实践“人类命运共同体”的价值观。只有站在维护人类命运共同体、实现人类共同利益的高度，来推进科技伦理的治理创新，才能构建起负责创新大国的形象。但是，越是宏观性的、高瞻远瞩的战略规划，越需要用切实的实践操作来贯彻，把握好管控“伦理倾销”这一科技伦理的治理抓手，就是贯彻构建人类命运共同体的重要着力点和突破口，值得仔细规划和大力推进。

创新的源泉与思想的指引

赵付春*

一、问题的提出

党的十八大提出了“创新驱动发展”战略，明确到2020年跨入创新型国家行列、2030年跻身创新型国家前列、到2050年建成世界科技创新强国“三步走”的目标。在这一宏伟目标的鼓舞下，中国科技创新水平近年来取得了长足的进步，体现在创新投入和产出的快速增长，专利数量、高被引论文数量、独角兽企业等多项重要创新指标已经达到或超过很多发达国家水平，在国家创新竞争力排名上稳步攀升①。

有关创新，最受人关注的莫过于“创新是如何产生的”这一基本问题。大量理论和实践表明，从社会层面来看，创新需要大众思想的解放，能够不拘一格，“跳出盒子思考问题”。由此得出一个一般性的结论是：政府主管部门应尽量减少干预，为创新营造相对宽松的监管环境，汇聚人才、资本等资源，激发创新的火花。如果对创新监管和约束过多，就会扼杀创新。总之，创新不需要统一的思想指引。但同时，普遍存在着对创新负面影响的担心，

---

* 赵付春，信息研究所副研究员。

① WIPO, “Global Innovation Index 2021：Tracking Innovation through the COVID-19 Crisis”, WIPO, Geneva, Switzerland, 2021.

即经济主体的创新过分重视经济利益，导致环境资源的过度使用，造成可持续问题和社会失序，最终对公众产生不利的影响。故基于公共安全和人民利益的需要，必要的监管和引导是不可或缺的。由此看来，在创新与思想指引之间，持续存在着一种无形的张力。

笔者认为，要解决这一现实的矛盾，有必要回顾创新研究经典作家的论述，理解国家创新体系的运作机理，从而有效判定何种监管是合意的，以及如何才能实现持续创新。

二、文献回顾

自经济学家约瑟夫·熊彼特提出"创新"的概念及其对经济发展的重要性以来，已经历110年。在此期间，不同领域的学者，包括经济学、管理学、科技史学、科技政策学等，对此展开了大量的研究，产生了蔚为大观的创新理论。学界和业界越来越认识到：创新是一个经济制度现象。它的形成受制于特定的制度环境，并反过来影响这一环境，两者共同演化。

在创新的来源问题上，熊彼特提出过很多重要的观点。研究发现，在其早期和后期的著作中，提出过两种不同的创新模式，即"熊彼特标注1"（Schumpeter Mark Ⅰ）和"熊彼特标注2"（Schumpeter Mark Ⅱ）。在其早期的分析中，熊彼特将创新定义为生产要素的重新组合，这种新组合是由企业家所发现和创造的。按此主张，创新源于企业家这个特定群体。而企业家所创造的，都是小企业。换句话说，小企业是创新的来源。但是在后期，熊彼特倾向于认为创新是一个累积性过程，大企业已经积累了大量的行业知识，从而能够承担更多的创新。这一表面的矛盾，被德鲁克的洞见所消解：创新源于企业家精神，而与企业规模无关。这种精神的本质是一种视变化为常态的"创造性毁灭"的行动。

现有对创新来源的研究可以分为微观和宏观两个层面。在微观层面，主要关注于产业界，分析处于产业链不同环节的企业都可能充当创新源头。Pavitt（1984）[①]对行业的分类法揭示了创新在不同行业的源泉，分别是：（1）“供应商主导”行业，其创新机会主要来自购买新机器和新的中间投入品，故主要源于供方；（2）“专业供应商”行业，包括工业机械和设备的生产商，其创新机会主要源于用户在使用过程中与本企业的互动；（3）“规模密集型”行业，除了企业自身，供方凭借其庞大的生产规模，也成为此类创新的源头；（4）“以科学为基础”的行业，其创新源于基础科研和公共教育。Eric von Hippel在其《创新之源》[②]一书中对此提供了部分证据。他发现在科学仪器、半导体等行业，用户对创新的贡献率高达70%，由此得出结论：由于知识的分散性，创新是一个分布式过程。人们无法根据某个创新的基本组成部分或规则来描述其可能性，非正式的交易和交流是创新的重要来源。

在宏观层面，英国学者Freeman在进行国际比较研究，尤其是在研究日本与苏联发展经验后，提出创新源于科技和生产体系的假设[③]。经过Lundvall、Nelson等学者的推广，形成“国家创新体系”理论。这一理论主张，一个国家和地区之所以创新能力强，乃是源于一个强大的体系，而非单一的创新个体。美国学者波特、萨克森宁等对于产业集群和硅谷案例的研究，与此理论一脉相承。

Lundvall提出一个重要观点，即创新是生产者与用户等相关方互动式学

---

① Pavitt, K., “Sectoral patterns of technical change: Towards a taxonomy and a theory”, *Research Policy*, Vol.13, 1984, pp.343–373.

② Eric von Hippel, *Source of Innovation*, NY: Oxford University Press, 1988.

③ Freeman, C., “Technological Infrastructure and International Competitiveness”, Draft paper submitted to the OECD Ad hoc group on Science, technology and competitiveness, August 1982, mimeo. Later published as Freeman, C., ‘Technological Infrastructure and International Competitiveness’, *Industrial and Corporate Change*, 2004, 13: 540–552; Lundvall, B.-Å., *Product Innovation and User-Producer Interaction*, Aalborg: Aalborg University Press, 1985.

习的结果。[①]他发现产学研合作过程中，大学与产业界不协调的主要原因在于两者的学习方式不一样。前者以科学发展为主要目标，依赖于科技的进步；而后者则着重从实践中学习进步。由此，我们可以做出两点推断：一是一个国家或地区，当其在科技发展严重依赖外部时，其创新的源头有一半是受到约束的。二是创新对本土的贸易、信息、文化、语言等影响交流的制度文化环境依赖度很高。

创新作为一个体系表明其来源必定是多元的。这方面，三螺旋理论提供了一个企业、大学（包括研究型大学、各类研究机构，以下统称“大学”）和政府的协调理论，认为三者的互动是创新和知识经济增长的关键[②]。其中大学是创造知识的社会机构，推动知识转移也日益成为其重要的职责之一；产业是孕育创新、实现知识的资本化的关键参与者；政府则是保障体系稳定运行的制度提供者。

政府部门在创新方面的职责是创新体系研究的重点，也是这一体系中最具争议的部分。学者们已经注意到政府的作用在不同国家存在较大的差别。在“大政府”国家，强调政府自上而下的领导，政府部门还会充当公共风险投资家的身份。自下而上的创新举措都需要在政府的指引下开展。而在“小政府”国家，民间企业对创新发挥更加重要的作用。但是类似知识产权、民众健康等社会问题的出现，反过来会推动这类国家政府作用的加强，要求它与大学和产业界一道，在塑造创新举措方面发挥更加积极的作用。

由此可知，要建成一个卓越的创新体系，产业、大学和政府均需要具备不同程度的企业家精神，都是创新的重要源头。

---

① Lundvall, B.-A. (ed.), *National Systems of Innovation: Towards a Theory of Innovation and Interactive Learning*, London: Pinter, 1992.

② Henry Etzkowitz, Loet Leydesdorff, “The dynamics of innovation: from National Systems and ‘Mode 2’ to a Triple Helix of university-industry-government relations”, *Research Policy*, Vol.29, 2000, pp.109–123.

三、三大机构的指导思想和作用

综上可知，在现代国家创新体系之中，产业、大学和政府均是创新的源头。由于三类机构各有其运行和创新逻辑，是否有可能实现一个统一的创新指导思想？以下拟从机构运行主导逻辑、指导原则、基本职能和相互的关联方面对此进行分析。

（一）产业界被公认为是创新的核心机构，也是熊彼特意义上的企业家作用发挥领域

企业（或企业家）发现创新机会之后，需要投入资本，组织开展创新，这带有一定的理想性。比如很多企业家喊出“改变世界”之类的口号。但是企业自身的商业资本常常不足以支撑革命性的创新，有时出于规避风险的需要，需要外部金融资本的注入，实现商业资本与金融资本的紧密结合。两者结合的作用如此之大，以至于能够带动整个产业向新的方向发展。从这一过程可以看出，革命性的技术创新之所以可以颠覆原有产业，并不完全是技术自身的力量，更有金融投资界的跟进，进而形成商业周期和巨大的金融泡沫①。

正是由于创新与资本关系密不可分，企业创新的主导逻辑和指导思想不可能是纯理想化的变革，而是具有强烈的利润导向。这种利润未必是短期之内实现的，但至少是在一个资本可接受的时间跨度中。而时间跨度的长短，与投资界的信心分不开。企业创新如果迟迟不能实现赢利，可能会被资本无情地抛弃。

---

① ［美］佩蕾丝：《技术革命与金融资本：泡沫与黄金时代的动力学》，田方萌译，中国人民大学出版社2007年版。

但从性质上说，企业不仅仅是资本赢利的工具，同时是一个提供社会协作的组织，是多个利益相关方依据一系列合同所组建成的[①]。因此，企业创新有潜在的承担公共社会责任的倾向。企业规模越大，这种公共性就越受到关注。近年来，“负责任的创新”的概念得以流行，正由此而来。[②]

（二）大学负责为创新提供知识源泉和人才

它是一个知识创造和生产的机构，通过基础和应用研究投资、增加知识生产基础设施、建立本地知识库、知识溢出、增加人力资本和经济集聚，为产业创新提供来源[③]。其作用体现在多个方面：一是显性的编码知识和体现在技术创新中的知识，可以为企业采用；二是通过直接的产研合作实现知识转移和吸收；三是可以为企业培养的专业人才[④]。Cowan 和 Zinovyeva的研究表明，即使本地新大学开学仅有5年时间，区域专利活动也会显著增加。[⑤]

从根本上说，大学作为一个非营利机构，其根本宗旨是追求真理。“吾爱吾师，吾尤爱真理”，“真”是其最重要的指导思想，也是一所真正优秀的大学得以存在的根基。尽管随着社会的发展，贡献实用知识服务于社会也越来越受到重视。世界顶级大学如斯坦福大学、剑桥大学等都设立了技术转移办公室之类的机构，借此获利颇丰，但显然并没有将其提升到作为自身的办学宗旨这种高度。

---

① Jensen MC, Meckling WH., “Theory of the firm: managerial behavior, agency costs, and ownership structure”, *Journal of Financial Economics*, Vol.3, No.4, 1976, pp.305–360.

② Audley Genus, Andy Stirling. “Collingridge and the dilemma of control: Towards responsible and accountable innovation”, *Research Policy*, Vol.47, 2018, pp.61–69.

③ Drucker, J., Goldstein, H., “Assessing the regional economic development impacts of universities: a review of current approaches”, *Int. Reg. Sci. Rev.*, Vol.30, 2007, pp.20–46.

④ Simone Robbiano, “The innovative impact of public research institutes: Evidence from Italy”, *Research Policy*, Vol.51, 2022, p.104567.

⑤ Cowan, R., Zinovyeva, N., “University effects on regional innovation”, *Res. Policy*, Vol.42, 2013, pp.788–800.

（三）政府部门首先是一个公共机构，代表广大人民群众的利益，负责维护公共利益和安全

“为人民服务”是其根本宗旨和指导思想。同时，政府作为创新制度的供给者，是经济活动的重要参与者。制度的作用体现在明确游戏规则、稳定各方预期等方面。笔者将政府在创新中的重要作用归纳为以下6个方面：

第一，反垄断，鼓励竞争。竞争性市场是刺激创新和从公司和个人层面的知识积累中获益的必要条件，而垄断被认为会扼杀创新。为此政府需要制定和实施《反垄断法》，鼓励更多的竞争。

第二，提供产权保护。知识产权保护是对创新者的最大激励，使之可以在一定时期内享有创新带来的好处。美国1980年通过的《“拜杜”大学和小企业专利法案》（Bayh-Dole University and Small Business Patent Act），明确科研人员而不是所在机构，享有发明创造的知识产权，鼓励他们将自身的发明商业化。这一法案已为世界各国所仿效。

第三，提供企业所需信息，减少信息不对称。企业可以从更丰富的信息环境中受益，而政府部门掌握了大量社会公共数据，这些数据本身就是一个重要的创新之源。政府可以通过预见性技术项目、情景研究和其他举措来改善这种环境，以减少不确定性并为创新型企业创造学习平台。

第四，推动产学研合作。推动创新成果产业化，政府出资鼓励公办研究机构与企业成立合作研究机构，对企业之间成立合作研究机构放宽反垄断法的管制条件，对研发投入予以税收减免等。

第五，资助研究机构和创新企业。直接成立国立研究所或资助研究型大学的科研工作，为科技企业，特别是中小科技企业提供财政补助，减免税收等。间接的资助是通过政府机构如国防部等机构通过项目招标的方式，采购创新产品。

第六，直接参与创新。政府通过公私合作直接资助高科技项目。美国先进技术计划（American Advanced Technology Program）是这方面的典型之一，其定位为推动“从发明到创新”，直接介入高科技项目的资助（以中小企业为主），帮助他们企业尽快将发明商业化。

综上可以发现，三类机构各有其主导逻辑。从系统论的视角看，创新是一种“涌现”（emerge），它以现实多元性为其存在的前提。正是在此意义上，创新体系理论首先强调的是三者的差异性，而非一致性，因此不同参与方运行的指导思想不可能也没有必要统一。试想，如果一所大学按照利润最大化的思想来建设，无疑有悖于其初心；企业也不宜以追求真理为目的而无视现实的生存问题。

但是，在创新体系各方应该遵循的准则中，我们认为还是存在一个“元准则”，需要各方共同遵守。元准则是形成各类制度的基本准则，对于三类机构都同样适用。创新体系建设的目的，不仅包括各个主体的创新能力的提升，同时还有需要通过良性互动，形成创新友好的氛围。而这种互动、合作、竞争都离不开良好的法治环境，以及由此带来的相互信任感和稳定预期。这才是创新体系的本质，它是一种软性的制度环境，需要多方经历多年的反复博弈而建成的。

据此，笔者提出，创新体系包含两个层面的结构，它们之间相互作用、相互影响。一个层面是物质层面，包括各类创新主体开展活动和互动的领域，是实体层面的因素；另一个层面是精神层面，包括与企业家精神相匹配的法治精神、契约精神、以人为本的思想和可持续发展等价值观因素，构成为一个创新体系运行的指导思想体系，影响乃至决定着前一个层面的行动，体现出一个创新体系的优劣。

四、改革开放以来创新的经验回顾

过去的40多年，中国经济取得了辉煌的成绩。无论从国家层面的科技创造发明，还是民间企业的创新，可谓层出不穷。受益于此，中国人民的生活水平蒸蒸日上，群众的满意度空前之高。这些创新成果的涌现，很大程度上得益于党的正确领导，及各级政府着力对创新软性制度环境的逐步改善。

1978年，党的十一届三中全会明确了改革开放的总体方针，决定由阶级斗争为纲转向以经济建设为中心。伴随而来的是一次深刻的制度转型和思想变革，即承认市场在配置资源上的基础地位，顺应和尊重人民向往美好生活的愿望，鼓励人们自由创业。1992年邓小平“南巡讲话”之后，中国进一步坚定了走市场经济道路的决心。此后市场经济内在的法治化要求，不断规范各个创新主体的行为，奠定了创新型国家的基础。

更为重要的是，中国加入WTO，开始融入全球产业网络，大规模参与国际分工。一方面是外资的引入，要求中国按照全球化统一的规范来建立和完善自身经济领域的法规。另一方面则是中国企业和公民大规模走向世界，与世界各国交流，加深了对国际准则的认识。通过不同文化的碰撞，中国对创新有了更加深刻的理解。

40多年来，三大创新部门分别实现了突破：首先，大学的科研水平不断攀升，国际顶级期刊发表的论文数量和质量都达到了世界级水平。据2022年8月9日，日本国家科技政策研究所发布报告称，在高被引论文数量方面，中国首次超越美国，位居世界第一。科技领域的重大突破包括“嫦娥工程”“蛟龙计划”及高铁技术等领域。其次，企业的创新带来中国制造的崛起，如工业领域的生产自动化等第四次工业革命技术[①]。根据联合国工业发展组织统计，在关键的第四次工业革命技术方面，全球前十大经济体占了91%的专利，70%的技术出口。中国是其中唯一的发展中国家。中国企业的规模、效率、低成本的优势让“中国制造”在全球几乎无可替代。数字经济的到来，各类新的商业模式层出不穷，共享单车、移动支付、直播带货等创新

---

① Jahan Ara Peerally, Fernando Santiago, Claudia De Fuentes, Sedigheh Moghavvemi, “Towards a firm-level technological capability framework to endorse and actualize the Fourth Industrial Revolution in developing countries”, *Research Policy*, Vol.51, 2022, p.104563.

极大地方便和丰富了人民群众的生活。再次，更加重要的是制度的变革。各级政府都在努力改善营商环境，稳定各方对中国发展的信心，吸引内外资入驻。同时显著地加大了科研公共投入，推出各类国际科研合作项目，包括“一带一路”计划，吸引了全球的眼光。

基于上述回顾可以发现，中国的改革开放之所以取得伟大的创新成就，并不完全是某个单一主体的努力，而是取决于创新体系精神层面的进步。这可以归结为四个方面：

一是法治精神。习近平总书记指出“法治是最好的营商环境”。计划经济体制年代，中国的法律体系非常不健全，很多领域是一片空白。在党中央的领导下，经过各方面的长期努力，到2010年年底，一个立足于中国国情和实际、适应改革开放和社会主义现代化建设需要、集中体现党和人民意志，以《宪法》为统帅，以宪法相关法、民法商法、行政法、经济法、社会法、刑法、诉讼与非诉讼程序法等多个法律部门的法律为主干，由法律、行政法规、地方性法规三个层次法律规范构成的中国特色社会主义法律体系基本形成。通过市场经济相关知识的普及和现实教育，人们逐渐认识到市场经济就是法治经济。没有法治，没有法律保护产权，市场经济无法正常运行。

二是契约精神。孔子很早就认识到，“自古皆有死，民无信不立”。但是中国长期以来对商业的忽视，对私人产权的不尊重，历次政权更替带来的天翻地覆，影响了这一精神的贯彻。契约精神与法治精神有内在联系，或者说需要法治作为保障。改革开放以来，中国人的契约精神日益增强，恰与商业活动的繁荣同步展开，并非巧合。随着各类经济合同的签署，最广泛的如购房合同，“按合同约定”，逐渐把中国塑造成一个人们自愿遵守契约的开明社会。人们普遍意识到：只有遵守契约的约定，才是真正对自己和他人有利的。对于那些不遵守契约的行为，均受到了社会舆论的谴责和唾弃。

三是以人为本的精神。市场经济的一个重要观念是“客户是上帝”。推而广之，企业为了发展业务，就要深入研究客户的需求和偏好，取悦每个潜在客户。政府的客户是全体人民，必须坚持以人民为中心，通过各类行政流程的简化，各类不合理法规的废除，让服务更加贴近和便利每个公民，落实“服务型政府”的各种要求。大学强调科研工作者充分享有自主研究权、自由探索的重要性，营造一个自由宽松的学术环境，才是真正的以人为本，唯其如此才能更多地产出优质的学术成果。

四是可持续的精神。可持续发展思想是近几十年来联合国一直在倡导的普适价值观。学者们已经对以往的创新政策和实践提出批评，认为它过于关注经济目标，而忽视了社会目标，呼吁向可持续社会转型①。改革开放以来，中国的碳排放问题日趋严重，排名世界前列。这一结果是片面追求经济快速发展的必然后果，也跟普遍缺乏环保意识分不开。但是这一现状正在发生变化。2020年9月，国家主席习近平在第七十五届联合国大会一般性辩论上向国际社会做出碳达峰、碳中和的郑重承诺。这是一种大国的担当，也是为了中国自身未来能够走高质量发展道路的必然选择。这一精神未来需要内化为国家创新体系的基本指导思想之一，也必将成为不同创新主体开展创新的主导思想。

总之，改革开放之后，正是由于党和政府贯彻了“解放思想，实事求是”的原则，坚持以人民为中心，在“改革开放”的道路上不断探索适合于中国特色的经济发展路径，中国才得以顺利地从资源型、投资型国家升级为创新型国家。这一指导原则与人民群众改善生活的意愿相结合，由此树立的法治精神、契约精神，很好地契合了创新的道路，才结出了全社会“大众创新”的累累硕果。这是新时代中国国家创新体系建设应当继承和发扬的一笔最宝贵的精神财富。

---

① Gijs Diercks, Henrik Larsen, Fred Steward, “Transformative innovation policy: Addressing variety in an emerging policy paradigm”, *Research Policy*, 2019, 48: 880–894; Johan Schot, W. Edward Steinmueller, “Three frames for innovation policy: R&D, systems of innovation and transformative change”, *Research Policy*, Vol.47, 2018, pp.1554–1567.

两翼理论的思想渊源、体系内涵及实践价值

王理*

随着社会进步、科学发展，知识与信息不断增长，科学普及的作用日益重要。中国共产党关于科学普及重要性的论述和实践是中国化马克思主义科技思想理论体系的重要组成部分①。在习近平总书记关于新发展理念的重要论述中，高度重视科学普及是其一以贯之的思想理念。尤其是党的十八大以来，习近平总书记多次对科学普及工作（简称“科普工作”）作出重要指示、批示，如在2016年“科技三会”上强调“科技创新、科学普及是实现创新发展的两翼，要把科学普及放在与科技创新同等重要的位置”②。可以说，两翼理论是习近平总书记对科普工作思想理念的提炼与升华，体现了其对科学普及重要战略地位的充分肯定，对中国建设世界科技强国和全面建设社会主义国家具有重要的指导意义。

---

* 王理，新闻研究所副研究员。

① 刘立、刘磊、孙楠：《马克思主义科技思想中国化的历史演进和理论体系》，《科学文化评论》2021年第5期。

② 习近平：为建设世界科技强国而奋斗，新华网，http://www.xinhuanet.com/politics/2016-05/31/c_1118965169.htm。

一、理论脉络："两翼理论"的思想缘起与理论基础

（一）理论背景与思想脉络

《共产党宣言》指出："科学技术在为人类创造巨大物质和精神财富的同时，也可能给社会带来负面影响。"马克思把科学看成是"一种在历史上起推动作用的、革命的力量"[①]，但也不否认科学技术对社会带来的负面影响。科学技术发展依赖于社会对科学的支持度，而这种支持度取决于社会对科学技术的理解度，摒弃盲目乐观的科学主义、客观认识科学技术产生的长远社会影响，才能有利于科技发展与社会进步。同时，科学普及是劳动分工—社会分化的产物，自18世纪科学家作为一个社会阶层形成以来，将科学知识、科学精神向社会公众传达就成为其天然职责[②]。

中国共产党自1921年创始之初就非常重视科学普及。1923年中国共产党第三届中央执行委员会制定的《教育宣传问题决案》中就提出了在劳动群众中"宣传自然及社会科学之常识，共产主义之浅释（当与工人以整个的科学的奋斗的人生观）"的宣传方针[③]。在后来建立的苏区、抗日根据地或解放区，中国共产党及其领导的政府在局部执政的条件下也发展了一系列别具特色的科普工作[④]。

新中国成立后，中国共产党仍然非常重视科普工作，尤其是体制建设。1949年9月《共同纲领》提出：爱科学，普及科学知识。同年11月，文化部

---

① 恩格斯：《在马克思墓前的讲话》，《马克思恩格斯选集（第3卷）》，人民出版社1972年版，第575页。

② 赵玉川、成元君：《科学普及的社会学解析及其社会举措》，《科普研究》2006年第4期。

③ 中共中央文献研究室中央档案馆：《建党以来重要文献选编：一九二一——一九四九（第一册）》，中国科学技术出版社2011年版，第239、353页。

④ 吴晨钰：《中华人民共和国成立前中国共产党的科学普及工作研究》，《中国地质教育》2021年第4期。

设立科学普及局。1958年成立“中国科学技术协会”，领导全国科普事业至今。21世纪以来，科普政策出现了重大进展。2002年6月，《科普法》正式颁布实施。这是世界上第一部专门针对科普工作的法律文件。

（二）“两翼”概念的出现

将同等重要、关系紧密的事物比喻为“双翼”“双轮”“双腿”等在汉语中并不鲜见，如“一体两翼”“两翼齐飞”等。

著名科学家、教育家、科普专家竺可桢于1956年指出：“科学进步，一日千里；提高普及，并进不废；犹鸟两翼，缺一则替；齐头并进，万众所企。”[①]2002年12月18日，中国科技部部长徐冠华在第三次全国科普工作会议上的工作报告中指出：“要揭去披在科学技术上的神秘面纱，把科学技术从象牙塔中赶出来，从神坛上拉下来，使之走进民众、走向社会。”[②]他认为，科普工作担负着未来20年使科技进步惠及全国十几亿人口的艰巨任务，责任十分重大[③]。他又指出：“必须正确处理科技普及与科技创新的关系，实现两者的辩证统一。科技普及与科技创新，是科技进步的两个基本体现，是科技工作的一体两翼。正像人的两条腿、车子的两个轮子，不可或缺。”[④]

可见，在对科技创新与科普的关系论述中，“两翼说”早已有之，但由最高领导人紧密结合新的时代条件和实践要求，以长远的战略眼光、一脉相承的继承性、与时俱进的开拓性将其融入中国创新发展基本逻辑正式提出的，尚属首次。2021年，全国政协科普课题组在《人民政协报》发表的《深刻认识习近平总书记关于科技创新与科学普及“两翼理论”的重大意义　建议实

---

① 竺可桢著，樊洪业、段异兵编：《竺可桢文录》，浙江文艺出版社1999年版，第310页。

② 徐冠华：《揭去披在科学技术上的神秘面纱》，中国科学院网，https://www.cas.cn/zt/kjzt/kpdh/bd/200212/t20021220_1711528.shtml。

③ 徐冠华：《科普是全面建设小康社会一项战略性工程》，中国新闻网，https://www.chinanews.com.cn/2002-12-18/26/254944.html。

④ 刘华杰：《科普与科研：“两翼”说的由来及其他》，《中华读书报》2004年2月26日。

施“大科普战略”的研究报告》中，首次对“两翼理论”进行了系统阐释[①]。

（三）习近平“两翼理论”的成型与完善

就任总书记之前，时任中共中央政治局常委、中央书记处书记、国家副主席的习近平曾于2008—2012年连续5年参加全国科普日活动，鼓励广大科技工作者积极加入科普工作、鼓励各级各类组织广泛开展科普宣传，并对科学普及的重要性作了反复强调。

2008年9月21日，在全国科普日活动上，习近平总书记指出，希望广大科技工作者在搞好科学研究的同时，积极参与到科普活动中来，为提高全民科学素质，为实施科教兴国战略和建设创新型国家，做出新的贡献[②]。2009年9月19日，习近平总书记在参加全国科普日活动时指出，科技创新和科学普及是实现科技腾飞的两翼[③]。2010年9月18日科普日活动时进一步指出，科学研究和科学普及好比鸟之双翼、车之双轮，不可或缺、不可偏废[④]。2011年9月18日全国科普日活动主题为社区科普，习近平总书记指出，加大对社区科普支持力度，引导更多科技工作者、科普工作者深入社区、深入群众，开展丰富多彩的科学普及活动。同时要进一步发挥社区科普志愿者的作用，不断提高社区居民科学素质。[⑤]2012年9月15日，习近平总书记参加活动时时再次强调，坚持把抓科普工作放在与抓科技创新同等重要的位置，支持科

---

① 全国政协科普课题组：《深刻认识习近平总书记关于科技创新与科学普及“两翼理论”的重大意义　建议实施“大科普战略”的研究报告（系列一）》，《人民政协报》2021年12月15日。

② 邹声文：《深入贯彻落实科学发展观　大力提高全民科学素质》，《经济日报》2008年9月22日。

③ 徐京跃：《习近平参加全国科普日活动时强调提高创新能力》，中央政府门户网站，http://www.gov.cn/govweb/ldhd/2009-09/20/content_1421571.htm。

④ 谭浩、吴晶晶：《习近平到中科院奥运村科技园参加全国科普日活动》，中央政府门户网站，http://www.gov.cn/ldhd/2010-09/19/content_1705407.htm。

⑤ 吴晶、崔静：《更加扎实有效做好建设节水型社会科普工作　在全社会形成节约用水合理用水的良好风尚》，《经济日报》2011年9月19日。

协、科研、教育等机构广泛开展科普宣传和教育活动，不断提高我国公民科学素质，为实现到我们党成立100周年时进入创新型国家行列、到新中国成立100周年时建成科技强国的宏伟目标，奠定更为坚实的群众基础、社会基础[①]。

在上述一系列重要讲话中，逐渐形成了“两翼理论”的雏形并进一步丰富、深化了理论内容。

党的十八大以来，习近平总书记更是高度重视科学普及在创新发展中的作用，一系列关于科学技术的论述中“两翼理论”逐渐成形、完善。其中，影响最为深刻的是2016年5月30日在全国科技创新大会、两院院士大会、中国科协第九次全国代表大会（又称科技三会）上发表的重要讲话，系统全面阐释了“两翼理论”，明确指出“科技创新、科学普及是实现创新发展的两翼，要把科学普及放在与科技创新同等重要的位置”。在讲话中，习近平总书记指出：“没有全民科学素质普遍提高，就难以建立起宏大的高素质创新大军，难以实现科技成果快速转化。希望广大科技工作者以提高全民科学素质为己任，把普及科学知识、弘扬科学精神、传播科学思想、倡导科学方法作为义不容辞的责任，在全社会推动形成讲科学、爱科学、学科学、用科学的良好氛围，使蕴藏在亿万人民中间的创新智慧充分释放、创新力量充分涌流。”[②]这次重要讲话正是习近平总书记前期关于科普工作相关思想理念的进一步延伸，是这些思想理念升华的新高度。该论述不仅再次强调了科技创新与科普工作作为“两翼”“同等重要”，更是进一步明确了科普工作的重要性、目的性、主体性和方法论。这次讲话对于推动我国科学普及事业迈向新的发展阶段具有重大意义[③]。

---

① 周莹峰：《习近平在参加全国科普日活动时强调 广泛普及食品与健康相关知识 提高群众消费安全感和满意度》，《经济日报》2012年9月16日。

② 习近平：《为建设世界科技强国而奋斗》，新华网，http://www.xinhuanet.com/politics/2016-05/31/c_1118965169.htm。

③ 王挺：《“两翼理论”的思想源起和内涵认识》，《科普研究》2022年第1期。

同年7月20日，在《习近平致中国地质博物馆建馆100周年的贺信》中，习近平总书记再次提道“科技创新、科学普及是实现创新发展的两翼”①。此外，在其他很多场合，习近平总书记虽未直接明确提及“两翼”，但类似的表述仍体现了他对科学普及事业的重视。如他在2012年国际天文学联合会第28届大会开幕式的致辞中指出，科学技术是一项既造福社会又依赖社会的事业，科学技术发展需要广泛的公众理解和积极的社会参与。应该把科学普及放在与科技创新同等重要的位置。②

二、体系内涵 :“两翼理论”的核心体系与内涵特征

“科技创新、科学普及是实现创新发展的两翼，要把科学普及放在与科技创新同等重要的位置”，在该论述中，“两翼”与“同等重要”是两个核心关键词。两翼理论可以说是“同等重要”精神的理论化，既深刻阐述了科技创新、科学普及两者的相互关系，又揭示了两者在实施创新发展中的重要作用。

首先，科技创新与科学普及是实现创新发展的“两翼”，这是基于整体与局部的关系，揭示了两者在社会整体创新发展中的功能关联性。科技创新生产创造全新的科学知识，改变了人们对世界的认识、更新了公众对待社会的观念。这些新知识与新理念的普及将促进科学成果转化与应用，反过来为科技创新提供了新的土壤，进一步在更高层次实现创新发展的整体目标。只有两者相互支持，才能真正实现我国从“中国制造”向“中国创造”的顺利转型。

---

① 《习近平致中国地质博物馆建馆100周年的贺信》，新华网，http://www.xinhuanet.com/politics/2016-07/23/c_1119268380.htm。

② 《习近平在国际天文学联合会第28届大会开幕式的致辞》，载中国政府网http://www.gov.cn/ldhd/2012-08/21/content_2207996.htm，2012年8月21日。

其次，科学普及与科技创新具有“同等重要”的位置，则是从价值实现的长期与短期视角，将两者置于创新协同发展的同等地位，这是“对传统创新链、价值链理论的突破和发展”[①]。科学普及将提升劳动者的科学文化素养和精神力量，激发劳动者的创新热情与动力，只有使这一广大群体的智慧、知识和技术等关键要素充分得以运用、相互促进交互，才能更好地实现科技创新，真正促进生产力提升。

再次，科学共同体、政府、媒体、公众是两翼理论落地实施的四大主体。科学共同体由科学家组成，这个群体需要由纳税人提供资助完成科研，因此必须借助媒体清楚地向政府和公众解释自己所从事和将要从事的科学研究工作是什么、其价值所在。严格来讲，公众只是受众群体之一，向各级决策者进行有效科普对于国计民生更具有重要价值[②]。

三、实践价值:“两翼理论”在上海科普工作中的深化与发展

上海是我国科普工作的高地。近年来，上海以能力建设为主线，以提高公民科学素质为导向，着力激发创意，积极宣传创新，主动服务创业，加速形成与具有全球影响力的科技创新中心相匹配的科普工作布局。通过不懈努力，上海科普工作取得了显著成效，公民科学素质处于全国领先水平[③]，实现了以公民科学素养的提升涵养城市品格，以科学传播赋能助力城市治理与建设[④]。

---

① 全国政协科普课题组:《深刻认识习近平总书记关于科技创新与科学普及“两翼理论”的重大意义 建议实施“大科普战略”的研究报告（系列一）》,《人民政协报》2021年12月15日。

② 刘华杰:《大科学时代的科普理念》,《光明日报》2000年11月2日。

③《李萌副部长向首届上海科技传播大会作视频致辞》, 中华人民共和国科学技术部网，https://www.most.gov.cn/kjbgz/202208/t20220822_182082.html。

④ 姜晓凌:《科普赋能发展，涵养城市品格》,《上海科技报》2022年9月28日。

（一）政府主导下的上海科普事业发展成效

上海早在"九五"期间即由政府部门编制科普事业发展规划，在1995年成立了"上海市科普工作联席会议"（联席会议办公室设在上海市科委），统筹协调各部门推进科普事业发展[①]。2007年，科技部确定上海市为全国科普能力建设示范城市。经过多年的努力，上海科普工作坚持以科普能力建设为主线，以提升公民科学素质为导向，成效显著。据2020年第十一次中国公民科学素质调查数据显示，上海市民具备科学素质比例达到24.30%，连续四次位居全国第一。

在管理制度方面，上海先后出台了一系列管理办法，如：《上海市科普税收优惠政策实施细则》（2003）、《上海市科普教育基地管理办法（草案）》（2007）、《上海市科普教育基地考核办法（试行）》（2007）、《科普场馆的管理办法》（2008）等[②]。2019年7月19日，市委组织部与市科协联合印发《关于加强党建引领基层科协建设的意见》。2022年3月1日，《上海市科学技术普及条例》正式实施，立足于新时代背景，在立法层面对科技资源科普化、科技传播的社会参与、科学教育与人才培养等重要议题做出回应。

在设施建设方面，上海已经建有56家示范性科普场馆，275家基础性科普基地，32家上海青少年科学创新实践工作站，83家社区创新屋。全市平均每44万人拥有一个示范性科普场馆，居全国领先水平[③]。

在人才建设方面，上海高层次科技人才集聚，"十三五"期间，科普人才队伍呈现稳步壮大、稳中有升态势，据统计，2019年，上海科普人员总数达5.8万人，较2016年增长7.2%。同时，科普人才结构均衡、人才事业平台扩大、奖励机制进一步健全、人才培养体系完善[④]。

---

① 唐菡容：《加快形成"科普社会化"发展新格局》，《华东科技》2022年第8期。

② 李健民、刘小玲：《科普能力建设：理论思考与上海实践》，《科普研究》2009年第6期。

③ 唐菡容：《加快形成"科普社会化"发展新格局》，《华东科技》2022年第8期。

④ 张仁开、王憨超：《"十四五"时期上海科普人才队伍建设思路研究》，《科普研究》2021年第6期。

此外，上海在科技传播的活动开展、内容创作、主体参与、社会力量和产业发展等方面也有显著成效。

（二）“两翼理论”指导着上海城市发展的路径选择

2014年5月，习近平总书记在上海考察时强调，上海要加快建设具有全球影响力的科技创新中心。强化科技创新策源功能是中央对上海科创中心建设核心定位和战略要求。以“两翼理论”为指导，科创中心建设中需要依靠科普创造软实力、科创打造硬实力，两者缺一不可。

1. 践行“两翼理论”是上海强化科技创新策源功能的现实需要

强化原始创新、提升策源能力是推动创新从“0”到“1”、从无到有的关键。科普是国家创新体系的重要组成部分，推动科普高质量发展是全面实施创新驱动战略的必然要求。习近平总书记要求上海要强化科技创新策源功能，努力实现科学新发现、技术新发明、产业新方向、发展新理念从无到有的跨越，成为科学规律第一发现者、技术发明第一创造者、创新产业第一开拓者、创新理念第一实践者[①]。在落实该重大决策部署过程中，上海需要充分发挥科学普及在策源创新发展中的基石作用，构建科普“软实力”战略支撑，更好地服务经济社会发展。

2. 以“两翼理论”推动科普事业发展是上海作为全球科创中心的未来要求

未来15年是上海科创中心建设的关键跃升期，迫切需要提升创新策源功能，提升全球影响力。上海在2021年出台《上海市建设具有全球影响力的科技创新中心“十四五”规划》，把科创中心规划、科技规划、科普规划三者合一，明确提出要构建城市科学文化，打造全国科普高质量发展标杆；要“面向人的全面发展和城市文化软实力提升，着力提高公众科学素质、构

① 李扬：《强化科技创新策源功能是建设上海具有全球影响力的科技创新中心过程中始终要坚持的主线》，《文汇报》2021年9月29日。

建城市科学文化，形成完备有效的科普供给体系，科普服务创新发展的作用更加突出，优质科普内容和服务供给更加充分，科普设施结构布局更加合理，科普体制机制更加优化，唯实、理性、求新的科学价值取向成为社会的普遍风尚，打造全国科普高质量发展的标杆”。

四、结语

有学者认为，科普、科技传播、科学传播，分别代表科学传播的三个群体和三种模式：科普的实践者主要来自科协系统官员，这种模式是代表着主流和正统，拥有国家主义、功利主义和科学主义的三重特征；科技传播的实践者主要来自科技新闻记者和传播学者，主要关注传播手段和传播效率，与科普理念相似；科学传播的实践者主要来自科技史与科技哲学界学者，挑战传统科普的意识形态，是科学传播的“批判学派”。如果说科普更关注“传播什么”（内容），科技传播更关注“如何传播”（方法），科学传播的批判学派则更关注“为何传播”（意义）。不过，这三个群体互有交叉，不能截然区分。如今，三种模式也正处在剧烈的互动和融合过程之中[①]。然而，究其本质，三者实际上最终都指向同一目的：即在有效传播科学知识的基础上，为大众营造尊重科学、热爱科学的氛围，以推动科技创新发展，促使社会生产力进一步提高。

在此背景下，“两翼理论”为相关工作的开展提供了最根本的思想指引。首先，需要树立“大科普”理念，构建科技创新发展的大格局，不管是科普、科技传播还是科学传播，最终都应借助新时代新技术条件下的传播手段，实现全域科普、全民科普。其次，只有重视科普内容创作，创新传播的内容与形态，才能达到有效传播的目的，真正实现受众细分，满足不同群体

---

① 吴国盛：《当代中国的科学传播》，《自然辩证法通讯》2016年第2期。

对科学知识的精准需求。再次，需要重视科普工作中人才的重要性。正如中国科学院院士丁奎岭教授认为，在科普工作中，创新是核心，传播是关键，人才是根本。如今全球各国激烈的科技创新竞争其实是教育的竞争、人才的竞争，科普教育正是为培养科技创新人才提供更为丰沃的土壤。同时，积极鼓励科技工作者和普通公众广泛参与科普活动，提升各个群体的参与感、认同感、获得感。

上海作为改革开放的排头兵、创新发展的先行者，在长期的科学传播实践中已逐渐建立起科技创新、科技传播、人才培养相互衔接、相互增益的良好模式，也取得了显著成效。新一轮科技革命和产业变革深入发展，科学的社会功能、科学与人文的关系发生了很大变化，科学普及将进一步促进科技与人、经济、社会、文化等元素的有机融合[①]。当前，上海正按照党中央要求，加快向具有全球影响力的科技创新中心迈进，“两翼理论”将指导上海建立科普工作新格局，推动上海科学传播新发展，为上海建设科创中心营造良好的创新文化氛围。

① 刘垠：《科技部长解读两办〈意见〉：构建大科普格局，科普科创协同发力》，《科技日报》2022年9月5日。

实　践　篇

中国共产党百年农业农村现代化道路：成就与经验

张广财*

一、引言

从1921年成立至今，中国共产党走过了整整102年的光辉岁月。在中国共产党的带领下，中国从百年前积贫积弱的农业国到全面建成小康社会的工业强国，各领域均发生了翻天覆地的变化，在农业农村领域也取得了巨大成就和积累了丰富的历史经验。100多年来，中国共产党带领亿万农民扎根中国大地，走出了一条富有中国特色和时代特征的农业农村现代化道路。

中国的经济改革发轫于农村①。1978年作为农村改革起点的家庭联产承包责任制极大地激发了农民的生产积极性，中国依靠占世界9%的耕地解决了占世界20%人口的吃饭问题，创造了第一个奇迹②。20世纪80年代开始对劳动力流动的放松以及更为灵活的户籍政策，伴随着工业化和城镇化改革，极

* 张广财，应用经济研究所助理研究员。

① 张晓山：《改革开放四十年与农业农村经济发展——从“大包干”到城乡融合发展》，《学习与探索》2018年第12期。

② 顾海英、王常伟：《中国共产党百年“三农”政策实践、思想演进与展望》，《农业经济与管理》2022年第1期。

大地释放了农村剩余劳动力，并大幅提高了农村居民收入和消费能力[①]。从党的十六届五中全会通过的《“十一五”规划纲要建议》首次提出新农村建设方案，到2017年党的十九大报告中提出的实施乡村振兴战略，农村基础设施投资不断加强，乡村人文环境治理逐步提升，农村面貌焕然一新。中国传统上是农业大国，农民占劳动者大多数，自1949年新中国成立以来，在中国共产党的领导下中国实现农民和农业从业者数量大幅度减少，与此同时，农业产值不断攀升，将粮食这一重要战略物资牢牢把握在中国人自己手中。百余年来中国农业现代化最显著的特征之一是小农户农业生产方式发生了翻天覆地的变化，而小农户农业生产方式的变化是因其生产力的提高而产生的，并且这种变化推动了生产关系的升级[②]。

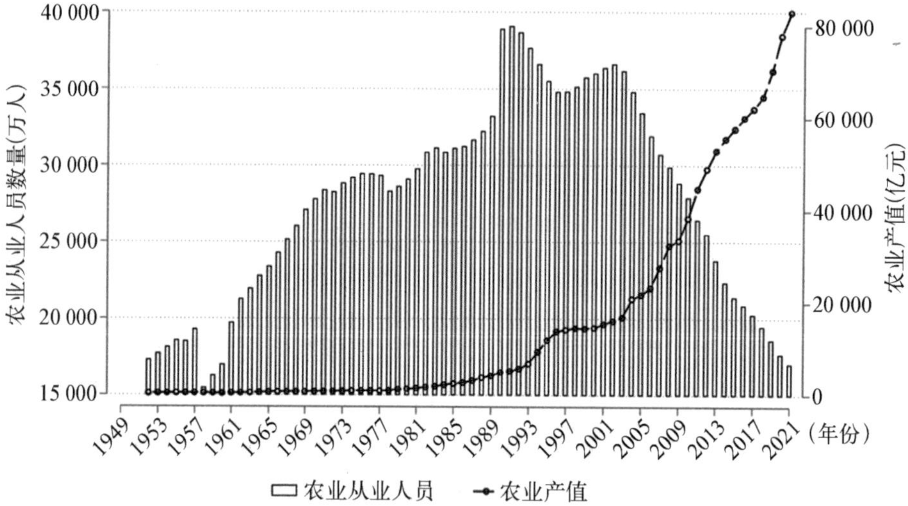

图1　中国农业产值与就业人数（1949—2021）

数据来源：国家统计局。

① Lin, Justin Yifu. "Rural Reforms and Agricultural Growth in China." *The American Economic Review*, Vol.82, No.1, Mar., 1992.

② 杨志良：《中国式农业现代化的百年探索、理论内涵与未来进路》，《经济学家》2021年第12期。

中国共产党领导下的百余年来，中国城镇化建设得到了前所未有的迅速发展。城镇常住人口占总人口的比例由1949年的不到20%提升至2022年的65.22%，一半以上的人口实现城市就业。21世纪以来，超过3亿农村人口流入城市，深度参与城市经济的分工，非农收入使得农民整体收入水平大幅提高，农民工成为中国经济“增长奇迹”的重要支撑力量。2021年，中国宣布现行贫困标准下大约8亿农村贫困人口全部脱贫，历史性地解决了绝对贫困问题，全面建成了小康社会。

农业农村现代化是中国式现代化的重点和难点，也是实施乡村振兴战略的总目标，中国共产党领导农民广泛、深度参与乡村建设有助于推动农业农村现代化进程①。系统梳理党领导中国农业农村发展的历史成就，总结党的百年农业农村改革成功经验，对于加快农业农村现代化进程、全面推进乡村振兴战略有着重要的意义。

二、中国共产党百年农业农村改革重大历史成就

回首百余年奋斗历程，中国共产党从革命时期到新中国成立建设时期，再到改革开放开启全面建设社会主义现代化强国，始终把农村问题作为重中之重，将农村改革和农村政策放在举足轻重的位置。百余年来，党的农村政策取得一系列重大历史成就，主要包括建立耕者有其田的土地所有制度，实施家庭联产承包责任制，以适度规模化经营推动农业农村现代化进程，打破城乡分割统筹城乡融合发展，扶贫战略摆脱绝对贫困全面建成小康社会等，对重大历史成就进行总结提炼具有重要的理论和现实意义。

---

① 赵华、巩前文：《农业农村现代化视阈下中国共产党领导农民参与乡村建设的百年考察》，《北京林业大学学报（社会科学版）》2023年第22卷第1期。

（一）建立耕者有其田的农村土地制度

土地制度是中国农村最重要、最根本、最基础的制度。农村承包地是全国土地面积中份额最大、涉及人数最多的一块。与历史上的土地制度相比，中国共产党执政以来的农地制度具有在乡村改天换地的性质[①]。民国初期，农村土地的占有日益向少数地主集中，出现了农民无地化和经营规模缩小的趋势，自耕农不断向半佃农、半佃农不断向佃农转化。根据严中平研究，1905年江苏昆山自耕农、半佃农、佃农比例分别为26%、16.6%、57.4%，到1924年的比例变为8.3%、14.1%、77.6%[②]。面对快速人口膨胀和土地兼并狂潮，土地革命自然成为中国革命的中心内容。中国共产党开始全面执政，颁布了《土地改革法》，全面推进土地改革。从20世纪20—50年代，中国共产党开展了艰苦卓绝的土地革命战争和波澜壮阔的土地改革运动，推动实现了中国历史上最伟大的土地制度变革，以农民的土地所有制取代了封建的土地所有制，彻底结束了封建地主对农民阶级的剥削和压迫，实现了农民“耕者有其田”[③]。这是中国共产党领导中国农村发展百年历史上的第一个重大的历史性成就。

（二）家庭联产承包责任制提高农民积极性

实现“耕者有其田”还不足以使中国农业走上现代化的道路。为了进行工业化，1953年正式提出了农业社会主义改造的任务，到1956年基本完成了农业合作化运动。农业集体化改造为国家工业化的发展做出了巨大贡献。尽管如此，农业集体化经营存在的最大问题是集体与家庭的激励不相容导致农民生产积极性不高，土地利用效率低下。各地纷纷探索更加有效的农业生

---

① 刘守英：《中国土地制度改革：上半程及下半程》，《国际经济评论》2017年第5期。

② 严中平：《中国近代经济史：1840—1894》（上册），人民出版社2012年版。

③ 顾海英、王常伟：《中国共产党百年“三农”政策实践、思想演进与展望》，《农业经济与管理》2022年第1期。

产方式，自1978年秋季开始，安徽省部分地区的农民就开始自发实施“包产到户”“包干到户”，小岗村的“大包干”开启了中国农业经营模式的变革，也拉开了中国改革开放的大幕。中国式的农业现代化是人口巨大的现代化。拥有粮食的主导权才可能有人口大国的农业现代化和国家现代化的主动权,这是历代领导人的共识①。中国共产党充分肯定了农业家庭联产承包责任制，并将家庭承包经营明确为中国农业的基本经营制度。农村土地改革实行家庭联产承包责任制，统分结合的双层经营制度极大地调动了广大农民的生产积极性，中国农业生产出现了惊人的增长，1979—1984年，农业总产值年均增长8.98%，农村贫困人口从20世纪70年代末的2.5亿人锐减至80年代的1亿人,1.5亿人脱贫②。80年代初的农村土地制度改革拉开了中国改革开放大

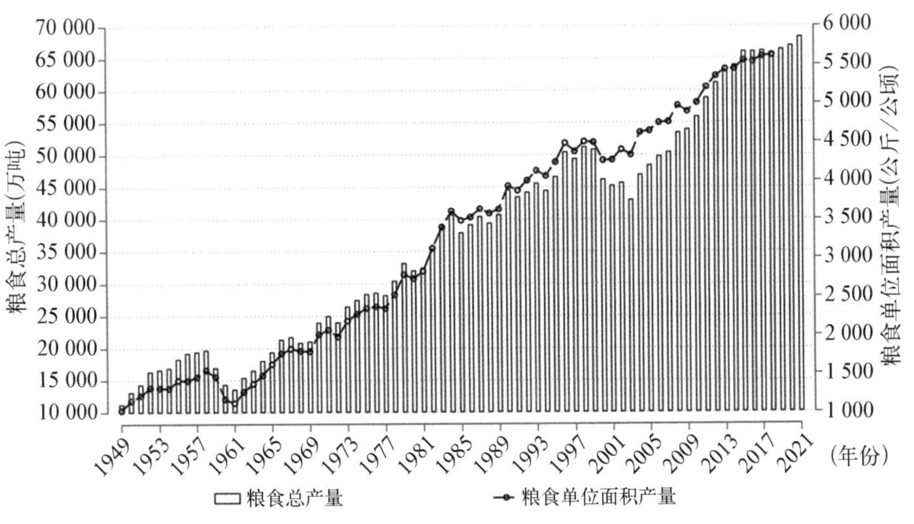

图2 中国粮食产量（1949—2021）

数据来源：国家统计局。

① 李志平、郑凯健：《中国共产党领导的中国式农业现代化：百年历程、基本经验与未来展望》,《安徽农业科学》2022年第50卷第22期。

② 宋洪远、赵海、徐雪高：《从积贫积弱到全面小康——百年以来中国农业农村发展回顾与展望》,《中国农村经济》2012年第1期。

幕，促进了中国的农村转型和体制转轨，90年代末的城市土地制度变革推动中国从乡土中国向城乡中国的历史转型[①]。随着家庭联产承包责任制在全国范围的推行，农业生产力得到了极大释放，农村改革也成为改革开放的标志性事件，中国粮食总产量和单产均在随后几十年实现稳步双增长。

（三）适度规模化，推进农业农村现代化进程

在农村实行家庭联产承包责任制之后不久，小农经济脆弱的问题很快又重新出现。对于家庭联产承包责任制的历史局限性，改革开放总设计师邓小平有着清醒的认识。对此，他在1990年提出了一个关于中国农业改革和发展“两个飞跃”的设想：第一个飞跃是废除人民公社，实行家庭联产承包为主的责任制；第二个飞跃是适应科学种田和生产社会化的需要，发展适度规模经营，发展集体经济[②]。进入20世纪90年代之后，党在农村政策上，一方面继续坚持以家庭承包、统分结合为主要内容的基本经营制度，同时将第二轮土地承包期由15年延长至30年并承诺土地承包关系长久不变；另一方面，加快建立完善农村社会主义市场经济体制，大力推动农业产业化发展。党的十六大之后，党的农村政策再次发生重大调整，城乡统筹发展体制机制被建立起来。农村土地在所有权和承包经营权“两权分离”的条件下，开始走上适度规模化经营的道路，农业现代化进程大大加快。党的十八大之后，“三农”工作在党的各项事业中的分量进一步提升。在土地制度方面，土地所有权、承包权、经营权“三权分置”改革的实施，进一步促进了农地资源优化配置和适度规模经营发展。生产大户、合作社、家庭农场、农业企业等新型农业经营主体被赋予更多的土地权能，土地经营权得以在更大范围内优化配置，使土地产出率、劳动生产率和资源利用率得到了极大提升，现代化农业

---

① 刘守英：《中国土地制度改革：上半程及下半程》，《国际经济评论》2017年第5期。
② 池子华：《农民工与近代社会变迁》，安徽人民出版社2006年版，第27页。

经营体系、生产体系、产业体系逐渐形成，农村人力资本水平也得到了加速积累①。进入新时代以后，中国式农业现代化以高质量发展为导向，以实现农业多元目标为引领，在新发展理念指引下推动了系统化农业的发展②。

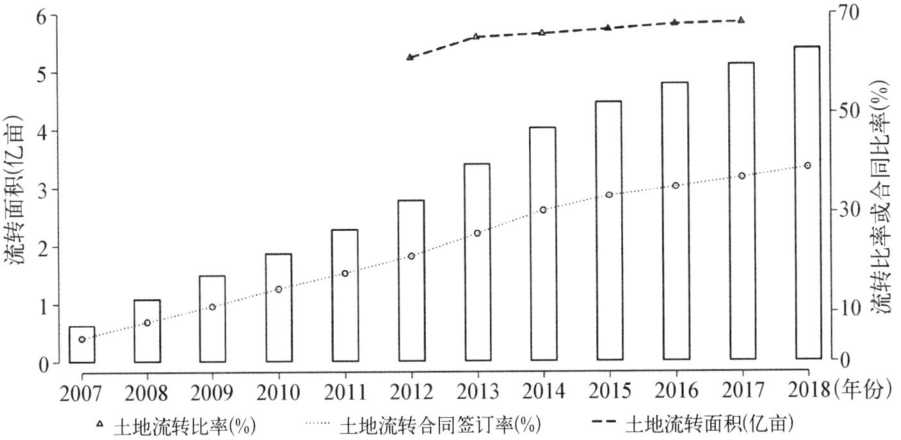

图3　中国农村土地流转（2007—2018）

数据来源：作者根据土流网收集农地流转面积，其他数据来源于2012—2019年《中国农业统计年鉴》，农地流转合同签约率参考朱冬亮（2020）③。

（四）打破城乡分割，探索城乡融合统筹发展

中国共产党的革命事业兴于农村，中国社会主义建设的薄弱点也在农村。实现中华民族的复兴，必须要振兴乡村。进入21世纪以来，随着工业化的深入发展和城镇化的快速推进，中国的城乡发展不协调问题日益凸显，2002年，城乡居民收入差距达到3.11∶1，城乡居民消费差距达到3.61∶1，城乡基础设施和社会事业差距更为明显，制约城乡协调发展的深层次矛盾十分突出。一方面，市场力量作用下要素自发向高回报的城市流动；改革开放

---

① 邹一南：《中国共产党百年农村政策重大成就和历史经验》，《上海经济研究》2022年第2期。

② 杨志良：《中国式农业现代化的百年探索、理论内涵与未来进路》，《经济学家》2021年第12期。

③ 朱冬亮：《农民与土地渐行渐远——土地流转与“三权分置”制度实践》，《中国社会科学》2020年第7期。

后，家庭承包经营下农业的发展、农村经济的放活及乡镇企业的兴起，使农村呈现出前所未有的活力。随着户籍政策的放松及人口流动的加速，资源加速向城市聚集，在城市化与工业化快速发展的过程中中国城乡差距也逐步扩大。另一方面，在制度上，计划经济体制时期城乡分治政策，农村的发展受到一定影响，改革相对缓慢。在此背景下，党开始调整工与农、城与乡的关系。2005年党的十六届五中全会确定“建设社会主义新农村”的重大历史任务，2007年党的十七大报告提出：“统筹城乡发展、推进社会主义新农村建设，必须建立‘以工促农、以城带乡’的长效机制，形成城乡一体化的新格局。”党的十八大以来，党将农村工作置于更加突出的地位，进一步推进农村各项事业发展，统筹推动城乡融合发展。党的十九大提出乡村振兴战略，成为中国农业农村工作的总方针。近年来，中国乡村基础设施建设、公共服务、生态环境、乡村文化、乡村社会治理等各方面，都取得了巨大成就，中国农村正沿着产业兴旺、生态宜居、生活富裕、乡风文明、治理有效的社会主义新农村发展方向快速前进。

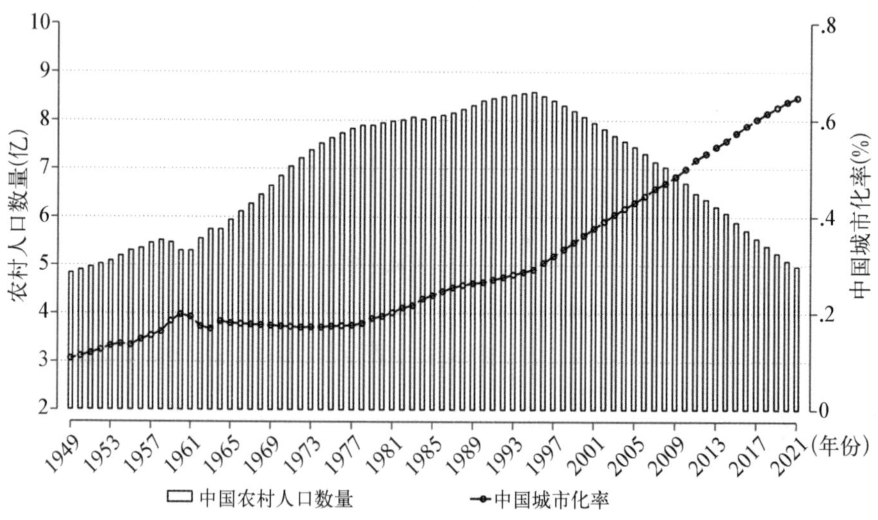

图4　中国农村人口数量与城市化率（1949—2021）

数据来源：国家统计局。

（五）摆脱绝对贫困，全面建成小康社会

中国共产党的百年奋斗史，就是一部消灭贫困的斗争史，引领中国从积贫积弱走向全面小康。新中国成立以来特别是改革开放以来，党团结带领人民持续向贫困宣战，经历了求温饱、求小康、求富足的发展阶段，人民生活水平实现历史性跨越。1921年，中国共产党成立之初，就把实现共产主义作为党的最高理想和最终目标。1949年，中华人民共和国刚刚成立，毛泽东就向全世界宣告："中华人民共和国中央人民政府将领导全国人民克服一切困难，进行大规模的经济建设和文化建设，扫除旧中国所留下来的贫困和愚昧，逐步地改善人民的物质生活和提高人民的文化生活。"1978年开启改革开放后，邓小平反复强调："我们奋斗了几十年，就是为了消灭贫困。"2021年农村居民人均可支配收入19 831元，平均每月收入超过1 577元。扣除物价因素，比1949年实际增长40多倍。中国用70年时间实现了农村居民人均可支配收入增长40倍，这项壮举在全世界范围来看都是罕见的伟大成就。

减贫脱贫是中国长期坚持的战略重点，中国在脱贫道路上不断摸索前

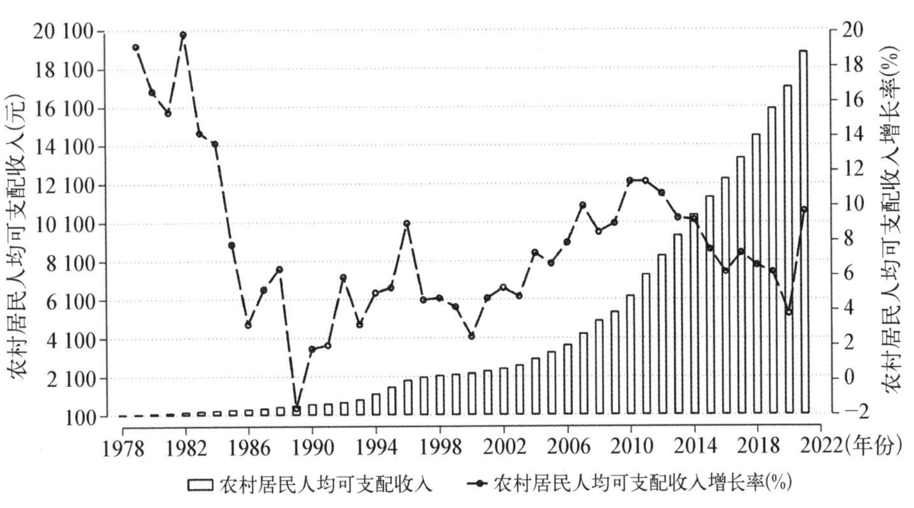

图5　中国农村居民人均可支配收入及其增长率（1978—2021）

数据来源：国家统计局。

行。2012年党的十八大以来，习近平总书记指出："脱贫攻坚是一项历史性工程，是中国共产党对人民作出的庄严承诺。"在全国范围内，中国共产党采取了大规模的开发式扶贫，有计划、有组织地实施了一系列中长期项目[①]，特别是在过去数年间，中国开展世界规模最大、力度最强的脱贫攻坚战，并在减贫脱贫道路上取得了突破性成就。得益于经济改革发展和精准扶贫政策，1978—2020年中国人均国内生产总值年均增长8.2%，贫困发生率年均下降2.3个百分点[②]。到2021年，中国实现了全面建成小康社会的第一个百年奋斗目标，创造了8.5亿贫困人口成功脱贫的伟大壮举，对全球减贫贡献率超过70%[③]。中国人民实现从温饱不足到小康富裕的伟大飞跃，这是人类反贫困史上的一个伟大奇迹。

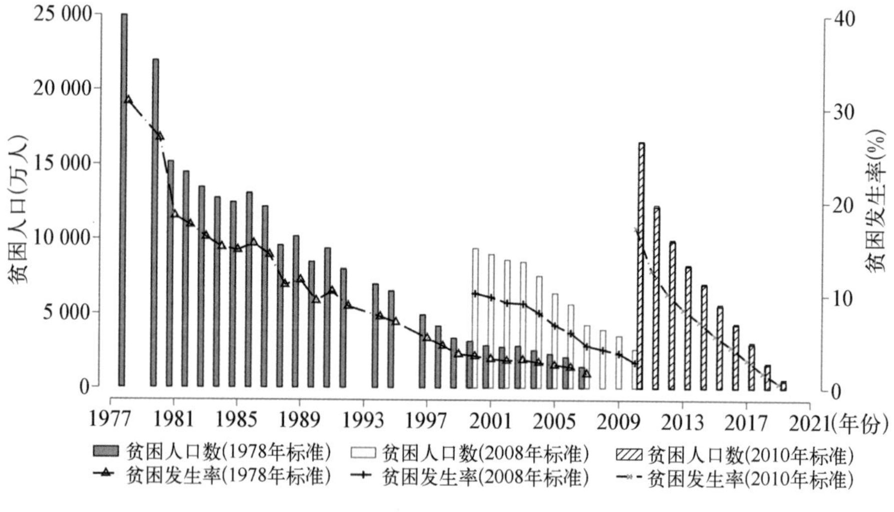

图6 中国减贫奇迹（1977—2021）

数据来源：2020年《中国统计年鉴》，绘制过程使用1978年、2008年和2010年设定的贫困标准。

① 包括《国家八七扶贫攻坚计划》（1994—2000）、两版《中国农村扶贫开发纲要》（2001—2010、2011—2020）等。

② 数据来源于国家统计局和Lugo et al.（2021）。

③ 邹璠、周力：《中国共产党百年减贫的思想演进与历史成就》，《财经研究》2022年第48卷第8期。

三、中国共产党百年农业农村现代化的历史经验

百年来，党在领导广大农民进行农业农村现代化道路上，在农村革命、建设和改革取得了一系列重大成就，这些重大成就的取得离不开党的初心使命和艰苦奋斗，更是在总结过往中一步步实现的。回首党的百年农村改革和政策，大量历史经验弥足珍贵，总结起来便是：坚持党的领导地位，坚持集体所有制的基础地位，坚持实事求是的工作方针，坚持农民的主体地位，坚持与时俱进推动农村改革。从党在农村的百年奋斗史中看清楚曾经走过的路，对于做好新时代的农业农村工作有着重要意义。

（一）坚持党的领导地位

办好中国的事情，关键在党。党在农村工作中总揽全局、协调各方，是百年农村政策取得成功的关键政治保障。百年来，党在领导农民参与乡村建设中发挥了核心作用，始终重视农民主体地位，激发农民参与乡村建设的积极性[①]。在百年历史长河中，党的领导发挥了三个方面的作用：

一是方向指引。从土地革命时期开始，党就在农村工作尤其是土地政策的制定上发挥着指引方向的作用。1928年12月，毛泽东总结土地革命的经验，主持制定了井冈山《土地法》，以法律形式肯定农民分得土地的神圣权利。中共中央于1942年1月作出《关于抗日根据地土地政策的决定》，对减租减息政策及执行办法作了明确规定。改革开放后，2004—2021年的中央一号文件均聚焦“三农”，为当年的农业农村政策奠定基调。

二是理论武装。在革命战争年代，毛泽东提出的“农村包围城市、武装

---

① 赵华、巩前文：《农业农村现代化视阈下中国共产党领导农民参与乡村建设的百年考察》，《北京林业大学学报（社会科学版）》2023年第22卷第1期。

夺取政权”重要论断是土地革命取得胜利的法宝[①]。20世纪50年代提出“先集体化、再机械化”；80年代邓小平提出中国农业改革与发展的“两个飞跃”；党的十八大之后，以习近平同志为核心的党中央坚持把“三农”问题作为全党工作的重中之重，创立习近平“三农”思想。

三是组织保证。党领导革命、建设和改革可以实现“全党一条心，全国一盘棋，集中力量办大事”，这一点在农村工作中体现得最为明显。无论是1955年通过的《关于农业合作化问题的决议》，还是改革开放之后中央统筹、省市负责、县级承担的精准扶贫工作。强有力的组织保证，是党的农村政策得以有效贯彻落实，从而取得成功的关键。

（二）坚持集体所有制的基础地位

集体所有制是中国农村经济与社会发展的基石，也是中国共产党“三农”政策的基础[②]。中国人多地少，在从农业社会向工业社会转变，从农村人口占多数向城镇人口占多数转变的过程中，农村集体所有制发挥着巨大作用。实践表明，只有坚持农村集体所有制，才能保证党的“三农”政策不走样。坚持农村集体所有制，增加了农户家庭抗风险能力，增强了中国社会与经济的韧性。农村的集体所有制为农民应对经济冲击提供了条件，维护了中国转型发展中的稳定，如2008年的金融危机、2020年以来的新冠疫情冲击等，农村都成为社会的稳定器。坚持农村集体所有制的基础地位，还有效防止了农村贫富差距过大，避免了农民失地致贫等现象的发生。集体所有制保障农民基本权利不受剥夺，有效防止改革开放过程中因土地兼并而造成的两极分化，为共同富裕道路提供了条件。同时，通过土地的“三权分置”等理

---

① 易振龙：《中国共产党农村土地政策的百年发展历程及其经验启示》，《湖北大学学报（哲学社会科学版）》2022年第49卷第3期。

② 顾海英、王常伟：《中国共产党百年“三农”政策实践、思想演进与展望》，《农业经济与管理》2022年第1期。

论创新，使坚持集体所有制基础地位不妨碍农村经济的效率。坚持集体所有制的基础地位，也为进一步完善农村治理与公共服务提供了条件。新中国成立以来，我国农村治理及公共服务能力有了较大提升，但很长一段时间内，由于财政相对有限，正是基于集体所有制，农村集体有条件在乡村治理与社会服务中承担一定的角色功能，维护了乡村良好的秩序。

（三）坚持实事求是的工作方针

中国共产党的百年发展历程中，无论在革命时期还是建设与改革时期，成绩的取得都与实事求是的工作方针分不开。党的农村政策实践，也体现着实事求是的精神。坚持实事求是适应了中国的农村发展环境，保障了党农村工作的正确方向。中国共产党成立之初，毛泽东便提出没有调查就没有发言权，中国共产党结合中国实际，在经典马克思主义理论基础上创新，采取农村包围城市的革命道路。在社会主义建设时期，“实践是检验真理的唯一标准”的提出拉开了思想解放的大幕，尽管改革开放前的农村工作有过波折，但基于实事求是的精神，党的农村工作经历一定探索后步入正轨。正是中国共产党坚持实事求是的工作方针，坚持将马克思主义理论同中国农村实际情况相结合，才形成了中国特色社会主义农村道路[①]。此外，实事求是还体现在尊重农民的首创精神方面，《中国共产党农村工作条例》指出，坚持以人民为中心，尊重农民主体地位和首创精神，切实保障农民物质利益和民主权利，把农民拥护不拥护、支持不支持作为制定党的农村政策的依据。家庭联产承包责任制的实施正是党尊重农民首创精神的结果。习近平总书记指出：“要坚持不懈推进农村改革和制度创新，充分发挥亿万农民主体作用和首创精神，不断解放和发展农村社会生产力，激发农村发展活力。”从中国共产

---

① 顾海英、王常伟：《中国共产党百年“三农”政策实践、思想演进与展望》，《农业经济与管理》2022年第1期。

党百年发展历程中可以得出，只有充分尊重农民的首创精神，党的农村工作才能更有效率地推进，也才能实现好、维护好农民利益。

（四）坚持农民在农村政策的主体地位

中国共产党始终把解决好“三农”问题作为全党工作的重中之重，把农民的利益作为农村工作的出发点和落脚点。一方面，以农民利益为中心，是获得广大农民支持的基础。农民主体地位体现在党在农村政策制定中充分尊重农民意愿，注重发挥农民的积极性、主动性、创造性。在推翻封建的土地所有制和建立农民的土地所有制过程中，亿万农民始终是土地改革运动的主导力量，“打土豪、分田地”的主体是农民①。另一方面，农民主体地位也体现在党在农村政策制定始终坚持维护农民群众根本利益，不断提升农民的获得感、幸福感、安全感。党的十六大之后，党中央推动了国家与农民的关系由“取”向“予”转变。2013年为推进城镇化和市民化，中央工作会议指出，推进农业转移人口市民化，要坚持自愿、分类、有序，不能采取强迫的做法，不能强取豪夺，不顾条件拆除农房，逼农民进城，让农民工“被落户”“被上楼”。党的十九大之后，城乡关系进一步向融合发展转变，农业农村优先发展成为实施乡村振兴战略的总方针。

（五）坚持与时俱进，推动农村改革

改革求索是新中国成立后中国共产党推动农业农村经济社会发展的一条主线。自20世纪50年代农业实现集体化之后，农村基本经营制度的改革就在不断探索中向前推进。由于“大跃进”和人民公社化运动，加之自然灾害和国际关系影响，1959—1961年中国农业遭遇较大困难。60年代初，一些

① 邹一南：《中国共产党百年农村政策重大成就和历史经验》，《上海经济研究》2022年第2期。

地区的农民和基层干部为克服平均主义的弊端，自发探索保留自留地、自由市场，实行自负盈亏和包产到户（即“三自一包”），使农民生产积极性迅速发挥，严重经济困难迅速被克服，也得到中央和地方不少领导人的重视和肯定。80年代推行的家庭联产承包责任制就是在此基础上实现的。这次农村改革彻底理顺了农民和集体的关系，也拉开了中国改革开放的大幕，农业农村发展也迎来了新的篇章。党的十六大之后，顺应21世纪国家工业化建设基本完成的新形势，党中央对中国工农城乡关系作出了新的安排，从2003年起开始全面推进农村税费改革，取消了长达2 000年的农业税，极大地减轻了农民负担，也在很大程度上缓和了农村基层社会矛盾。党的十八大之后，伴随着城镇化水平的持续提高，各类生产要素在城乡之间的快速流动，农村社会中各种创新的实践和改革的诉求在涌动。响应群众要求，党中央先后推动了农村承包地和宅基地“三权分置”改革、农村集体产权制度改革、农业支持保护制度改革、集体经营性建设用地直接入市制度改革、农垦改革等一系列农村改革举措。党的十九大进一步提出实施乡村振兴战略，这一战略彻底理顺了农村和城市之间的关系，城乡融合发展体制机制逐渐建立起来，农业农村现代化不断迈上新台阶。总之，农村改革是党治理农村的基本方式，是与时俱进推动农村政策调整并不断取得农村发展成就的重要法宝。

一代人有一代人的使命
一代人有一代人的担当

赵晓涛*

一、坚持全心全意为人民服务的根本宗旨，走与马克思主义相结合的中国特色的社会主义道路是中国当代有为青年的根本使命与担当

坚持以人民为中心是中国共产党的根本执政理念，是新时代坚持和发展中国特色社会主义的一条基本方略。中国特色社会主义进入新时代，中国社会主要矛盾已经转化为人民日益增长的美好生活需要和不平衡不充分的发展之间的矛盾。习近平总书记指出："为人民而生，因人民而兴，始终同人民在一起，为人民利益而奋斗，是中国共产党立党兴党强党的根本出发点和落脚点。"中国共产党作为马克思主义执政党，党性和人民性从来都是一致的、统一的。中国共产党代表中国最广大人民根本利益，没有任何自己特殊的利益，从来不代表任何利益集团、任何权势团体、任何特权阶层的利益①。因

* 赵晓涛，应用经济研究所助理研究员。

① 《中共中央关于党的百年奋斗重大成就和历史经验的决议》，《人民日报》2021年11月17日。

此，作为中国当代进步有为青年也应该坚持以人民为中心，要求我们心中装着百姓，把人民放在心中最高位置，承担中华民族伟大复兴的使命和担当的根本宗旨是坚持全心全意为人民服务。

以人民的理论指导人民的事业是完成中国当代有为青年历史使命的根本路径。“两个确立”（确立习近平同志党中央的核心、全党的核心地位，确立习近平新时代中国特色社会主义思想的指导地位）、“四个意识”（政治意识、大局意识、核心意识、看齐意识）、坚定“四个自信”（中国特色社会主义道路自信、理论自信、制度自信、文化自信）、做到“两个维护”（坚决维护习近平总书记党中央的核心、全党的核心地位，坚决维护党中央权威和集中统一领导）的实践要求的提出，对新时代党和国家事业发展、对推进中华民族伟大复兴历史进程的决定性意义，是习近平新时代中国特色社会主义思想的世界观和方法论，是新时代中国特色社会主义思想的科学体系。这一重要思想是当代中国马克思主义、21世纪马克思主义，是中华文化和中国精神的时代精华，实现了马克思主义中国化新的飞跃；这一重要思想坚持把马克思主义基本原理同中国具体实际相结合、同中华优秀传统文化相结合；这一重要思想科学回答了新时代坚持和发展什么样的中国特色社会主义、怎样坚持和发展中国特色社会主义，建设什么样的社会主义现代化强国、怎样建设社会主义现代化强国，建设什么样的长期执政的马克思主义政党、怎样建设长期执政的马克思主义政党等重大时代课题[①]。因此，“两个确立”“四个意识”、坚定“四个自信”、做到“两个维护”的实践要求是中国当代有为青年完成自身使命，担当自身责任的根本理论指导。

① 狄英娜、高天鼎、冷兴邦：《深刻领悟“两个确立”的决定性意义　更加坚定自觉地做到“两个维护”》，《东岳论丛》2022年第9期。

二、为伟大事业谋篇布局，是这一代中国有为青年担当和使命的根本要求

党的十八大以来，以习近平同志为核心的党中央统筹把握中华民族伟大复兴战略全局和世界百年未有之大变局，在中国特色社会主义的整体部署上，创造性地提出统筹推进经济建设、政治建设、文化建设、社会建设、生态文明建设“五位一体”总体布局，协调推进全面建成小康社会、全面深化改革、全面依法治国、全面从严治党“四个全面”战略布局，丰富和发展了我国改革开放和社会主义现代化建设的顶层设计，具有重大现实意义和深远历史意义[①]。所以这一代中国有为青年担当和使命的根本要求就是要为伟大事业贡献一份自己的力量。

三、把握社会主要矛盾、确定中心任务是完成当代中国有为青年历史使命和担当的根本方法论

抓住主要矛盾和中心任务带动全局工作，是唯物辩证法的要求，也是我们党一贯倡导和坚持的方法。在党的十九大报告中，习近平总书记指出：“中国特色社会主义进入新时代，我国社会主要矛盾已经转化为人民日益增长的美好生活需要和不平衡不充分的发展之间的矛盾。”这一重大政治论断，准确把握时代特征和我国发展新的历史方位，反映了我国社会发展的客观实际，指明了解决当代中国发展主要问题的根本着力点，丰富发展了马克思主义关于社会矛盾的学说。我国社会主要矛盾的变化，虽然没有改变我们对我国社会主义所处历史阶段的判断，但却是关系全局的历史性变化。以习近平

① 本报评论员：《深刻把握党百年奋斗的重大成就》，《人民日报》2021年11月13日。

同志为核心的党中央统筹中华民族伟大复兴战略全局和世界百年未有之大变局，深刻认识我国社会主要矛盾变化带来的新特征新要求，深刻认识错综复杂的国际环境带来的新矛盾新挑战，在继续推动发展的基础上，着力解决发展不平衡不充分问题，大力提升发展质量和效益，更好满足人民在经济、政治、文化、社会、生态等方面日益增长的需要，更好推动人的全面发展、社会全面进步[①]。实践充分证明，认识社会主要矛盾是把握社会发展阶段的"钥匙"，提升了对社会主义初级阶段的认识水平，是完成当代中国有为青年历史使命和担当的根本方法论。

四、未来5年是完成当代中国有为青年历史使命和担当的关键时期

习近平总书记强调："我们要牢牢把握新时代新征程党的中心任务，提出新的思路、新的战略、新的举措，继续统筹推进'五位一体'总体布局、协调推进'四个全面'战略布局，踔厉奋发、勇毅前行、团结奋斗，奋力谱写全面建设社会主义现代化国家崭新篇章。"征途漫漫从头越，奋楫扬帆向未来，山河为证，岁月为名。党的十九大对全面建成社会主义现代化强国作出了战略部署，总的战略安排是分两步走：从2020年到2035年基本实现社会主义现代化；从2035年到本世纪中叶把我国建成富强民主文明和谐美丽的社会主义现代化强国。党的二十大，对全面建成社会主义现代化强国两步走战略安排进行宏观展望，将科学谋划未来5年乃至更长时期国家事业发展的目标任务和大政方针。未来5年是全面建设社会主义现代化国家开局起步的关键时期，搞好这5年的发展对于实现第二个百年奋斗目标至关重要。要把思想和行动统一到习近平总书记重要讲话精神上来，统一到自身行动上来，

① 本报评论员：《抓住社会主要矛盾和中心任务带动全局工作》，《经济日报》2022年1月15日。

坚定信心、砥砺奋进。当前和今后一个时期，我国发展仍然处于重要战略机遇期，但机遇和挑战都有新的发展变化，机遇和挑战之大都前所未有，总体上机遇大于挑战。大道至简，实干为要。基本实现现代化要靠实干，全面建成社会主义现代化强国要靠实干，实现中华民族伟大复兴要靠实干①。

五、以保障和改善民生为重点加强社会建设是中国当代有为青年的重点工作方向

党的十八大以来，以习近平同志为核心的党中央始终坚持以人民为中心的发展思想，始终把改善人民生活、增进人民福祉作为党和政府工作的出发点和落脚点，始终坚持在高质量发展中保障和改善民生，不断解决关系人民切身利益的突出问题，不断提升人民的获得感、幸福感、安全感。在做好“六稳”“六保”工作的同时，切实保障和改善民生，加强和创新社会治理，不断提升公共服务水平，着力解决人民群众普遍关心的民生问题。增进民生福祉是发展的根本目的，习近平总书记指出，发展为了人民，这是马克思主义政治经济学的根本立场；让人民过上好日子，是我们一切工作的出发点和落脚点；发展是增进民生福祉的根本保障。要提高居民收入和提升公共服务水平，必须通过经济发展夯实保障和改善民生的物质基础。发展是党执政兴国的第一要务，是解决我国一切问题的基础和关键。增进民生福祉要与经济发展同步，要在经济发展中推动社会事业高质量发展。一方面，居民收入增长要与经济增长基本同步，甚至要略快于经济增长；另一方面，要根据经济发展水平和财政承受能力，坚持尽力而为、量力而行，不断提升公共服务水平。社会事业高质量发展是经济持续发展的重要保障②。当前，中国经济正处

① 《坚定不移推进中华民族伟大复兴历史进程》，《人民日报》2022年10月1日。

② 吴忠民：《让改革红利惠及全体人民》，《求是》2013年第21期。

于转型发展阶段，内需尤其是消费是拉动经济增长的基础动力。要促进消费、扩大内需，有效举措是提高居民收入、提升公共服务水平与城镇化质量、减少消费的后顾之忧。要坚定实施扩大内需战略，推进区域协调发展和新型城镇化，畅通国民经济循环，打通生产、分配、流通、消费各环节，增强内需对经济增长的拉动力。其中的关键措施是，要多渠道促进居民增收，完善收入分配制度，提升消费能力，同时要加大社区养老、托幼等配套设施建设力度，促进家政服务业提质扩容，健全常住地提供基本公共服务制度，推进城镇老旧小区无障碍环境建设和公共设施适老化改造，提升新型城镇化质量。保就业的关键举措是稳市场主体。为稳市场主体，要实施新的组合式税费支持政策，加强金融对实体经济的有效支持，主要举措包括延续实施扶持制造业、小微企业和个体工商户的减税降费政策，大力改进留抵退税制度、为企业提供现金流支持，推动普惠小微贷款明显增长、信用贷款和首贷户比重继续提升，继续对受疫情影响严重的行业企业给予融资支持，支持地方对特殊困难行业用电实行阶段性优惠政策，开展涉企违规收费专项整治行动，坚决查处乱收费、乱罚款、乱摊派，加强对受新冠疫情影响重、就业容量大的餐饮、住宿、零售、文化、旅游、客运等行业的帮扶等。实现高质量充分就业需要落实落细稳就业政策。要延续执行降低失业和工伤保险费率等阶段性稳就业政策和失业保险稳岗返还政策，支持鼓励企业不裁员少裁员。要加强高校毕业生的就业创业指导、政策支持和不断线服务，切实做好今年高校毕业生就业问题。要完善灵活就业社会保障政策，做好退役军人安置和就业保障，促进农民工就业，深入开展大众创业万众创新，多渠道增加就业机会。要坚决防止和纠正性别、年龄、学历等就业歧视，加强劳动者合法权益保护，大力营造公平公正的就业环境。要增强公共就业服务，加强职业技能培训和稳岗培训，提升劳动力素质和就业与再就业能力。坚持在发展中持续提升公共服务水平。习近平总书记强调，民生无小事，枝叶总关情。我国民生领域还有不少短板，要在幼有所育、学有所教、劳有所得、病有所医、老有所养、住有所居、弱有所扶上取得新进展，坚持尽力而为、量力而行，在发展中不断提升公共服务水平，着力解决人民群众普遍关心关注的民生问题[①]。

六、科技强国是中国当代有为青年使命与担当的战略手段

习近平总书记在省部级主要领导干部“学习习近平总书记重要讲话精神，迎接党的二十大”专题研讨班上发表重要讲话，深刻阐释了新时代坚持和发展中国特色社会主义的重大理论和实践问题，深刻阐明了未来一个时期国家事业发展的大政方针和行动纲领，具有很强的政治性、理论性、指导性。在全面建设社会主义现代化国家、向第二个百年奋斗目标进军的新征程上，要把思想和行动统一到习近平总书记重要讲话精神上来。近年来，我国战略高技术领域取得新跨越，一批大国重器惊艳世界：“海斗一号”完成万米海试，北斗卫星导航系统全面开通，中国空间站建设全面开启，“长征五号”遥三运载火箭成功发射……这为历史性成就、历史性变革写下浓墨重彩的一笔。突破远海风电送出等核心技术、张北柔性直流工程护航绿色冬奥……这几年，国家电网重大创新、重大工程捷报频传[②]。因此中国当代有为青年使命与担当的战略任务是科技手段。

七、推进社会主义文化强国建设是中国当代有为青年的使命与担当的优势项目

党的十八大以来，在以习近平同志为核心的党中央坚强领导下，宣传思

① 李建伟：坚持在高质量发展中保障和改善民生，光明网，https://theory.gmw.cn/2022-05/11/content_3572824.htm。

② 《习近平在省部级主要领导干部“学习习近平总书记重要讲话精神，迎接党的二十大”专题研讨班上发表重要讲话强调　高举中国特色社会主义伟大旗帜　奋力谱写全面建设社会主义现代化国家崭新篇章　李克强主持　栗战书汪洋王沪宁赵乐际韩正王岐山出席》，《当代江西》2022年第8期。

想文化战线围绕举旗帜、聚民心、育新人、兴文化、展形象的使命任务，正本清源、守正创新，坚持以人民为中心的工作导向，扎实推进社会主义文化强国建设，中国意识形态领域形势发生全局性、根本性转变，为新时代开创党和国家事业新局面提供了思想保证、舆论支持、精神动力和文化条件。社会主义核心价值观入脑入心，党的十八大以来，以习近平同志为核心的党中央着眼培养担当民族复兴大任的时代新人，坚持贯穿结合融入、落细落小落实，不断推进社会主义核心价值观建设。加强顶层设计；突出实践养成；加强新时代文明实践中心建设，开展扶贫帮困、慈善捐助、支教助学等公益活动；开展道德领域突出问题专项治理，推进移风易俗，厉行节约制止餐饮浪费，倡导“光盘行动”“文明餐桌”等，全社会文明程度显著提升。公共文化服务水平迈上新台阶，这10年，党中央持续推进公共文化服务标准化、均等化，不断完善覆盖城乡的公共文化服务设施网络，努力为人民群众提供更丰富、更便捷的文化产品和服务。建设国家公共文化云、智慧广电、智慧图书馆、智慧博物馆、数字农家书屋等，优化产品和服务供给。十年来，我国文化艺术创作坚持以人民为中心的创作导向，精品更多，质量更高，丰富了人民群众精神生活[①]。年轻人是朝气蓬勃，更加具有创造力，所以在推进社会主义文化强国建设方面，中国当代有为青年需要发挥自身的优势，贡献一份自己的力量。

八、弘扬全人类共同价值，推动构建人类命运共同体是中国当代有为青年的长远目标

推动构建人类命运共同体，是习近平总书记对“建设一个什么样的世

① 光明日报编委会理论学习中心组：《推进社会主义文化强国建设》，《光明日报》2022年9月8日。

界、如何建设这个世界”这一世界之问、时代之问给出的中国答案，是当代中国对世界的重要思想贡献和理论贡献，为人类社会实现共同发展、持续繁荣、长治久安绘制了蓝图。《习近平谈治国理政》第四卷，集中展示了习近平总书记关于构建人类命运共同体的一系列新思想新观点新论断，是我们同世界上一切进步力量携手共进，谱写推动构建人类命运共同体崭新篇章的科学指南和根本遵循。推动构建人类命运共同体，着眼于全人类共同利益和共同福祉，精准认识世界形势发展变化，切实回应国际社会共同诉求，为建立更加公平、包容、可持续的全球发展体系开辟了一条命运与共、休戚与共的全新道路，对人类命运和世界前途具有重大而深远的意义。推动构建人类命运共同体，是立足人类历史发展规律、顺应世界历史发展趋势的必然要求。历史总是按照自己的规律向前发展，历史运动的本质和方向并不会因人的意志而转移。随着经济全球化大潮滚滚向前，人类交往的世界性比过去任何时候都更深入、更广泛，各国相互联系和彼此依存比过去任何时候都更频繁、更紧密。习近平总书记指出："人类是一个整体，地球是一个家园。"世界退不回彼此封闭孤立的状态，更不可能被人为割裂。只有立足人类历史发展规律、顺应世界历史发展趋势，推动构建人类命运共同体，以相互联系取代相互隔膜、相互依存取代相互排斥，才能不被世界拒绝、不被历史淘汰。站在世界何去何从的十字路口，推动构建人类命运共同体这一重要理念，影响力不断提高、感召力不断增强、生命力不断彰显，“为解决人类重大问题，建设持久和平、普遍安全、共同繁荣、开放包容、清洁美丽的世界贡献了中国智慧、中国方案、中国力量，成为推动人类发展进步的重要力量”。“人类只有一个地球，人类也只有一个共同的未来。”习近平总书记指出："世界上的问题错综复杂，解决问题的出路是维护和践行多边主义，推动构建人类命运共同体。”只有凝聚共识、携手前行、接续奋斗，才能朝着构建人类命运共同体方向不断迈进，共同创造更加美好的未来。弘扬全人类共同价值，筑牢推动构建人类命运共同体的价值根基。习近平总书记指出："我们应该大力弘扬和平、发展、公平、正义、民主、自由的全人类共同价值，共同为建设一个更加美好的世界提供正确理念指引。”树立平等、互鉴、对话、包容的文明观，倡导文明学习交流、取长补短，正确看待相互差异、理性处理彼此分歧，以宽广胸怀理解不同文明对价值内涵的认识。摆脱意识形态偏见，摒弃小圈子思维和意识形态对抗，把平等相待、互尊互信在前面，不搞自我封闭、唯我独尊，最大程度增强价值理念开放性和包容性。本着对人类前途命运高度负责的态度，避免傲慢偏见和片面狭隘认知，反对相互排斥、相互取代，尊重和支持不同国家人民对价值实现路径的探索，把全人类共同价值具体地、现实地体现到实现本国人民利益的实践中去[①]。

“大鹏一日同风起，扶摇直上九万里”。当代中国，江山壮丽，人民豪迈，前程远大，时与势在我们一边，这是我们定力和底气所在，也是我们的决心和信心所在。新时代新征程，更加紧密地团结在以习近平同志为核心的党中央周围，深刻领悟“两个确立”的决定性意义，增强“四个意识”、坚定“四个自信”、做到“两个维护”，凝聚万众一心的伟力，保持勇毅笃行的坚定，继续担当历史使命、掌握历史主动，风雨无阻向前进。我们一定能创造无愧于党、无愧于人民、无愧于时代的新业绩，赢得更加伟大的胜利和荣光！

---

① 和音：《共同推进构建人类命运共同体的伟大进程》，《人民日报》2022年10月5日。

培育支撑中国式现代化的新时代“贤人”

刘新宇　曹莉萍*

2017年全国两会期间，习近平总书记参加上海代表团审议时，提出了“奉贤之问”、了解“奉贤”之名的具体含义。“奉贤”意为敬奉贤人、见贤思齐，而我们的中国特色社会主义新时代需要有支撑中国式现代化的新“贤人”。中国式现代化是习近平总书记提出的重要理念和理论，中国式现代化是人口规模巨大的现代化、全体人民共同富裕的现代化、物质文明和精神文明相协调的现代化、人与自然和谐共生的现代化、走和平发展道路的现代化；相对于工业革命以来的西方式现代化，中国式现代化从共享发展、协调发展、绿色发展、和平发展等方面做出重大理论创新和道路创新，是对世界和平与全球可持续发展的重大贡献。中国式现代化的关键是“人”，“人”是中国式现代化的践行者、建设者、创造者。从基层或区县层面来说，“人”是支撑现代化治理和高质量发展的关键；从上海奉贤的实践来看，在奉贤区委及各级党组织领导下，奉贤人民在传统江南文化中注入红色基因，形成“新江南文化”，用“新江南文化”来培育支撑现代化治理和高质量发展的新时代“贤人”，取得良好成效。

---

* 刘新宇，生态与可持续发展研究所副研究员；曹莉萍，生态与可持续发展研究所副研究员。

一、“奉贤之问”的最好回答

奉贤之“贤”，古已有之；为这个“贤”或“贤人”注入新时代的新内涵，是对“奉贤之问”的最好回答。对于习总书记的“奉贤之问”，奉贤区委、各级党组织及其领导下的奉贤人民，不满足于从字面去回答，而是用发展“新江南文化”、培育新时代“贤人”的生动实践去回答。

（一）新江南文化

“新江南文化”的核心理念是上海市奉贤区委主要领导总结出来的，“新江南文化”的具体内容是奉贤区委、奉贤党组织带领奉贤人民在实践中创造出来的。新时代的“贤文化”是新时代奉贤本土文化的主要特征之一，是“新江南文化”的主要内容之一；新时代的“贤”应该是指能够支撑现代化治理和高质量发展的人民群众普遍的高素质。广义而言，新时代的“贤人”应该是指全体人民群众以合格的中国共产党党员和团结在中国共产党周围的党外先进分子为榜样，“敬奉贤人”“见贤思齐”，最终人人皆成贤人。狭义而言，新时代的“贤人”是指合格的中国共产党党员和团结在中国共产党周围的德才兼备的党外先进分子，他们发挥着社会主义核心价值观的引领作用、现代化治理的骨干作用和高质量发展的领头羊作用。

（二）“新城”“新路”与“新人”

奉贤是上海“五大新城”之一，“新城”最大的价值是探索出现代化治理和高质量发展的“新路”，为其他地方提供可复制的典型案例和成功经验；探索“新路”的关键在于有“新人”，即新时代的“贤人”。传统江南文化中的一些积极因素对现代化治理和高质量发展有促进作用，相对于传统江南文化，“新江南文化”的核心特征是中国共产党领导下的人民性（共同参与和共同富裕）；从传统江南的乡绅治理或乡贤治理，提升到中国共产党领导下，合格党员和团结在党周围的党外先进分子引领下，全体人民共同参与治理，进而共谋发展、共同富裕。

二、注入红色基因的“新江南文化”

“新江南文化”是传统江南文化与红色文化结合后的升华，红色文化中的核心特征之一就是中国共产党领导下的人民性（共同参与和共同富裕）；红色文化为传统江南文化注入这个新的灵魂后，就使之升华成“新江南文化”。在新江南文化形成以及用新江南文化支撑奉贤新城各方面发展的过程中，习近平新时代中国特色社会主义思想发挥重要指导作用，包括习总书记关于软实力和中华传统文化的重要论述、习近平生态文明思想、习近平经济思想、习总书记关于现代化治理、全过程人民民主和人民城市建设的重要论述。

（一）传统江南文化局限性与注入红色基因必要性

长期以来，江南文化对江南地区的发展起到巨大的促进作用；江南文化的核心特征与“儒商”两字有高度契合性。中原儒风之熏染、优渥土地之滋养、优美生态之滋润，造就了温润如玉、谦和识礼而又追求精致的江南人。江南又是商业文明发达之地，江南人敬慕传统却又不封闭僵化，繁盛的商业尤其是对外贸易为江南文化注入“开放”和“创新”的灵魂，乃至发展成近代的“海派文化”。江南也有非常久远的“贤人”文化传统，乡绅或士绅乃社会治理之中坚，订立好家规、传承好家风的使命，往往是由士绅来承担的；在“齐家”基础上，这套道德秩序可用于治理地方乃至治理国家。

传统的乡绅或士绅治理中（他们就是古代的“贤人”或先进分子），知识分子虽然也讲“民本”“为民”，但从根本上否认“人民主体性”，脱离群众，宣称“民可使由之、不可使知之”“劳心者治人、劳力者治于人”；因此，就必须为江南文化注入红色基因，使之升华。相对于古代的“贤人”或先进分子，新时代的“贤人”或先进分子——合格的中国共产党党员和团结在中国共产党周围的德才兼备的党外先进分子，最主要的特征之一就是尊重人民主体性，密切联系群众。不仅自己要“贤”、要德才兼备，还要引领和带动全体人民群众普遍做到高素质，人人皆成“贤人”。然后，引领和带动普遍高素质的人民群众，共同参与和实现现代化治理和高质量发展，共同从现代化治理和高质量发展中获益。

（二）关于“新江南文化”的政治话语

在习近平总书记关于城市软实力、人民城市建设、现代化治理、高质量发展等的重要思想和重要论述指导下，在上海市委、市政府强调用好江南文化资源的精神指引下，奉贤区委、区政府高度重视“新江南文化”的塑造并以其支撑奉贤新城各方面发展，对于新江南文化相对于传统江南文化的新内涵，在政治话语上形成一些重要提法。

2021年6月22日，《中共上海市委关于厚植城市精神彰显城市品格全面提升上海城市软实力的意见》明确了上海全面提升城市软实力的指导思想：以提升城市能级和核心竞争力为战略牵引，以培育和践行社会主义核心价值观为根本任务，以弘扬“海纳百川、追求卓越、开明睿智、大气谦和”的城市精神和“开放、创新、包容”的城市品格为价值引领，以用好用活红色文化、海派文化、江南文化资源为关键支撑，以增强城市凝聚力、吸引力、创造力、竞争力、影响力为主攻方向，全面提升引领全国、辐射亚太、影响全球的城市软实力，奋力打造向世界展示中国理念、中国精神、中国道路的城市样板。

2021年7月5日，《中共上海市奉贤区委关于打响城市软实力品牌，塑造“新江南文化”的意见》，也明确提出以塑造“新江南文化”打响城市软实力品牌。这是“新江南文化”这一名词首次以政府工作文件的形式出现在人们的视线中。在上海奉贤区实践中，区委书记庄木弟认为，“新江南”概念不仅继承传统江南文化杨柳依依、烟雨迷蒙、粉墙黛瓦、小桥流水的文化特质和灵动、温润、诗性、唯美的文化气质，并且在与时俱进中充分吸收、融入现代文明的新理念、新追求、新气象、新样式。因此，“新江南文化”是对传统江南文化的继承与创新，在一定程度上，也与海派文化形成交集和发酵。其中，奉贤地区的“贤文化”就是其历史传承部分，而新城建设的生动实践即为其创新部分。据此，庄木弟提出奉贤新城在建设中把打造“韧性城市”作为追求目标和责任，其切入点和突破口即新江南文化，要打造江南城乡空间的策源地、新江南生活生产弄潮地和打造新江南生态肌理重塑地。

（三）关于“新江南文化”的学术话语

基于对江南文化的研究，学术界于2021年3月首次提出了“新江南文化”的概念。寿永明等从时间发展的维度研究长三角文化时，认为“新江南”是在长三角一体化列为国家战略这一背景下，基于长三角地区江南文化广泛认同的基础上，以新的“江南精神”为出发点，建设具有“江南品质”的社会。[①]庄若江认为新江南文化精神超越庸常，具有大道文化特质，符合人类发展规律，兼顾群体与个性，智慧灵动、开放善纳、务实进取、刚柔相济、雅致诗性且尚德向善、义利并举、富于担当，一定程度弥补了既有文化的缺憾，也有力推动了地方经济社会的发展，使江南后发先至，优势突出[②]。江南文化应与时俱进，与世界同步，与时代接轨，以更高的历史站位，对内以广阔胸襟吸纳其他板块优秀文化元素，“美美与共”；对外以更开放包容之姿融入世界，参与人类命运共同体的建设，在不断扬弃提升中持续为后世发

① 寿永明、卓光平：《从吴越文化到“新江南”文化：长三角文化的演进与新构》，《名作欣赏》2021年第8期。

② 庄若江：《江南文化的精神内涵及其时代价值》，《江苏地方志》2021年第1期。

展提供不竭的精神动力。“江南文化建构和新城建设”专项课题组专家毕旭玲提出了新城建设与“新江南文化”建构之间三个可以探索的结合点：强化新城建设中的上海文化认同、赋予新城独特的文化个性、为新城建设提供新的文化材料。她认为将江南历史文化资源发掘和新城建设融合起来，能够有效降低“千城一面”的风险，使新城所在区域更有文化个性，也能与其他新城更好地区分开来[①]。“新江南文化”可以成为新城打造城市软实力品牌和人文之城的重要切入点。

不少学者认为“新江南文化”的地理版图是长三角，是支撑长三角一体化发展的共同文化资产。查建国、夏立认为江南文化的重建与当代转换需要跳出以往有关“泛江南”“大江南”“中江南”“小江南”的固有视域，从以当今上海为龙头的“新江南”的时空定位，对江南的区域概念和文化研究进行重新思考与建构[②]。凌金华等认为，“新江南”版图决定了其文化内涵，即基于“新江南”版图的区域文化，也是相对传统江南文化的当代江南文化，其本质是长三角文化[③]。同时，他认为徽文化应成为与吴越文化、海派文化一样“新江南文化”的重要部分，可以把“新江南文化”理解为以吴文化、越文化、海派文化、徽文化为主体，兼顾长三角其他地域文化（如淮扬文化、皖江文化），充分融入优秀当代文化元素，兼具苏风吴韵、浙风越韵、徽风皖韵，既具有江南韵味又具有中国气派的长三角文化[④]。在守正的基础上创新，发掘新的文化引擎，提炼新的“江南精神”：一是诗性审美[⑤]，二是求真务实[⑥]，三是改革创新，四是开放包容。

---

① 毕旭玲等：《江南文化建构和新城建设》，中共上海市奉贤区委、奉贤区人民政府，2021年。

② 查建国、夏立：《以江南文化助推长三角一体化建设》，《中国社会科学报》2019年10月28日。

③ 凌金华、曹璇：《建构“新江南文化”促进长三角融合发展》，《江南论坛》2022年第3期。

④ 凌金华：《让徽文化为构建“新江南文化”赋能》，《当代县域经济》2022年第1期。

⑤ 刘士林：《江南文化的当代内涵及价值阐释》，《学术研究》2010年第7期。

⑥ 熊月之：《略论江南文化的务实精神》，《华东师范大学学报（哲社版）》2011年第3期。

“江南文化建构和新城建设”专项课题组专家毕旭玲认为，江南不但是一个地域概念，也是代表先进经济区和文化发达区的经济和文化概念。近现代上海经济和文化的繁荣推进了江南文化的现代化转变与现代性的生成。此后，上海逐渐成为引领江南经济文化风潮之地，为其在“新江南文化”建构过程中扮演中心和龙头角色奠定了基础。同时，课题组认为“新江南文化”是一种全新的文化形态，是在传统江南文化的基础上、新时代背景下由内而外的突破和更新。“新江南文化”是中国优秀传统文化的重要组成部分，但它具有一定的国际化视野，进而表现出襟江带海、融合古典与现代、融合人文与科技的特质。

三、新江南文化“蝶变”的当代价值

相对于传统江南文化，“新江南文化”有不少新内涵，但其最重要的新内涵是中国共产党领导下的人民性（共同参与和共同富裕）；从传统江南的乡绅治理或乡贤治理，提升到在中国共产党领导下，在合格党员和党外先进分子（即新时代的“贤人”）引领下，全体人民共同参与治理，进而共谋发展、共同富裕。奉贤区委、奉贤各级党组织带领奉贤人民，在实践中运用习近平总书记相关重要思想和重要论述对江南文化创造性转化、创新性发展，挖掘其传统价值又注入新时代的新内涵，在支撑区域文化建设、生态文明建设、现代化治理、高质量发展、形象塑造和对外传播等方面发挥巨大当代价值。

（一）新江南文化支撑奉贤新城发展的关键机制

习近平总书记指出，办好中国的事情，关键在党，关键在人。就“新江南文化”而言，人承载文化，人发展文化（在实践中为文化注入新内涵），新文化塑造新人，更高素质的人去推动各方面发展；在这一过程中，中国共产党发挥了关键的领导作用。

“贤美文化”是新时代奉贤本土文化的主要特征之一，是“新江南文化”的主要内容之一；新时代的“贤”应该是指能够支撑现代化治理和高质量发展的人民群众普遍的高素质。广义而言，新时代的“贤人”是指全体人民群众以合格的中国共产党党员和团结在中国共产党周围的党外先进分子为榜样，“敬奉贤人”“见贤思齐”，最终人人皆成贤人。就狭义概念而言，新时代的“贤人”是指合格的中国共产党党员和团结在中国共产党周围的德才兼备的党外先进分子，他们发挥着社会主义核心价值观的引领作用、现代化治理的骨干作用和高质量发展的领头羊作用。其最主要的特征之一就是尊重人民主体性、密切联系群众。不仅自己要“贤”、要德才兼备，而且要引领和带动全体人民群众普遍做到高素质，人人皆成“贤人”。而奉贤新城建设恰恰需要新时代的“贤人”的特质，“新城”最大的价值是探索出现代化治理和高质量发展的“新路”，为其他地方提供可复制的典型案例和成功经验；新江南文化支撑新城发展的关键中间机制主要在于培育了支撑新城走“新路”的“新人”，促进了支撑现代化治理的社会资本增值、支撑高质量发展的文化资本和生态资本增值。

（二）新江南文化支撑奉贤新城发展的生动实践

新江南文化支撑奉贤新城发展的生动实践是从四个维度层层递进的。

首先，新城文化资本的厚植与增值。奉贤新城有形的新文化地标（如“一川烟雨”）及其所蕴含的无形价值观、生活方式、文化底蕴等。

其次，新城生态资本的厚植与增值。奉贤新城生态本底的维护、古代生态地标的重建与价值再发现、新的生态地标建设以及生态地标与文化地标的融合（如百里运河、海国长城）等生态实践，为提供经验。

再次，“贤美文化”支撑新城现代化治理。“新江南好家风”确立为新江南文化的重要组成部分，“新江南好家风”等在支撑新城现代化治理过程中，吸引全社会共同参与，提升家庭之美。

最后，新江南文化支撑新城高质量发展。新时代的“贤人”、文化资本、生态资本在促进新城高质量发展中的协同作用：新时代的“贤人”促进了既有文化资本与生态资本的价值再发现与增值，创造了新的文化资本与生态资本，又善于运用文化资本与生态资本发掘高质量发展或绿色发展新动能。

（三）新江南文化生动实践的推广价值和传播价值

新江南文化支撑奉贤新城建设的生动实践，可以提炼成可复制经验和长三角共有文化资产，推广至在文化上同质同源的长三角地区，乃至全国其他地区，使新江南文化成为对整个长三角发展起到支撑作用的区域共有文化资产。同时，奉贤新城建设是上海乃至中国新城的缩影，将“奉贤案例”的成功经验对外传播，让世界看到推进文化建设、生态文明建设、现代化治理和高质量发展等的“上海经验”乃至“中国经验”，能够“以小见大”树立积极的中国形象，彰显中国共产党领导下中国特色社会主义治理体制的有效性。

中国家庭教育的地位变迁与价值重塑

何芳*

随着《家庭教育促进法》的出台，有关家庭教育与国家关系的讨论引发社会广泛关注。不少大众媒体发表的文章中常出现“家庭教育从‘家事’上升到‘国事’”的话语，这种表述固然可以达到快速传播的效果，却容易让人产生国家对家庭教育从“置身事外”到“介入干预”的误解。从家庭教育在我国的历史来看，家长对后代的教育一直都不乏国家制度的支持，两者并非各行其是，而是相辅相成。正是在此基础上，国家做出进一步规范和支持家庭教育的战略决策，期望家庭教育在实现立德树人目标和建设高质量教育体系进程中发挥积极作用。

为深入理解家庭教育中家庭与国家的关系，明确未来家庭教育的功能与意义，本文从历史视角梳理家庭教育从传统社会到当代社会的地位变迁，分析家庭教育功能在社会转型中渐趋弱化的原因，并基于新时代国家发展战略，提出家庭教育地位的回归和新的价值导向。

---

* 何芳，社会学研究所副研究员。

一、家庭教育的法律地位在社会变迁中延续

中华民族素有重视家庭教育的优良传统，历朝历代的法律中多有关于家长教育权的规定。新中国成立后，家庭教育的法律地位不断加强，相关法律进一步将家长的教育权拓展为权利和义务并重。《家庭教育促进法》颁布后，家庭教育的法律制度保障更加完备。

（一）传统社会中家庭教育的“国家法”与“民间法”并重

我国古代法律历来重视家庭教育。“国家法”意义上对家庭教育的规定，主要体现在历代刑律中有关家长教令权的惩戒制度上。早在秦代，统治者就已经建立了家长送惩制度，即从法律上给予家长将不孝或不听从教育的子弟送官惩处的权利，而官府则应满足家长的惩罚要求。《睡虎地秦墓竹简》记载，一位父亲请求官府将其亲子断足流放，终身不得离开流放地，官府就满足了他的要求①。此后，历代法典大多延续对子孙违反教令的送惩制度，并不断细化完善②。教令权昭示了家长在家庭中的主导和支配地位，但它并不仅仅是家长对子孙的权利，也是权利和义务的结合。唐律规定“若家人共犯，止坐尊长”，意为如果家人共同犯罪，则“卑幼无罪”，而同居男性家长要作为首犯承担法律责任③。这一原则一直沿用到清末，是家长对子女具有教育、督责之权利和义务在传统中国法律中的明确体现。

---

① 马镛：《中国家庭教育史》，湖南教育出版社1997年版，第46—47页。

② 例如，唐律规定：“诸子孙违反教令，及供养有阙者，徒二年”，参见长孙无忌等：《唐律疏义》卷二十四，《丛书集成初编》第779册，第525页。清律则定为：“凡子孙违反祖父母、父母教令，及奉养有缺者，杖一百。”参见徐本、三泰等：《大清律例》卷三十，影印《四库全书》第673册，第47页。

③ 中华文化通志编委会：《中华文化通志·学术典（6-058）法学志》，上海人民出版社2010年版，第310页。

在代表古代“国家法”的刑律之外，民间社会还通行着大量以“民间法”形式存在的家法族规。与“国家法”注重家长的教育惩戒权不同，家法族规通常既包含惩戒的内容，也包含劝谕、建言，其任务主要是教导族众及其子孙有关教养、祭祀、孝道、修身、治家等内容。宋代以后，权贵之家与平民家庭的家法出现了明显的分化，前者强调以家庭礼治为核心约束后辈，以司马光的《家范》为代表；后者虽亦有一套烦琐的家庭礼制和礼仪规范，但内容上贴合平民之家生活劳作的规律，所以更为广大民众所接纳，其代表是朱熹的《朱子家训》。在家国同构的体制下，统治者正是依托家法族规将封建伦理道德规范渗透到每一个家族和家庭之中。因此，历代统治者都认可和支持家法族规的法律效力，赋予家长、族长监督、教导、惩戒子孙后代的权力。与国家法相比，家法族规根植于民众的日常家庭生活之中，更易于为家庭成员所接受，故其往往比国家法典更为深入有效[①]。

（二）近代家庭教育的国家化尝试

近代以来，家庭教育的法律地位进一步提升，政府试图将家庭教育纳入国家教育体系，促进家庭教育制度化发展。1904年，清朝在全国范围内推行癸卯学制，并针对幼儿教育制定了《奏定蒙养院章程及家庭教育法章程》。这是中国教育史上首个有关家庭教育的法规，它首次把家庭教育纳入整个国家的教育体系之中，明确了家庭教育的地位、目的、对象、内容和方法，包括确定蒙养家教合一的宗旨、规定蒙养院要向家长传播家庭教育知识、要求教导内容涉及品德、身体和行为仪容等[②]。民国时期，家庭教育的制度化发展更为丰富细化，集中体现在政府颁布的关于家庭教育的一系列文件之中。1938—1945年，南京国民政府教育部先后颁布了6部关于家庭教育的法令，

① 蒋传光：《中国古代的家法族规及其社会功能——“民间法”视角下的历史考察》，《东方法学》2008年第1期。

② 舒新城：《中国近代教育史资料》，人民教育出版社1981年版，第381—386页。

即《中等以下学校推行家庭教育办法》《推行家庭教育办法》《家庭教育讲习班暂行办法》《家庭教育委员会暂行组织通则》《推行家庭教育办法》和《家庭教育实验区设施办法》。尽管这些法令的影响非常有限，但仍体现出近代中国法律制度对家庭教育的重视。

（三）新中国成立后家庭教育法律体系的建立和完善

家庭教育的法律地位在新中国成立后不断加强。和传统中国社会强调家长绝对权威不同，新中国法律在肯定父母教育权的同时，更加注重父母对子女的教育责任和义务。1950年，新中国第一部法律《婚姻法》颁布，其中首次提出“父母对于子女有抚养教育的义务”，实现了从“家长教育权”到“家长教育义务”的转变。1982年，这一规定父母家庭教育义务的条款被明确写入修订后的《宪法》第49条中，为后来家庭教育立法提供了直接依据。据此，2020年出台的《民法典》建立了未成年人的监护制度，规定父母对未成年子女负有抚养、教育和保护的义务。

除了为父母的家庭教育义务提供基本依据的《宪法》《婚姻法》《民法典》外，《反家庭暴力法》《教育法》《未成年人保护法》《预防未成年人犯罪法》等均有涉及家庭教育的条款；2021年出台的《家庭教育促进法》更是宣告中国正式进入家庭教育的专门法时代，这些法律和法条共同构成了我国家庭教育的法律体系。综合来看，当前中国法律对家庭教育的责任有如下三种定位：

1. 预防未成年人犯罪

1999年颁布的《预防未成年人犯罪法》第10条规定，未成年人的父母或者其他监护人对未成年人的法制教育负有直接责任。未成年人的父母或者其他监护人应当结合学校的预防犯罪教育计划，针对具体情况进行教育；第19条则明确规定了未成年人的父母或其他监护人应当教育未成年人不得有的9类不良行为。2020年修订后的《预防未成年人犯罪法》第16条再次强调，未成年人的父母或者其他监护人对未成年人的预防犯罪教育负有直接责任，应当依法履行监护职责，树立优良家风，培养未成年人良好品行。

2. 保护未成年人

2006年修订后的《未成年人保护法》第12条规定，父母或者其他监护人应当学习家庭教育知识，正确履行监护职责，抚养教育未成年人。2020年修订后的《未成年人保护法》又在此基础上新增了有关未成年人欺凌的家庭教育责任的条款。对家庭教育赋予保护未成年人责任的还有2015年《反家庭暴力法》，其第12条规定，未成年人的监护人应当以文明的方式进行家庭教育，依法履行监护和教育职责，不得实施家庭暴力。这些法律的制定及修订充分表明，家庭教育在保护未成年人身心健康、人身安全等方面负有不可推卸的责任。

3. 促进未成年人全面发展

2021年《家庭教育促进法》第2条对家庭教育做出了明确定义，即是指“父母或者其他监护人为促进未成年人全面健康成长，对其实施的道德品质、身体素质、生活技能、文化修养、行为习惯等方面的培育、引导和影响”。同时，该法再次明确了父母或者其他监护人负责实施家庭教育，承担对未成年人实施家庭教育的主体责任。

法律对家庭教育的不同定位体现出社会对家庭教育功能的认识不断丰富完善。《家庭教育促进法》在过去以预防未成年人犯罪和保护未成年人的法律体系基础上，将家庭教育的内涵进一步拓展为“促进未成年人全面发展”。迄今，中国的家庭教育法律体系已基本建立，家庭教育的法律地位得到前所未有的重视。

二、家庭教育的现实地位在社会转型中式微

从古至今，家庭教育在中国的法律地位一直得到承认，不仅如此，自新

中国成立以来，家庭教育越来越受到重视。但是，随着现代学校教育兴起，家庭教育的功能在整体上呈弱化趋势也是一个不争的事实。并且，在家庭结构小型化、家庭流动性加剧、教育学科专业化等的冲击下，家庭教育功能受到较大程度的挤压，甚至一度萎缩为学校教育体系的附庸。

（一）家庭教育的部分职责被学校教育所替代

从世界范围来看，在学校教育还没出现之前，儿童的教育基本上都是由家庭、社区和教会来承担的。自19世纪以来，工业化和城市化的潮流促使教育儿童的责任从家庭转向国家，各国纷纷大力发展公立教育体系，推行强制性的义务教育，中国也不例外。《中国儿童发展纲要（2011—2020）》终期统计监测报告显示，自1986年颁布《义务教育法》以来，中国学校教育普及成效显著，义务教育阶段在校生人数逐年攀升，2020年九年义务教育巩固率达95.20%。近年来，中国不断扩展学前教育和0—3岁儿童托育的公益性，将部分学前教育和托育纳入免费或半免费的范畴。2018年《中共中央国务院关于学前教育深化改革规范发展的若干意见》提出，到2020年全国学前三年毛入园率达到85%，普惠性幼儿园覆盖率达到80%。2021年《中共中央国务院关于优化生育政策促进人口长期均衡发展的决定》明确提出，中国将大力发展普惠托育服务，到2025年每千人拥有3岁以下婴幼儿托位数由1.8个提高到4.5个。

国家公共教育服务体系发展使得原本家庭教育的部分职责逐渐被学校教育所替代，家庭教育的空间受到挤压，造成的负面结果主要有两个：其一，家庭教育内容的窄化。部分家长将家庭教育“学科化”，将家庭教育等同于强化学科知识学习，忽视了家庭教育原本在培养儿童的道德品格、人际交往、生活技能等方面的独特价值[①]。其二，家庭教育主体责任的丧失。父母是

① 石中英：《当代家庭教育问题的社会根源》，《中华家教》2019年第C1期。

家庭教育的首要责任人，然而，部分父母却认为教育孩子是学校和老师的任务，自己只需要照顾孩子的生活，缺乏承担家庭教育责任的意识。无论是家庭教育内容的窄化，还是家庭教育主体责任的丧失，事实上都是家庭将部分照顾、管理、培育孩子的权力和责任让渡给学校的结果。正如斯坦利·舒尔茨（Stanley Schultz）所言："教师可以居于父母的位置，审视每一个孩子的品格、道德和习惯，以及运用道德的权威，而这些权力都曾经属于家庭。"[①]

（二）家长在家庭教育中的权威让位于专业人士

中国传统社会家庭教育所强调的家长绝对权威，伴随现代儿童观的建立和教育的专业化发展逐渐消解，教师、社工、儿科医生、心理学家等专业人士树立起新的专业权威。美国经济社会学家维维安娜·A. 泽利泽（Viviana A. Zelizer）发现，在19世纪与20世纪之交，儿童生命出现了"神圣化"的文化进程，儿童的情感价值成为占据优势地位的意识形态，儿童的健康和安全得到前所未有的关注[②]。与此同时，19世纪以来欧洲的自然科学领域取得长足进步，为人们以科学实验方法来研究儿童奠定了基础，促使儿童研究运动在欧美广泛兴起。儿童研究运动培养了精神病学家、心理学家、社会工作者等一大批儿童研究的专业人士，他们开展多学科的合作与整合来获取关于儿童的科学知识，并应用到儿童养育实践中。

当科学育儿成为主流话语，教育专业化水平不断提高，家长必然高度依赖专业机构和专家知识，传统社会依据习俗和经验开展的家庭教育逐渐被边缘化。有研究者对中国流行育儿杂志《父母必读》1980年以来相关文本进行话语分析，发现杂志通过呈现大量心理学专业知识，构建起育儿的专家知识

---

① Stanley K. Schultz., *The culture factory: Boston public schools, 1789–1860*, New York: Oxford University Press, 1973, p.55.

② ［美］维维安娜·泽利泽：《给无价的孩子定价：变迁中的儿童社会价值》，王水雄等译，华东师范大学出版社2018年版，第9页。

体系，进而建构出的合格母亲就是依照科学知识亲自养育孩子的母亲[①]。另一项对山东某平民家族100多年来养育实践的研究发现，传统社会依赖共同体传播和实践的育儿经验基本已经“失传”。由于缺乏生活在村落、家族中的经验，年轻父母们难以从生活中获取育儿知识，因此他们在育儿时崇尚书本和科学知识，家庭教育呈现出专业化、外包化的特征[②]。这种专业权威取代家长权威的负面结果，就是历史学家克里斯托弗·拉斯奇（Christopher Lasch）所担忧的“父母功能被侵占”（appropriation of parental functions），即教育者、精神病医师、社会工作者、刑法学家等专业人士替代了父母，造成父母权威的旁落[③]。

（三）传统家庭教育资源面临现代转化的难题

中国自古以来重视家庭教育，传统文化社会中有着极为丰富的家庭教育资源。无论是《论语》《尚书》等儒家经典著作，还是古代家长为了教育子女而专门撰写的家训、家规、家书，又或是民间社会各种口耳相传的家庭教育故事，其中都有大量体现家庭教育思想、关于家庭教育方式和内容的论述。此外，民间社会的生产生活、民俗节庆、劳作技能，以及家族观念、家庭仪式等隐性的文化资源实际上都是家庭教育实施的重要载体，是中华民族家庭教育文化资源宝库的重要组成部分。这些家庭教育资源代代相传，家喻户晓，深入人心。

然而，伴随着全球化、现代化和城市化的进程，传统家庭教育资源渐渐淡出人们视野，缺少向现代生活的转化性介入。对传统典籍的阅读和学习成为少数家庭的小众爱好，而非大众教育的必备内容。2016年一项对全国

---

① 陶艳兰：《塑造理想母亲：变迁社会中育儿知识的建构》，《妇女研究论丛》2016年第5期。

② 安超：《拉扯大的孩子：民间养育学的文化家谱》，社会科学文献出版社2021年版，第206—248页。

③ Christopher Lasch, *Haven in a Heartless World: The Family Besieged*, New York: Basic Books, 1995, p.15.

35所高校的3 500名大学生的调查发现，57.8%的大学生未完整读过“四书”中的任何一本，完整读过《大学》《中庸》《论语》《孟子》的比例分别只有12.8%、9.6%、38.3%和12.5%。①一些蕴含家庭文化和仪式的传统节日也日渐淡化。一项对山东鲁中地区的调查显示，41.5%的被访者认为过春节没意思，觉得清明节、端午节、中秋节和20年前相比越来越淡的人占比分别为38.1%、31.6%、28.2%；认为重阳节不重要的人占18.4%，除夕守岁、二月二回娘家等习俗参与程度普遍不高。②在人口流动加剧、家庭日益小型化的社会现实下，大家族、大家庭的成员散居各地，聚少离多，家规、家训、家书也难以发挥实际效用，渐渐被人们遗忘。

三、新时代家庭教育现实地位的回归与价值重塑

综上可知，家庭教育的地位一方面在我国法律制度中不断得到加强，另一方面却面临着现实中功能不断弱化的问题。党的十八大以来，家庭教育的重要性上升到国家发展战略的高度，在相关公共政策话语中被寄予极高的期望，这意味着家庭教育现实地位的回归，并将在促进人口长期均衡发展、适应数字化学习社会转型、推动基层社会治理等方面发挥积极功能。

（一）家庭教育对于国家人口战略的价值

为应对劳动人口下降、老龄化加深、生育率下降等挑战，我国的人口发展战略正从控制人口数量向促进人口长期均衡发展转变。其中，重塑家庭教育价值、促进家庭教育功能发挥、构建全社会合作育人的政策支持体系，成

---

① 沈壮海、王培刚、王迎迎：《中国大学生思想政治教育发展报告（2016）》，北京师范大学出版社2017年版，第286—287页。

② 张士闪、马广海、杨文文：《中国传统节日的传承现状与发展策略》，《艺术百家》2012年第5期。

为中国人口战略中新的政策支点。自2011年起，中国的人口与生育政策从“双独二孩”“单独二孩”，发展到“全面二孩”“全面三孩”，体现出政府试图通过放宽生育数量限制来提振生育率的意图。然而，从近年来中国人口出生数据来看，这一政策调整的成效未及预期。2016—2020年，中国人口出生率分别为13.57‰、12.64‰、10.86‰、10.41‰、8.52‰，呈持续下降趋势[①]。不少对城乡居民生育意愿的研究发现，即使在“全面二孩”政策出台后，人们的生育意愿仍然不强，家庭抚养教育子女所产生的经济、精力负担是抑制生育意愿的重要因素。国家统计局上海调查总队对1 543位上海居民的问卷调查显示，有73.9%的受访居民表示不想生二胎，有80.9%的受访居民家庭最主要的经济负担是子女的教育费用[②]。另一项对武汉某地农村居民的调研发现，在农民家庭城镇化和市民化过程中，农村家庭也逐渐从过去粗放式的教养观念和方式转向了专业化、精细化的现代教养观念和方式。选购优质教育资源、培养紧密亲子关系、建构良好家校关系等要求所带来的家庭教育负担，极大地抑制了农村家庭尤其是女性的生育意愿[③]。还有学者进一步指出，在低生育率社会中，人们平均实际生育的子女数往往低于平均意愿生育子女数，这种“生育赤字”的现象在中国（尤其是城市）已经较为普遍[④]。

基于当前中国的人口现实，制定合理的家庭教育政策，帮助家庭提高教育子女的能力，让家庭继续发挥教育下一代的功能，成为公共政策的重要目标。为此，国家陆续出台《家庭教育促进法》《关于指导推进家庭教育的五年规划（2021—2025年）》等，皆旨在通过构建全社会协同支持家庭教育的

① 国家统计局：中国统计年鉴（2021），国家统计局网，http://www.stats.gov.cn/tjsj/ndsj/2021/indexch.htm。

② 聂钦宗：《关注低生育意愿：从“政策性”到“内生性”——上海市民生育意愿调研报告》，《统计科学与实践》2021年第7期。

③ 尹秋玲、夏柱智：《家庭抚育模式：农村青年妇女低生育意愿的分析视角》，《山西农业大学学报（社会科学版）》2022年第1期。

④ 吴帆、李建民：《中国面临生育危机风险的三个信号：低生育率、低生育意愿和生育赤字》，《山西师大学报（社会科学版）》2022年第1期。

格局，减轻家庭教育的负担，从而促进生育决策回归家庭，实现国家人口长期均衡发展的战略目标。

（二）家庭教育对于数字化学习时代的价值

与工业化进程推动现代学校教育成为教育的主要形态一样，从工业化时代向数字化智能化时代的转变，也将推动教育形态的深度变革。世界经济论坛（World Economic Forum）于2020年1月发布题为《未来学校：为第四次工业革命定义新的教育模式》的报告指出，当前“工业4.0”（即以“智能化”为主要特征的工业革命）的发展将引领教育也迈入教育4.0时代，学习不再局限在实体学校之内，而是更多地发生在课外课程和其他场所[①]。中国也早已启动了面向数字化学习社会的教育系统转型升级。截至2020年，中国国家数字教育资源公共服务体系已接入各级平台184个，整合开发学科数字资源6 948学时，认定1 291门国家精品在线开放课程和401个国家虚拟仿真实验教学项目，数字教育资源公共服务体系基本建成[②]。2020年初，为应对新冠疫情导致的学校停课问题，教育部开通国家中小学网络云平台，加速了中国进入数字化学习时代的进程。在这次大型在线教学实践中，学习场所从学校转回家庭，家庭作为教育场所的价值被重新发现。

当前中国正着力建设“数字中国”，随着互联网、5G技术、虚拟现实技术、大数据、人工智能等在教育中的应用不断拓展，教育形态将进一步突破时空限制，学校作为教育主阵地的地位进一步受到冲击，这为家庭教育的回归带来契机，也带来挑战。在教育全面数字化转型的进程中，家庭教育必须

---

① 王永固、许家奇、丁继红：《教育4.0全球框架：未来学校教育与模式转变——世界经济论坛“未来学校：为第四次工业革命定义新的教育模式”之报告解读》，《远程教育杂志》2020年第3期。

② 教育部科学技术司：《让亿万孩子同在蓝天下共享优质教育资源——“十三五”期间教育信息化有关情况介绍》，教育部网，http://www.moe.gov.cn/fbh/live/2020/52692/sfcl/202012/t20201201_502584.html。

与学校教育交互融合，从过去学校教育的“配合者”转型为“合作者”，充分发挥教育主体价值，才能为数字化学习社会和数字中国的建设奠定坚实基础。

（三）家庭教育对于基层社会治理的价值

家庭教育具有社会治理功能。中国古代的家庭结构与社会政治结构具有同构性，“天下之本在国，国之本在家”（《孟子·离娄上》），故历朝统治者都期望通过家庭教育向民众传递基本道德规范和道德秩序，形成家庭内部、家庭与家庭之间、家庭与国家之间的和谐关系，从而达到社会稳定的目标。同样，民间家庭也希望通过对后代进行社会道德、行为习惯、谋生技能等方面的训练，维护家庭秩序，适应社会伦理纲常要求，帮助后代实现修身、齐家、治国、平天下的人生追求。在这一共同目标的作用下，家庭教育成为社会稳定发展的重要因素。

进入新时代以后，家庭教育对于社会治理的价值得到重新认识和开发。2015年2月，习近平总书记首次提出“不论时代发生多大变化，不论生活格局发生多大变化，我们都要重视家庭建设，注重家庭、注重家教、注重家风”，“使千千万万个家庭成为国家发展、民族进步、社会和谐的重要基点”。这是对新时代家庭教育价值的高度概括。2021年3月，国家《“十四五”规划和二〇三五年远景目标纲要》出台，进一步将“以建设文明家庭、实施科学家教、传承优良家风为重点”“充分发挥家庭家教家风在基层社会治理中的作用”上升为国家发展战略。2021年7月和10月，《关于进一步加强家庭家教家风建设的实施意见》和《家庭教育促进法》先后出台，明确了建立健全家庭学校社会协同育人的家庭教育工作机制。可见，家庭教育的制度顶层设计渐趋完备，新时代家庭教育工作的重点将转向打造全社会“共建共治共享”的家庭教育新格局，家庭教育的社会治理价值将进一步得到展现。

四、结语

上述对我国家庭教育地位的历史过程的研究表明，家庭教育的价值呈现出延续、弱化、回归和重塑的发展特征。一方面，无论是在国家法律制度的明文规定之中，还是在民间约定俗成的生活规范之中，家庭教育的社会价值都一直得到重视和倡导；另一方面，家庭教育又受到社会结构转型的冲击，实际发挥的功能不断弱化。进入新时代以后，家长在家庭教育中的主体责任进一步强化，家庭教育的内涵从妥善抚养保护未成年人拓展为促进未成年人全面发展，这都标志着家庭教育价值的重新回归。不仅如此，在新的时代背景下，国家政策话语又赋予家庭教育新的价值意涵。家庭教育地位的变迁史还启示我们，未来在发展家庭教育的工作中应注意以下几点：一是家庭教育地位的回归并不是以家庭代替学校，要避免家庭教育和学校教育的功能错位；二是家庭教育指导应以提升家长教育能力为目标，而不是以专业权威取代家长权威；三是家庭教育资源的开发并非要完全回归历史典籍，而是要对传统资源进行现代转化，以及挖掘活生生的日常生活资源。

新时代中国特色社会主义妇女发展事业的挑战与使命

刘汶蓉*

“在任何社会中，妇女解放的程度都是衡量普遍解放的天然尺度。”①自近代以来，以结束妇女的屈从地位、实现男女平等和性别公正为目标的“妇女解放”和“妇女发展”实践已然成为人类社会影响最为广泛的政治运动和社会思潮。西方女权运动至今经历了三次浪潮，女性主义理论也伴随着资本主义的发展而发展。然而，从工业资本主义到福利国家资本主义再到新自由主义，以主体性为核心的女性主义理论和研究日趋走向碎片化，对全人类妇女解放实践的指导意义趋于弱化。②中国进行的社会主义妇女解放，是世界上成功推翻私有制和资本经济殖民，并建立起新型政治经济体系和社会价值的体制性实践，是当今女性主义发展宏观视点和建立世界新价值体系过程中最重要的理论和资源。③站在新时代的历史坐标点上，对中国特色社会主义妇

---

* 刘汶蓉，社会学研究所研究员。

① 《马克思恩格斯文集》第3卷，人民出版社2009年版，第531—532页。

② 董一格：《新视角、新材料：西方马克思主义女权理论视角下的社会主义中国研究评析》，《妇女研究论丛》2017年第5期。

③ 王玲珍：《关于中国革命与性别平等/解放的理论再思考》，《妇女研究论丛》2017年第5期。

女发展事业进行梳理和反思，既是中国全面建设社会主义现代化国家的内在需要，也是推进马克思主义妇女理论的中国化、为世界妇女发展的理论和实践提供中国经验的内在要求。

一、中国特色社会主义妇女发展道路的理论脉络

（一）中国特色社会主义妇女发展道路的特质

梳理学界相关研究可知，中国特色社会主义妇女发展道路的主要特质可以归纳为四个方面。[①]一是中国的妇女解放和发展始终根植于民族解放、复兴和国家发展的情境之中，中国共产党在领导的无产阶级革命和社会主义建设各个历史阶段，始终将团结妇女、解放妇女和发展妇女放在重要位置，妇女与党和国家民族之间的关系是异常紧密而非疏离的。二是以马克思主义妇女解放理论为指导的无产阶级妇女运动，主要不是妇女针对男性的运动，而是无产阶级针对资产阶级、改变社会不平等的运动，妇女与男性之间的关系是合作而非对立的。三是妇女的主体性建构是在民族解放和国家建设和改革实践的宏大叙事中，通过先进知识分子和制度政策的宣传引导逐步生成而非自发的，中国妇女自我解放的主体意识是同民族解放、阶级解放、国家民族复兴意识融为一体的。四是坚持以国家体制推动妇女解放和发展，将男女平等制定为基本国策和党的施政纲领，将保障妇女权益上升为国家意志，并通过遍布全国各层次各领域的妇联组织，建立起妇女参与公共决策的制度化渠道。

（二）马克主义妇女理论中国化的探索

从国际共产主义运动诞生之初，马克思主义理论家和活动家就开始了对资产阶级女权主义的批判和抵制，以倍倍尔的《妇女与社会主义》（1879）

① 马焱：《中国特色社会主义妇女发展道路的特质》，《光明日报》2019年3月8日。

和恩格斯《家庭、私有制和国家的起源》（1884）为指导。列宁曾明确指出，只有共产主义才能实现妇女解放，妇女问题是工人问题的一部分，并提出了妇女解放的两个步骤：一是吸引妇女参加阶级斗争，实现政治解放；二是吸引妇女参加经济建设，摆脱“家庭奴役”。[①]20世纪30年代中期以后，随着毛泽东思想被确立为中国共产党的指导思想，中国的妇女运动逐渐摆脱了共产国际的影响，走上一条中国化的发展道路。毛泽东通过多次实地调查，提出了束缚中国妇女的政权、族权、神权、夫权“四大绳索”的本土化观点，将农民、农妇视为革命的主力军，对马克思主义妇女理论的中国化做出了重要贡献。[②]在新民主主义革命时期，中国共产党人探索出一条既不同于西方资产阶级女性主义运动，也不同于苏俄依靠城市女工开展阶级暴动的妇女解放道路。

新中国成立以后，以妇联主导的妇女工作始终坚持维护和保障妇女的经济政治社会参与权、破除封建传统婚姻家庭制度、宣传和推动性别平等观念、促进妇女的全面发展。改革开放和社会主义现代化建设时期，以邓小平、江泽民、胡锦涛为代表的中国共产党人继承发展了马克思主义妇女观和毛泽东妇女解放思想，对新形势下妇女的作用、妇女发展的目标任务、实现途径、制度保障等基本问题进行了阐述，逐步形成了中国特色社会主义妇女理论。1990年，江泽民在“三八”国际劳动妇女节八十周年纪念大会上，发表了题为《全党全社会都要树立马克思主义妇女观》的重要讲话，明确提出了马克思主义妇女观的定义，系统地总结了马克思主义妇女观的主要内涵。[③]1995年，他在北京世界妇女大会上提出中国将男女平等作为促进社会发展的一项基本国策，为解决社会主义市场经济条件下的妇女发展问题提供了新的理论依据和政策保证。

---

① 王涛：《世界社会主义运动视域下的中国妇女解放》，中国社会科学出版社2015年版，第54—58页。

② 刘宁元、王峻：《毛泽东对中国马克思主义妇女解放理论确立的贡献》，《北京行政学院学报》2013年第6期。

③ 江泽民：《全党全社会都要树立马克思主义妇女观》，《人民日报》1990年3月8日。

21世纪以后，特别是党的十八大以来，习近平总书记结合妇女发展的客观实际、社会可持续发展要求、国家发展的总体战略、民族复兴的伟大梦想等，对新时代中国妇女发展事业的目标任务和根本路径进行了深刻阐释，重要论述的核心内容包括：进一步明确了中国妇女发展的人民立场；强调中国妇女发展道路必须坚持党的领导，以实现中华民族伟大复兴的中国梦为当代中国妇女运动的时代主题；强调必须坚持中国特色社会主义妇女发展道路，坚持男女平等基本国策，实现“三平等”（权利平等、机会平等和结果平等）；注重家庭家教家风建设，注重发挥妇女在社会生活和家庭生活中的独特作用；加强妇联组织的引领、服务、联系作用；加强全球妇女事业合作，共建共享美好世界。这一系列重要论述体现了对马克思主义妇女理论的继承性、实践性、价值性和时代性，为新时代开展妇女工作、促进妇女发展提供了根本遵循，也为世界妇女解放和发展提供了中国方案。[①]

（三）新时代中国特色社会主义妇女发展的新内涵

如前所述，习近平总书记结合中国优秀传统文化和社会现实提出，新时代的妇女发展要注重妇女的家庭角色和作用，强调加强家庭、家教、家风和家庭文明建设，实现妇女家庭贡献与社会贡献的统一。在此之前，马克思主义妇女解放理论强调家庭对妇女的压迫和消亡的历史必然性，强调妇女参加社会生产、获得经济独立对妇女解放的意义。对于婚姻家庭生活与妇女工作事业的关系，存在“如果婚姻妨碍工作，就放弃婚姻”的倾向。[②]但事实上，恩格斯的家庭批判论，批判的对象是建立在私有制基础上的资产阶级家庭，夫妻是一种支配与从属的关系，而新时代中国特色社会主义倡导的家庭建设，是以男女共同参加社会劳动和共同分担家务劳动为基础的家庭，体现的

---

① 何文校：《习近平关于妇女工作的重要论述探析》，《邓小平研究》2020年第2期。

② 中华全国妇女联合会：《毛泽东周恩来刘少奇朱德论妇女解放》，人民出版社1988年版，第102页。

是男女平等的关系。从社会主义初级阶段的生产力发展水平来看，家庭关系的存在具有必然性，是儿童、老人获得照料和发展的基本单元；从女性对美好生活的现实追求看，家庭生活美满也是妇女身心健康和自我发展的重要条件。为此，习近平总书记抛开家庭的阶级属性，将家庭作为人的生活单元，阐述了家庭的永恒性和家庭建设的重要性："无论时代如何变化，无论经济社会如何发展，对一个社会来说，家庭的生活依托都不可替代，家庭的社会功能都不可替代，家庭的文明作用都不可替代。"[①]

倡导创造社会条件，帮助妇女实现家庭贡献与社会贡献的统一，不仅符合中国"家文化"的传统，也是对当前妇女面临家庭与事业两难争议的一种顶层回应，体现了中国妇女发展事业一以贯之的面向实际、解决真问题的战略方针，是马克思主义妇女理论中国化的又一次创新发展。

二、中国特色社会主义妇女发展事业的成就

中国妇女发展事业的成就表明，以制度推进妇女解放和发展的道路在中国具有适用性。早在1927—1929年农村革命根据地时期，中国就已经依靠中共领导的革命政权为妇女解放创造了奇迹，实现了废除买卖婚姻、废除童养媳和废除妇女缠足"三废除"。[②]新中国成立之后，党和国家主导的妇女工作进一步组织化和制度化，妇女工作体系不断健全完善，虽然当时中国社会生产力水平和工业化水平较低，大部分妇女仍处于文盲或半文盲状态，但是在妇女参政、妇女就业、男女同工同酬、女性婚姻权利等方面的成就举世瞩目。

改革开放至今，中国妇女发展事业总体上持续进步。据联合国公布的

① 习近平：《习近平总书记在会见第一届全国文明家庭代表时的讲话》，新华网，http://www.xinhuanet.com/politics/2016-12/15/c_1120127183.htm。

② 王涛：《世界社会主义运动视阈下的中国妇女解放》，中国社会科学出版社2015年版，第5页。

《人类发展报告》，中国性别不平等指数（GII）的全球排名始终优于中国的人类发展指数（HDI）。近10年来，中国的性别平等在世界189个国家中的排名一直保持在40名之内，属于中高水平。比较第三期（2010）和第四期（2020）中国妇女社会地位调查结果，[①]以及《中国妇女发展纲要（2011—2020）》终期统计监测报告[②]，中国妇女发展事业近10年的主要进步可归结为以下四个方面。

（一）中国女性的教育水平大幅提高，高等教育中女生占比过半

根据第七次全国人口普查结果，2020年全国15岁及以上人口平均受教育年限为9.91年，其中男性10.22年，女性9.59年，性别差距由2010年的女性比男性少0.8年缩小为少0.6年。据监测，截至2020年，义务教育阶段的性别差距基本消除，小学学龄女童基本实现应上尽上，净入学率自2015年开始连续6年保持在99.9%以上；普通高中在校生中的女生占比50.4%，连续6年保持在半数以上。另外，女性接受高等教育比例超过男性，各类高等教育中女生占比均超过男生。其中，高等教育在校生中女研究生人数占全部研究生的比重达到50.9%，比2010年提高3.1个百分点；普通本专科、成人本专科在校生中女生占比分别为51.0%和58.0%，分别比2010年提高0.1个和4.9个百分点。

（二）女性就业水平总体保持高位，农村女性就业结构改善

2010年的中国妇女社会地位调查结果显示，18—64岁女性的在业率为71.1%，城镇为60.8%，农村为82.0%；2020年的调查结果显示，18—64岁

① 第四期中国妇女社会地位调查领导小组办公室：《第四期中国妇女社会地位调查主要数据情况》，《中国妇女报》2021年12月27日。

② 国家统计局：《〈中国妇女发展纲要（2011—2020）〉终期统计监测报告》，中国政府网，http://www.gov.cn/xinwen/2021-12/21/content_5663667.htm。

女性的在业率近七成，城镇和农村女性在业比例分别为66.3%、73.2%。农村在业女性比例虽有下降，但就业结构改善，其中非农就业比例为39.5%，比2010年提高15.4个百分点。

（三）女性健康和生殖保健方面持续进步，居世界先进水平

中国女性人均预期寿命从2010年的77.37岁提高到2015年的79.43岁，2020年进一步提高到80.88岁，比世界女性平均水平高4岁。2020年，我国孕产妇死亡率为16.9/10万，比2010年降低43.7%，指标水平居全球中高收入国家前列。35岁以下女性最近一次生育时，产前检查比例为95.8%，比2010年提高3.6个百分点；住院分娩费用可以报销或有补贴的比例为66.8%，比2010年提高32.1个百分点；城镇和农村分别比2010年提高30.8个和32个百分点。

（四）女性的主体意识上升，家庭财产地位有所提升

随着受教育程度提高，女性对自己的经济回报预期提高，独立自主的性别意识也有所提高。2020年调查结果显示，95.4%的被访者认同“有一份有收入的工作对女人很重要”，不赞同“男人应该以社会为主，女人应该以家庭为主”的男女比例分别达50.9%、58.3%，比2010年分别提高14.0个和14.7个百分点，其中35岁以下女性中有八成表示不赞同。另外，2020年，已婚女性自己名下有房产的占18.8%，与配偶联名拥有房产的占39.9%，分别比2010年提高5.6个和11.9个百分点。未婚女性自己名下拥有房产的占10.3%，比2010年提高3.4个百分点。

三、当前中国妇女发展面临的主要问题与挑战

如前所述，中国特色社会主义进入新时代以来，习近平总书记提出要加

强家庭建设、实现家庭贡献与社会贡献相统一。这也反映出当前中国女性发展面临着一系列的现实困境，特别是市场竞争逻辑向家庭生活倾轧的问题日益凸显，动摇了两性之间既有的合作与协商基础，不仅对妇女发展事业本身产生影响，也影响了整个社会的可持续发展。

（一）女性就业压力和职业风险增大

与欧美、日韩相比，中国女性对就业和参与社会劳动有强烈的文化期待，且随着教育水平的提高而增强。然而，近年来女性就业状况明显受到经济形势的冲击。据北大国发院与“腾讯智库”的一项调查，2020年因新冠疫情冲击，全年经历过失业的女性从业人员达到19.2%，男性为13.3%。造成男女失业不平等的原因主要有两个方面，一是女性职业本身更不稳定，更多从事服务业、低端岗位和非正规岗位；二是停工、停学、家庭服务市场停摆等导致家庭照料压力的上升。随着二孩、三孩政策的出台，公众对职业女性遭遇“母职惩罚”的担忧有增无减。虽然国家不断加大对女性就业保护和反歧视的立法保障，但事实上，女性在孕产、哺乳期间被解聘、降职、减薪等违法现象屡禁不止。2021年三孩政策出台之后，各地延长生育假引发社会热议，担忧这种女性保护政策会增加企业用工成本，反而抬高女性就业的“隐形门槛”，加剧职场的性别歧视。公众对这一政策的质疑和争论表明，当下中国女性普遍感受到工作角色与家庭角色之间的巨大冲突，个体承担未知的抉择风险，以及强烈的摆脱传统性别分工定型、追求经济利益的诉求。

（二）女性的育儿和工作—家庭平衡压力增大

随着社会经济结构和人口结构变动，不仅劳动力市场的竞争压力增大，工作的时间精力投入要求在提高，家庭生活的时间精力投入，特别是育儿精细化的要求也在提高。2011—2021年，中国生育政策经历了四次重大调整，女性对育儿责任上升、教育回报下降的预期急剧变大，同时陷入更大的工作—家庭冲突困境。2020年的妇女地位调查显示，全国在业女性从事照料、做饭、清洁、日常采购等家务劳动的时间约为男性的2倍。与2010年相比，大城市女性在工作和家务方面的时间都有所增加，睡眠和休闲时间下降，女性对家庭生活的满意度显著下降，心理健康状况也有所下降。在严峻的双重压力之下，女性群体分化趋势加剧。一部分选择家庭的女性面临社会价值下降和失去独立性的困境，而另一部分女性则采取不婚不育作为自我保护和反抗的手段。近期网上关于“什么是独立女性”“家庭主妇是不是独立女性”的争论，反映出当前中国女性面临双重压力而产生的价值两歧和群体分化。

（三）网络舆论中的性别对立情绪高涨

近年来，性别话题时常占据互联网各大热搜榜单，拜金女、凤凰男、普信男、恐男、厌女等热词的背后是日益加深的性别刻板印象和矛盾对立。梳理网络上的性别对立现象，主要有以下几个表现：一是对性别问题高度敏感，社会事件经常被“性别不平等”的论调带节奏，激发网民宣泄日常生活中对异性的不满情绪。二是强调两性之间的利益对峙、矛盾难以调和，预设女性的弱者地位和牺牲角色，主张在两性关系中进行利益计算和索取。三是弥漫对异性的失望和恐惧心理。诸多杀妻、家暴、独居被害、PUA致死等恶性案件报道强化了女性的性别不公和受害者意识，以及对“父权恐怖主义”“男权压迫”等激进女权话语的认可；而男性对来自女性的无差别批判，普遍感到无所适从和不安，甚至从个人经验出发对女性群体进行无差别的贬低和攻击。四是网络对立和暴力的低龄化。正处于交友和性别敏感期的“00后”甚至“10后”，是网络性别论战的重要参与者，但由于缺乏现实生活经验、理性思考能力不足和容易冲动等特征，网络对立容易走向极端，并强化现实生活中与异性交往的芥蒂和恐惧。

（四）青年女性婚育意愿显著下降

2020年中国的总和生育率仅为1.3，生育政策调整之后生育率依然未能实现反弹，主要原因是一孩生育率过低，这与青年人晚婚甚至不婚密切相关。事实上，中国结婚率从2013年以来持续下降，青年女性恐婚恐育的话语盛行。媒体对“婚姻暴力”“母职惩罚”“密集母职”“丧偶式育儿”“中年老母”等议题的集中讨论，在唤起全社会关注女性权益保护的同时，也带来青年女性“不婚不育保平安”“谈恋爱不如搞钱”等将婚姻生活与个人福利和价值相对立的观念。

婚姻从根本上是一个两性分工合作、生儿育女、抵御风险的社会制度，但当前的社会经济发展极大地动摇了这些功能。首先，女性经济独立能力显著增强，但男性的家务能力、育儿能力、情感给予能力并没有相应显著增强，两性合作缺乏公平和角色互补的基础。其次，家庭的经济理性、个人阶层跃升等竞争逻辑战胜了以生育、传承为核心的家庭主义传统，生养孩子成了有经济实力之后才可以拥有的“奢侈品”而非人生“必需品”。再次，在社会分化、消费主义和经济压力之下，青年男女都渴望通过婚姻获得经济保障，担心结婚会影响个人生活质量，伴侣成为负资产和风险来源。最后，中国紧密的代际关系减弱了独生子女经营婚姻纽带的动力，即使结了婚，也往往因为没有分工合作的凝聚力而缺乏协商基础，婚姻决策容易演变为权力博弈。当下被网民热议的孩子冠姓权、房产所有权、家务补偿权等问题都显示了婚姻共同体意义的下降，以及女性对既有婚姻分工和价值标准的不认同。

四、新时代促进妇女权益保障和发展的对策建议

中国当前性别问题敏感化和对立化的本质是在社会经济进入新发展阶段后，妇女发展再上台阶的空间不足而产生的社会性焦虑，是妇女权利发展不平衡、社会阶层分化，以及经济下行压力相交织的结果。在女性主体意识上

升的背景下，除了发展经济、创造更多职业和生活机会之外，在社会政策、文化价值观和舆论引导层面，可以通过进一步改善性别平等机制，提升女性群体的获得感和被尊重感，来释放女性发展的社会空间和心理空间。

（一）提升决策管理和政治参与领域的女性占比

要推动社会议程的性别平等，通过配比的方式保证各领域决策者中的女性占比是重要手段。20世纪80年代至今，全国人大代表中女性比例一直处于20%—25%的水平（全国政协委员女性代表比例更低），未能实现1995年北京《行动纲领》制定的各级妇女参政30%的标准。而目前很多国家已经实行了“任何社会组织中另一性别的人不低于40%”的标准。2021年颁布的《中国妇女发展纲要（2021—2030）》也只规定了村委会和社区居委会的女性比例分别达到30%和40%，对于更高级别的女干部比例、女代表比例只是提出“逐步提高”的要求。调查显示，相对于男干部而言，我国女干部谦虚诚信有余，而自信不足；执行力强，而决策力和创新力较弱。这一差异主要在于女性的干部比例，特别是决策层中的女性占比过低，职场文化和工作机制的设置都更适应男性的体验和需求。为此，建议在顶层设计层面大力提升各个领域的高级别女性领导者和决策者的占比，为女性群体的实际利益代言，也为女性的价值和主体性地位提供具象希望。具体而言，建议从现在开始行动，确保各级人民代表大会的女性代表提升5个百分点，达到30%的国际标准。

（二）加大针对女性暴力案件的执法力度和维权实效

女性安全感缺失，是激进女权思想传播的社会基础，而建设女性友好社会环境，首要任务是减少根植于性别不平等和私密性的亲密关系暴力、性侵和性骚扰等违法犯罪行为，加大相关法律法规的惩罚力度和执行效果。针对反家暴和维权的司法实践难题，须进一步加强顶层设计，提升相关部门之间的协调能力，统一规划、形成合力，坚决有力打击违法犯罪行为，提高全社会反暴力意识，提升社会预防和监督效果。在妇女维权和服务方面，要打造“社会化+专业化+精细化”的工作格局，强化社会协同工作机制，进一步健全完善妇女法律援助工作站点，注重上下联动、部门联动，优化整合各类资源，建立健全集矛盾排查、纠纷调解、法律援助、关爱帮扶于一体的维权服务体系。坚持个案维权与源头维权相结合，注重法律手段、社会工作和心理疏导相结合，联合各类社会组织开展化解突出矛盾，着力化解重难点案件，助力培育良好社会心态。

（三）提高网络舆论引导的阵地意识和影响能力

主流媒体要进一步提升社会性别意识，增强舆论引导的自觉和能力。首先，加强对妇女发展和性别问题的舆情跟踪和研判，对于社会影响恶劣、损害女性权益的新闻事件，要第一时间发出官方声音，占领信息高地、明确导向、积极作为，促进科学理性观点的传播。其次，建立健全网络传媒领域的性别平等评估和内容监管机制，提升媒体创作的性别平等意识，传播积极正向的女性榜样和性别观念，防止放大两性在生活体验、利益诉求和价值追求层面的矛盾。再次，加强与学界、专家的合作，加强社会各界的理性对话，提升对中国特色社会主义妇女解放道路和制度优势的解读和宣传，增强青少年对中国妇女权益保护、性别平等道路的制度认同和信心。最后，加强网络运营监管，防止资本对信息传播领域的过度入侵，防止互联网信息消费者群体被刻意细分、形成“信息茧房”，特别是要防止资本为追逐流量对青少年情绪、兴趣和价值偏好的过度满足、讨好、强化和挑拨，引导青少年形成科学理性的性别观、婚姻家庭观。

（四）大力发展支持女性工作家庭平衡的社会政策

如何优化人口结构、应对老龄化是世界各国都在面临的现代化挑战。北欧自20世纪90年代开始发展鼓励生育、支持女性就业和工作—家庭平衡的公共服务和社会政策，如今女性的就业率和家庭领域的男女平等都走在世界前列，且生育率基本维持在替代率水平。而以日韩为代表的东亚国家虽然也大力鼓励生育，但由于依然延续“男主外女主内”的家庭模式，导致生育刺激政策基本无效。反观中国，在30年的一孩政策执行时期，由于育儿、幼托等公共服务发展止步，家庭性别分工和文化观念甚至在2010年前后出现传统回潮，导致当下女性的双重负担问题突出，严重冲击了女性的婚育意愿。

因此，降低生养孩子的成本、提振生育意愿，不仅要降低家庭养育的经济成本，更要解决女性生育的时间成本和机会成本。中国的历史文化和他国的发展经验都表明，我们必须走支持男女平等、双职工家庭的道路，大力发展工作—家庭平衡的社会政策，制定包括男女共享的育儿假、陪产假制度，发展包括社区的托幼、公立托育机构、居家帮助、课后照顾等服务。这也意味着，我们需要在新的经济社会发展模式下，重新思考和讨论生产劳动与再生产劳动之间的关系，建立新的育儿、家庭照料的成本分担机制；需要借助既有的社会主义和家庭主义制度优势和文化优势，挖掘中国人家庭生活的精神特质，探索妇女发展、两性和谐的中国道路。这既是新时代中国特色社会主义妇女发展道路在实践层面上的挑战，也是马克思主义妇女理论中国化道路上我们必须直面的历史使命！

中美博弈背景下周边战略环境变化与全面建设社会主义现代化国家进程中中国周边战略重塑

王健　吴泽林　张群*

2022年5月，美国国务卿布林肯在有关美国政府对华政策的演讲中，再次明确把中国视为在经济、外交、军事和技术方面具有综合实力的美国首要挑战者，并明确表示要改造中国的周边战略环境。[①]近年来，在中美博弈背景下，中国周边地区已经成为中美战略竞争的前沿。2020年暴发的新冠疫情和2022年爆发的俄乌冲突，进一步加剧了中国周边局势发展的不确定性。有鉴于周边地区是中国的重要战略支撑，必须准确研判分析中国周边地区未来面临的中长期挑战，以构建周边命运共同体为目标全面重塑周边战略，服务于全面建设社会主义现代化国家进程和中华民族的伟大复兴。

---

* 王健，国际问题研究所所长、研究员；吴泽林，国际问题研究所副研究员；张群，国际问题研究所助理研究员。

① Antony J. Blinken. The Administration's Approach to the People's Republic of China, U.S. Department of State, https://www.state.gov/the-administrations-approach-to-the-peoples-republic-of-china/, 2022-05-26.

一、中国塑造周边战略环境的成就和问题

2013年10月，党中央召开新中国成立以来首次周边外交工作座谈会，明确了中国周边外交的基本方针，就是坚持与邻为善、以邻为伴，坚持睦邻、安邻、富邻，突出体现亲、诚、惠、容的理念。2014年11月的中央外事工作会议，习近平总书记就新形势下不断拓展和深化外交战略布局提出要求，不仅将周边外交置于首位，而且强调要切实抓好周边外交工作，打造周边命运共同体。在习近平外交思想和有关周边外交论述的指导下，中国周边外交工作在百年变局中不断开拓新局面，取得新成绩，强化了中国与周边国家的经济联系和利益链条，促进了中国与周边国家的文化交流和民心相通。

（一）周边地区成为与中国共建命运共同体最集中区域

2015年11月，习近平主席在新加坡国立大学演讲中指出，中国“推动建立以合作共赢为核心的新型国际关系，推动建设人类命运共同体，都是从周边先行起步”①。迄今为止，中国提出与周边国家一起构建周边命运共同体、亚洲命运共同体，并与巴基斯坦、越南、柬埔寨、老挝、缅甸等国提出共同构建两国命运共同体，还与东盟、中亚国家、澜湄沿岸国家提出共同构建“中国—东盟命运共同体”“中国—中亚命运共同体”“澜湄国家命运共同体”等周边区域命运共同体，周边地区已经成为共同构建命运共同体最集中的区域。在中国周边29个国家中，建立战略伙伴关系的国家已达23个，其中，全面战略伙伴关系达15个。中俄关系提升为新时代全面战略协作伙伴关系，中巴关系升级为全天候战略合作伙伴关系等。此外，中国与东盟也建

---

① 习近平在新加坡国立大学的演讲，新华网，http://www.xinhuanet.com/world/2015-11/07/c_1117071978.htm。

立了全面战略伙伴关系。在此推动下，中国同周边国家的政治互信不断增强，在彼此核心利益和重大问题上相互理解与支持。例如，对于美西方在联合国提出的反华提案，除了日本外，绝大多数周边国家没有追随。巴基斯坦和马来西亚在受到邀请后，主动抵制了美国主导的所谓“全球民主峰会”。2014年5月，习近平主席创新安全理念，倡导共同、综合、合作、可持续的“亚洲安全观”。在周边热点问题上，中国积极参与朝核问题、阿富汗问题、缅甸问题等的政治解决，积极管控南海问题分歧，全面有效落实《南海各方行为宣言》，稳步推进“南海行为准则”磋商。虽然出现中印边界小规模冲突，但与周边国家在领土争端问题上总体保持稳定可控。在反恐、反毒、公共卫生安全、气候变化等非传统安全领域，中国与周边国家合作也不断加强。例如，新冠疫情暴发后，中国同阿富汗、文莱等28国共同发起“一带一路”疫苗合作伙伴关系，启动“中国东盟健康之盾”和周边“抗疫紧急支持计划”。截至2021年10月，中国已向周边国家和地区提供了8 000多万剂疫苗援助。2021年底，习近平主席宣布再向东盟援助1.5亿剂疫苗。[①]中国也在印度尼西亚、马来西亚、巴基斯坦、缅甸等国启动合作生产，极大缓解周边国家疫苗短缺。

（二）周边地区成为中国实施“一带一路”倡议重点合作区域和早期收获地区

自2013年中国提出“一带一路”倡议以来，周边国家响应积极，周边国家已有25国成为亚洲基础设施投资银行成员国，通过政策沟通和战略对接，周边地区已经成为共建“一带一路”的重点区域，中蒙俄、新亚欧大陆桥、中国—中亚—西亚、中国—中南半岛、中巴、孟中印缅等六大经济走廊

① 《习近平在中国—东盟建立对话关系30周年纪念峰会上的讲话（全文）》，国务院网站，http://www.gov.cn/xinwen/2021-11/22/content_5652461.htm。

都在周边地区，其中中巴经济走廊被誉为“一带一路”倡议的样板工程和旗舰项目。据统计，2017—2020年，在中国全球承包工程完成营业额中，东南亚约占1/5。[①]同时，随着中老铁路建成通车、欧亚班列开通、巴基斯坦瓜达尔港一期扩展项目完工、斯里兰卡汉班托塔港的运营、中缅油气管道开通以及印尼雅万高铁年内即将竣工，周边地区也成为“一带一路”倡议早期收获最为集中的地区。“一带一路”倡议进一步增强了中国与周边地区的经济合作，逐渐形成了以中国制造为中心的区域产业链和供应链。例如，据中国商务部统计，2017—2021年，中国对东盟直接投资累计712.5亿美元，占同期中国对外直接投资总额的9.7%。[②]据东盟秘书处统计，2017—2020年，东盟累计对华投资468.2亿美元，占同期东盟对外直接投资总额的7.5%。[③]共建跨境经济区及产业园区是中国与周边国家产业合作的重要途径，数字经济、清洁能源等新兴领域合作已成为双方合作的增长点。2021年，东盟、日本、韩国对华直接投资流量分别为105.8亿美元、39.1亿美元和40.4亿美元，同比增长率分别为33.0%、15.9%和11.8%。[④]随着中国—东盟自贸区顺利升级，区域全面经济伙伴关系协定（RCEP）如期生效，中国申请加入全面与进步跨太平洋伙伴关系协定（CPTPP）和数字经济伙伴关系协定（DEPA），中国与周边地区的经济密切程度和贸易相互依赖程度不断加深。2017—2021年中国与周边国家进出口贸易总额从1.36万亿美元上升至2.01万亿美元，年均增长率为10.3%。2022年1—4月，中国与RCEP成员国贸易规模达到3.84万亿元，同比增长3.9%；东盟继续成为中国第一大贸易伙伴，双方贸易额达1.84

---

① 国家统计局数据库:《对外承包工程完成营业额》，https://data.stats.gov.cn/easyquery.htm?cn=C01。

② 中华人民共和国商务部:《2021年中国—东盟经贸合作简况》，http://asean.mofcom.gov.cn/article/jmxw/202201/20220103239743.shtml。

③ ASEAN Stats Data Portal. Flows of Outward Foreign Direct Investment (FDI), by Destination Country, https://data.aseanstats.org/fdi-by-hosts-and-sources-flow-outward，2022-05-31.

④ 中华人民共和国商务部:《2021年1—12月中国—日本经贸合作简况》，http://finance.sina.com.cn/jjxw/2022-03-22/doc-imcwiwss7451164.shtml；中华人民共和国商务部:《2021年1—12月中国—韩国经贸合作简况》，http://finance.sina.com.cn/jjxw/2022-03-22/doc-imcwipih9898014.shtml。

万亿元，同比增长7.2%。[①]中国周边地区也成为人民币国际化的起步区。根据央行发布的《2021年人民币国际化报告》，2020年，中国与“一带一路”沿线国家人民币跨境收付金额超过4.53万亿元，其中，与东盟国家人民币跨境收付金额合计4.15万亿元，同比增长72.2%，占“一带一路”沿线国家整体规模的91.6%。[②]截至2020年末，中国在新加坡、马来西亚、泰国、俄罗斯、菲律宾等周边国家建立了人民币清算机制安排。

（三）周边地区成为中国推进不同文明互学互鉴和中国软实力辐射的重点区域

历史上，中国与周边国家就有密切的文明交流，佛教、伊斯兰教、祆教、基督教、犹太教、摩尼教等都先后传入中国，并与中国文化相互交融。同时，中国的儒家文化深刻影响着东亚和东南亚地区，形成了儒家文化圈。2019年5月，中国倡议举办了亚洲文明对话大会，促进了中国与亚洲国家，特别是周边国家的文明互学互鉴。此外，通过搭建具有亲和力、感召力和影响力的人文交流机制，举办“国家年”“文化年”，开办孔子学院或孔子学堂，加深学术交流，加快语言互通，促进教育和技能合作，组建各类艺术联盟，实施留学推进计划和设立中国政府奖学金，联合打造特色旅游产品和遗产保护，开展“一带一路”文化艺术活动等，促进了中国与周边国家的情感交流和相互理解。同时，中国真诚地向周边国家讲好中国共产党治国理政的故事、中国人民奋斗圆梦的故事、中国坚持和平发展的故事，让周边国家更加客观地认识中国，增进了相互理解和彼此信任。

但是，历史问题、文化差异、制度不同、领土争端、现实利益、外部挑

---

① 杨洁篪：《深入学习贯彻习近平外交思想　进一步开拓对外工作新局面》，https://www.fmprc.gov.cn/web/zyxw/202205/t20220516_10686330.shtml。

② 中国人民银行：《2021年人民币国际化报告》，http://www.gov.cn/xinwen/2021-09/19/5638362/files/652d7b67eb94463f925be3985fcdb860.pdf。

拨等各种因素的影响，中国目前的周边战略环境中还存在一些问题。第一，与周边国家的关系发展不平衡，与一些国家的关系近年来出现紧张和恶化，如日本、印度等。第二，地区热点问题，特别是领土争端问题始终成为影响中国与周边国家关系稳定发展的主要因素，也成为域外大国在中国周边搞“模糊地带”，插足周边地区事务，离间中国与周边关系的重要抓手。第三，周边国家对中国综合国力增长还存在认知问题和战略焦虑，对域外大国的压力和引诱也持投机心态，表现为“近而不亲”。近年来，除东南亚国家总体上对华好感度相对稳定外，日本、韩国、印度等国民众对华好感度都有明显下降。例如，《日经新闻》调查，日本人对华好感度只有8%，而对美国的好感度是75%。根据2022年的多份民调显示，韩国民众对美国的好感度都非常高。2023年2月份，韩国出炉了一份民意调查，满分10分，韩国民众对美国的好感度达到7.24分；而对中国的好感度只有2.6分，甚至比日本的3.4分还低。[①]部分国家担心中国“国强必霸”，甚至对中国制度存在疑虑，在与中国积极开展经贸合作、搭中国发展便车的同时，在安全上寻求域外大国，特别是美国的保障，对华政策体现出明显的战略机会主义。第四，中国与周边地区形成的产业链和供应链主要是由在华跨国公司主导形成的，随着美国和西方国家加快产业回撤和产业链重组，中国与周边的经贸关系存在着不稳定性和脆弱性。

二、中美博弈背景下中国周边战略环境面临的新挑战

从2013年奥巴马第二任期开始，美国加速“重返亚洲”，将战略重点转向“印太”地区，特别是从2017年开始，美国将中国视为最重要的战略

---

① 《韩学者警告：韩国国内过度的反华情绪极其危险》，https://world.huanqiu.com/article/46pfI1v0XqX。

竞争对手，加以全面遏制和打压，其中在中国周边地区以新联盟战略加强地区战略塑造，构筑遏制中国发展周边战略环境。与此同时，随着2020年新冠疫情在全球的蔓延，2022年俄乌冲突的爆发以及日益增长的逆全球化趋势和全球经济动荡，也进一步增加了中国周边战略环境的不稳定性和不确定性。

（一）美国对华全面战略竞争加剧并将遏华战略前沿推进到中国周边地区

拜登政府上台后，延续并扩展了对华全面战略竞争，并逐渐突出了制度和价值观竞争的一面，与实力和权力竞争交织更为紧密，这也决定了中美之间的竞争具有结构性、长期性和综合性的特点。为了遏制中国的发展，美国正将外交和安全资源集中投放在中国周边地区，甚至不惜快速撤出阿富汗和中东地区，即使俄乌发生严重军事冲突，美国也始终将战略重心放在中国周边，聚焦所谓中国对国际秩序最严峻的长期挑战。为此，美国在中国周边地区采取新联盟战略，不局限于外交、安全，而且拓展到经济、科技、制度等全方位领域。

第一，全面推进“印太战略”，将其作为重塑中国周边战略环境的主要平台。美国将“印太战略”作为在中国周边全面遏制中国发展、重塑中国周边战略环境的主要平台，快速地将其机制化，即每年举行外长和领导人会议，快速地将其意识形态化，即强调“自由”“开放”“可持续”等，而且试图将韩国、东盟拉入。在《美印太战略报告》中，东南亚出现了12次，东盟更是出现了19次，可见拜登政府对东盟“印太战略”中的角色给予很高期望。作为“印太战略”主要实施手段的美日印澳“四方安全对话”（QUAD）正在中国周边密织起更加复杂、多层次、多面向的“牵制之网”，并有进一步扩容织密的趋向。“QUAD+”提议已经出现在韩国、越南、菲律宾等周边国家的战略界。从进展看，一方面，QUAD集四国合力应对中国。从发布的《联合声明》看，包含了遏制朝鲜核武器项目、反恐、海上安全、基础设施建设、疫苗供应、气候变化、关键和新兴技术、网络空间、教育和人文合作等几乎所有领域，并大大提升了资金投入，仅2022年5月峰会就宣布将在未来5年投入超过500亿美元的基建援助和投资。[①]另一方面，以周边海洋争议为抓手，牵制中国的海上力量。一年一度的“马拉巴尔”海上联合军演自2020年以来分别在关岛、菲律宾海、孟加拉湾等海域举行，几乎“完美”环绕中国南海地区。2022年5月，QUAD又推出“印太海域态势感知伙伴关系”（IPMDA）倡议，名义上旨在“与区域伙伴合作，应对人道主义和自然灾害，并打击非法捕鱼”，实现海上信息共享，实质却是针对中国在“印太”的海洋活动，构建对华遏制的情报网络，把美国主导的对华情报合作由收集和分析提升到共享层级。同时，提升沿岸国家的能力、降低其对抗中国的成本，为它们与中国争夺海洋资源“撑腰”“张目”。

第二，以“印太经济框架”等为工具重塑中国周边经贸关系。自从美国退出《跨太平洋伙伴关系协定》（TPP）后，美国缺少经略中国周边地区的经济战略工具，一直被美国战略界批评为美国在亚太地区对华战略竞争的短板。为此，2022年5月，美国正式启动了强调规则性而非贸易性的“印太经济框架”（IPEF），目前有14个“印太”国家参与，除美国、澳大利亚、新西兰和斐济外，都是中国周边国家。IPEF的实质是建立以美国价值观为规范的“排华小圈子”，建立符合美国偏好的国际经贸规则和技术标准体系，涉及贸易规则制定、供应链治理、清洁能源转型、税收和反腐败四个方面，规锁中国的发展空间，将中国排挤出“印太”产业链。[②]虽然短期内影响有限，但从中长期看，会加剧中国周边地区国际经贸规则竞争，促进关键产品供应

---

① The White House. Quad Joint Leaders’ Statement，https://www.whitehouse.gov/briefing-room/statements-releases/2022/05/24/quad-joint-leaders-statement/，2022-05-24.

② The White House. Statement on Indo-Pacific Economic Framework for Prosperity, https://www.whitehouse.gov/briefing-room/statements-releases/2022/05/23/statement-on-indo-pacific-economic-framework-for-prosperity/, 2022-05-23.

链“去中国化”。美国还提议与韩国、日本和中国台湾地区建立芯片四方联盟（Chip 4），打造“设计、制造、封测”闭环产业链，从而将中国排除在高端半导体产业链外。[①]2022年6月，美国和中国台湾地区宣布启动“台美21世纪贸易倡议”，或将助力美台半导体产业链合作，并且助长台湾地区与大陆经济脱钩态势。在基础设施方面，美国则有意依托G7框架下的“重建更美好世界”倡议（B3W），推动G20高质量基础设施投资原则扩散，从而制衡“一带一路”倡议。周边少数国家有可能会采取左右逢源的投机主义，并提高对中国的要价，特别是美欧将继续劝说周边国家放弃与中国的数字经济合作，并在周边搭建排斥中国参与的数字供应链，进一步压缩中国参与地区数字合作的空间。

第三，推动双边、多边军事联盟，并推进欧盟和北约更多介入“印太”事务。美国加强了对日、韩双边军事同盟关系，并不断升温美菲军事同盟。2022年3月，美菲举行了自1991年创办30年来规模最大的“肩并肩”联合军演。美国正在设法拉拢欧盟国家和北约更多地介入亚太安全和“印太战略”，美英澳安全同盟（AUKUS）的建立就是一个标志。经由这个新的安全伙伴关系，美国将实质性地提升澳军事能力，并将域外国家英国深深地拉入“印太”事务，从而明显增加了在“印太”地区遏制和抗衡中国影响的选项。此外、法德等欧盟大国也相继介入“印太”安全事务。法国常年对“重返印太”表现积极，马克龙总统尤为重视，还自诩为“印太国家”，制定了欧洲第一份“印太战略”，正将军事活动和军力投放渗透到“印太”地区。德国是法国后第二个出台“印太战略”的国家，并宣称“印太”地区是德国外交政策的优先事项；为显示存在感，派出“巴伐利亚号”护卫舰前往“印太”地区开展为期6个月的航行任务，这是德国海军近20年来首次进行类似

① 《美国计划与日韩台组“Chip 4”芯片联盟》，http://www.semiinsights.com/s/electronic_components/23/45149.shtml。

部署。欧盟制定了“联通战略”和“印太战略”文件，宣布将在可持续和包容性繁荣、绿色转型、海洋治理、数字治理与伙伴关系、互联互通、安全与防卫、人类安全这七大领域加强与“印太”国家的合作，对内展示团结，对外展现合作，紧跟美国步伐。同时，随着俄乌冲突的推动和“北约全球化”战略设想的提出，北约很有可能会扩展到中国周边地区，并已经初现端倪。2022年4月，英国外交大臣特拉斯公然声称“需要一个全球化的北约”。韩国外长首次应邀出席北约外长会议；5月，韩国国家情报院成为北约的下属组织北约合作网络防御卓越中心的正式会员，韩国由此成为首个加入该中心的亚洲国家；6月的北约峰会邀请日本参加。英、法、德等国在南海地区的介入也会常态化。

（二）俄乌冲突、领土争端和台湾等涉及中国核心利益问题等给中国周边战略环境带来巨大不稳定性和不确定性

俄乌冲突、塔利班重新上台而引发的阿富汗局势变化、中亚国家动荡和内部改革走向等都给长期以来相对稳定的中国西部和北部方向战略环境带来了很大的不确定性。同时，领土争端和涉台、涉疆、涉藏、南海、香港等涉中国安全和统一的核心问题，不仅将造成中国东部、东南部和南部方向战略环境持续不稳，而且也已成为美国离间中国与周边国家关系，消耗中国战略资源的重要抓手。

第一，俄乌冲突的未来走向、阿富汗和中亚的局势给中国西部和北部方向战略环境带来不确定性。美国对华实施全面战略竞争以来，西部和北部方向相对稳定的战略环境一直是中国与美国斗争的重要战略支撑，是稳定的“大后方”。但是，美国和西方一直没有放弃在这一方向对中国实施战略封堵，不断试图策动颜色革命，建立亲美政权，从而完成对中国周边全面战略遏制的封堵闭环。俄乌冲突爆发后，美国和西方的联合极限制裁对俄罗斯的综合国力会造成一定程度的削弱。同时，俄乌冲突还给中亚这一未来走向增加了不稳定性和不确定性。俄乌冲突后，哈萨克斯坦、乌兹别克斯坦等中亚国家正在尝试与俄罗斯保持一定的“安全距离”，在美国和西方与俄罗斯之间形成一种新的平衡，并增强地区自主性。同时，一些中亚国家会因俄乌冲突增加对“俄罗斯世界”历史叙事的担忧，加速国内已经开始的“去俄罗斯化”进程和国内改革进程，而美国、日本等也正趁机加大对中亚国家的外交投入，试图进一步拉拢中亚国家。阿富汗地处“亚洲之心”，自2021年8月阿富汗塔利班接管该国政权以来，其安全形势及前景仍不容乐观，特别是俄乌冲突导致国内经济更加困难，人道主义灾难可能引发的难民危机、毒品和武器走私以及跨国恐怖主义重新抬头，都会增大中国西部方向承受“三股势力”的压力。

第二，以领土争端和台湾等涉及中国核心利益的议题拉拢周边国家和地区。由于历史问题，中国与周边不少国家在陆地和海洋划界问题上还存在领土争端，而美国则不断插手搅局。美国以强调维护所谓“基于规则的国际秩序”和在南海的“航行自由”，支持所谓的“南海仲裁案”，否认中国在南海的合法权利，再次宣称《美菲共同防御条约》适用于南海，并先后同越南、马来西亚、印度尼西亚、菲律宾及中国台湾地区建立海上执法合作机制，或开展海上执法部门间合作，鼓动越南、菲律宾等在南海问题上向中国施压，并承诺予以支持。在2022年5月的美国—东盟峰会上，美国承诺提供6 000万美元用于一个新的区域海事倡议。[①]中印边界冲突时，美国明确表示支持印度。美国政府在台湾问题上多次试图实施所谓“战略清晰”，虽然官方正式表态“不支持台湾独立”，但实际上一直在推动台湾独立。美国在台湾问题上增加军售、武力威胁，发布涉台“行动指南”，甚至派出众议院议长佩洛西窜访台湾，不断试探中国的红线。同时，日、澳、法等与美国步调一

① The White House. Fact Sheet: U.S.-ASEAN Special Summit in Washington, DC, https://www.whitehouse.gov/briefing-room/statements-releases/2022/05/12/fact-sheet-u-s-asean-special-summit-in-washington-dc/, 2022-05-12.

致，连续发表错误言论或做出错误举动，日、澳等国甚至宣称要与美国“共同防卫”台湾地区，并加强与台湾地区的准官方往来，支持台湾地区加入CPTPP。在涉疆问题上，妖魔化中国的去极端化政策，贴上所谓种族屠杀标签，并以此对中国相关企业予以制裁，将新能源、纺织、监控设备等相关产业排挤出全球供应链。在涉藏和香港问题上，以所谓人权、民主为借口，继续破坏中国统一、安全和经济发展，消耗中国战略资源。

第三，美国加大在中国周边地区的军事投入，并催生周边国家的军备竞赛。2021年12月，美国《2022财年国防授权法案》提出了“太平洋威慑计划”（简称PDI），预计5年内持续投入超过200亿美元的资金，用于调整美国在西太平洋地区的军事力量部署，提高美国与盟国和伙伴国家军队之间的战时互操作能力，目的在于强化对中国“可信的”军事威慑，慑止中国军队的“轻举妄动”，并在可能的冲突中确保美军拥有必胜的绝对军事优势。由此可见，威慑（中国）重新成为美国“印太”军事部署的首要理念，在这种理念的指导下，美军在西太平洋地区的军事部署将对中国造成直接军事压力，并对中国重要国家利益构成挑战。

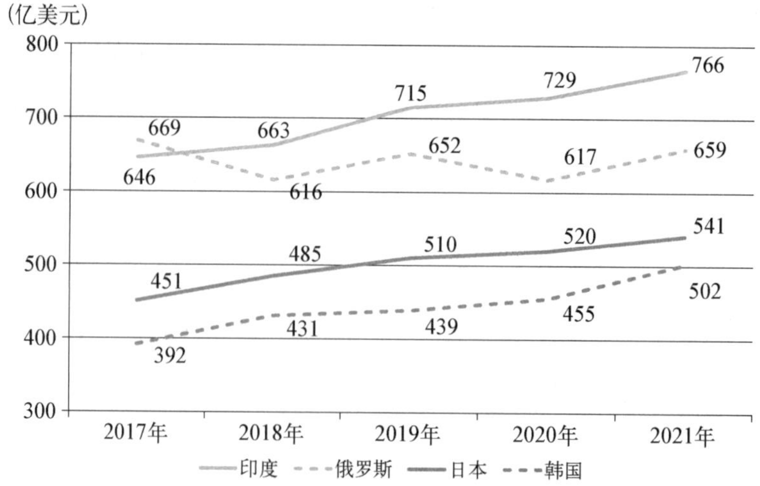

图1　近年印、俄、日、韩军费开支情况

资料来源：瑞典斯德哥尔摩国际和平研究所：https://milex.sipri.org/sipri。

伴随着中美战略博弈加剧，周边国家的军备竞赛也已经展开。根据瑞典斯德哥尔摩国际和平研究所最新发布的报告，2021年，印、俄、日、韩的军费开支分别位列世界第三、第五、第九和第十，军费开支占GDP的比重分别为2.7%、4.1%、1.1%、2.8%，四国军费开支占世界各国总军费开支的11.7%。俄乌冲突后，亚洲军备竞赛进一步加速。朝鲜决定加快发展核能力。韩国接连组织新型潜射弹道导弹试验，不断加快新型潜艇服役进度，充实常规武库，整体提升军事实力，并与美国扩大有关加强核威慑的磋商。日本自民党提出建设“反击能力”，建议政府5年内把国防预算提高到GDP的2%，[①] 甚至开始讨论与美国“核共享”，参与太空军事化、网络军事化。印度大肆购买国外先进武器，并致力于发展独立的国防制造业。这些举动将加剧周边地区的紧张局势，形成新一轮的“安全困境”，并使得日本、韩国、印度进一步靠向美国。

（三）全球经济区域化、地缘经济安全化以及金融风险外部化给中国与周边经济联系带来新变化

2008年全球金融危机之后，经济全球化呈现分裂态势，出现不少新的发展趋向，其中最突出的一点就是更加区域化，由此出现全球产业链重组。此外，美国经济的高度金融化，特别是无限量化宽松政策（QE）提升了国际经济运行风险，为新的全球和地区金融危机埋下伏笔。同时，美国利用其强大的金融和军事霸权，试图将国内金融风险外部化，一方面采取加息缩表，另一方面很可能通过诱发地区层面的局部冲突以维持美元的强势地位。

第一，经济全球化的区域化趋势日趋明显，并将在新的科技条件下不断加强。2008年全球金融危机后，尤其是在2011年之后，全球贸易额年均增

---

① 杨蓉：《日媒：自民党拟建议把防卫费增至GDP的2%，向北约看齐》，观察者网，https://www.guancha.cn/internation/2022_04_17_635353.shtml。

速（除2017年外）均低于实际GDP增速，全球分工进程明显放缓，贸易强度下降，而全球价值链的扩张在2011—2013年达到顶峰后也一直停滞不前。全球化正逐渐减速，并呈现出明显的区域化趋势，逐渐形成美、欧、亚三大区域，邻国市场效应尤为明显。北美和欧盟区域化趋势对中国与周边经济关系的潜在影响主要包括两个方面：一是获取域外直接投资和技术转移的机会减少，产业链优化升级的外部助力减弱；二是获取域外订单的机会减少，东亚生产网络的规模经济效应和范围经济效应减弱。在区域化过程中，亚洲集中度也在增强。从贸易来看，亚洲主要经济体对亚洲自身的贸易依存度均在50%左右，亚太区域内贸易份额在2020年上升至58.5%，达到1990年以来的最高值。[①]同时，中亚、东北亚、东南亚、南亚等子区域的区内贸易联系不断增强。从投资来看，内部引资依存度指数2016—2019年已连续4年保持在50%以上，这表明亚洲资金更青睐亚洲内部市场。RCEP生效后，其原产地累积规则也将推动东亚区域形成更加紧密的经济一体化。

同时，新的技术革命和产业变革也将进一步促进区域化。机器人的发展和应用加快，其能够显著降低劳动力成本，主要基于劳动力成本而进行的全球布局将发生改变，将有可能影响劳动力的跨区域配置，产业更倾向于集中在本地和产业链短的周边地区。3D打印等增材制造技术大大减少了中间环节，并提高了中间品的生产能力。随着打印材料和技术进步，全球中间品贸易额将下降。可再生能源的发展也将减少能源的地缘政治依赖，其投资和产业链合作将更多发生在周边地区。与周边国家共同构建和延伸可再生能源产业链是今后国际能源合作的重要命题和方向。

第二，地缘经济的政治化和安全化程度不断上升，全球产业链重组将呈现近岸化、近友化、本地化特点。出于对华战略遏制考虑，美国日益将投

---

① Asia Regional Integration Center, ADB. Asian Economic Integration Report 2022: Advancing Digital Services Trade in Asia and the Pacific, https://aric.adb.org/aeir2022, 2022-02-28.

资和贸易武器化，推动与中国科技产业脱钩。新冠疫情和俄乌冲突加大了跨国公司的供应链风险，安全因素在供应链重构中被置于更为重要的位置。同时，美国国内政策驱动和联盟战略实施，也将加快全球产业链重组进程，促使其近岸化、近友化和本地化。美国不仅以国内政策引导跨国公司加快从中国转移，而且有意结合经济全球化区域化趋向，在其周边地区，如墨西哥和中美洲布局产业链。同时，美国进一步加强与盟国，如日本、韩国、澳大利亚等在半导体、原材料等领域的产业合作，构建以美式价值观为规范的关键产品供应链联盟。2022年4月，美国财长耶伦发表演讲时概括了美国重构全球供应链的思路，即以“友岸外包”替代“离岸外包”，将供应链转移到众多可信赖的国家。[①]拜登政府还将供应链弹性治理作为“印太经济框架”的重要内容，并将其作为美国实施“友岸外包”战略的重要抓手。目前，美国正在国内积极推动两党创新法案，提出拨款520亿美元扶持美国半导体产业，旨在提升美国在先进制造业和战略性新兴产业领域的对华竞争优势。这将大大增强美国在芯片等高端制造业本土生产能力。2021年以来，美国加大投资力度并吸引韩国、中国台湾地区等大批资本投资美国半导体、新能源汽车、大容量电池等新兴产业。美国发布完善《购买美国货法案》条款的行政令，将国内制造门槛由50%提高到60%，并将分阶段提高到75%，2022年6月将召开“选择美国”投资峰会。[②]美国还以“国家安全”“强迫劳动”“人权”等为借口，升级出口管制和外资安全审查机制，对中国高科技公司在内的数百家实体和个人实施制裁，特别是依托美欧贸易和技术理事会、四方机

---

① Janet L. Yellen. Remarks by Secretary of the Treasury Janet L. Yellen on Way Forward for the Global Economy, https://home.treasury.gov/news/press-releases/jy0714, 2022-04-13.

② The White House. Fact Sheet: Biden-Harris Administration Issues Proposed Buy American Rule, Advancing the President’s Commitment to Ensuring the Future of America is Made in America by All of America’s Workers, https://www.whitehouse.gov/briefing-room/statements-releases/2021/07/28/fact-sheet-biden-harris-administration-issues-proposed-buy-american-rule-advancing-the-presidents-commitment-to-ensuring-the-future-of-america-is-made-in-america-by-all-of-americas/, 2021-07-28.

制等对中国实施“小院高墙”式精准技术脱钩战略。欧盟也把医药等产业列为战略性安全产业，旨在提高原料药活性成分的本地生产能力。上述举措通过限制国际经济要素流动改变中国与周边国家之间的产业链网络，可能会在一定程度上产生分化、弱化和减化网络的效果。

第三，美国凭借美元霸权，通过调整国内货币政策，将金融风险外部化。2020年以来，面对新冠疫情的巨大冲击，以美国为首的发达国家采取的史无前例的量化宽松政策，引发了全球范围的货币超发，其流动性泛滥和美联储退出QE的潜在风险值得关注。2020年3月迄今，美联储推出“无上限QE”达到4.6万亿美元，短期内导致全球范围的流动性过剩，引发通货膨胀上行，其中美国的通胀率超过8%。[①]与此同时，通胀上行加大了金融市场的调整压力，迫使部分新兴经济体提高基准利率以应对资本外流压力，土耳其等就出现了金融动荡。中国周边地区是国际资本流动密集地区，美联储启动的加息缩表进程将会引发离岸美元回流，对中国周边国家的金融稳定产生负面影响。例如，由于美国加息，越南VN30指数从2023年高点狂泄20%，也加剧了巴基斯坦、斯里兰卡等国本已存在的经济危机。同时，美国也有可能以诱发地区局部冲突，尤其是“敌对国”周边的冲突来巩固美元地位。美国这种手法在欧元诞生初期曾有过先例。

（四）周边国家在中美战略博弈中对华态度将可能进一步分化

自2017年美国开始实施对华全面战略竞争以来，美国通过各种手段拉拢中国周边国家，试图在中国周边构建反华阵营，实现其塑造遏制中国发展战略环境的意图和目标。由于周边国家与中国在领土边界、制度体系、经济利益、地区领导权等方面存在差异，其对华立场也呈现不同姿态。虽目前绝

① 2020年3月9日至2022年5月9日，美联储资产负债表规模从4.3万亿美元扩大到8.9万亿美元。Board of Governors of the Federal Reserve System. Credit and Liquidity Program and the Balance Sheet, https://www.federalreserve.gov/monetarypolicy/bst_recenttrends.htm.

大多数国家采取了不选边的策略，但随着美国“印太战略”持续推进，政治压力加大、经济诱惑增强以及地缘经济日益政治化和安全化，预计周边国家对华态度将会出现进一步分化。

第一，围绕“印太战略”，周边国家对华政策已出现一定程度分化。日本是“印太战略”最积极的推动者，不仅很早就提出“自由开放的印太战略”，也乐见这一提法被美国落实为“印太战略”并积极响应配合。无论是QUAD还是IPEF，日本都在其中发挥“开路先锋”“地区总代理”“力量倍增器”的作用。当然，日本也希望美国投桃报李，能够重返CPTPP。韩国总统尹锡悦上台后，韩国对“印太战略”和QUAD持更加积极姿态，并由一定的国内民意支撑。印度作为印度洋地区大国，积极参与“印太战略”，一方面，意图通过QUAD谋求在南亚地区的主导地位，增强在亚太事务中的影响力；另一方面，通过同美、日、澳等与中国存在较强竞争关系的国家合作，更好地牵制中国。不过，印度参与“印太战略”中的关注点不在价值观联盟，而是与中国的地区领导权竞争。东盟虽然希望美国政府再次重视东南亚地区，并持续开展对话与合作，但对“印太战略”也存在担忧。

第二，周边国家经济实力的上升也会增强其民族主义情绪，在领土争端等问题上态度更趋强硬。中国周边地区，特别是东亚、东南亚和南亚是全球经济增长比较快的地区。随着经济增长，这些国家内部民族主义情绪一般会逐步上升，一些权益主张将会与中国的核心利益形成冲突，从而在战略上将会更加借助域外大国，特别是美国的力量制衡中国。例如，随着印度国力增强，印度国内大印度主义，如“大婆罗多”话语倾向值得注意，因为它所指称的所谓不可分割的印度不仅包含整个南亚、缅甸和阿富汗，而且还指向中国的西藏地区。又如，越南国内在南海问题上存在一定的民族主义情绪。随着越南经济的持续增强，越南政府对南海问题的立场也将受到越来越大的国内压力。此外，日本、韩国等国民族主义思潮在其外交政策中的影响已在不断上升，反华叙事成为其主要内容之一，这必将导致其更加倚美制华。

第三，随着美国不断推动地区经济政治化和安全化，将使一些周边国家在经济上也日益倒向美国。中国周边国家历来“经济上靠中国”“安全上靠美国”，从而在中美博弈开始后除极个别国家，总体保持不选边的立场。新加坡总理李光耀也多次呼吁美国不要压迫亚洲国家选边。但是，随着美国不断将地缘经济政治化和安全化，以美国所谓的价值和规则，通过“印太经济框架”实施产业链重组和地区经济合作重构，拉拢越来越多国家进入其构建的新产业链、供应链，强化美国与“印太”国家的经济联系，东盟国家在“选边”问题上将承受越来越大的压力。新加坡尤索夫伊萨东南亚研究院（ISEAS-Yusof Ishak Institute）发布的《2022东南亚态势报告》显示，在“选边站”的问题上，东南亚内部分歧明显。就整个东盟而言，如果被迫选边，选美国的比例在增加：57%选美国（相比2021年的56.2%），43.0%选中国（相比2021年的43.8%）。就国别而言，文莱、柬埔寨、老挝分别有64.2%、81.5%、81.8%的民众认为应选择和中国站在一边，缅甸、菲律宾、新加坡、越南则分别有92%、83.5%、77.9%、73.6%的民众认为应选择美国，而印度尼西亚一半对一半，把中美都视为威胁。①

第四，美国还会加强在中国周边国家实施“颜色革命”，通过政权更替打击友华国家。必须注意到，美国对中国周边战略环境塑造在地缘上是全方位的，虽然目前主攻方向在“印太”地区，但始终没有放弃中国西部方向。冷战结束后，美国曾多次试图在中亚地区推行“颜色革命”，但由于俄罗斯和中国与中亚地区保持着良好关系并有较大影响，总体没有成功。但随着俄乌冲突爆发、中亚国家内部权力代际转移问题以及全球通胀导致的粮食、能源和矿产品价格暴涨，可能会影响到中亚国家的内部稳定，为“颜色革命”提供导火索。同时，持续不断的通胀，特别是大宗商品暴涨也会影响到中国

---

① ASEAN Studies Centre, ISEAS-Yusof Ishak Institute. The State of Southeast Asia: 2022 Survey Report, https://www.iseas.edu.sg/articles-commentaries/state-of-southeast-asia-survey/the-state-of-southeast-asia-2022-survey-report/, 2022-02-16.

其他周边国家的稳定。事实上，最近南亚斯里兰卡、巴基斯坦出现的动荡都与此有关，从而使得中国与这些国家关系的未来走向出现了一定的不确定性。

三、为全面建设社会主义现代化国家重塑中国周边战略

面对中美博弈背景下中国周边战略环境在未来一段时期内可能出现的挑战，应冷静判断、把握趋势、未雨绸缪、有效应对，努力为全面建设社会主义现代化国家进程塑造一个有利的周边战略环境。

第一，以构建周边命运共同体为目标重塑中国周边战略。无论从世界大国崛起的历史经验、全球化未来发展趋势、美国对华遏制战略空间实施方向以及祖国最终统一问题来看，周边地区是当前直至2049年实现第二个百年奋斗目标，实现中华民族伟大复兴中国梦的最重要战略依托。同时，从经济关联度、产业链密集度以及文化传统的相似度，也充分表明中国应该将以东亚为核心的周边地区置于参与全球治理的重点区域。从2013年开始，以习近平同志为核心的党中央高瞻远瞩，在中国总体外交布局中不断强化周边外交的重要性。针对未来中长期内中国周边战略环境面临的机遇和挑战，应将构建周边命运共同体作为中国对外工作的重点和周边外交的目标，全面提升周边外交在中国总体外交布局中的地位，切实增强中国在周边区域治理中的话语权和影响力，努力塑造对中国有利的周边战略环境；提出和推进“周边优先”战略，将周边打造成落实全球发展倡议的重点实践区，使亲诚惠容的周边外交理念得以进一步有效实践。从一些国家的国际合作和对外援助重点来看，大多也是周边优先。可以考虑在国际合作和对外援助方面，优先面向和投向周边地区，进一步增强周边国家对中国亲诚惠容理念的感受度和获得感，增强周边地区对中国的认同感和好感度。

第二，进一步开放合作，抓住“战略时间差”，将周边地区打造成新发展格局战略节点和高质量共建“一带一路”的示范区。虽然美国在积极推动

产业链重构，特别是企图以“印太战略”“印太经济框架”和“重建更美好世界”倡议在中国周边构建遏制和脱离中国的地缘经济构架。但是，除了“印太战略”会加强半导体芯片产业链和原材料产业链转移外，由于IPEF是“非贸易性”倡议，对发展中国家要求开放市场诉求而言，其吸引力有限。同时，IPEF并非经美国国会批准的协议，而是行政级别的协议，下任美国总统可以随时废除。因此，各国在参与过程中可能会更加谨慎，实际效果有待进一步观察。从目前看，由于美欧国内基建需求尚举步维艰且面临巨大经济复苏压力以及俄乌冲突的影响，短期内恐难以投入大量资金支持海外基础设施建设，今后能够用于“印太”地区的资金也将较为有限。因此，中国在塑造周边战略环境还有“战略时间差”的机遇。为此，要结合“双循环”战略，特别是结合绿色经济转型，利用中国在新能源产业链中占据价值链高端的优势，迅速打造与周边国家的以中国跨国公司为主的太阳能、新能源汽车等产业链，并通过加入DEPA拓展数字经济合作。同时通过产业有序转移和国内市场加大开放，进一步巩固现有的产业链、供应链。此外，要通过“一带一路”倡议，进一步加强中国市场对周边地区的辐射力，将中国市场打造成周边国家最终消费市场之一，并以提高人民币在周边地区贸易投资中的比例加快国际化步伐，以市场强固中国与周边的经济关系。

第三，创新战略思维，积极探索建构周边安全合作体系，妥善处理热点敏感问题。进一步以全球安全倡议和“亚洲安全观”为指导，探索在周边建构安全合作体系，提供安全领域的地区公共产品。总体思路可以由易而难、由存量到增量。由易而难，就是从非传统安全合作切入，除了金融稳定、公共卫生等领域，在地区气候变化、反恐等领域构建地区合作平台和体系，通过非传统安全合作争取民意，积累信任，并逐步扩展到传统安全领域。由存量到增量，就是进一步优化已有周边安全合作体系，进一步优化和完善上海合作组织、亚信等地区安全机制，同时根据形势发展需要，在与周边国家加强战略沟通的基础上创设新的地区安全组织。针对热点敏感问题，要坚持从总体和局部，长远和短期效果加以综合评估，与相关方积极寻求和平解决方案。例如，在南海问题上，应继续深化中国—东盟全面战略合作伙伴关系，积极推进“南海行为准则”磋商和海上对话合作，争取早日达成“南海行为准则”，与地区国家共建海洋共同家园。又如，领土争端问题是中印关系的重要障碍，但不是中印关系的全部。虽然美国为遏制中国，竭力拉拢印度参与“印太战略”，但也要看到，印度和中国都是发展中大国，印度外交上具有很强的独立性和“不结盟”特点，希望充分发挥战略自主性，这次俄乌冲突中的态度就是明证，而且印度在“印太战略”中的战略诉求与美国也有相当距离。为此，中国要保持战略耐心和定力，推动中印关系依然在“双轨”模式中稳固推进，为解决领土争端问题不断积累战略互信。

第四，加强人文交流，夯实民意基础，增强中国与周边国家关系的韧性。在中国周边外交中，要增强中国地区治理的知识积累、储备与创新。根据苏珊·斯特兰奇的观点，结构性权力来自四个方面：生产、安全、金融和知识。历史上，中国文化曾对周边地区产生过极大影响，而今中国在周边地区最薄弱的却是知识性权力。话语权并不仅仅建立在实力基础之上，它所体现的，是一整套可以被地区社会大多数人能接受的知识体系，从而能够有效设置地区议题。目前，周边国家对华好感度总体呈下降趋势。为此，要进一步加强周边地区的区域国别研究，依托语言专业和国际关系专业打造具有综合能力的专职研究队伍和专业研究人才，进一步拓展和深入区域国别研究的关注维度，形成一套中国特色的周边知识体系，努力构建自身的地区话语权。同时，在现代社会中，民心和民意对一个国家的外交政策正产生越来越大的影响，是国家间关系的“稳定剂”“黏合剂”。中国要以人文交流为纽带，扎实推进各领域的人文交流工作。在政府层面，进一步拓展和深化与周边国家的人文交流机制，发挥这些机制的示范带动作用。在社会层面，充分挖掘中国与周边国家友好往来的历史底蕴，通过民间友好组织和平台、高校和科研院所、新闻媒体等力量，以教育、科技、文化、卫生、体育、青年和妇女交流为主干，展现优秀文化，塑造人文精神，促进情感交流，增进彼此认识和理解，为中国与周边国家的关系营造良好的社会和舆论氛围，使周边国家对同中国的合作更支持、更认同。

塑造中国周边战略环境归根结底还是在于中国综合国力的不断增强。美国对华全面战略竞争不仅是国家权力之争，更是一场制度竞争。美国政府的对华全面战略竞争具有实力和权力竞争、制度和价值观竞争交织并存的本质特征。美国在中国周边地区构建遏华联盟，往往打着价值、规范、制度的旗号。同时，在中美战略博弈中，周边国家也会根据中国的综合国力消长实施战略投机。为此，要继续加快国内改革开放，提升自主创新能力，不断增强综合国力以及制度影响力和吸引力，从而在塑造中国周边战略环境中赢得主动权、增强塑造力。

周恩来的宗教观与对日佛教外交

王盈*

新中国成立伊始就面临着美国和西方国家遏制与封锁，国际环境极为恶劣，严重影响新中国的存续与发展。周恩来领导下的新中国外交，此时最重要的任务是打开外交局面，创造一个良好的国际环境。由于国际社会中多数国家普遍信仰某种宗教，某些国家更是全民信仰某一特定宗教，就出现了在宗教问题上污名化中国共产党领导的新中国，进而孤立新中国的动作。在美国操纵下，早在1950年9月，东京举行的"国际佛教大会"就"发表了荒谬的言论来诬蔑新中国，向我国佛教徒进行挑拨离间"[①]。此后，在1955年的万隆会议等各种国际场合，宗教问题上的交锋不时上演，宗教因素成了新中国外交不得不考虑的重要因素。

在周恩来领导外交工作的26年间，总共有107个国家与中国建交，显然离不开在国际事务中对宗教问题的妥善处理。随着"一带一路"倡议的深入展开、中国国家利益的进一步全球化，以及全球性尤其是发展中国家的宗教复兴，宗教在中国对外关系中的重要性日益突出。周恩来是新中国外交的开拓者和创始人，自始至终坚持中国共产党和国家的独立性，在

---

* 王盈，宗教研究所助理研究员。

① 《赵朴初文集》上卷，华文出版社2007年版，第65页。

外交领域更是不盲从、不照搬苏联经验。周恩来在宗教方面的外交实践，具有极为鲜明的中国特色，相关经验对于今日的中国外交仍然极具启发意义。

在周恩来的宗教外交实践中，对日佛教外交无疑是浓重一笔。首先需要明确的是，中日邦交正常化之前，两国在政府层面处于断绝往来的状态，民众之间更不可能自由交往，任何民间交往或多或少都带有官方背景。而"民间外交"也是周恩来对日外交的总方针。新中国成立后，对日工作长期由周恩来亲自主持，对日佛教交流也属于对日民间外交的范畴，其本质即是对日佛教外交。通过对日佛教外交实践，不仅拉近了民间友谊，更在中日邦交正常化过程中发挥了实际作用，可以说是周恩来宗教外交的成功典范。

迄今为止，周恩来研究开展广泛，有关周恩来外交思想与实践研究文章乃至专著不断问世，然而鲜有涉及周恩来宗教外交的系统性研究[①]。周恩来对日民间外交的相关研究本身具有相当的积累[②]，但研究更多关注经济领域[③]，尤其是以"LT贸易"为代表的中日民间贸易协议等。相较而言，周恩来所领导的对日佛教外交并未引起足够重视。几乎在中日恢复贸易往来的同时，对日佛教外交也在有条不紊地推进。虽然有学者注意到了源自佛教的日本新兴宗教团体创价学会在中日邦交正常化过程中的作用，对周恩来与创价学会及

---

① 事实上关于周恩来的宗教思想与实践的相关研究也并不多见。具有代表性的文章有王作安：《周恩来——在宗教问题上极富远见的人》(《中国宗教》2006年第1期)，陈答才：《周恩来对新中国宗教工作的思考与实践》(《中国宗教》2006年第1期)，宋西雷、陶卫平：《论周恩来关于宗教工作的思想观点》(《广东省社会主义学院学报》2012年第1期)等。但多从国内政治角度出发，少有涉及国际政治。

② 比如专著有陈答才、潘焕昭：《以民促官：周恩来与中日关系》(重庆出版社1998年版)，论文则有陈都明：《发展民间外交实现关系正常化——缅怀周恩来总理对中日建交的贡献》(《当代世界》1997年第7期)，王玉贵：《周恩来与中日民间外交》(《当代中国史研究》2001年第2期)等。

③ 比如李恩民的专著《中日民间经济外交(1945—1972)》(人民出版社1997年版)等。

其创立的政党公明党之间的关系开展了相关研究[①]，也取得了一定的成果，但是周恩来领导的对日佛教外交并不只限于创价学会[②]。新中国的对日佛教外交，早在20世纪50年代已经开始。新中国与日本传统佛教界建立起的联系，远早于创价学会。两者相加，才是对日佛教外交的全貌。而周恩来对日佛教外交实践，无疑建立在其对宗教的认识之上。因此，本研究试图从国际政治角度，对周恩来的宗教观以及其思想来源做一考察，并对新中国成立后周恩来对日佛教外交实践的具体形式进行梳理与归纳，以期对当下的中国外交提供有益参考。

一、周恩来的宗教观

周恩来的对日佛教外交，必然是建立在其宗教观之上的。那么，周恩来是怎么认识宗教的？尤其是如何认识国际政治中的宗教的？

（一）宗教的长期性、群众性是周恩来宗教观的基础

宗教的长期性、群众性是周恩来宗教观的基础，也是周恩来制定对外宗教政策的前提。周恩来曾直言不讳“对社会主义国家执政党来讲，搞清楚宗

---

① 比如王永祥：《周恩来与池田大作》（中央文献出版社2001年版），纪亚光与孔繁丰先后出版了《周恩来、池田大作与中日邦交正常化》（中央文献出版社2006年版）、《周恩来、邓颖超与池田大作》（中央文献出版社2011年版）两本专著。《周恩来与池田大作》一书收集了大量对当事人的采访，极具参考价值。日本学者别枝行夫的论文：「戦後日中関係と公明党」（『北東アジア研究』第29号、2018年），同样包含了作者对相关当事人，尤其是日方当事人的采访，提供了理解中日邦交正常化过程中周恩来对创价学会・公明党外交的日方视角，具有独特意义。此外，相关论文有姚胜旬：《中日民间外交特殊性研究——从池田大作现象到日本人在西南苗疆寻根考察》（《上海师范大学学报（哲学社会科学版）》2013年第3期）。

② 有日本学者关注到了20世纪50年代开始的对日佛教工作，具体可参见坂井田夕起子：「中華人民共和国の対外工作と仏教（1952—1966年）」（『現代中国文化の深層構造』2015年6月）。足羽與志子：「中国のダルマパーラーアジアの近代と仏教復興」（『アジア遊学』第24号，2001年2月）。

教会不会长期存在，直接关系到对待宗教的态度和制定宗教政策的取向，关系极其重大”[①]。在周恩来看来，“宗教的存在是长期的。”[②]值得注意的是，在论及宗教长期性时，周恩来曾多次提及苏联的宗教现实。“苏联社会主义国家，它还是有宗教的。”“苏联十月革命已经三十多年了，现在还不是有很多教堂，很多人画十字？”[③]基于苏联的现实，周恩来认为“信仰宗教的人，不仅现在社会主义的国家里有，就是将来进入共产主义社会，是不是就完全没有了？现在不能说得那么死”[④]。

既然信仰宗教的人会长期存在，又该如何看待这些宗教信仰者？在谈到天主教徒时，周恩来曾指出“天主教有几百万教徒，这首先就是一个群众问题。我们不能把几百万信天主教的人都看作是吃洋饭的。如果这样说一定会脱离群众。因为这里边有很多是劳动人民”[⑤]。在周恩来看来，即便是天主教，其教徒中的多数也是“劳动人民”，所以周恩来“只把宗教信仰肯定为人民的思想问题，而不涉及政治问题”[⑥]。对于外国的宗教信徒，周恩来也持同样的认识。在指示相关人员接触日本新兴宗教团体创价学会时，周恩来明确指出“创价学会是从群众中产生的团体，人数几乎占日本人口的一成”[⑦]。而“外交是通国家和国家的关系这个形式来进行的，但落脚点还是影响和争取人民”[⑧]，所以外国信教群众也是可以争取的对象。正是基于对宗教群众性的深刻洞悉，使得周恩来得以不被有神论、无神论的分歧所束缚，将国内外信教群众也纳入可以团结、进行政治合

① 《周恩来统一战线文选》，人民出版社1984年版，第309页。

② 同上书，第182页。

③ 同上书，第201页。

④ 同上书，第382—384页。

⑤ 同上书，第201页。

⑥ 同上书，第383页。

⑦ 卞立强：《日中恢复邦交秘话——池田大作与日中友好》，经济日报出版社1998年版，第13页。

⑧ 《周恩来统一战线文选》，人民出版社1984年版，第52页。

作的群体之中。

（二）辩证看待宗教功能，对信教人群进行科学分类是周恩来宗教观的特色

什么样的信教者是可以合作的？周恩来对此做了科学分类。周恩来在新中国成立之初与基督教人士的谈话中曾指出“如果这个宗教团体在政治上是拥护《共同纲领》的，是爱国与民主的，那么这个宗教团体便是对新中国有益的”[①]。对于国外宗教团体，周恩来也进行了分类。比如，周恩来认为“在推进中日友好时，不能忽视”[②]日本创价学会这个团体。在周恩来看来，日本的宗教团体如果能够推动中日友好，也是“有益”的，是可以争取的。

之所以能做出这样的分类，源自周恩来对宗教功能的辩证看待。周恩来直言帝国主义曾利用基督教对中国进行文化侵略，做过“许多坏事”，发生过“许多坏影响”；新中国成立初期，基督教内仍然还有“甘心情愿做帝国主义走狗的”人。但是，他也指出“基督教是16世纪马丁·路德反抗罗马教皇的专制、实行宗教改革而建立的一个新教会，它在当时的社会上曾起了积极的作用”[③]。1956年，周恩来在同巴基斯坦伊斯兰教代表团和印度尼西亚伊斯兰教代表团谈话时说：“宗教在教义上有某些积极作用，对民族关系也可以起到推动作用。”周恩来更赞扬了20世纪60年代“越南南方的佛教徒反对迫害，争取自由”的行动，以越南僧侣释善豪法师为例，说“从他来看，佛教就不是鸦片”[④]。

正因为周恩来看到了宗教所具有的积极一面，才能积极主动的团结信教群众，进行政治合作。正是通过对信教人群的科学分类，使得周恩来无

① 《周恩来统一战线文选》，人民出版社1984年版，第182页。

② 卞立强：《日中恢复邦交秘话——池田大作与日中友好》，经济日报出版社1998年版，第27页。

③ 《周恩来统一战线文选》，人民出版社1984年版，第181页。

④ 《周恩来外交文选》，中央文献出版社1990年版，第356页。

论在国内统战，还是在对外交往中，都有了对信教人群开展相关工作的实际抓手。

（三）信教与不信教的人在互相尊重基础上可以进行政治合作是周恩来宗教观的核心

无论在国内还是国际场合，周恩来一再强调信教与不信教的人可以进行政治合作。周恩来明确指出："唯物论者同唯心论者，在政治上可以合作，可以共存，应该相互尊重。"①1963年，在与出席亚洲十一个国家和地区佛教徒会议的国外代表的谈话中，周恩来进一步指出"佛教是唯心论，共产主义是唯物论，两者在思想上不一致。但从政治上看，信教的和不信教的有很多一致的地方，如在共同反对外来干涉、争取民族独立、爱祖国这些方面是可以一致的"②，明确了信教与不信教的人之间进行政治合作的具体内容。在周恩来看来信教与不信教的人之间的政治合作，并不是口号，而是可以在内政外交中进行实践的。

当然，在周恩来谈及信教与不信教的人可以进行政治合作时，有一个基本前提：互相尊重。周恩来坚持"信教的和不信教的要互相尊重，才能有和平"③。在1955年万隆会议的补充发言中，周恩来更是直截了当地表示："我们共产党人是无神论者，但是我们尊重有宗教信仰的人。我们希望有宗教信仰的人也应该尊重无宗教信仰的人。……为什么在亚非国家的大家庭中不能将有宗教信仰的和没有宗教信仰的人团结在一起呢？"④正是出自坚定的共产主义信仰，周恩来在面对信教不信教的分歧时，从不刻意迎合，也不随意攻击，真正体现了对群众信仰自由的尊重，从而赢得了国内外信教群众信任，

---

① 《周恩来统一战线文选》，人民出版社1984年版，第181页。
② 《周恩来外交文选》，中央文献出版社1990年版，第356页。
③ 同上书，第154页。
④ 同上书，第123页。

最终得以跨越信教不信教的鸿沟，达成政治合作。

二、周恩来宗教观的思想来源

毋庸置疑，周恩来宗教观的思想来源是马克思主义，同时源于中国历史与现实，是马克思主义普遍原理与中国实际有效结合的产物。

首先，周恩来的宗教观的基础是“唯物论”。周恩来认为“当社会还没有发展到使宗教赖以存在的条件完全消失的时候，宗教是会存在的”。[①]这与马克思主义的认识一脉相承。马克思在《资本论》中明确指出:“只有当实际日常生活的关系，在人们面前表现为人与人之间和人与自然之间极明白而合理的关系的时候，现实世界的宗教反映才会消失。……需要有一定的社会物质基础或一系列物质生存条件，而这些条件本身又是长期的、痛苦的历史发展的自然物。”[②]马克思主义一贯认为宗教是具有一定历史必然性的社会现象，不以人的意志为转移。只有它赖以存在的条件消亡后，才会趋于消亡。

其次，周恩来认为从马克思到列宁，对宗教的批判都是基于欧洲国家政教合一的历史，而“中国不是政教合一的国家。在中国，宗教同政治一向是分开的，所以宗教问题不象欧洲政教合一的国家那样严重”。对于列宁提出的“现代所有的宗教和教会、各式各样的宗教团体，都是资产阶级反动派用来捍卫剥削制度、麻醉工人阶级的机构”[③]，周恩来则认为列宁是基于“当时帝俄沙皇利用宗教麻醉人民，要人民不反抗。西方的统治阶级也利用宗教麻痹人民的斗志。但在中国，统治阶级未能达到利用佛教麻醉人民的目的，情

---

① 《周恩来统一战线文选》，人民出版社1984年版，第384页。

② 中共中央马克思恩格斯列宁斯大林著作编译局编译:《马克思恩格斯全集》第23卷，人民出版社1972年版，第97页。

③ 中共中央马克思恩格斯列宁斯大林著作编译局编译:《列宁选集》第2卷，人民出版社1995年版，第375页。

况不同”[①]，所以对于宗教的作用，周恩来坚持“政治上要具体分析。从一些佛教徒的政治行动上看可以这样说。地方、环境不同，情况也不同”[②]。正因为坚持具体情况具体分析，周恩来才能对具体的宗教和教派在特定历史条件下所起的作用形成客观认识，这本身又是符合马克思主义原理的。

再次，周恩来从来没有一味否定宗教，也是基于中国的历史与现实。在万隆会议上，周恩来介绍中国宗教现状时，强调中国“不仅有七百万共产党员，并且还有以千万计的回教徒和佛教徒，以百万计的基督教徒和天主教徒。中国代表团就有虔诚的伊斯兰教的阿訇。这些情况并不妨碍中国内部的团结”[③]。周恩来本人的现实经历更是让他看到了宗教的积极面。周恩来曾说：“如我的父母信佛，我是共产主义者，这方面是不一致的。但是在反对外国干涉、要求民族独立等方面则是一致的。”早在1939年，周恩来就曾为南岳佛道救难协会题词“上马杀贼、下马学佛”。南岳佛道救难协会是佛教抗日救亡组织，不仅在衡阳、湘潭、长沙等地开展各种抗日宣传活动，更有青年僧人奔赴抗日前线，甚至牺牲。

正是周恩来所经历过的现实，使得其可以形成这样的观点：“不信仰宗教的人和信仰宗教的人都可以合作，信仰不同宗教的人也可以合作。”[④]而这种认识，放之国际场合也适用，所以周恩来才会在万隆会议上说“为什么在亚非国家的大家庭中不能将有宗教信仰的和没有宗教信仰的人团结在一起呢？”。

三、周恩来对日佛教外交实践的开展背景

基于对宗教的上述认识，周恩来在外交领域积极开展相关实践，对日佛

①② 《周恩来外交文选》，中央文献出版社1990年版，第356页。

③ 同上书，第123页。

④ 《周恩来统一战线文选》，人民出版社1984年版，第384页。

教外交就是其中的代表。

新中国成立伊始，国家外交就面临着极为严峻的形势，周恩来提出维护世界持久和平是新中国外交的首要目标和基本政策，“团结世界人民”则是和平外交政策的一大方针。而且，“对原殖民地半殖民地国家，对资本主义、帝国主义国家的人民也要团结争取，以巩固和发展国际和平力量，扩大新中国的影响”。[①]尤其是发展与近邻日本间的友好关系，有助于维护地区和平、突破美国的封锁、拓宽新中国的外交活动空间、促进国内建设事业的顺利发展。基于当时两国之间没有恢复邦交的现实，周恩来提出了中日之间“民间先行”。

在日本的民间团体中，佛教团体无疑是不可忽视的力量。首先，佛教在日本具有悠久的历史与广泛的群众基础。佛教自公元6世纪正式传入日本，从皇室信仰逐步下沉，成为日本民众普遍信仰的传统宗教之一。1952年，日本取得宗教法人资格的寺院有73 162座，佛教相关团体总数高达85 712家，佛教信徒更是高达4 200多万。[②]其次，中日佛教交流源远流长。日本佛教徒普遍认为佛教起源于印度，传到中国，再传到韩国和日本。不仅有中国高僧，如唐朝开元、天宝时代高僧鉴真法师、明朝隐元和尚渡日传法，更有日本僧人，如日本天台宗开创者最澄和尚、真言宗开创者空海和尚前来学法。中国境内有日本佛教各大宗派的祖庭、祖塔，祖师学习过的地方，比如我国山西省境内的玄中寺也被日本净土宗视为祖庭。这种亲近性有利于团结日本普通信教群众，推动日本民间的对华友好。再次，二战后有不少日本佛教徒积极参与到日本的政治运动中。除了号召信徒在选举中投票给教团所推荐的候选人，间接影响国家政治外，更有僧人直接参加选举，成为国会议员。1947年举行了日本二战后的首场参议院选举，宗教界有7人当选议员，其中

① 《周恩来外交文选》，中央文献出版社1990年版，第51页。

② 文化庁文化部宗務課：「宗教関連統計に関する資料集」，文化庁https://www.bunka.go.jp/tokei_hakusho_shuppan/tokeichosa/shumu_kanrentokei/pdf/h26_chosa.pdf，2022年10月1日。

就包括净土真宗本愿寺派僧人梅原真隆，曹洞宗僧人来马琢道。[①]更有日本佛教界人士真心反省战争恶行，积极参与对华友好活动。如从1952年开始，日本佛教界友好人士把埋在日本各地矿山、军事工程地下的中国在日殉难者的遗骨收集起来，送回中国。这些佛教界人士也是当时日本国内致力于日中友好关系的各种组织的中坚力量。如1950年成立的日中友好协会，除了在日华侨、学者、社会名人外，也有中山教笃、妹尾义郎、壬生照顺等僧侣、居士。总之，日本佛教界人士是团结日本民众、推进中日友好不可忽视的一支力量。

四、周恩来对日佛教外交的具体方式

（一）以心换心，重视宗教领袖的作用

在宗教团体中，宗教领袖的地位毋庸置疑。周恩来极为重视宗教领袖的作用，对赵朴初的挖掘、善用，是对日佛教外交成绩突出的重要原因。赵朴初居士是中国杰出的宗教家、坚定的爱国者，新中国成立前在上海长期从事慈善工作。1949年，赵朴初受周恩来邀请，作为佛教界代表，参加了中国人民政治协商会议第一届全体会议。由于赵朴初深厚的佛学造诣，周恩来在会见来中国访问的外国佛教界人士时，每次都请赵朴初陪同。赵朴初更是代表中国佛教界出访各国，出席各种佛教相关国际活动，显示出了突出的外事能力。在周恩来的邀请下，1953年，赵朴初离开了长期生活的上海，到北京工作，并把家也搬到了北京。

1952年10月，赵朴初代表中国佛教界，委托出席在北京召开的亚洲及太平洋区域和平会议的日方代表，将一尊佛像带给日本佛教界，开启了新中

① ［日］绳田早苗：《宗教与政治》，载《新宗教的世界》第1卷，第78页，1987年。转引自邵宏伟：《战后日本新宗教参与政党政治的方式、动因及其认识》，《佛学研究》2008年第17期。

国对日佛教外交。从1955年起，赵朴初多次前往日本，与日本佛教界展开交流，更以其深厚的佛学造诣，赢得了日本佛教界的信任。1955年，赵朴初首次作为代表访日时曾前往东京浅草寺朝拜，日本僧侣惊讶于赵朴初的拜佛礼仪，称“这是真正的参拜作法，在日本人中能做到的不到万分之一”，被赵朴初“出色的信徒姿态与真挚的言行所打动”，从赵朴初身上看到了“中国佛教的前途一片光明”[①]。赵朴初本人在国际场合的活跃，就是中国共产党对宗教态度的最佳宣传。

赵朴初曾以周恩来为例，向日本佛教界人士阐述中国共产党对佛教的态度。赵朴初说在北京参加全国政协首次会议时，受邀参加周恩来主办的晚餐会，他和另一位佛教界代表巨赞法师长期吃素，觉得可能会遇到不方便，打算不吃了，没想到周恩来为他们特意准备了素斋[②]。周恩来对赵朴初的尊重与关心，赢得了赵朴初对周恩来、对中国共产党的认可，真心为新中国建设做出贡献。正是周恩来的知人善用，让赵朴初的能力得到了充分发挥，在日本佛教界争取到了真正的朋友。1972年，周恩来举办招待宴会，欢迎为恢复中日邦交访华的日本首相田中角荣，也邀请了赵朴初参加，既是对赵朴初工作的充分肯定，也是对佛教在中日邦交正常化过程中所起到的积极作用的肯定。

周恩来对日本宗教领袖也极为重视。周恩来在1974年“12月5日会见日本创价学会会长池田大作和夫人及由池田所率日创价学会第二次访华团全体团员”[③]。创价学会第二次访华代表团是周恩来自1974年4月因病住院后所接见的第一批日本客人。池田大作首次访华时，非常渴望能够在访华期间见到周恩来总理，由于周恩来要做大手术，未能安排。为此，周恩来特意委托李先念副总理代表自己会见池田大作一行，并对池田大作在华期间的生活起居

① 額賀章友:『日中仏教交流　戦後五十年史』，里文出版2003年版，第68页。

② 王永祥:《周恩来与池田大作》，中央文献出版社2001年版，第52页。

③《周恩来年谱（1949—1976）》下卷，中央文献出版社1997年版，第615页。

都做了无微不至的关怀，让池田大作深受感动。池田大作第二次访华时，在代替周恩来接待自己的副总理邓小平口中获悉周恩来的健康状况后，以为本次访华也难以与周恩来见面。最终，在周恩来本人的坚持下，会面得以实现，满足了池田大作的长期心愿。

12月6日，《人民日报》在第一版刊登了《周总理会见池田大作会长等日本朋友　同池田大作会长和夫人进行了亲切友好的谈话》的报道，给予了池田大作及创价学会极高的礼遇，对于创价学会这一日本新宗教团体，对于当时正准备正式走向世界舞台的池田大作本人，无疑是一种巨大的肯定与支持。而在池田大作的主导下，创价学会一直坚持对华友好。比如其下属创价大学在日本率先接受了中国公费留学生，至今已与50多所中国大学建立了合作关系。除创价大学外，创价学会内各个部门组织访华团接连到访中国，学会更是常年接待中国代表团访日，切实推动两国人员往来。池田大作本人则身体力行，不断到访中国。更难能可贵的是，在1989年池田赠送了周恩来夫妇二人的巨幅等身肖像画，以祝贺新中国成立40周年，展现出了坚定的对华友好立场。

以心换心，坚定的无神论者周恩来以真诚换来了忠实的宗教界朋友，让中日友好真正渗入人心。

（二）尊重差异，有区分地进行政治合作

1961年6月3日，周恩来在接见日本佛教界代表团时，曾提到两国复交并不只是两国间的问题，对于亚洲以及世界和平都是必要的。[①]周恩来对日外交的宗旨是推动中日友好，在1972年之前最大目标在于实现中日邦交正常化，对日佛教外交也不会脱离这一诉求，但在具体实践上则因“团体”而异。

---

① 額賀章友:『日中仏教交流　戦後五十年史』，里文出版2003年版，第92页。

新中国最早恢复往来的日本宗教团体主要由僧侣组成，双方在反战和平运动、反核和平运动上进行了长期合作。主要由日本僧侣组成的“中国人俘虏殉难者慰灵执行委员会”，基于对日本帝国主义发动的侵华战争的反省与忏悔，从“20世纪五六十年代曾先后10余次收集并送还我国二战期间在日死难劳工的遗骨，受到过周恩来总理的高度赞扬”[①]。1961年，大谷莹润等僧侣在日本发起了“日中不战之誓”签名运动，并将“日中不战之誓”的签名簿送给中国佛教协会。1955年起赵朴初持续代表中国佛教界参加在日本举行的“禁止原子弹、氢弹大会”。双方之间的互动，客观上为加深中日民间友谊、为邦交正常化营造民间友好环境做出了贡献。但日本传统佛教界有其现实局限性，尤其是基于自身“僧侣”的身份，长期受到所从事的“和平运动”是“宗教活动还是政治活动”、应该追求“心灵和平还是现实和平”的困扰[②]，容易产生分裂，难以在推动中日邦交正常化上直接有所作为。

创价学会则不同。创价学会是由信奉日本传统佛教日莲宗的在家信徒所组成的团体。1962年左右周恩来从来访的日本友人处获悉了创价学会的相关情况后非常重视，指示相关人员对学会进行研究、接触，并一直关注着创价学会的动向。池田大作本人也说“周总理早在会见我的约十年之前，就曾托人向我带话，与我一直保持着联系”[③]。

1967年，创价学会组织的政党公明党首次参加日本众议院选举，一举成为日本国会第三大在野党。在中日关系陷入低谷、往来一度断绝的1968年，时任会长池田大作，在公开演讲中明确要求日本政府正式承认中国政府，提出了实现邦交正常化的相关建议，并将全文刊登在了学会的机关报上。1969

① 中国佛教协会信息科：《传印会长、蒋坚永副局长会见日本“日宗恳”第14次访华团一行》，中国佛教协会官网，https://www.chinabuddhism.com.cn/xw/jliu/2013-08-27/3583_2.html。

② 这一时期日本佛教界和平运动的困境具体可参见自大谷栄一：「戦後日本の宗教者平和運動を再考する」，『教化学研究』第3号，2016年，第80—89页。

③ 王永祥：《周恩来与池田大作》，中央文献出版社2001年版，第72页。

年1月，公明党第七届大会所制定的中国政策提出了“承认中华人民共和国政府，恢复正常邦交”等六项内容。在周恩来的邀请下，1971年6月，公明党代表团首次访华，与中日友好协会代表团签署的共同声明中所提出的“复交五原则”，被视为此后中日复交的基础。

在这份共同声明的谈判过程中，中方代表团并不满足于五原则，还要在共同声明中明确提出反对美帝国主义。公明党代表团表示不能接受，双方一度无法谈拢。周恩来立即把参加谈判的中方代表团和有关方面负责人找去谈话，指出中日邦交正常化最关键，台湾问题最关键，公明党在这点上最明确，抓住主要问题，不要计较某些提法；并破例在谈判完成前，接见了公明党代表团，对公明党的五原则给予高度评价，并表示“相识虽晚，相知甚深”，使公明党代表团深受感动，很快达成了共同声明。[①]显示出了周恩来对彼此差异的尊重以及对日外交的灵活。

1972年7月25日，周恩来会见了第三次访华的公明党代表团，将中国对于中日邦交正常化的基本立场与见解逐条念给公明党委员长竹入义胜等人。竹入将记录下的中方“草案”带回日本后交给了时任首相田中角荣，这份“竹入笔记”促使田中角荣最终下定决心访华。而公明党的此次访华，则是源于中日备忘录贸易办事处的中方首席代表肖向前，在7月中旬向公明党传达的邀请其尽早访华的电报。由此可以认为是“周恩来选择了公明党”[②]来向日本政府传递中方立场。周恩来之所以选择把高度机密托付给公明党，正是看到了创价学会·公明党在中日邦交正常化议题上直接发挥作用的意愿与能力。

虽然都支持中日友好，但不同的日本佛教团体有不同的诉求，其能力也

---

① 1999年11月23日，王永祥、纪亚光采访黄世明的记录。具体参见王永祥：《周恩来与池田大作》，中央文献出版社2001年版，第31—32页。

② 相关内容可以参见别枝行夫：「戦後日中関係と公明党」，『北東アジア研究』第29号，2018年。

不同。而周恩来自始至终不强人所难，充分尊重彼此的差异，灵活积极，与不同的日本佛教团体展开不同的合作，最终结出了善果。

（三）善用佛教资源，编织中日民间友谊的“不断纽带”

周恩来在接见池田大作时，高度评价了创价学会和公明党为中日友好所做出的贡献，并对池田说：“中日友好能发展到今天，是我们共同努力的结果，我们双方还要继续努力下去。”[①]在周恩来看来中日邦交正常化并不是对日佛教外交的终点，更是维系中日民间友好的“不断纽带”。

在实践中，周恩来非常注重对中国佛教传统资源的开发利用。

一方面，高度重视对寺院的保护、修缮，尤其是与日本佛教极为有渊源的寺院，视其为拉近日本民间对华好感、长期维系中日民间往来的阵地。比如周恩来曾亲自批示，要求尽快修复浙江台州的国清寺，并从北京故宫等地调拨一大批适用于国清寺的御用珍贵佛像、法器等国宝级文物。国清寺既是中国天台宗的祖庭，也是日本天台宗的祖庭，在日本影响巨大。田中角荣首相本人也是天台宗的信徒，曾向周恩来提出朝拜国清寺的请求。[②]

另一方面，重视对中日佛教交流历史上杰出人物的挖掘与推广。今天中日友好的象征人物唐朝僧人鉴真，因日本作家井上靖在1957创作的长篇历史小说《天平之甍》而进入中国与日本的公众视野。之所以能成为中日友好交流的象征，则离不开周恩来的支持。1961年，周恩来在接见井上靖时，“明确表示他能用日语说出《天平之甍》的书名，含蓄地称赞了这本小说”[③]。周恩来支持中国佛教协会与日本佛教界共同举办鉴真和尚圆寂1 200年纪念活动。这一活动声势浩大，周恩来亲自接见了来华参加相关活动的日本佛教

① 林丽韫：《回忆周总理与池田先生的会见》，载《国际创价学会画报》，1997年7月号。转引自王永祥：《周恩来与池田大作》，中央文献出版社2001年版，第59页。

② 相关内容可参见神秀天台：《日本前首相之子朝拜天台国清寺　为圆一个三代人的梦想》，浙江在线网，https://tz.zjol.com.cn/07tztk/system/2017/11/13/030515266.shtml。

③ 郭雪妮：《〈天平之甍〉是友好的证言？》，《中国图书评论》2012年第7期，第78页。

界代表，更对到访的这些日本僧人说："鉴真是中国的一位高僧，曾六次东渡，很有毅力。中日友好就要像鉴真那样，具有排除万难，越过千山万水的毅力。一千二百年前的人可以这样做，为什么我们今天不能做？"[①]而且，不仅在鉴真的家乡扬州境内的法净寺着手修建仿唐招提寺的金堂等，还在广东肇庆鼎湖山为前来邀请鉴真东渡却在此去世的日僧荣叡修建纪念碑，让中日佛教往来从单向变成双向，即显示出对日本的尊重，又扩充了中国对日佛教外交资源。

总之，周恩来肯定了佛教在中日传统友谊形成中的积极作用，不仅善用，更以实际行动充实中国对日佛教外交的资源，试图以佛教编织中日民间友好的"不断纽带"。

五、结语

周恩来的对日佛教外交，在推动中日友好、推进中日邦交正常化过程中发挥了极为重要的作用。甚至在周恩来过世后，中日佛教界仍维持着友谊，不断为中日友好做出贡献。尤其是在中日之间围绕历史问题等发生冲突时，日本僧侣敢于在东京再次为二战时客死日本的被强征中国劳工举行追悼活动[②]，在整体日渐"淡忘"侵略历史的日本社会，清晰地表达对日本军国主义侵华历史的忏悔，夯实中日友好的基础。

周恩来的对日佛教外交实践，重视宗教领袖的作用，尊重彼此差异，区分对象进行政治合作，善用佛教资源，试图以佛教编织中日民间友谊的"不断纽带"。周恩来领导的宗教外交，追求的是"不以宗教信仰为基础的政治

---

① 《周恩来外交文选》，中央文献出版社1990年版，第354页。

② 日本僧侣组成的"日中友好宗教者恳谈会"，分别在2009年、2019年举行了相关纪念活动。具体可参见凤凰卫视：《中日僧侣举行中国劳工殉难者慰灵祭》，凤凰网，https://news.ifeng.com/mainland/200908/0808_17_1291422.shtml。

刘军国：《中国被强征劳工死难者追悼活动在东京举行》，《人民日报》2019年11月21日。

合作”，建立在对宗教功能的辩证看待与科学分类的基础之上，源自周恩来对宗教长期性、群众性的认识，是马克思主义原理与中国实际相结合的产物。可以说对日佛教外交是周恩来宗教观应用于外交实践的经典案例，对于今日的中国对外宗教外交，仍具有启发意义。

新时代长江经济带共同富裕水平测度研究

乐菡*

一、共同富裕的本质和内涵

共同富裕是社会主义优越性的集中体现，马克思、恩格斯最早将“共同富裕”作为区别社会主义与资本主义本质区别的标志之一。马克思在《〈政治经济学批判〉导言》（摘自《1857—1858年经济学手稿》）中指出“社会生产力的发展将如此迅速，未来生产将以所有的人富裕为目的”；恩格斯则在《共产党宣言》指出：“无产阶级政党的一个重要使命，就是建立这样一种社会制度，使社会的每一成员不仅有可能参加社会财富的生产，而且有可能参加社会财富的分配和管理，并通过有计划地经营全部生产，使社会生产力及其成果不断增长，足以保证每个人的一切合理的需要在越来越大的程度上得到满足。”

中国共产党作为马克思主义的忠诚信奉者与坚定实践者，一直致力于探寻马克思主义的初心力量。在新中国成立之初，毛泽东提出了国家发展富强的目标，并指出“富是共同的富，强是共同的强”。改革开放以后，邓小平针对中国发展的实际情况，提出了“两步走”的发展战略达到共同富裕的目

---

* 乐菡，信息研究所助理研究员。

标，他主张鼓励一部分人先富起来，先富带动后富，最终实现共同富裕。经过长期努力，中国特色社会主义进入新时代，实现共同富裕成为中国共产党的重要使命。在党的十九届五中全会上，习近平总书记明确提出要扎实推动共同富裕，到2035年全体人民共同富裕取得更为明显的实质性进展，这也意味着中国已经走向“共同富裕”的新征程。

（一）从政治哲学视角来看，共同富裕具有严密的马克思主义历史逻辑和丰富的新时代中国特色社会主义内涵

全面实现共同富裕是中国共产党第二个百年计划，是关系党的执政基础的重大政治问题，更是中国特色社会主义的重要特征，社会主义上层建筑的内在规律。全面实现共同富裕的本质是坚持中国特色社会主义道路，坚持以人民为中心的发展思想，推动国家富强、民族复兴，最终实现国强民更富，在历史发展的进程中充分展示中国特色社会主义的优越性①。从国家富强、民族复兴、人民幸福的逻辑关系来看，三者是辩证统一、不可分割的整体，国家富强，民族复兴是人民幸福的基础和保障，因此，实现共同富裕的前提是坚持中国特色社会主义道路、坚持中国特色社会主义理论体系，先实现国家富强、民族昌盛。

（二）从经济内涵来看，中国发展已经进入第二阶段，即先富带动后富最终实现共同富裕的阶段

“富裕”是共同富裕的关键词之一，共同富裕体现了人民对美好生活的向往，这种美好生活是物质富裕和精神富裕的统一。同时在发展的第二阶段，社会主要矛盾已经转化为人民日益增长的美好生活需要和不平衡不充分

---

① 刘培林、钱滔、黄先海、董雪兵：《共同富裕的内涵、实现路径与测度方法》，《管理世界》2021年第8期。

的发展之间的矛盾，共同富裕体现了一部分先富人群和区域帮助后富人群和区域的奋斗过程，是“逐步富裕”到“全民富裕”动态阶段[①]。习近平总书记在中央财经委员会第十次会议上对共同富裕的内涵进行过阐述：“共同富裕是全体人民共同富裕，是人民群众物质生活和精神生活都富裕，不是少数人的富裕，也不是整齐划一的平均主义。”因此，共同富裕的经济内涵应包含“物质富裕”“精神富裕”“逐步富裕”三个维度。

（三）从社会内涵来看，共同富裕强调的是共建共享，需要形成人人受益、人人享有的社会分配格局

对一个社会而言，相较于“金字塔形”“哑铃形”“丁字形”的收入分配结构，“中间大、两头小”的橄榄型分配结构意味着大部分人群都有着稳定、体面的就业机会，贫富之间的差距较小，群体间的利益趋同，社会矛盾更少。这种社会分配结构能够让每一个社会成员都看到拾级而上的希望，更能够保持社会的稳定性、活力度。[②]因此，共同富裕的社会内涵应更加强调共享，让社会成员平等地获得公共服务，实现合理的共享共建有保障的社会。

长江经济带覆盖11个省市，横跨东中西三个区域，是中国区域发展“不平衡不充分”的缩影，既包含了体现社会主义优越性的东部地区，如浙江共同富裕现行示范区、上海浦东社会主义现代化建设引领区；又包含了高质量发展，逐步富裕起来的中部崛起地区，如综合性国家科学中心合肥、未来科技城武汉；还包括了从脱贫攻坚到全面小康的西部大开发地区，如西部大开发综合改革示范区贵州、内陆改革开放示范区程度。因此，本文从政治、经济、社会三大维度理解共同富裕的本质内涵，选取长江经济带11个省市作

① 林贤明、李建平：《新时代扎实推进共同富裕需要处理好的关系》，《毛泽东邓小平理论研究》2022年第6期。

② 刘培林、钱滔、黄先海、董雪兵：《共同富裕的内涵、实现路径与测度方法》，《管理世界》2021年第8期。

为共同富裕的研究对象具有较强的研究意义，在新一轮的国家发展战略指引下，衡量长江经济带地区共同富裕发展水平，深入分析不同区域实现共同富裕进程中遇到的瓶颈和挑战，试图总结实现共同富裕的不同解决路径，能够为全面实现共同富裕提供参考意见。

二、长江经济带共同富裕指标体系构建

（一）指数设计思路

长江经济带共同富裕指数编制主要包括指标选取、指标权重赋值、形成指数三个重要环节。第一步也是最重要的一步是长江经济带共同富裕相关指标的选取，深刻理解共同富裕的内涵是构建共同富裕指标体系的前提。前文对共同富裕的政治内涵、经济内涵、社会内涵三个维度进行了深入剖析，本部分基于政治、经济、社会三大维度选取相应的7个二级指标全面衡量共同富裕，并借鉴李实[①]、刘培林等[②]、谭燕芝等[③]学者选取了21个具有代表性的指标构建了共同富裕指标体系。第二步是对选取的指标进行赋权，根据理论文献和德尔菲法对指标进行赋权，权重大小直接体现了指数在长江经济带共同富裕指数中的影响作用。第三步是计算长江经济带共同富裕的指数，基于筛选的指标和设置的权重，对11个省市的共同富裕指数进行测算。

（二）构建原则

当前中国特色社会主义进入新时代，如期完成了第一个百年奋斗目标，脱贫攻坚战取得全面胜利，促进全体人民共同富裕成为中国共产党当下更为

---

① 李实：《共同富裕的目标和实现路径选择》，《经济研究》2021年第11期。

② 刘培林、钱滔、黄先海、董雪兵：《共同富裕的内涵、实现路径与测度方法》，《管理世界》2021年第8期。

③ 谭燕芝、王超、陈铭仕、海霞、姚海琼：《中国农民共同富裕水平测度及时空分异演变》，《经济地理》2022年第8期。

重要的目标选择。在这一时期，构建和细化长江经济带的共同富裕指标体系具有重要意义，一方面，有利于真实、客观的反映当前中国将近50%的人口共享发展成果的结果；另一方面，有利于为资源禀赋的城市提供共同富裕的路径选择。当前长江经济带的共同富裕指标体系构建主要考虑了科学性原则、可衡量性原则和有效性原则。

1. 科学性原则

贯彻落实党的十九大报告提出的全面建成小康社会的基础上基本实现社会主义现代化的要求，以2035年人民生活更为富裕、城乡区域发展差距和居民生活水平差距显著缩小，全体人民共同富裕为目标方向。对标党的十九大报告精神，系统、科学地选取共同富裕指标，建设体现效率、促进公平的收入分配指标体系。

2. 可衡量性原则

共同富裕指数指标体系强调理论与实践相结合的原则，在经济发展和收入分配的经济理论基础上，按照可衡量性原则要求，对各类指标的数据进行筛选整理，选取统计数据支撑的指标，对一些主观指标或不可获得或数据缺失较多的指标予以剔除，充分利用公开统计年鉴、统计公报等数据客观的度量出长江经济带各城市共同富裕的真实轨迹。

3. 有效性原则

有效性原则是指在指标评价体系中所选取的指标都具有明确的内涵意义，能够客观地反映出评价对象的基本特征。

（三）指标选取及权重设定

共同富裕水平指标体系既要体现国富民强的政治内涵，又要凸显逐步富裕到全面富裕的奋斗过程，更要强调共建共享的分配格局。基于此，本文根据共同富裕的政治内涵、经济内涵、社会内涵三大维度和七大表征指标（二级指标），进一步考虑110个城市的数据可获取型，共选取了21个测度指标，构建了长江经济带共同富裕水平指标体系。本文的政治内涵所包括的二级指标为国家强盛和民族复兴两大类指标，其中，国家强盛类指标主要从人均GDP、产业结构、R&D占财政收入比重等宏观类指标考虑；民族复兴类指标主要从GDP增速和城镇化率以及恩格尔系数等能够动态指标考虑。本文的经济内涵所包含的二级指标为物质富裕、精神富裕、逐步富裕三大类指标，其中：物质富裕指标主要从居民人均可支配收入、工资性收入占比、财产类收入占比等能够反映居民收入水平的指标考虑；精神富裕指标主要从人均拥有公共图书馆藏量、教育经费占GDP比重、文教娱乐消费支出占可支配收入比重等能够反映居民对文教娱乐等方面的指标考虑；逐步富裕指标从横向和纵向两方面选取指标，横向指标选取了城乡收入比、城乡消费比，纵向指标选取了人均可支配收入增速。本文的社会内涵所包含的二级指标为社会分配结构和社会保障水平两大类指标，其中：社会分配结构指标主要选取低等收入与高等收入比、登记失业率、农村居民经营性收入占比等；社会保障水平主要选取人均城乡居民医疗保险基金支出、人均基本养老保险基金支出、人均城乡居民社会养老保险基金支出，具体的指标体系如表1所示。

指标性质分为正向指标和负向指标，其中，正向指标是指该指标数值的变动方向与共同富裕水平评价体系是一致的，该指标的数值增加与共同富裕水平的提高方向一致，反之则为负向指标，即该指标的数值增加与共同富裕水平的提高方向相反。具体指标如表1所示。

表1　　长江经济带共同富裕水平评价体系

一级指标	二级指标	三　级　指　标	指标性质
政治	国家强盛	人均GDP	+
		产业结构	+
		R&D占财政支出比重	+

续 表

一级指标	二级指标	三级指标	指标性质
政治	民族复兴	GDP增速	+
		城镇化率	+
		恩格尔系数	–
经济	物质富裕	居民人均可支配收入	+
		工资性收入占比	+
		财产性收入占比	+
	精神富裕	人均拥有公共图书馆藏量	+
		教育经费占GDP比重	+
		文教娱乐消费支出占可支配收入比重	+
	逐步富裕	人均可支配收入增速	+
		城乡收入比	–
		城乡消费比	–
社会	社会分配结构	最高收入组与最低收入组收入比	–
		登记失业率	–
		农村居民经营性收入占比	+
	社会保障水平	人均城乡居民医疗保险基金支出	+
		人均基本养老保险基金支出	+
		人均城乡居民社会养老保险基金支出	+

指标赋权，体现了各子系统及其内部指标的在评价体系中的重要性，目前较多使用的赋权方法包括平均法、专家评分法、熵值法、主成分分析法等。考虑到共同富裕指标体系的复杂性特征，以及时间维度上的纵向可比

性，本研究拟在等值赋权法（平均赋权法）的基础上，采用德尔菲法（专家咨询法）进行指标的进一步甄选和指标赋权，并收集基础数据，运用综合法、平均法等指数测算方法展开指标测度和分析评价，得出评估结果，具体指标权重如表2所示。

表2　　长江经济带共同富裕水平评价体系权重分配

一级指标	权重	二级指标	权重	三级指标	权重
政治	0.3	国家强盛	0.5	人均GDP	1/3
				产业结构	1/3
				R&D占财政支出比重	1/3
		民族复兴	0.5	GDP增速	1/3
				城镇化率	1/3
				恩格尔系数	1/3
经济	0.4	物质富裕	0.4	居民人均可支配收入	1/3
				工资性收入占比	1/3
				财产性收入占比	1/3
		精神富裕	0.3	人均拥有公共图书馆藏量	1/3
				教育经费占GDP比重	1/3
				文教娱乐消费支出占可支配收入比重	1/3
		逐步富裕	0.3	人均可支配收入增速	1/3
				城乡收入比	1/3
				城乡消费比	1/3
社会	0.3	社会分配结构	0.6	最高收入组与最低收入组收入比	1/3
				登记失业率	1/3
				农村居民经营性收入占比	1/3

续 表

一级指标	权重	二级指标	权重	三级指标	权重
社会	0.3	社会保障水平	0.4	人均城乡居民医疗保险基金支出	1/3
				人均基本养老保险基金支出	1/3
				人均城乡居民社会养老保险基金支出	1/3

（四）数据来源

研究主要数据来源于《中国城市统计年鉴》、长江经济带11个省市的《统计年鉴》、各城市《统计年鉴》以及《统计公报》；最高收入组与最低收入组数据主要来源于各省市《统计年鉴》，部分缺失数据来源于中国家庭追踪调查结果。

（五）标准化处理及测算公式

为了消除不同指标量纲对研究结果的影响，本研究采用min-max标准化方法来消除数据量纲的影响，对于正向指标的处理公式为：

$$y_i = \frac{x_i - \min\{x_j\}}{\max\{x_j\} - \min\{x_j\}}$$

对于负向指标的处理公式为：

$$y_i = \frac{\max\{x_j\} - x_i}{\max\{x_j\} - \min\{x_j\}}$$

其中，$\max\{x_j\}$ 为样本数据的最大值，$\min\{x_j\}$ 为样本数据的最小值。

三、长江经济带共同富裕水平总体特征及区域差异分析

（一）长江经济带共同富裕水平总体特征

从长江经济带共同富裕水平来看，共同富裕水平较高的城市主要分布在

长江经济带下游，共同富裕水平排名靠后的主要为长江经济带上游城市。具体来看，110个城市的共同富裕水平在0.299—0.651，其中综合排名前10位的城市分别是浙江省杭州市、上海市、浙江省舟山市、浙江省宁波市、江苏省苏州市、浙江省嘉兴市、浙江省绍兴市、江苏省南京市、浙江省湖州市、浙江省衢州市，这些城市均位于经济发达的东部地区。其中，浙江省占有7个城市，由此可以看出浙江省在建设共同富裕示范区方面已经取得了显著成效。排名后10位的城市分别是湖北省荆州市、湖北省咸宁市、贵州省毕节市、云南省临沧市、湖北省黄石市、湖南省张家界市、湖北省随州市、云南省普洱市、贵州省六盘水市、贵州省安顺市，受新冠疫情的冲击，部分省份2020年经济发展增速停滞甚至负增长，尤其是湖北省，导致共同富裕水平后10位的城市中湖北省占有4个城市。

（二）长江经济带共同富裕水平区域差异

从一级指标的分值来看，长江经济带110个城市共同富裕的政治内涵分值在0.172—0.755，其中共同富裕的政治指数最高的10个城市分别是上海市、江苏省南京市、浙江省杭州市、安徽省合肥市、江苏省苏州市、四川省成都市、江苏省无锡市、湖南省长沙市、湖北省武汉市、浙江省宁波市，主要是经济发展水平较高的长江经济带下游城市及中游省会城市。共同富裕的经济内涵指数的分值在0.292—0.630，其中经济指数最高的10个城市分别是浙江省嘉兴市、浙江省舟山市、浙江省杭州市、江苏省苏州市、浙江省衢州市、浙江省绍兴市、浙江省宁波市、湖南省长沙市、浙江省湖州市、江苏省无锡市，这些城市在人人富裕方面取得了较好的成绩。共同富裕的社会内涵指数的分值在0.199—0.667，其中社会指数最高的10个城市分别是上海市、浙江省杭州市、浙江省丽水市、浙江省绍兴市、浙江省金华市、浙江省湖州市、浙江省宁波市、浙江省台州市、浙江省温州市、浙江省嘉兴市，这些城市在共建共享，人人受益方面表现突出。

从二级指标的结果来看，国家强盛指数结果差异较大，指数在0.07—0.76，国家强盛指数最高的10个城市分别是上海市、安徽省合肥市、浙江省杭州市、江苏省南京市、江苏省苏州市、湖北省武汉市、江苏省无锡市、安徽省芜湖市、浙江省宁波市、四川省成都市。这些城市的人均GDP、产业结构、科研投入等方面为国家的富强和现代化做出了巨大贡献，更为共同富裕奠定了坚实的基础。民族复兴指数的分值在0.2—0.78，民族复兴指数最高的10个城市分别是江苏省南京市、四川省成都市、湖南省长沙市、浙江省杭州市、浙江省舟山市、上海市、云南省昆明市、四川省攀枝花市、江苏省无锡市、江苏省苏州市，其中，四川省成都市、攀枝花市、云南省昆明市2020年的经济增速较快、城镇化率处于较高的水平、恩格尔系数处于较低的水平，呈现出良好的追赶趋势，体现了国家在统筹区域协调发展战略所取得的显著成效。

物质富裕指数结果的差异较大，分值在0.05—0.82，深刻反映中国当前仍处于社会主义初级阶段，发展的不平衡问题尚未从根本上解决，初次分配存在较大的不合理性。物质富裕指数最高的10个城市分别是浙江省杭州市、嘉兴市、江苏省苏州市、浙江省舟山市、上海市、浙江省宁波市、浙江省衢州市、浙江省湖州市、浙江省绍兴市、云南省昆明市。精神富裕指数的分值在0.1—0.56，精神富裕指数最高的10个城市分别是贵州省铜仁市、云南省昭通市、四川省成都市、湖南省长沙市、贵州省毕节市、湖南省怀化市、云南省临沧市、云南省丽江市、湖南省永州市、江苏省南京市，这些城市与物质富裕前10名的城市存在较大差异，说明物质富裕和精神富裕并不是完全对等的，物质生活贫困未必精神生活也贫困，而实现全体人民共同富裕就是要促进人民群众在物质生活和精神生活都富裕，这为物质富裕和精神富裕差距较大的城市实现共同富裕指明了努力方向。逐步富裕指数的分值在0.28—0.87，逐步富裕指数最高的10个城市分别是浙江省绍兴市、浙江省宁波市、江苏省盐城市、江苏省宿迁市、浙江省舟山市、浙江省嘉兴市、四川省成都市、江苏省徐州市、浙江省湖州市、四川省自贡市，这些城市无论是纵向的可支配收入增速还是横向的城乡人民生活水平差距都保持在适度范围内。

社会分配结构指数的分值在0.23—0.73，社会分配结构指数最高的10个城市分别是浙江省丽水市、浙江省绍兴市、浙江省金华市、浙江省湖州市、浙江省宁波市、浙江省台州市、浙江省杭州市、安徽省阜阳市、江苏省徐州市、浙江省温州市，这些城市中等收入阶层占主体，大多数人能够实现高质量就业，在乡村振兴战略实施下，农村经济的强大韧性为和谐稳定的社会结构提供了保障。社会保障指数的分值在0.03—0.99，社会保障指数最高的12个城市分别是上海市及浙江省杭州市、丽水市、绍兴市、金华市、湖州市、宁波市、台州市、温州市、嘉兴市、衢州市、舟山市，这些城市的社会保障为共同富裕发挥了托底作用。

四、促进共同富裕的战略与路径

共同富裕是马克思、恩格斯提出的关于社会主义社会的本质要求，是马克思主义中国化的重要特征，是中国共产党几代人的远大理想，更是当前党和国家的重大战略部署，党的十九届六中全会强调，坚定不移走全体人民共同富裕道路。长江经济带11个省市接近6亿常住人口的共同富裕感受度具有典型性，本文围绕长江经济带110个城市政治、经济、社会三大维度进行了现状分析，对长江经济带各城市共同富裕的情况进行了评价，研究结果显示。

（一）深刻理解共同富裕的理论内涵，探索平衡、协调、包容的发展路径

共同富裕不是一个纯粹的经济问题，共同富裕的内涵包括了政治哲学内涵、经济内涵、社会内涵，处理好政治、经济、社会的关系，有助于我们站在高位领悟共同富裕的历史进程。共同富裕的政治哲学内涵是实现共同富

裕的制度基础，是社会主义优越性的集中体现，是共产党人对人民的庄严承诺。共同富裕的政治内涵要求将推动高质量发展放在首位，从三个维度的指标结果可以看出，政治内涵分值较高的城市，共同富裕水平较高，因此，在通往共同富裕的道路上，发展仍然是硬道理，只有大力发展经济基础，才能逐步实现全体人民的共同富裕。

（二）夯实共同富裕的经济制度保障，深入实施区域协调发展战略

从长江经济带共同富裕指数可以看出，长江经济带上中下游之间的区域差异较大，区域发展不平衡不充分问题仍然突出，经济发展水平较高的地区共同富裕水平较高，因此要坚持实施区域协调发展战略，发挥先富带动后富效应，尤其要深入实施中部地区高质量战略和西部大开发战略，让中部地区和西部地区实现良好的追赶趋势。进一步深化长江经济带区域之间的协调机制，充分发挥长江经济带下游地区的经济引领作用，带动中西部地区的经济增长，有效缩小东、中、西部地区之间的经济发展鸿沟，提高长江经济带各地区之间的合作层次和合作质量。

（三）精神富裕、物质富裕同步推进，建设物质文明、精神文明高度共存的社会

从长江经济带的物质富裕指数和精神富裕指数可以看出，当前长江经济带地区物质富裕和精神富裕并不完全对等，存在不少城市物质生活贫困但精神文化丰富，也存在不少地区实现物质富裕但精神文化需求并没有得到完全满足。共同富裕是新时代中国式现代化的重要特征，马克思主义的共同富裕理论是物质生产成果和精神生产成果都能满足全体人民的需要，因此共同富裕的目标不能过度聚焦在物质层面，而忽略了精神文化的需求。未来要继续扎实推进社会主义核心价值观、弘扬中华民族优秀传统文化，同步推进物质富裕和精神富裕。

（四）全面推进乡村振兴战略，缩小城乡生活差距

乡村发展是实现共同富裕的关键点和难点所在，从长江经济带共同富裕指数的三级指标维度可以看出，乡村振兴战略的实施使得农村经济具有强大的韧性，共同富裕程度较高的城市，城乡之间的差距较小。在“后小康”时代，要努力提高长江经济带地区农村家庭经营性收入、财产性收入，通过乡村振兴战略的部署和实施，深化农村土地改革制度，实现农村资源、资产的自由流动和优化配置，为农村居民的收入提升拓宽渠道，缩小城乡居民的生活差距。

长三角地区科技创新效率及科技人才创新环境影响研究

张美星*

长三角地区作为中国综合实力最强的经济中心、亚太地区重要的国际门户、全球重要的先进制造业基地以及以上海为龙头，领跑经济金融、贸易和国家创新中心建设的世界级城市群地区，在“一带一路”的时代背景下，地区开放程度高、经济实力强、创新环境佳等优势更加凸显。

创新作为经济长期发展的源动力，创新成果的孕育离不开创新投入与创新环境的共同影响。随着长三角地区经济的协同快速发展，科技人才的需求日益增加，现有的产业经济环境离不开高科技新兴人才为其持久发展源源不断注入活力，因而引进高端创新人才成为近年来长三角各市，乃至全国各级城市的重要工作目标。而创新人才最为关注的创新环境在不同城市中有较大区别。本文试图采用DEA方法测度长三角13市的创新效率，通过Tobit模型对影响科技人才创新效率的创新环境因素进行分析，进而探索优化创新环境以提高创新效率的方法。

* 张美星，信息研究所助理研究员。

一、文献综述

技术创新通常被认为是经济长期发展的中心和核心源动力[①]。技术创新同时也常被定义为开发和成功将新产品或工艺流程商业化的活动。创新活动主要分为两种：基本性创新与增量性创新，前者包括新知识的创造和运用，后者主要是在现有的知识基础上，对产品或生产过程进行改进。基本性创新通常出现在以领先知识为中心的环境中，如顶尖研究型大学、拥有高技能的技术劳动力、良好的航空运输和国际电信系统的环境下。显然此种激励创新活动的创新环境在发达国家十分盛行，例如，美国的硅谷和英国东南部地区就是典型的孕育创新成果的摇篮。增量性创新相对不太依赖于创新环境，所以在地点选择的问题上更为自由。

创新的源泉来自各领域人才源源不断的灵感。亚当·斯密认为，在以大量劳动和时间为代价教育一个人投入需要非凡的灵巧和技能的工作时，可以和昂贵的机器相媲美，因而"人力资本"一词应运而生。重大的知识创新和进展通常来自具有极高天分的个人，也就是我们常说的人才。这些人才不仅可以对产品生产加以创新及升级改造，还能够不断地对社会知识积累产生深远的影响。在进一步研究影响人才决策的关键因素时，相关市场规模、报酬递减程度及保护相关活动收益的能力成为最重要的三个原因[②]。

---

① Romer P M. "Endogenous technological change", *Journal of Political Economy*, Vol.98, No.5 (Part 2): S71–S102, 1990; Grossman G M, Helpman E. "Quality ladders in the theory of growth", *The Review of Economic Studies*, Vol.58, No.1, 1991, pp.43–61; Hall P. "The Theory and Practice of Innovation Policy", *Technology, Innovation and Economic Policy*, 1986, pp.1–34.

② Baumol W J. "Entrepreneurship: Productive, unproductive, and destructive", *Journal of Political Economy*, Vol.98, No.5 (Part 1), 1990, pp.893–921; Murphy K M, Shleifer A, Vishny R W. "The allocation of talent: Implications for growth", *The Quarterly Journal of Economics*, Vol.106, No.2, 1991, pp.503–530.

国外学者对创新环境的影响早有相关研究。部分研究分析发现高学历的人才更容易被包容和多元化的城市环境吸引，相较于城市的基础设施，他们更加看重的是高质量的生活、城市开放程度以及个人的发展机会[①]。创新体系作为科技人才创新环境的一个重要影响因素，有学者也对其进行了研究，甚至以中国工业产业为蓝本进行探究。Douglas B. Fuller以合成电路设计工业为代表对我国国家创新系统的局限性进行研究，将企业分为被忽视的本土企业、受到优待的本土企业、中外合资及外资企业四种，将企业的创新能力分为高、中、低三等，其中创新能力与外界经济政策与企业内部运营策略息息相关，结论中指出中外合资及外资企业具有相对较高的技术创新能力，而中外合资企业又以其本身的特点更加符合中国的“生态环境”而具有更大的运营优势，进而拥有更高的科技创新能力[②]。

国内对创新环境的研究尚不完善，多数研究基于定性和主观评价的方式，通过问卷调查等统计方法收集数据，总结科技人才最关注的创新环境因素。多数研究肯定了创新环境对创新产业发展的重要作用，认为地区要提高文化竞争力，形成良性的创新网络及创新文化环境，强调企业协同创新对经济发展的影响[③]。周桂荣等研究者在对我国东、中、西部科技人才数量分析后发现存在严重的人才分布失衡，认为此种不平衡主要是来自收入分配机制不同、地区环境条件差异以及跨区人才流动的政策体制障碍[④]。何悦等使用发放问卷调查表的数据采集办法，通过主成分分析法分析了影响广东省科技创新人才发展的因素，包括经费投入、环境、产业发展水平等宏观因素，也有各

---

① Florida R. “Cities and the creative class”, *Routledge*, 2005.

② Fuller, D.B., “China’s national system of innovation and uneven technological trajectory: The case of China’s integrated circuit design industry”, *Chinese Management Studies*, Vol.3 No.1, 2009, pp.58–74.

③ 王缉慈：《知识创新和区域创新环境》，《经济地理》1999年第1期。

④ 周桂荣、杜卓：《我国科技人才区域分布存在的问题及对策》，《天津师范大学学报（社会科学版）》2005年第6期。

企业及人才个人需求等微观因素[①]。近年来越来越多的国内学者对创新环境进行定量分析，通过随机前沿分析模型，假定新知识产出形式为R&D投入要素组成的Cobb-Douglas生产函数，对产出滞后于投入3年和4年两种情况进行分别分析，发现地区教育投入及地方政府对科研投入对创新环境的质量有较大的影响[②]。

二、长三角地区城市创新效率测度与分析

（一）效率测度方法

以往对效率测度的研究主要有两种方法：参数方法及非参数方法。参数方法需要研究者对投入产出关系假设一个特定的函数，而非参数的方法可以摆脱函数形式的约束，单纯运用投入产出的数据计算出效率前沿面[③]，其中DEA方法就是采用线性规划方法在数据上构造非参数分段前沿面（或边界）。显然，基于创新投入产出数据分析的创新效率研究因为缺乏相应的理论模型支撑，函数形式难以假设，因此本文采用DEA数据包络分析方法对长三角地区13个城市的创新效率进行评估。

Charnes、Cooper及Rhodes（CCR）在1978年将Farrell的效率评估观念推广至多项投入和多项产出，不需要计算权重，也不受量纲不同的影响，并推导出CCR模型，该模型假定决策单位DMU生产规模报酬固定不变，也是DEA研究中最常用的模型，模型原理如下：

---

① 何悦、李岱素：《基于主成分分析法的广东省创新型科技人才发展影响因素研究》，《科技管理研究》2013年第33卷第7期。

② 李习保：《区域创新环境对创新活动效率影响的实证研究》，《数量经济技术经济研究》2007年第8期。

③ Herrera S, Pang G. “efficiency of public spending in developing countries: An efficiency frontier approach”, *The World Bank*, Vol.1, 2 & 3, 2005.

$$\min\theta \quad s.t. \begin{cases} \sum_{j=1}^{n} \lambda_j x_{ij} \leqslant \theta x_{io} & i=1,\ \cdots,\ m \\ \sum_{j=1}^{n} \lambda_j x_{ij} \geqslant y_{ro} & j=1,\ \cdots\ n \\ \lambda_j \geqslant 0 & r=1,\ \cdots,\ s \end{cases}$$

其中，i表示输入变量的数量，r表示输出变量的数量，j表示决策单元DMU的数量，所求结果θ即为生产效率，一般情况下$\theta \leqslant 1$，θ=1时表示决策单元处在生产前沿面上，即技术有效。

而实际生产中规模报酬固定不变的过程十分有限，因此Banker，Charnes & Cooper首先提出了规模报酬可变的BCC模型，该模型在CCR模型基础上增加了凸性假设$\sum_{j=1}^{n} \lambda_j = 1$，同时将技术效率分为纯技术效率及规模效率。本文采用规模报酬变化的BCC模型[①]，其理论模型如下：

$$\min\theta \quad s.t. \begin{cases} \sum_{j=1}^{n} \lambda_j x_{ij} \leqslant \theta x_{io} & i=1,\ \cdots,\ m \\ \sum_{j=1}^{n} \lambda_j y_{ij} \geqslant y_{ro} & j=1,\ \cdots\ n \\ \sum_{j=1}^{n} \lambda_j = 1 & r=1,\ \cdots,\ s \\ \lambda_j \geqslant 0 \end{cases}$$

（二）指标选择与分析

借鉴欧盟委员会为评估欧洲各国创新效率自2010年起发布的“欧洲创

① Banker R D, Charnes A, Cooper W W. “Some models for estimating technical and scale inefficiencies in data envelopment analysis”, *Management Science*, Vol.30, No.9, 1984, pp.1078-1092.

新指数”中确定投入产出指标的方法，选取规模以上工业企业R&D全时当量（万人年）、规模以上工业企业R&D经费内部支出（亿元）及地方财政科技经费支出占财政支出比重（%）作为投入指标，每万人专利申请数（件）、规模以上企业万人有效发明专利数（件）及规模以上工业企业新产品销售收入（万元）作为产出指标进行分析。[①]由于创新投入产出过程存在一定的滞后性，Hugo & Funda在分析欧洲创新指数投入产出的滞后年份时发现，产出滞后1—4年，因此我们假定长三角地区创新产出有2年的滞后期[②]。

一般认为长三角地区包括上海市、浙江省及江苏省，而根据2016年5月国务院批准的《长江三角洲城市群发展规划》，长江三角洲城市群被定义为江浙沪皖四省市共26个城市，作为“一带一路”倡议的重要交汇地带，首次明确了安徽省作为长三角一体化的一部分。因此，本文在选择城市时，也将安徽省包括在内，选取了上海、三省省会及其他有代表性的三座城市共13个城市作为研究对象，分析所用投入指标数据来自2015年各市统计年鉴，产出指标数据来自2017年各市统计年鉴。

表1　　创新效率投入产出指标

投入指标（2014年）	产出指标（2016年）
规模以上工业企业R&D全时当量（万人年）	每万人专利申请数（件）
规模以上工业企业R&D经费内部支出（亿元）	规模以上企业每万人有效发明专利数（件）
地方财政科技经费支出占财政支出比重（%）	规模以上工业企业新产品销售收入（万元）

① 鉴于本文研究建立在城市的基础上，一些规模较小的城市R&D活动基本局限于国有企业或规模以上工业企业，因此在选择变量上倾向于这些企业的R&D数据。

② Hollanders, Hugo & Esser, Funda. “Measuring innovation efficiency”, *Economic Theory-Econ Theory*, 2007.

本文采用DEAP2.1软件，运用各城市2014年的投入数据及2016年的产出数据构造创新生产前沿面，得到长三角地区13个城市创新综合效率、技术效率及规模效率结果，如表2所示。根据DEA核算结果，上海、南通、镇江、铜陵、宣城及嘉兴为同时技术有效及规模有效，马鞍山仅为技术有效。南京、扬州、宁波及台州的综合效率，南京、扬州、宁波的技术效率，以及台州、扬州及杭州的规模效率较低。

表2　　长三角13个城市综合效率、技术效率及规模效率

城市	综合效率（te）	技术效率（pte）	规模效率（se）
上海	1	1	1
南京	0.453	0.46	0.986
南通	1	1	1
扬州	0.541	0.816	0.663
镇江	1	1	1
合肥	0.888	0.952	0.933
马鞍山	0.987	1	0.987
铜陵	1	1	1
宣城	1	1	1
杭州	0.628	0.8	0.785
宁波	0.598	0.667	0.896
嘉兴	1	1	1
台州	0.598	0.954	0.627

由图1可以看到，创新效率为1的城市除上海外，均为安徽省的城市，这些城市的一大共同特点是经济水平在13个城市中均较为靠后，安徽省4个城市除马鞍山外创新效率均处在前沿面上。江苏省及浙江省的8个城市虽整

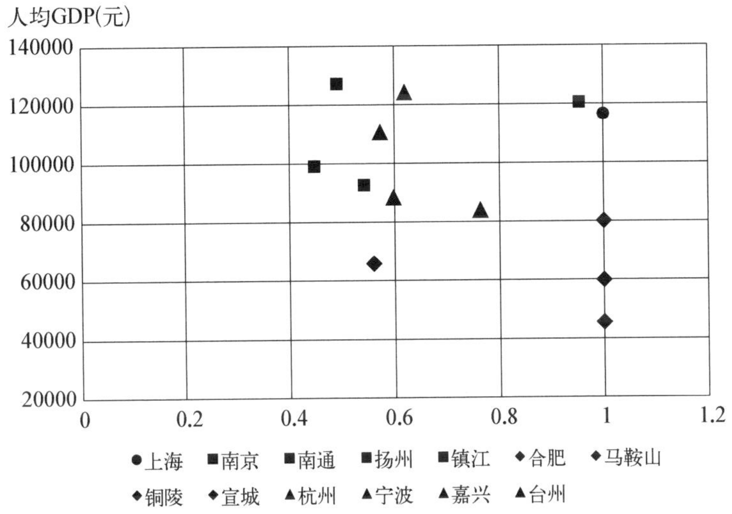

图1　长三角13城市科技创新综合效率与人均GDP散点图

资料来源：各市2017年统计年鉴。

体经济水平领先，但大部分城市创新效率在0.6附近，只有镇江以0.955的效率位列江浙两省首位，由此可见创新效率与地区人均GDP可能并无关联，该推测将在之后的模型分析部分继续讨论。

三、创新环境因素对创新效率的影响模型

（一）研究模型

1. DEA-Tobit两步法

由于使用DEA方法计算得出的效率值均处于0—1之间，且超过1的更高效率值也被归为1，因此效率值成为受限因变量，概率分布就变成由一个离散点与一个连续分布所组成的混合分布，此种情况下使用OLS估计，无论使用的是整个样本，还是去掉离散点后的子样本，都不能得到一致的估计。因此Tobin（1958）提出使用MLE方法估计此种含有受限因变量的模型，即Tobit模型。Tobit模型的基本形式为：

$$Y_i^* = X_i\beta + \epsilon_i$$

$$Y_i = Y_i^* \qquad if\ Y_i^* > 0$$

$$Y_i = 0 \qquad if\ Y_i^* \leqslant 0$$

其中，Y_i^* 为潜变量，Y_i为观察到的因变量，X_i为自变量向量，β为相关系数向量，$\epsilon_i \sim N$（0，σ）。

DEA-Tobit方法[①]在效率研究中被广泛使用，该方法可以在测算出效率的基础上，进一步研究不同因素对其产生的影响。Nasierowski就运用DEA-TOBIT两步法以人口数量和GDP作为平减指数，分别分析对比了45个国家创新体系的吸收技术效率及创新产生技术效率，并且通过TOBIT模型找出了相关因素[②]。涂俊等同样运用DEA-Tobit两步法对中国各省市农业创新系统的效率进行评价比较，同时探讨了劳动力文盲率、科技三项经费支出与成灾面积对效率的影响，结论认为科技三项经费支出对农业创新效率的影响并不显著[③]。于晓宇等在利用主成分分析法对评价指标进行提炼基础上，将提取到的投入产出因子作为DEA方法的输出量，进而计算上海创新系统的资源配置效率，再通过TOBIT模型分析影响效率的环境因素[④]。

2. 变量选择

现有研究普遍认为创新环境主要由经济环境、生活环境、人力资源环境及产业环境等因素共同组成[⑤]。地区经济的发达与否在某种程度上反映了生

---

① Coelli T. A guide to DEAP version 2.1: a data envelopment analysis (computer) program, Centre for Efficiency and Productivity Analysis, University of New England, Australia, 1996.

② Nasierowski W, Arcelus F J. “On the efficiency of national innovation systems”, *Socio-Economic Planning Sciences*, Vol.37, No.3, 2003, pp.215–234.

③ 涂俊、吴贵生：《基于DEA-Tobit两步法的区域农业创新系统评价及分析》，《数量经济技术经济研究》2006年第4期。

④ 于晓宇、谢富纪：《基于DEA-Tobit的区域创新系统资源配置优化策略研究》，《研究与发展管理》2011年第23卷第1期。

⑤ 柳卸林、胡志坚：《中国区域创新能力的分布与成因》，《科学学研究》2002年第5期，DOI：10.16192/j.cnki.1003-2053.2002.05.022；李习保：《区域创新环境对创新活动效率影 （转下页）

活便捷程度及人才未来发展前景，经济环境因素以人均GDP及可支配收入为代表，不仅影响企业的投资意向，还决定了创新人才的地区选择。生活环境因素即所在城市的交通便捷程度、气候及空气质量等基本状况，影响着创新人才日常生活的方方面面。人力资源环境因素主要由人才市场和储备的质量与规模组成，高校是孕育创新人才的摇篮，高学历学生也将会组成未来企业创新的主力军和有生力量。产业环境因素主要由产业聚集度及市场规模组成，科技人才赖以获取收益的市场越大，则其从事相关活动的激励就越强①，创新网络规模越大，社会文化环境越丰富，人才越集中。同时科研机构越多，科技人才获得的发展机会就更多，相应的会有更多的创新性人才愿意安家落户。本文选取旅客周转量、AQI二级及以上天数比重、万人在校大学生数，普通高等学校数、社会从业人员中科技人员占比、规模以上开展创新活动工业企业占比作为自变量，由于研究的是2016年创新效率，因而环境变量数据来源于各市2015年统计年鉴。

3. 变量假设

经济环境因素：人均GDP（pgdp）和城镇居民可支配收入（dincome）可以在很大程度上反映城市的经济状况和居民的生活水平。一般经济发达、创新企业密集的地区，人均生产总值和可支配收入也较高。基于前文对图1的分析，人均GDP与创新效率的相关性并不明显。可支配收入高的地区，人们生活质量提升的同时，劳动力成本也相应提升，一方面，高质量便捷的生活与较高的薪资待遇吸引更多科技人才；另一方面，高成本成为企业较重的负担，资金压力使其无法为创新提供更多资源，尤其在经济较发达的长三角地区，为一单位科技型劳动力付出的高成本可能要高于增加的效益。所以

（接上页）响的实证研究》，《数量经济技术经济研究》2007年第8期；周桂荣、杜卓：《我国科技人才区域分布存在的问题及对策》，《天津师范大学学报（社会科学版）》2005年第6期。

① Murphy K M, Shleifer A, Vishny R W. "The allocation of talent: Implications for growth", *The Quarterly Journal of Economics*, Vol.106, No.2, 1991, pp.503–530.

预期人均GDP为不显著变量，可支配收入与创新效率负相关。

生活环境因素：生活环境通过旅客周转量（pk）和AQI二级及以上天数比重（aqi）来共同反映。旅客周转量大，表示该城市交通较便捷，地理位置较好，有利于企业降低运输成本，提高创新及生产效率，因此该变量预期与创新效率正相关。二级以上天数比重越大意味着城市空气质量越好，好的空气质量给予居民更高的生活水平，从而吸引创新人才落户，但也从侧面表现了该城市的工业企业数量较少，或政府对于工业企业排污标准要求更严格，所以预期该变量与创新效率负相关。

人力资源环境因素：人力资源环境由万人在校大学生（students）和普通高等学校数（universities）来衡量。高校多，在校大学生数量相应较多。在校大学生多，可以为创新产业输送更多的高学历人才。所以该变量预期与因变量正相关。高校数量多会为人才提供更多的发展机会，但由于本文产出创新效率的投入输出数据偏向研究规模以上工业企业的R&D效率，高校数量多有可能会分流高学历技术人才，进而形成竞争性创新人才市场，企业劳

表3　　模型变量选择

环境因素	变量选择	变量名称
经济环境	人均GDP（元）	pgdp
	城镇居民可支配收入（元）	dincome
生活环境	旅客周转量（亿人千米）	pk
	AQI二级及以上天数比重（%）	aqi
人力资源环境	万人在校大学生数（人）	students
	普通高等学校数（所）	universities
产业环境	社会从业人员中科技人员占比（%）	staffs
	规模以上开展创新活动工业企业占比（%）	rdenterprises

动力成本随之提高，所以高等学校数变量预期与效率负相关。

产业环境因素：本文用社会从业人员中科技人员占比（staffs）及规模以上开展创新活动工业企业占比（rdenterprises）两变量来衡量创新人才群体与创新工业企业集聚程度。对于经济落后地区，科技人员及创新工业企业数量较少，吸引更多科技人才和鼓励企业创新可以对创新效率产生正向影响。而对于经济发达、人才流动性高、科技人员及创新企业数量均较饱和的地区，对于现有的科技投入和市场规模，过多的人才和创新企业可能会造成一定程度的低效率。长三角地区城市大多经济较为发达，因此两变量关系预期为负。

4. 回归模型

经过变量选择和先验假设，我们将回归模型写成下面的形式：

$$\ln E_i = \beta_0 + \beta_1 lnpgdp_i + \beta_2 lndincome_i + \beta_3 lnpk_i + \beta_4 lnaqi_i + \beta_5 lnstudents_i + \beta_6 lnuniversities_i + \beta_7 lnstaffs_i + \beta_8 lnrdenterprises_i + \varepsilon_i$$

其中，下标i代表长三角地区13个城市。

（二）实证结果及分析

根据前文分析，本文通过STATA软件对上述变量与创新效率进行Tobit回归，实证结果见表4、表5。

由于上文预期人均GDP与效率可能并不相关，所以研究首先对除可支配收入外的7个变量[①]及除人均GDP外的7个变量分别与综合效率、技术效率及规模效率进行回归（表4），回归结果显示，人均GDP（lnpgdp）变量对技术效率具有显著正向作用，但系数较小，仅为0.107，而与综合效率及规

① 由于变量较多，损失了过多自由度，将8个变量均加入模型中无法得到估计结果，所以将两个经济环境变量分别加入模型进行分析。

模效率均没有显著的相关性。且与预期不同，可支配收入变量（lndincome）与三种效率回归均不显著。从实证结果可以看出，经济环境因素对创新效率的影响较小，据此可以推测经济发达地区相较于欠发达地区的优势可能只体现在创新的体量上，而并不反映在创新效率的高低上。

表4　　模型回归结果（1）

	（1） lnte	（2） lnpte	（3） lnse	（4） lnte	（5） lnpte	（6） lnse
lnpk	0.577**	0.372***	0.273	0.594**	0.373***	0.296
lnuniversities	−0.745**	−0.463***	−0.472	−0.802**	−0.464***	−0.540
lnstaffs	−0.322	−0.186**	0.134	−0.442	−0.139	0.053 7
lnstudents	0.595*	0.281***	0.302	0.715*	0.259**	0.401
lnaqi	−1.638	−0.292**	−1.531	−1.755*	−0.544**	−1.592
lnrdenterprises	−0.077 2	−0.449***	0.106	−0.063 9	−0.384**	0.068 2
lnpgdp	0.058 5	0.107**	0.001 16			
lndincome				0.482	−0.110	0.425
_cons	2.834	−0.299	4.482	−1.713	3.015	−0.051 6

注：* 表示在0.10水平上显著，** 表示在0.05水平上显著，*** 表示在0.01水平上显著。

鉴于经济环境变量均不显著，因此我们将两变量剔除对余下的6个变量进行回归分析（表5）。生活环境与人力资源环境因素对综合效率和技术效率均有不同程度的显著影响，且符号均与预期相符合。产业环境两因素仅与技术效率显著相关，但与综合效率无关。所有变量对规模效率均未体现出显著影响，可以推测创新生产规模不受环境因素影响。

在综合效率回归中，4个显著变量影响最大的为空气质量，弹性小于−1，说明二级以上的天数越多，城市污染越少，对创新效率产生越大的负向影响，这与本文研究偏重于工业企业有较大关联。随着城市的产业结构改革进一步推进，人民生活水平不断提高，对环境质量的要求也越来越高，进而对工业企业的环评也更加严格，这一方面限制了工业企业的扩张，另一方面增加了企业的生产运营成本，进而阻碍企业效率的提高。

6个变量在对技术效率回归中均显著，空气质量变量同样影响最大，两个产业环境变量对技术效率均有负向影响，与预测相符，表明长三角城市的科技人才与创新企业的数量达到了一定程度的饱和，继续吸引人才所产生的效率可能不及作为成本付出的效率，同时部分企业在产业结构中担当的角色可能并不需要也没有相应的条件进行创新，如一些科技含量较低的组装加工企业，若一味地提高创新企业的比例，可能会在促进创新效率提高方面产生一定的反效果。

在校大学生数及旅客周转量变量对综合效率及技术效率均有显著正向影响，与先验假设相符。表明地区将注意力放在高校扩招及建设更便捷的交通网络上，会显著促进创新效率的提高。

表 5　　　　模型回归结果（2）

	（1） lnte	（2） lnpte	（3） lnse
lnpk	0.576**	0.376***	0.273
lnuniversities	−0.747**	−0.466***	−0.472
lnstaffs	−0.321	−0.206*	0.134
lnstudents	0.601*	0.289***	0.302
lnaqi	−1.742*	−0.600**	−1.533
lnrdenterprises	−0.038 5	−0.355**	0.107
_cons	3.763	1.841	4.500

注：* 表示在 0.10 水平上显著，** 表示在 0.05 水平上显著，*** 表示在 0.01 水平上显著。

四、结论

本文运用长三角地区13个市2014—2016年创新投入产出指标数据，基于DEA方法测算出创新效率，利用Tobit模型对影响效率的环境因素进行了计量分析。主要结论如下：（1）经济环境对创新效率基本没有显著影响。发达地区的经济优势更多体现在创新体量和产业规模上，其中一些地区与相对不发达地区创新效率对比没有明显的区别，如杭州与马鞍山人均GDP相差58 453元，而创新效率均在0.6附近。（2）生活环境要素对创新效率均有显著影响，其中交通便捷度提高，会促进效率提升；空气质量对效率影响最大，空气质量好的城市，往往有严格的环境保护政策，进而对企业的创新效率有一定的负面影响。（3）人力资源环境因素对效率有显著影响，高校学生数量增加对效率有正向影响，而高校数量增加则让工业企业劳动力成本有上升压力。（4）产业环境因素对综合效率影响不显著，仅对技术效率产生负向作用。基于研究结果，本文认为现有创新产业体量已经较为饱和，继续引进更多科技人才及鼓励提高工业企业创新数量对创新效率有反向作用，政府部门应把注意力更多地放在提高现有创新活动的产出率上。加强交通基础设施建设，在高校中培养更多后继科技人才，平衡保护环境与企业发展之间的关系，积极探索创新产出提升之路，才能推动产业健康、高效、持续发展。

长三角地区老年低保人口的空间格局及影响因素分析

王新贤*

一、引言

党的十九大提出要“完善最低生活保障制度”，作为“兜底”的保障制度。低保人口尤其是老年低保人口这一弱势群体的状况值得进一步关注。2020年中国60岁及以上人口达26 402万人，占总人口的18.7%①。长三角地区是我国最早进入老龄化的地区之一，未来随着老龄化的进一步发展，老年人口数量将进一步增加，而老年群体因其身体和经济社会方面的弱势地位，更易陷入贫困状况，老年贫困问题引起政府和学界的关注。准确掌握老年低保人口的数量、地区分布及影响因素对于补充贫困规律的认知，进一步完善最低生活保障体系的政策有着重要的理论和现实意义。

学者们围绕老年低保人口群体的个体特征、保障机制和关怀关系等进行了有益的探索。许振明对兰州市老年低保人员的医疗保障机制进行分析，指

---

* 王新贤，城市与人口研究所助理研究员。

① 《2020年度国家老龄事业发展公报》，央视网，http://news.cctv.com/2021/10/15/ARTI2hwoyhqXmtPJUB2uMThS211015.shtml。

出老年低保群体的医疗保障面临着医疗保障机制缺失的问题[①]。李渭基于调研分析，从社会工作视角对城市低保老人社区教育的学习需求与教学理念进行分析,并强调老年社会工作方法介入的重要性[②]。王斯琦基于对低保独居老人社会救助的现状及需求进行调研与分析，从关怀伦理的视角出发提出从低保独居老人构建与志愿者、邻里、社区三者关怀关系为主的关怀型社会支持网络，以满足其精神支持和人际交往需求[③]。徐勇通过对上海特困老年人生活及最低生活保障机制进行研究，提出要适应经济社会的发展要求，尽快建立健全老年人最低生活保障机制[④]。国外围绕对老年社会救助等方面进行了一系列的研究。Wong S对美国SSI（Supplemental Security Income的英文缩写，该制度是面向美国残疾人、盲人和老人提供最低生活保障）参加人群的空间变化进行了分析，发现SSI参与率表现出高水平的集聚特征，并与贫困、种族、家庭类型和教育水平等因素显著相关[⑤]。Bramley G等基于苏格兰调查数据的分析，指出苏格兰的补助家庭占比存在较大的区域差异，老年家庭和其他家庭获得的补助支持存在明显的差异，在使用福利措施进行津贴分配时需要谨慎,尤其是针对老年人的服务[⑥]。Neumark D研究发现，SSI对劳动力供应的抑制作用是虚假的，没有证据表明老年人的迁移行为

---

① 许振明：《完善城市老年弱势群体医疗保障机制探讨——基于兰州市老年低保人员医保状况调查》,《甘肃社会科学》2004年第5期。

② 李渭：《老年社会工作介入城市低保老人社区教育探索——以呼和浩特市新城区东街街道低保老人为例》,《内蒙古电大学刊》2018年第1期。

③ 王斯琦：《关怀伦理视域下低保独居老人社会支持网络构建研究》，长春理工大学硕士学位论文2019年。

④ 徐勇：《城市特困老人生活及最低生活保障机制——老年特殊群体调查之三》,《上海大学学报（社会科学版）》1996年第4期。

⑤ Wong S. “Geographies of medicalized welfare: Spatial analysis of supplemental security income in the US, 2000–2010”, *Social Science & Medicine*, 2016, 160: 9–19.

⑥ Bramley G, Lancaster S, Gordon D. “Benefit take-up and the geography of poverty in Scotland”, *Regional studies*, 2000, 34(6): 507–519.

是对SSI福利的响应[①]。

由上可知，学者们外围绕老年低保人口或老年社会救助群体的个体特征、区域差异及迁移行为等进行了一系列研究，但在以下几个方面的研究有待进一步深入：一是对长三角地区老年低保人口的分布格局进行深入研究，已有研究多从低保人口总体分布特征出发，其中关于老年低保群体的还尚未涉及；二是对老年低保人口分布的影响机制进行分析，从人口结构和经济社会因素对影响机制进行进一步深入分析；三是现有研究多从全国或省际层面出发，较少关注大尺度研究单元对区域内部异质性的影响。此外，已有研究也鲜有采用更适合分析空间问题的空间计量模型。据此，本文收集整理了县级单元的数据资料，采用空间统计分析方法对长三角地区老年低保人口的空间分布格局及其影响机制进行深入分析，以期进一步深化对老年低保人口分布格局的认知，并探讨了老年低保人口空间格局的影响机制，在此基础上为进一步完善长三角地区的社会保障体系和区域反贫困政策建言献策。

二、数据来源与研究方法

（一）数据来源

本文所关注的长三角地区包括上海市、浙江省、江苏省和安徽省，文章所指即为这三省一市。文中低保人口数据来源于2010年中国民政部长三角地区县域低保人口数据，老年人口数据来源于2010年《中国分县统计年鉴》。老年低保率是指老年低保人口占区域老年总人口的比重，由于《中国分县统计年鉴》统计的是常住人口的年龄结构，而低保是基于户籍制度进行

---

① Neumark D, Powers E T. “Supplemental security income, labor supply, and migration”, *Journal of Population Economics*, 2006, 19(3): 447–479.

认定的。笔者认为这对研究结果造成的偏误有限，老年群体有流动迁移行为的占比很低，仅占老年总人口的5.97%[①]。此外，在分析过程中使用的地图数据来源于中国科学院资源环境科学数据中心，在影响因素分析部分还使用了部分经济社会数据，这些数据来源于《中国区域经济统计年鉴》《中国城市统计年鉴》和《中国县（市）社会经济统计年鉴》，及相应年份的《国民经济和社会发展统计公报》等。

（二）研究方法

1. 空间自相关分析

通过运用空间自相关分析对老年低保率的空间特征进行分析。空间自相关是通过对变量的空间关联特征进行分析，可分为全局自相关和局部自相关分析两种，前者是分析某一要素在某一区域的空间模式，通常采用单一值来反映该变量的自相关程度；后者是计算某一要素在具体区域的集聚状况[②]。

2. 空间计量模型

已有研究表明[③]，低保率在空间分布上存在空间关联特征，为更好进行建模分析，本文考虑将引入空间计量模型。主要包括以下几个模型：

空间滞后模型（Spatial Lag Model，SLM）：

$$y = \rho Wy + X\beta + \varepsilon \quad (1)$$

空间误差模型（Spatial Error Model，SEM）：

$$Y = X\beta + \varepsilon,\ \ \varepsilon = \lambda W\varepsilon + \mu \quad (2)$$

---

① 吕利丹、杨舸、付晓光：《我国老年人口迁移：统计口径、分类和基本趋势》，《中国人力资源开发》2019年第11期。

② Gatrell A C. “Autocorrelation in spaces”, *Environment and Planning A*, Vol.11, No.5, 1979.

③ 高向东、王晶、王新贤：《中国低保人口分布特征及影响因素研究》，《中国人口科学》2019年第4期。

空间杜宾模型（Spatial Durbin Model，SDM）：

$$Y = \rho Wy + X\beta + WX\gamma + \varepsilon \tag{3}$$

式中，y为因变量，表示各区县的老年低保率；X表示自变量矩阵，包括各研究单元的自然地理和经济社会发展等指标；W表示空间权重矩阵，ρ表示空间滞后变量的回归系数；Wy表示空间滞后因变量，β反映X对y的影响，ε表示随机误差项的向量；λ为因变量向量的空间误差系数，μ为随机误差向量，γ为参数向量①②。

三、结果分析

（一）老年低保人口的变化趋势

2009—2017年长三角地区老年低保人口规模和老年低保率均呈下降趋势。具体来看，老年低保人口从2009年的163.29万人次增至2012年的188.29万人次，此后逐渐下降至2017年的158.62万人次；受老年低保人口规模和老龄人口发展的双重影响，老年低保率也经历了先升后降的发展趋势，从2009年的4.65%增至2012年的4.97%，此后下降至2017年的3.43%。从低保总数来看，长三角地区低保总数从2009年的605万人次增至2011年的589.71万人次，此后逐年下降，至2017年降至419.33万人次；同期老年低保人口占低保人口总数的比重则逐年上升，从2009年的26.99%增至2017年的37.83%，这一时期低保总人数的下降幅度要远大于老年低保的下降幅度，因而老年低保占全国低保总数的比重整体呈上升趋势。

---

① 孟斌、王劲峰、张文忠、刘旭华：《基于空间分析方法的中国区域差异研究》，《地理科学》2005年第4期。

② Debarsy N, Ertur C. Testing for spatial autocorrelation in a fixed effects panel data model. Regional Science and Urban Economics, Vol.40, No.6, 2010.

表 1　　2009—2017 年长三角地区老年低保人数　　（万人，%）

年　份	2009	2010	2011	2012	2013	2014	2015	2016	2017
老年低保人数	163.29	175.40	175.80	188.29	184.80	183.90	195.43	164.54	158.62
低保总人数	605.00	597.17	589.71	561.85	544.67	510.43	488.41	439.96	419.33
老年低保/低保总数	26.99	29.37	29.81	33.51	33.93	36.03	40.01	37.40	37.83
全国60岁以上老年人	3 509.47	3 433.76	3 594.83	3 789.75	3 986.68	4 091.51	4 111.02	4 362.04	4 620.92
老年低保/老年人	4.65	5.11	4.89	4.97	4.64	4.49	4.75	3.77	3.43
全国老年低保/全国低保总数	27.63	28.87	29.96	31.45	32.31	33.55	30.27	34.89	33.94
全国老年低保/全国老年人	11.75	12.25	12.29	12.14	11.88	11.2	9.02	9.15	7.61

（二）老年低保人口的空间分布

从老年低保率的地理分布来看，老年低保率高值区域主要集中在上海市崇明区，杭州市淳安县，以及南通市、盐城市、泰州市、温州市和扬州市的部分区县，这些区县多为户籍人口流出地，且所属地市经济发达；老年低保率较高值则主要集中在上海市区，安徽省中南部的安庆、合肥、宿州和宣城等区县，浙江省和江苏省的常州、淮安、南京、苏州、泰州、无锡、徐州、盐城、扬州和镇江等区县；老年低保率低值区域多为各地市的中心区县，如合肥市、温州市、台州的玉环县、镇江的丹阳市、金华的义乌市、上海的松江区和苏州的昆山市。

（三）老年低保人口的区域差异

从老年低保的总数来看，安徽省老年低保人口最多，为79.52万人次；其次为江苏省，达46.69万人次；再次为浙江省，达30.54万人次；上海市最少，有1.87万人次。老年人口规模方面，江苏省老年人口规模最大，达1 774.3万人次；其次为安徽省，老年人口为1 281.91万人次；再次为浙江省，达1 083.1万人次；上海市老年人口规模也达481.61万人次。从低保总人口来看，安徽省低保人口规模最大，达196.74万人次；其次为江苏省，为122.19万人次；再次为浙江，为80.81万人次；上海市为19.59万人次。

从老年低保人口占老年总人口的比重来看，安徽最高，达6.2%；浙江省和江苏省都在2.6%以上，上海市最低，为0.39%。这可能与各地经济发展水平和低保标准有关，相对上海市来说，其他省份的老年人口收入较低，更多地被低保所覆盖。老年低保人口占低保总人口方面，上海市为9.52%，浙江省和江苏省分别为37.79%、38.21%，安徽省最低，仅为40.42%。

表 2　　2017年长三角地区老年低保人口的区域分布　（万人，%）

	老年低保人口		老年人口		老年低保人口占老年总人口比	低保总人口		老年低保占低保总人口比
	规模	百分比	规模	百分比		规模	百分比	
长三角地区	158.62	100.00	4 620.92	100.00	3.43	419.33	100.00	37.83
上海	1.87	1.18	481.61	10.42	0.39	19.59	4.67	9.52
浙江	30.54	19.25	1 083.10	23.44	2.82	80.81	19.27	37.79
江苏	46.69	29.44	1 774.30	38.40	2.63	122.19	29.14	38.21
安徽	79.52	50.13	1 281.91	27.74	6.20	196.74	46.92	40.42

四、老年低保人口分布的影响因素分析

（一）模型建构

综上可知，老年低保率存在显著的区域差异。在参考借鉴已有研究①②③的基础上，本文从地理环境、经济发展水平、人口结构、城镇化发展、人力资本等因素出发，对老年低保率的空间分布的影响进行分析。老年低保率为因变量，选择地区平均海拔表征区域地理环境，以人均GDP表征区域经济发展水平、以少数民族人口占比作为人口民族结构表征，以60岁人口占总人口比重作为人口年龄结构的表征，以离退休比作为老年人口的社会结构，以文盲率表征区域人力资本水平，以非农人口占比作为城镇化水平表征，以卫生人员比作为卫生资源表征。并选用Matlab软件进行变量的处理和模型

① 高向东、王晶、王新贤：《中国低保人口分布特征及影响因素研究》，《中国人口科学》2019年第4期。

② 孟斌、王劲峰、张文忠、刘旭华：《基于空间分析方法的中国区域差异研究》，《地理科学》2005年第4期。

③ 丁建军、冷志明：《区域贫困的地理学分析》，《地理学报》2018年第2期。

的拟合。检验发现，最小二乘法（OLS）的残差Moran's I值为0.265 9，在0.001水平下显著，即存在较为显著的空间依赖性，用OLS进行模型拟合会存在偏误。通过对比分析空间杜宾模型、空间误差模型和空间滞后模型的检验结果可知，不支持将空间杜宾模型化解为空间滞后模型和空间误差模型的研究假设，笔者认为采用空间杜宾模型对老年低保率进行分析更为合适。

（二）回归结果分析

表3的回归结果显示，海拔、老龄化程度、15岁以上文盲人口比重、少数民族占比、离退休比、城镇化率和卫生人员比均通过了0.1%的显著性检验，表明这几个因素对老年低保率有着重要的影响。其中，老龄化程度、离退休比、城镇化率和卫生人员比的估计系数分别为−0.270 78、−1.224 275、−0.015 190和−2.808 437，说明在控制其他因素的条件下，老龄化的水平、离退休占比、城镇化水平和卫生人员占比的提高，老年低保率程度趋于降低。究其原因，主要在于人口年龄结构的老化地区，往往是经济社会发展水平较高的区域；离退休比越高，有生活保障的老年人口越多，陷入贫困的占比越低；城镇化水平越高，区域发展发展水平越高，地方社会保障体系更为完善，老年人陷入贫困，申请低保的比例越低；卫生人员占比越高，区域医疗卫生条件越发达，老年人就医越有保障，老年人因病致贫的概率相对较低。

海拔对数、15岁以上文盲人口比重和少数民族占比的估计系数分别为0.044 619、0.192 013和0.285 883，且在0.1%的水平下显著，表明在控制其他变量的条件下，这三个变量的提高都会加剧区域老年低保率水平。具体来说，海拔的提高通常会带来水分、热量等因素的失调，不仅制约当地农业生产发展，也会给工业生产带来更大的成本；15岁以上文盲人口比重越高，意味着区域人力资本水平较低，这不仅影响区域经济发展和产业结构升级，而且影响区域劳动力的收入水平和就业机会；由于受历史问题和发展条件的制

表 3　　SDM 模型的拟合结果

变　量	估计值	t值	变　量	估计值	t值
海拔对数	0.044 619***	21.319 217	W*海拔对数	−0.004 045*	−2.449 023
老龄化程度	−0.270 78***	−227 031 497.7	W*老龄化程度	−0.021 957***	−10.063 238
人均GDP对数	−0.001 533	−0.894 236	W*人均GDP对数	0.000 994***	13.038 582
15岁以上文盲人口比重	0.192 013***	42.847 698	W*15岁以上文盲人口比重	−0.015 184***	−19.132 744
少数民族占比	0.285 883***	833.008 122	W*少数民族占比	−0.037 595***	−6.373 727
离退休比	−1.224 275***	−149.121 849	W*离退休比	−0.109 278***	−26.950 899
城镇化率	−0.015 190***	−10.858 315	W*城镇化率	0.032 952***	5.580 758
卫生人员比	−2.808 437***	−177.265 501	W*卫生人员比	0.040 680***	53.862 289

注：*p<0.05；**p<0.01；***p<0.001。

约，民族地区发展相对落后，少数民族地区的老年人口更容易陷入贫困申请低保。

人均GDP、城镇化水平和卫生人员比空间滞后项的估计系数为0.000 994、0.032 952和0.040 680，表明某一县市经济发展水平、城镇化水平和医疗卫生水平对降低相邻县的老年低保率产生消极影响；而海拔、60岁老年人口占比、15岁以上文盲人口比重、少数民族占比和离退休比空间滞后项的系数分别为−0.004 045、−0.021 957、−0.015 184、0.037 595和−0.109 278，这表明某一县海拔、老龄化程度、人力资本、少数民族占比和离退休占比的提高对降低相邻县的老年低保人口占比产生积极影响。

由表4可知，海拔、15岁以上文盲人口比重和少数民族人口占比对老年低保率的直接效应分别为0.044 605、0.199 386和0.276 041。其中，少数民族占比的直接效应最大，是影响老年低保率的关键性因素。海拔、15岁以上文盲人口比重和少数民族人口占比的提高，会对降低本县的老年低保率产生

表4　　老年贫困率影响因素的直接效应与间接效应估计

	直接效应	间接效应
海拔对数	0.044 605***	0.000 024
老龄化程度	−0.311 334	−0.014 525
人均GDP对数	−0.000 863	0.000 224
15岁以上文盲人口比重	0.199 386*	0.000 934
少数民族占比	0.276 041***	−0.003 741*
离退休比	−1.411 318***	−0.073 047
城镇化率	0.010 44	0.010 517*
卫生人员比	−2.876 473	−0.065 781

注：*p<0.05；**p<0.01；***p<0.001。

消极影响。离退休比的直接效应为−1.411 318，即老年离退休比每提高1%，会使得本县的老年贫困率降低−1.411 318%。城镇化水平对老年低保率的间接效应为0.010 517，表明城镇化水平对老年低保率具有正的空间溢出效应，即某一县的城镇化水平的提高会对缓解相邻县的老年低保率产生消极影响。少数民族人口占比的间接效应为−0.003 741，表明少数民族人口占比表现出负的空间溢出效应，即某一县的少数民族人口占比的提高对于缓解相邻区域的老年低保率产生积极效应。

五、结论与讨论

本文基于2010年人口普查分县数据和老年低保人口数据，通过采用空间统计分析方法，对长三角地区老年低保人口的分布格局及影响因素进行分析，研究发现：（1）老年低保人口和老年低保率总体呈现下降趋势，老年低保人口分布呈现出“西多东少”的分布特征，老年低保率呈现“西高东低”的分布态势。（2）老年低保率在空间分布上存在较强的空间集聚特征，老年低保率高值集聚区主要分布在上海市崇明区、浙江省杭州市淳安县，以及江苏省的南通市、盐城市、泰州市、温州市和江苏省扬州市的部分区县，老年低保率低值集聚区主要分布在安徽省合肥市，浙江省温州市，浙江省台州市玉环县、江苏省镇江市丹阳市、浙江省金华市义乌市、上海市松江区和江苏省苏州昆山市等部分区域。（3）离退休比、城镇化水平、医疗卫生水平和老龄化程度对缓解老年低保率有着积极的影响，而海拔、15岁以上文盲人口比重和少数民族占比的提高会加剧区域老年低保率。

基于上述结论，提出以下建议：（1）加强对老年低保率高值区域的政策支持力度。老年贫困高值区分布较为集中，与其他类型的低保人口相比，老年人由于身体及经济社会方面的弱势地位，很难改变他们的弱势地位，因而有必要进一步完善老年低保率高值集聚区的兜底性保障工作。（2）进一步完善农村地区的多层次养老服务保障体系。研究发现，离退休比对减缓老年低保率具有积极作用。在广大农村地区的老年人离退休比低，老年生活缺乏保障。构建与农村老年人需求相衔接的养老服务体系，提升农村养老服务水平，进一步完善农村地区的多层次养老服务保障体系，解决农村地区的养老问题，对于减缓这些区域老年低保率，助力脱贫攻坚具有重要的意义。（3）加强老年低保率高值地区医疗服务体系建设。研究结果表明医疗卫生条件的改善对减缓老年低保率具有正向意义。不少老年低保人口生活在交通不便的边远地区，提高医疗服务的有效性和可及性，让老年低保人口能够就近享受便捷高效的医疗服务，可以有效防止老年人"因病致贫""因病返贫"现象的出现与扩大。本文分析了长三角地区老年低保人口的空间分布特征及其影响因素，受数据资料的限制，无法系统地对老年低保人口时空格局进行动态分析。此外，随着新型城镇化的发展和户籍制度的改革，流动人口尤其是老年人口的流动迁移对老年低保人口空间格局带来的影响不容忽视，须在后续研究中予以关注。

全面提升城市生态软实力的基本内涵与实现路径

程进*

从全国最大的工业基地到建设卓越的全球城市，上海的城市化进程突飞猛进，经济规模、科技创新、基础设施等城市硬实力不断提升。当前，提升城市发展活力与竞争力的逻辑开始发生转变，在增长城市硬实力的同时，更要注重城市软实力的提升。2021年6月22日，上海提出全面提升城市软实力的部署，全面提升城市软实力是上海面向未来塑造城市核心竞争力的关键之举。作为上海建设卓越的全球城市的三大目标之一，上海生态之城建设也将从重视硬实力转向软实力与硬实力并重，生态绿色将被打造成为上海城市软实力的重要标识。生态环境在提升城市软实力中具有特殊性，一方面，良好的生态环境是城市软实力的重要构成要素之一，能显著增加城市的吸引力和竞争力；另一方面，生态环境建设既包括硬实力要素建设，也包括软实力要素建设。因而提升城市生态软实力应成为城市软实力理论研究和实践探索的重要议题。

* 程进，生态与可持续发展研究所副研究员。

一、城市生态软实力构成要素

城市生态软实力作为城市软实力的重要组成部分，其内核是以人为本，提升城市居民生态福祉，增强城市内部凝聚力和外部吸引力。城市生态软实力构成要素包括生态品质、生态文化和生态话语权。

（一）生态品质

良好的生态环境是生态品质的核心要义，但生态品质又超出了良好的生态环境质量的范畴。近年来逐渐兴起的“Environmental Amenity”（环境优越性/生态环境优越性）理念，更贴近生态品质的核心理念，生态环境具有优越性的特征直接关系到城市居民的健康状态和生活体验，通过改善城市居民的体验感来提高城市生态环境的吸引力和影响力。

首先，生态品质是增强城市吸引力和创造力的重要影响因素。随着互联网的发展和交通运输能力的提升，区域间信息传递和要素流动的成本大幅下降，城市吸引力更加注重人力资本和创新要素汇集所带来的影响力，而非以往局限于物理空间层面的产业集聚效应和规模效应。高质量的人居环境在改善城市居民身心健康和幸福感方面具有积极作用，因而高端资源要素对人居环境和城市生态品质有着更高的要求。城市生态空间可以增强人们与自然的亲和度，为居民提供健身锻炼、休闲游憩等休闲服务，提高居民身体锻炼的频率来减少死亡率和慢性病发病率[①],促进居民的健康福祉并提高其生态和环保意识。居民的心理健康水平与居住地附近的绿地面积以及居民使用绿地的频率存在显著的正向相关关系[②]。

---

① Ekkel, E, Dinand. De Vries, Sjerp. “Nearby green space and human health: Evaluating accessibility metrics”, *Landscape and urban planning*, 2017, Vol.157.

② Ambrey, Christopher, L. “Urban greenspace, physical activity and wellbeing: The moderating role of perceptions of neighborhood affability and incivility”, *Land Use Policy*, 2016, Vol.57 (30).

其次，生态品质更加强调便利性和公平性。生态品质的便利性是决定社会经济主体选择开展社会经济活动的地理分布的关键因素，区域范围内生态品质相关的生态便利性能够有效增强当地的吸引力，成为当地吸引人才、招商引资的重要手段[①]。当地生态资源的丰富程度是生态品质具备便利性的基础，而生态资源空间分布的可获得性则是决定生态品质便利程度的关键。此外，环境公平也日益成为城市生态环境领域的焦点问题，环境公平对城市吸引力也存在着潜在的影响，生态品质必须彰显生态公平。

再次，生态品质的提升要坚持以人民为中心。由于自然生态系统具有属地性，生态文化和审美也具有极大的个体差异，生态品质在不同人群之间的影响具有异质性。提升城市生态品质不仅聚焦生态环境质量，更要体现生态品质对居民生活质量、城市吸引力等城市软实力的影响。需要以人的需求为出发点探讨生态品质，从环境质量、居民感知、健康效应、公平性、社会经济福利等多个维度制定城市生态品质的评价标准，真正明确生态品质如何发挥城市生态软实力的底色作用。

（二）生态文化

生态文化是生态软实力的核心，基于城市气候、水文、地形等塑造和形成的城市生态文化是城市生态软实力的灵魂和核心价值。生态文化软实力是强调人与自然协调发展的一种新的文化形态，即人与自然接触过程中形成的生态美学、生态人文、生态意识等价值观念和思维方式[②]。生态文化软实力不仅体现在生态环境保护意识上，引导人类摆脱生态危机，还体现在系统的生态环境价值理念，更加强调生态责任。

---

① Ahmadiani, Mona. Ferreira, Susana. “Environmental amenities and quality of life across the United States”, *Ecological Economics*, 2019, Vol.164.

② 尚晨光、赵建军：《生态文化的时代属性及价值取向研究》，《科学技术哲学研究》2019年第2期。

首先，城市生态文化传播具有城市特色的生态价值观。生态文化往往以生态服务、生态教育和生态创新产品为载体，向外界传播具有属地特色的生态环境保护意识和生态环境价值理念①。商业化的生态服务、城市生态空间等公共生态服务均在塑造和传播城市生态价值方面发挥着推动作用。城市绿色基础设施通过增强人们与自然的亲和度来培育居民的生态环保意识，并作为城市生态文化对外传播的重要载体，促进当地生态文化和城市形象的宣传推广②，提高居民对当地生态政策、生态制度等生态文化的认同感，进而提高当地生态文化的影响力。

其次，生态文化创新能进一步塑造城市生态价值观。生态文化创新是以创新手段提供具有高附加值的生态文化产品或生态文化服务，从而提升城市生态文化的吸引力③。城市生态文化不仅集中体现在生态服务、生态艺术、生态教育等生态文化载体，也包括生态地标、生态制度、生态叙事等多种表现形式。生态文化根植于属地自然生态环境，因而生态文化创新不能简单的就文化论文化，在从文化发展视角探讨城市生态文化培育机制的基础上，更要体现出城市生态文化是城市自然基底与城市文化基因深度融合的结果。

再次，生态文化地标是塑造并推广城市生态形象的重要载体。一个地区生态文化的形成与当地历史文化底蕴、民俗习惯、地理风貌等因素密不可分，因此，城市生态文化也大多具备地域性的特色④。城市生态文化地标具有标志性、独特性和识别性，是增强城市生态软实力的重要载体。应把城市文化基

---

① Huhmarniemi, Maria. Jokela, Timo. “Arctic Arts with Pride: Discourses on Arctic Arts, Culture and Sustainability”, *Sustainability*, 2020, Vol.12(2).

② Terkenli, T, S. Bell, S.Toskovi, O. et al. “Tourist perceptions and uses of urban green infrastructure: an exploratory cross-cultural investigation”, *Urban Forestry & Urban Greening*, 2020, Vol.49(3).

③ 史哲宇、张蓉：《新时代生态产品文化价值实现路径研究》,《青海社会科学》2020年第6期。

④ Zhang, MunkhDalai, A. Borjigin, Elles. Zhang, Huiping. “Mongolian nomadic culture and ecological culture: On the ecological reconstruction in the agro-pastoral mosaic zone in Northern China”, *Ecological Economics*, 2007, Vol.62(1).

因融入城市生态软实力建设过程，打造识别度高的城市生态文化新地标。

（三）生态话语权

国家行为主体一定程度上在全球生态治理中面临集体行动困境，因而城市在全球生态治理中的地位不断上升。城市在承担全球生态治理的能力、资源、灵活性和有效性等方面具有一定潜力，生态话语权成为城市生态软实力的重要组成部分，在提高城市的国际影响力和竞争力方面发挥必不可少的作用。生态话语权可理解为国际话语主体对生态文明建设“发声”的权利以及由此产生的权力①，一个掌握生态话语权的城市能够充分发挥其在全球生态建设中的引领作用，通过对接国际生态标准，并将本土化的标准推广至全球范围内，最大化实现城市生态软实力的吸引力和影响力。

首先，提升城市生态话语权需要对接国际标准。全球生态治理合作形式多样，既有宏观层面的国家博弈、谈判，也有微观层面的技术合作、制度协同等内容。因此，具体领域的全球生态治理合作一般表现为相关领域的国际标准，标准竞争成为全球城市生态治理竞争的热点之一。提升城市生态话语权，需要以有效对接国际标准为基础，实现既对接全球标准、又体现城市特色，增进全球范围对城市生态治理理念和方案的认同，进而深度融入全球城市生态话语体系。

其次，从城市层面来看，提升生态话语权的路径多样。从城市外交的视角来看，在全球生态治理主体多元化的大背景下，城市之间将建立一系列的对话和共同行动平台，通过城市外交实践产生的不同于国家间外交规则来影响新国际规则的制定②。如城市气候外交既是城市共同引领全球气候

---

① 廖小平、董成：《论新时代中国生态文明国际话语权的提升》，《湖南大学学报（社会科学版）》2020年第3期。

② 韩德睿：《城市参与全球治理的路径探析——以中国城市为视角》，《区域与全球发展》2019年第5期。

治理的直接体现，也是提升气候治理话语权的主要形式[①]。从公共物品供给视角来看，全球生态治理是一个在全球尺度上通过多元主体合作来提供生态公共产品的问题，城市拥有更多的可以直接利用的资源和能力来供给生态治理中的公共产品，城市在供给全球气候公共产品中的地位日益凸显[②]。从全球生态话语体系传播视角来看，提升国际生态话语权，需要依赖相关话语平台和专业化的传播队伍[③]，通过多样化的话语表达方式和先进的传播策略，向全球传播城市生态建设理念和经验。虽然城市生态话语权的提升视角不同，但构筑体现城市特色的生态话语体系、传播城市生态建设思想、参与全球城市生态治理、推进城市层面生态环保交流合作是提升城市生态话语权的主要路径。

二、城市生态软实力与生态硬实力的关系

关于软实力与硬实力的关系有不同的论点。相辅相成论认为软、硬实力是相辅相成的，区别在于软、硬实力行为的性质和资源的实在程度不同；决定论认为硬实力是软实力的基础，硬实力决定软实力，硬实力的成功使文化等软实力更具吸引力；载体论认为硬实力是软实力的物质基础和有形载体，软力量是硬力量的延伸，两者相互影响、相互转化；过渡论认为软、硬实力之间是一种过渡关系，两者之间没有明确的界限[④]。

从资源层面上看，软实力和硬实力是相辅相成的；从行为层面上来看，尽管软实力和硬实力在某种程度上都体现为一种影响力，但软实力是

---

① 冯帅：《论全球气候治理中城市的角色转型——兼论中国困境与出路》，《北京理工大学学报（社会科学版）》2020年第2期。

② 庄贵阳、周伟铎：《非国家行为体参与和全球气候治理体系转型——城市与城市网络的角色》，《外交评论》2016年第3期。

③ 华启和：《中国提升生态文明建设国际话语权的基本理路》，《学术探索》2020年第10期。

④ 陶建杰：《城市软实力及其综合的评价指标体系》，《上海城市管理》2010年第3期。

一种有吸引力的权力[①]。软实力包含对内和对外两个方面：对内要有凝聚力和创造力，自身整体实力的提升是对外施加影响的基础；对外则要有吸引力、竞争力，这是外部主体能被影响且产生认同行为的保障[②]。因此，能产生吸引力的资源都可视为软实力的来源，但一些资源既能生成硬实力，也能营造软实力，即硬实力是软实力的有形载体，而软实力是硬实力的无形延伸。

良好的生态环境既是一种硬实力，也是一种软实力。这是因为：首先，在城市整体层面，良好的生态环境是城市软实力的重要组成内容之一，能带来有别于经济、科技、基础设施等城市硬实力的城市品质和魅力，显著增加城市的吸引力和竞争力；其次，在生态之城建设层面，生态之城建设既包括生态硬实力要素建设，也包括生态软实力要素建设。生态硬实力可以理解为城市排污水平、生态空间规模、生态环境质量等方面；生态软实力则可以理解为生态品质、生态文化、生态意识、生态形象、生态品牌和生态话语权等不同领域。

从这个角度来看，生态软实力和生态硬实力之间可以相互影响、相互转化。比如，完善的城市生态空间体系作为城市生态硬实力的重要来源，既为城市居民提供了良好的生态品质，也可以通过成为“公园城市”的范本吸引其他国家和城市进行模式效仿。清洁的空气是城市生态硬实力的重要组成部分，同时也为城市塑造良好的生态品质奠定基础，在此基础上形成的城市空气污染治理体系不仅是城市生态制度的构成要素，也是打造城市生态品牌的基石。城市的生态环境治理不仅夯实了城市的生态硬实力，在这之中还存在一种外部信号效应，能够潜移默化地塑造城市居民的生态保护意识，构建独具特色的城市生态文化。

---

① 约瑟夫·奈、王缉思、赵明昊：《中国软实力的兴起及其对美国的影响》，《世界经济与政治》2009年第6期。

② 王岩：《文化软实力指标体系研究综述》，《马克思主义文化研究》2019年第1期。

三、全面提升城市生态软实力的实现路径

为进一步提升上海城市生态软实力，建议以提升城市生态品质为重点任务，协同推进城市生态文化、生态话语权建设。

（一）以集聚高端资源为导向提升城市生态品质

1. 构建多维度城市生态品质提升标准

城市生态品质建设和评价标准需要从传统的污染治理等自然属性视角，转向结合人的需求等多维属性视角，从环境质量、居民感知、健康效应、公平性、社会经济福利等多个维度明确城市生态品质的建设和评价标准。其中，环境质量体现在污染状况、生态系统服务能力、生态足迹、能源效率等内容；居民感知体现在舒适度、幸福感、满意度、获得感等内容；健康效应体现在身体状况自评、心理疾病、亚健康情况、重点疾病发病率等内容；公平性体现在不同群体的获得感、生态空间可达性等内容；社会经济福利体现在就业收入、公共服务、社区交流频次等内容。

2. 发挥多样化城市生态品质功能作用

一是增强人才吸引力功能。随着环保和健康意识的上升，高端资源对生态品质的要求也不断增加，要求一个无污染和洁净的人居环境，这样才能实现身心健康、人与自然和谐共生。上海提升生态品质应把健康权、生命权放到首要地位，以世界卫生组织环境健康标准为努力目标，打造高标准的生态、绿色与可持续发展的城市人居环境，不断提升对全球高端创新要素和人才资源的吸引和集聚能力。

二是增强市民凝聚力功能。空气、水、生态空间已经成为城市居民生活不可缺少的资源，针对城市不同地域、不同人群的生态需求，推进生态环境精细化管理，动态性解决民生关切的生态环境问题，丰富城市生态空间的运

营模式，提升城市生态环境的生态服务功能，满足不同人群对生态品质的异质性需求，增强市民获得感、幸福感和凝聚力。

三是增强文化感召力功能。城市生态环境是承载城市文化的重要载体之一，上海应挖掘城市生态环境的文化和服务功能，赋予城市生态环境更多的文化属性，推进城市生态环境和城市人文气息良性互动，以城市生态品质提升带动人文素养提升塑造城市生态文化形象，更好地在世界上展现上海的生态文化品质，增强城市文化感召力，为全球城市生态建设贡献“上海能量”。

（二）发展具有上海特色的超大城市生态文化

1. 强化生态“软文化”与“硬制度”建设

发展城市生态文化，不仅要有“软文化”为底蕴，也要有“硬制度”加以约束。前者主要包括城市生态理念、生态行为、生态价值观等，是城市居民共同认同、遵守的生态理念和规范；后者主要包括城市生态法规、政策等，是城市居民共同遵守的生态治理规程或行动准则。

首先，倡导生态“软文化”，塑造城市生态价值观念。挖掘上海城市文化中的生态意识，以生态艺术、生态服务、生态教育为载体，从宏观层面的生态艺术形式与城市公共艺术创新融合，到微观层面的企业产品包装生态设计创新，向公众或外界传播生态价值理念，彰显城市的生态文明和生态影响力，形成非制度的强大驱动力。

其次，完善生态“硬制度”，健全约束机制。通过地方立法、完善环保规章制度等举措，构建具有上海特色的超大城市生态环境治理制度体系，让“硬制度”成为上海城市生态软实力的重要标志。只有实行最严格的规章制度，才能促进城市生态治理进入法制化、规范化法治阶段，为上海生态之城建设提供可靠保障。

2. 打造具有上海特色的城市生态文化地标

首先，摸清上海的自然基底和文化基因家底。上海地处长江入海口，北界长江，东濒东海，南邻杭州湾，黄浦江、苏州河穿市而过；上海兼具中国传统的江南水乡文化与海洋文化，形成自身独特的海派文化。上海的城市自然基底和文化基因独具特色，按照典型性和代表性对其进行分类排序，掌握上海打造生态文化地标的基础条件。

其次，打造识别度高的城市生态文化新地标。融合生态工程、社会工程、文化工程、产业工程的建设要求，把城市红色文化、海派文化、江南文化、浦江文化等文化基因融入城市生态软实力建设过程，重点围绕“一江一河”发展规划，打造识别度高的城市生态文化新地标，使之成为城市生态文化浓缩的载体，创新生态文化地标宣传方式，让更多的人了解上海、认识上海、关注上海。

（三）在对接转化国际标准中提升国际生态话语权

1. 主动对接和转化国际生态规则标准

加强对国际生态规则标准的转化和衔接，更好形成全球城市生态治理发展趋势和上海实践的融合，同时体现上海特色，既有助于健全完善国际生态标准规则，也有助于打造上海与世界对话的开放精神。近期上海应以对接转化“碳达峰、碳中和”国际规则标准为主要任务。

首先，梳理分析CPTPP（跨太平洋伙伴关系协定）、SDG（联合国可持续发展目标）等国际重要生态环境履约发展形势，分析欧盟、美国、日本等主要发达经济体城市生态环境治理发展动向趋势。分析国际上以ISO 14064、PAS 2050、GHG Protocol和ISO 14067等为代表的碳足迹相关量化规则标准，以及以PAS 2060、ISO 14068等为代表的碳中和规则标准主要内容及特点。

其次，完善碳排放监测、报告和核查制度及碳信息披露制度。可监测、可报告、可核查（MRV体系）是碳市场金融化发展的基础，上海在打造国际碳金融中心进程中，应主动对标国际规则标准，根据上海的发展阶段和特点构建与国际接轨的碳排放核算标准与方法学，并在上海进行试点示范，提高碳排放核算结果的权威性。逐步推行碳排放在线监测制度，保障在线监测数据的真实性。提高第三方核查力量的专业性、独立性和业务能力。

2. 积极开展国际生态环境治理交流合作

借鉴东京等全球城市经验，上海应不断深化与世界各地的城市和国际组织的合作，传播城市生态环境治理信息，提供政策知识和技术，协助改善国际城市环境，为应对全球气候变化做出贡献。积极协调城市之间的环境政策和积极学习知识和技术，加强引领全球环境问题解决方案的全球伙伴关系和从业者层面的交流，通过参与国际网络和国际会议，向世界传播上海的生态环境治理措施。

首先，积极加入生态环境领域的国际城市联合组织，开展生态环保多边合作。上海已加入C40城市气候领导联盟，可继续根据积累的经验和专业知识，致力于在城市应对气候变化的行动中发挥领导作用。在此基础上，在条件适宜时加入国际碳行动伙伴组织（ICAP）等国际城市联合组织，积极传播和分享城市在生态环境治理领域的成就和专业知识。

其次，积极与“一带一路”沿线城市开展生态环境双边合作。上海可加强与“一带一路”沿线城市的生态环境技术交流；开展超大城市污染物防治的技术交流；通过城市双边合作计划，推动废弃物治理、建筑节能、清洁能源等实践层面的努力。

超大特大城市推动高效能治理的路径探索与创新实践

陈晨　邓智团*

一、引言

近年来，中国人口向超大特大城市加速集聚的趋势明显。根据2010年“六普”和2020年“七普”的数据，人口超过500万的超大特大城市普遍呈现常住人口进一步集聚的特征。深圳、西安的常住人口规模增长超过50%；广州、厦门、郑州、长沙则增长超过40%[①②]。人口大规模集聚在给城市发展带来新的活力与机遇的同时，也给超大特大城市提升治理效能提出了更高的要求。

城市治理是国家治理体系的重要组成部分，城市治理能力现代化是国家治理能力现代化进程的重要组成环节[③④]。超大特大城市通常是国家或者区域

---

* 陈晨，城市与人口发展研究所助理研究员；邓智团，城市与人口发展研究所研究员。

① 国务院第六次全国人口普查领导小组办公室：《中国2010年人口普查资料》，中国统计出版社2012年版。

② 国务院第七次全国人口普查领导小组办公室：《中国人口普查年鉴2020》，中国统计出版社2022年版。

③ 吴晓林：《加快推进市域社会治理现代化》，光明网，https://theory.gmw.cn。

④ 周丽通、毛康文：《推进城市治理现代化的“三个维度”》，人民论坛网，https://m.huanqiu.com/article/4zurz6LgTdt。

内政治、经济、文化、教育、科技等领域的中心，因此，其治理实践具有引领性、示范性的关键地位。

随着超大特大城市逐渐从“扩张式”发展进入高质量发展阶段，提升城市治理效能逐渐成为促进发展的重要抓手。以上海为例，2018年发布的《上海市城市总体规划（2017—2035）》提出“以成为高密度超大城市可持续发展的典范城市为目标，落实规划建设用地总规模负增长要求，牢牢守住常住人口规模、规划建设用地总量、生态环境和城市安全四条底线，实现内涵发展和弹性适应，积极探索超大城市睿智发展的转型路径”，并具体提出了建设用地集约紧凑发展,低效工业用地减量化发展的具体目标[①]。在超大特大城市从重硬件建设逐渐转向重软件提升的高质量发展进程中，高效能治理的路径探索与创新实践具有广阔可为的空间。

二、超大特大城市治理的新形势

在推动高效能治理路径探索与创新实践的道路上，中国超大特大城市面临一些共同的新形势，包括共同面对的发展趋势，共同应对的现实挑战，共同需要解决的关键问题。

（一）共同面对的发展趋势

超大特大城市治理面对共同的发展趋势，包括：以人为本的价值理念日益受到重视，治理重心逐渐向基层下沉，城市的“有机体”特征不断加强，新兴技术应用不断深入。

一是以人为本的理念日益受到重视。在国家层面，“以人民为中心”是当前新发展理念的重要实践理念和关键主线。在城市层面，“以人民为中心”

---

① 《上海市城市总体规划（2017—2035）》，上海市人民政府网，https://www.shanghai.gov.cn/nw42806/。

逐渐成为城市治理的重要目标。上海在建设“人民城市”时，致力于“以共享为最终目的，努力打造人人都有人生出彩机会的城市、人人都能有序参与治理的城市、人人都能享有品质生活的城市、人人都能切实感受温度的城市、人人都能拥有归属认同的城市”[①]。

二是治理向社区基层下沉。市民是城市这个复杂系统中的基本个体，城市社区是组成城市空间的基本单元。近年来，城市治理的重心逐渐向基层社区下沉。这一趋势不因城市规模大小差异而不同。做精“微服务”，畅通“微循环”是治理重心下沉的重要支撑工作，也是实现高效能治理的重要前提[②]。

三是城市向“有机体”发展。早期工业思维模式下，城市往往被认为是不同功能“零件”的组合。近年来，人类日益认识到城市跟生物一样，各功能结构需要有机协同才能实现良性永续发展。城市应当是“生命有机体”，在空间结构视角下由基层“细胞”、生态“肌理”、交通“血管”、经济产业“骨骼”等有机构成[③]。城市“有机体”应当注重系统性，重视功能、片区之间的有机协调。

四是新兴技术应用不断深入。目前，通信技术、大数据计算与应用、人工智能等成果逐渐在城市治理关键领域得到有效应用，为城市智慧化治理提供了重要的技术支撑。

（二）共同应对的现实挑战

人口增长带来的城市规模扩张给超大特大城市治理带来的压力不是“线性增长”的，而是呈现“乘数效应”的“几何增长”态势。这是由城市治理

① 《中共上海市委关于深入贯彻落实“人民城市人民建，人民城市为人民”重要理念谱写新时代人民城市新篇章的意见》，上海市人民政府网，yjglj.sh.gov.cn。

② 《做精“微服务” 畅通“微循环”——新区推动社会治理重心向基层下移的创新探索》，《兰州新区报》2021年2月5日。

③ 茅冠隽：《城市是个“有机生命体”读懂城市发展的“空间密码”》，上观新闻，2021年1月25日。

事务的复杂性、关联性较强所决定的。超大特大城市治理共同面临的现实挑战包括但不限于：人地空间矛盾加剧、公共安全风险增加、防灾减灾压力加剧、城市发展的不确定性因素日益突出等方面。

一是人地空间矛盾加剧。中国超大特大城市人口稠密，建设用地指标紧张，人地关系矛盾比较突出，既体现在总量的紧缺上，也反映在资源空间配置的不均衡方面。现阶段，中国超大特大城市仍然存在中心区密度较高、建成环境较好、城市治理资源丰富、外围地区密度偏低、建成环境较差及城市治理资源相对紧缺的问题。

二是公共安全风险增加。中国的超大特大城市的公共安全水平总体上处于较为先进的水平，但仍然面临诸多的风险与挑战。由于超大特大城市具有空间结构功能复杂、人口高度集聚、交通联系频繁、规模体量庞大等特征，公共安全风险带来的损失往往较重。

三是防灾减灾压力加剧。由于超大特大城市的复杂性特点，其本身在运行过程中各个系统出现故障和风险的总和概率较高，同时自然灾害等外在风险因素对于城市系统也容易造成十分明显的损害影响。例如，近年来短时间高强度降水事件频发，对于城市地下交通、排水工程等系统带来的防灾压力较大，凸显超大特大城市应急处理能力存在的诸多短板。

四是城市发展的不确定性因素日益突出。尽管城市发展过程中对于治理所面临的一些风险已经有诸多的预先研判和应对举措，但是其风险仍有较多的不确定性和不可预测性。这一挑战对于城市的风险应变能力的提升提出了更高要求。

（三）共同解决的关键问题

对标治理能力现代化和高质量发展的需要，中国超大特大城市的治理仍然存在明显的短板，共同面对一些需要解决的关键问题，例如：治理体系的顶层设计仍需进一步健全、以人为本的理念仍需进一步落实、基层参与渠道仍需进一步通畅、技术应用的融合程度和人文关怀温度还需进一步提升。

一是治理顶层设计仍需进一步健全。超大特大城市治理涉及领域较广，包括：规划与建设、生态环境保护、公共服务、社会保障、防灾减灾等领域，条线分散的局面不利于治理效能提升。推动高效能治理首先需要健全“自上而下”城市治理顶层架构体系。此外，现阶段往往过于依赖“运动式”治理方式在短时间内完成短期目标任务，还需要通过城市治理法治化体系建设推进城市治理长效机制的形成。

二是以人为本的理念仍需进一步落实。推进城市治理，根本目的是提升人民群众获得感、幸福感、安全感①。对标城市高效能治理的要求，超大特大城市仍需要进一步扩大治理成效的受益面和覆盖面、提升治理效能的“可达性”、充分尊重并保障市民权益、公平合理有序配置治理资源。

三是基层参与渠道仍需进一步通畅。相对“自上而下”的实践路径而言，目前“自下而上”治理参与仍较为有限。为了应对城市治理重心不断“下沉”的新趋势，未来超大特大城市需要进一步提升“自下而上”治理参与的比重，畅通参与渠道，整合“自上而下”和“自下而上”的力量。

四是技术应用的融合程度和人文关怀温度还需进一步提升。新兴技术在城市治理中得到了有效应用，但在具体领域的深度化应用还可进一步提升。目前，不少城市建成了用于智慧管理的信息系统、数据库乃至“一张屏”的展示系统。部分成果还是更多地处于“展示型”阶段，对于相关决策的实际作用还未充分发挥，未来还需要在具体应用场景开发、数据深度分析与应用及决策咨询系统建设与应用等方面做进一步的提升。

三、超大特大城市治理的路径探索

在推动高效能治理路径探索与创新实践的道路上，中国超大特大城市在

---

① 李明：《不断提高城市治理水平》，《人民日报》2020年12月21日。

双向结合的并行治理路径、综合协调的系统治理路径、跨区协同的一体化治理路径等方向具有路径探索实践的显著意义。

（一）双向结合的并行治理路径

超大特大城市治理需要将“自上而下”和“自下而上”两条路线并行协同，整合各方力量，形成双向畅通、高效协同的并行治理路径。这一治理路径还有利于增强城市治理体系的韧性，当某一个领域暂时性出现薄弱环节时，仍然能够保障整个治理体系的有效运行。

一是健全“自上而下”的治理体系。建立健全超大特大城市协调治理事务的统一机制，打通治理的垂直路径，推动治理目标、治理策略、治理举措的畅通高效运行。

二是打通“自下而上”的参与路径。充分发挥市民和社会组织的积极性和潜能，从体制机制、技术方法等方面打通影响城市治理“自下而上”路径畅通的各种阻碍，拓展公众和社会组织参与城市治理的领域，提升基层社区治理效能。

三是推进“双向协同”的机制保障。推进多元主体参与的，整合政府、公众、社会组织等多方力量的，具有双向协同属性特征的超大特大城市治理体制机制形成。通过建立健全法治体系保障等方式，明确不同主体之间的权责边界，充分发挥城市治理领域中不同主体的潜能。

（二）综合协调的系统治理路径

以系统性思维，探索适用于我国超大特大城市发展的、体现综合协调发展理念的城市治理框架体系，具体从加强超大特大城市治理的系统性顶层设计、整合空间治理和社会治理的软硬件力量、引导不同领域治理板块协同互融等方向展开。

一是加强超大特大城市治理系统性顶层设计。超大特大城市治理是一项系统性工程，需要做好包括制度框架设计、法律法规体系保障等方面的顶层设计，建立统筹城市治理关键领域部门和相关资源的专业化工作机制，推进治理效能提升。

二是整合空间治理和社会治理的软硬件力量。城市治理手段包括硬件建设为主的空间治理和软件建设为主的社会治理，两者皆有关键作用和地位。在超大特大城市治理的系统性顶层设计时，尤其要引导形成软硬件治理相互促进，有机融合的治理体系模式与路径。

三是引导不同领域治理板块协同互融。在不同条线的治理上，加强不同治理板块领域之间的接口与互通机制建设，通过网格化管理等方式整合不同条线的治理资源，推进具有系统性特征的城市治理实施体系的形成与发展。

（三）跨区协同的一体化治理路径

以更大范围的区域为视角，探索形成打破超大特大城市内部行政区划藩篱，促进以超大特大城市为中心的通勤圈、都市区、城市群多层级空间协同一体化发展的区域协同治理路径。

一是推动超大特大城市内部跨行政区的协同治理整合。超大特大城市体量较大，行政区划层级相对较多，一般具有市辖区（县）、街道（乡、镇）等层级。不同行政区划单元都有相对应的城市治理主体，在面对一些领域的治理工作时，容易形成阻碍跨区域资源、信息、政策、标准、机制互通的“藩篱”，影响城市治理的效能。因此，跨行政区划的区域协同治理首先需要解决超大特大城市内部区划之间的协同问题。

二是推动以超大特大城市为中心的通勤圈、都市区、城市群多层级空间协同治理。超大特大城市往往是国家或者区域性的中心城市，其功能影响范围往往超越自身的行政区划边界，有可能会在一定范围内形成与周边城市紧密联系的“通勤圈”，形成与周边城市在功能上协同分工发展的都市区、城市群。在这样的多层级跨区域空间中，有必要建立以超大特大城市为中心的、跨区域多层级空间协同的治理模式，促进区域高质量一体化发展。

四、超大特大城市治理的上海实践

上海作为超大城市，在推动高效能治理路径探索与创新实践的道路上具有较强的示范作用。近年来，上海在建设城市运行“一网统管”，推动长三角生态绿色一体化发展示范区跨区域协同治理，实施覆盖全域的网格化数字综合管理，构建数字化应用场景，依托社区建立参与式规划工作等方面取得了一定的实践探索成效。

（一）建设城市运行“一网统管”提升城市治理水平

上海自2019年起通过建设城市运行“一网统管”着力提升城市治理水平。“一网统管”运用大数据、云计算、人工智能、物联网等技术带动城市治理向高质量、高效能方向转变。根据《上海市城市运行“一网统管”建设三年行动计划》，三级（市级、区级、街镇级）城运中心是“一网统管”的具象实体，发挥数据赋能、系统支撑、信息调度、趋势研判、综合指挥、应急处置等职能；城运系统是“一网统管”的主要载体，基于“三级平台，五级应用”的架构，打通条块业务系统互不相连的树状结构，形成互联互通的矩阵结构[①]。

（二）长三角生态绿色一体化发展示范区跨区域协同治理

长三角生态绿色一体化发展示范区（简称“一体化示范区”）是实施长

① 《上海市人民代表大会常务委员会关于进一步促进和保障城市运行“一网统管”建设的决定》，上海市人民政府网，https://www.shanghai.gov.cn/nw12344/20220610/lebd861dc6aa4b6f8fd762281ab9405e.html。

三角一体化发展战略的先行区域和示范窗口，其范围包括上海市青浦区、江苏省苏州市吴江区、浙江省嘉兴市嘉善县。根据2022年上海市、江苏省、浙江省共同发布的《关于进一步支持长三角生态绿色一体化发展示范区高质量发展的若干政策措施》，一体化示范区在坚持生态保护的前提下，通过制度创新，促进区域协同治理高质量发展，具体包括推动长三角碳普惠机制联建工作在示范区先行先试、深化重点领域数字化转型、支持教育协同发展、推动人才评价和劳动争议处置一体化、推进重点领域执法协同、推动环境损害司法鉴定协同发展等方面[①]。

（三）实施覆盖全域的网格化数字综合治理

上海通过实施覆盖全域的网格化数字治理，整合治理资源，提高治理效能，促进了城市治理能力现代化水平的提升。以徐汇区为例，工作方法主要有：建立区、街镇等多层级空间网格化综合管理体系；推进各部门信息平台和资源向网格平台集聚；推进市场监督、城市管理等领域执法管理权力下放，充实和加强基层治理力量；强化督办考核奖惩机制[②]。

（四）构建数字化应用场景助力治理效能提升

上海在推进数字化“多元共治”总体架构下，推进技术应用与城市治理深度融合，积极开发数字化应用场景，拓展技术应用领域。以上海市长宁区北新泾街道为例，该街道作为“AI+社区”，以人为核心挖掘数字场景需求，推进数字经济、数字治理和数字生活并进，深度融合数字化技术与社区生活温度，推出了15分钟生活圈智慧平台、老旧住宅加电梯服务平台、24小时公共法律服务、建筑垃圾智能清运箱、电力大数据预警等数字

---

① 《上海市人民政府、江苏省人民政府、浙江省人民政府印发〈关于进一步支持长三角生态绿色一体化发展示范区高质量发展的若干政策措施〉的通知》，2022年8月12日。

② 薛泽林：《城市精细化治理：中国的理论与实践》，上海社会科学院出版社2020年版。

应用场景[①]。

（五）依托社区建立参与式规划工作框架与模式

上海以“人民城市”理念推动参与式社区规划工作，融合社区规划与社区自治共治，推动社区各类主体自动自发参与社区环境改造和空间治理，鼓励居民群众在共同解决社区问题过程中建立社区公共秩序，推动各类主体在积极行动、共同建设的过程中增强社区共同体意识和家园情怀[②]。以上海市东明路街道参与式社区规划为例，形成1（全体社区居民）+1（具有专业知识的本土居民社区规划师）+N（学校、企业、商铺等辖区内愿意参与进来的社会力量）的社区规划师梯队，推进社区规划项目，鼓励群众参与方案设计与维护管理，建立并完善共商、共议、共决的民主协商方式，探索参与式社区规划实践模式[③]。

五、超大特大城市治理的创新举措建议

基于前文开展的超大特大城市治理共同面对的新形势分析以及治理路径的探讨，依托超大特大城市治理的上海实践经验，提出面向超大特大城市治理的若干创新举措建议。

（一）建立城市治理工作协调机构

超大特大城市治理体系相对庞大且复杂，治理任务繁杂，相关工作涉及

---

① 《北新泾年度十大原创数字应用场景揭晓！快来体验美好数字家园！》，北新泾街道公众号。

② 《上海市民政局关于落实“人民城市”理念加强参与式社区规划的指导意见》，2020年11月7日。

③ 《参与式社区规划，助力浦东东明路街道打造“宜居东明，人民社区”》，上观新闻，2021年10月29日。

的部门条线较多，建议考虑建立专门的城市治理工作协调机构统筹部署相关工作的开展，有利于促进城市治理效能的提升。同时，建议针对以超大特大城市为中心的通勤圈、都市区、城市群的跨区域多层级协同治理需要，构建政府间的城市治理协调机制，推进区域治理效能的提升。

（二）强化城市治理风险评估与预控

鉴于超大特大城市治理面临的风险和压力较大，且风险成灾后往往对城市造成较大的损失和影响面，因此，有必要加强城市治理风险的评估和预控机制。在风险评估方面，可以结合城市自身特点开展超大特大城市治理的风险隐患评估研究，制定城市潜在风险清单，根据评估结果划定不同风险类型在不同区域的风险等级，明确相关风险应对的主要责任部门。

（三）提升城市风险感知与预估能力

通过数字传感硬件基础设施建设，传感联动软件工程体系建设等方式，提升超大特大城市对于风险的感知能力。结合城市治理风险评估结果，建立具有实时感知、动态调整等特征的风险动态评估体系，及时给出相关预警。建立风险预警的应对联动机制，抢抓应对风险的主动权，将风险造成的损失尽可能控制在较小范围内。

（四）推进城市数字化治理应用场景建设

基于“一网统管”的城市运行平台等城市治理数字化建设基础，推进数字化治理应用场景建设。针对城市治理过程中的不同环节、不同领域（规划建设、公共服务、社会保障、生活服务、安全保障等）、不同主体（市民、企业、社会组织、政府等）设计相应的应用场景产品，让更多的需求能够基于数字平台实现，持续拓展数字化治理的应用覆盖面。

（五）推进城市治理体系标准化建设与发展

建议推进城市治理体系的标准化建设，提升不同城市之间、不同区域之间治理协同效率。将超大特大城市推进城市治理路径探索和创新实践示范性的良好经验进行标准化提炼之后予以推广。推进城市治理体系相关法规、行业规范与标准制定，促进不同地区之间的无缝衔接，促进各地方政府在治理协同过程中的互认和共享。

坚持中国式现代化
建设全球卓越上海

褚艳红*

现代化，是指人类社会从传统步入现代的进程中产生的社会和文化变迁现象。现代化主要表现在经济层面的工业化，及随之而来的技术化、商品化、市场化；社会层面的城市化；思想层面的个人化、世俗化；知识层面的科学化、理性化等方面。

由于现代化起源于西方社会，西方率先开启的现代化进程也使自身在经济腾飞、社会进步等方面取得巨大成功，使包括西方国家在内的世界多国在很大层面上误认为西方的现代化理论和实践是各国由传统步入现代的唯一标准答案。然而，世界各地尤其是中国在20世纪50年代以来，依靠自我奋斗和摸索实现了飞速发展，从而探索出一条迥异于西方，同时又生机勃勃的新型现代化发展道路。中国城市发展的标杆城市、国际大都市——上海发展是中国城市当代发展的典型代表，为后发展国家城市的发展提供了可咨借鉴的现代化模板。由此证明，西方现代化模式并非是实现现代化的唯一路径。

---

* 褚艳红，世界中国学研究所副研究员。

一、西方现代化的精神渊源、历史进程和弊端

根据美国人类学家马格纳雷拉（Paul J. Magnarella）的定义，现代化是发展中的各类社会在向发达的工业社会转型过程中、文化与社会所经历的共同特征，带有全球性特征。从精神动力、工业化、政治制度等孕育现代化发生诸要素的区域来看，现代化起源于西方。

精神动力层面，是指支撑西方现代化的精神因素来源于14—16世纪欧洲文艺复兴运动，文艺复兴的思想基础即是人文主义。文艺复兴运动中的人文主义者认为，社会秩序紊乱、停滞不前的原因在于宗教神权与民意的对立，为此积极倡导人文主义，发现和尊重人的价值，突出“人”的重要性，复兴古希腊、罗马的古典文化传统，实现了从人文主义到人本主义的转变，从而瓦解了神学意识形态，推动了新式的近代教育，带来了科学时代。可见，人文主义者通过振兴文化来促进社会和谐，从此以后至20世纪中叶，欧洲各国进入飞速发展的资本主义上升时期，东西方社会逐渐产生西上东下的历史大分流。毫不夸张地说，文艺复兴倡导的精神价值是欧洲由衰及兴、由“黑暗的中世纪”向现代社会过渡的关键因素。

工业化层面，是指西方现代化的实质起步始自18世纪六七十年代英国的第一次工业革命，工业革命使人类进入“机器时代”。工业革命自19世纪传至北美，促使西方社会进入“电气时代”，第二次工业革命由此开启。自此时期至20世纪四五十年代，伴随着物质、技术基础的形成和社会发展需要第三次科技革命应运而生。第四次工业革命是21世纪以后以人工智能、清洁能源、量子信息技术以及生物技术等为主的技术革命，是利用信息化技术促成的产业变革，人类从此进入智能化时代。历次工业革命是人类发展史上具有转折意义的标志性事件，其创造的巨大生产力使社会面貌发生翻天覆地的变化，从而使人类社会实现了从传统农业社会向现代工业社会的根本性

变革。

政治制度层面，是指西方现代化的一个重要标志是实现了国家政体由传统向现代的过渡，以体现民主原则为其国政治实践的核心内容，这在西方各国向资本主义社会的转型过程中均有体现。

以长时段的眼光纵观世界近代以来的历史不难得知，西方自步入资本主义社会以来，凭借海外殖民、黑奴贸易、掠夺黄金、发动战争开辟海外市场以输出本国商品等各种非人道的侵略方式，实现了资本原始积累、本国现代化和社会经济发展。[①]对世界其他国家而言，自身客观上被纳入全球资本市场，更多的却是以战争长期不断、民族经济凋敝、百姓流离失所等为表现的深重灾难。此外，发展至今的老牌西方资本主义国家的现代化道路亦因只为本国利益，或只为本国资本家经济利益考量的利己主义模式而显现大量弊端，诸如旧式资本输出、技术封锁、破坏环境的不可持续模式，在不利于后发国家发展的同时，亦使自身逐步陷入发展瓶颈。由此可知，现代化虽起源于西方，西方式的现代化亦与现代化有诸多共通之处，然而，现代化的西方道路并非全人类的必然选择。鉴于历史文化和发展道路差异，以及西方式现代化发展道路的缺陷，世界各国需在本国历史和社会状况的基础上探索发展道路。

与之相比，自1949年中华人民共和国成立，尤其是1978年改革开放和党的十八大以来至今，中国共产党引领中国开启的有中国特色的社会主义道路实现了经济腾飞、民族富强、社会进步和人民富裕，中国国力的显著增强，世界瞩目。中国共产党领导的中国式现代化强调可持续发展和构建人类命运共同体，重视在对整体人类命运关怀的基础上，科学把握人类社会发展趋势，并加强彼此间的分工、交流与合作，最终实现世界各国人民和平与共荣。当代中国发展的高效性、可持续性、利他性和兼容性，成为广大后发国

① 关于西方的资本主义上升史，参见钱乘旦：《西方那一块土》，北京大学出版社2015年版。

家为实现本国现代化而可资其借鉴的选择模式。

二、中国式现代化道路的开拓和发展

习近平总书记指出："世界上既不存在定于一尊的现代化模式，也不存在放之四海而皆准的现代化标准。"[①]这在中国共产党领导中国人民对现代化道路的探索、开拓和发展中得以充分地体现。中国共产党历代领导人对建设社会主义现代化国家的认识不断深入，并在建设实践中逐渐趋于成熟，走出了一条切合中国社会主义建设实际，又体现人类社会发展规律、迥异于西方的、具有丰富内涵的中国式现代化新路。

中国自1840年鸦片战争爆发后，逐步沦为半殖民地半封建社会，西方国家在坚船利炮中打开了中国大门倾销商品，近代中国在客观上也被带动着走向近代化历程，与此同时却饱受主权丧失、炮火战乱、民不聊生等严重创伤。此后百余年里，中华民族历经太平天国运动、洋务运动、戊戌变法、义和团运动、辛亥革命、中华民国、抗日战争等抵御外侮以及迷雾中的探索，先进的中国人经过一代代的艰辛跋涉，终于使中国人民认识到这一真理：只有中国共产党才能救中国，只有中国共产党才能发展中国。

中国共产党自1921年成立以来，就开始致力于国家独立、民族解放和伟大复兴的光荣事业。[②] 20世纪上半期，中国共产党领导中国人民进行新民主主义革命，坚持把马克思主义基本原理与中国历史国情相结合，最终指导中国革命取得胜利，扫除了帝国主义、封建主义和官僚资本主义这三座阻碍中华民族实现现代化的"大山"。

1949年中华人民共和国成立后至1978年，中国的现代化建设有了和平

---

① 2022年7月，习近平总书记在省部级主要领导干部"学习习近平总书记重要讲话精神，迎接党的二十大"专题研讨班上的重要讲话。

② 周晔：《谈谈中国式现代化新道路》,《经济导刊》2021年第1期。

安定的社会环境。中国共产党的领导人在国家富强和人民富裕的道路上孜孜以求。毛泽东是中国式现代化道路的党内第一位探索者。[①]新中国成立以后，以毛泽东为核心的党中央领导集体对如何建设社会主义展开探索，开始了以第一个五年计划为标志的大规模工业化建设，随后又结合中国特点探索社会主义改造道路，经历了学习苏联模式、“大跃进”、人民公社化运动、“文化大革命”等探索过程，最终认识到：必须改变“以阶级斗争为纲”的错误思想，实现由“革命”向“建设”的转变，方能顺利推进社会主义现代化。这30年的艰辛探索为后续中国社会主义现代化建设事业提供了深刻的经验教训，也提供了中国经济社会进一步发展不可或缺的宝贵物质积累。[②]

改革开放以后至党的十八大召开40余年里，中国共产党团结带领中国人民，经过邓小平、胡锦涛和江泽民等历代领导人和领导集体探索，开启和发展了一条有中国特色的社会主义现代化建设道路，成功实现了中国经济腾飞、社会进步、百姓富裕的战略目标。中国共产党打破观念藩篱，确立了“解放思想、实事求是”的思想路线，[③]推进经济、政治、文化、社会、生态文明建设的伟大改革，中国人民实现了由站起来到富起来的伟大历史转变，跃上世界第二大经济体的新台阶，中国特色社会主义得到历史性的发展。正如邓小平所指出的：“我们搞的现代化，是中国式的现代化。我们建设的社会主义，是有中国特色的社会主义。”[④]实践证明，建立在中国历史和国情基础上的中国式现代化道路取得了成功，它以“改革开放”为特色，是在总结新

---

① 李朋飞：《毛泽东与中国式现代化道路》，https://www.theorychina.org.cn/c/2022-10-03/1447627.shtml。

② 王战：《世界中国学视域下的中国式现代化》，《探索与争鸣》2022年第11期。

③ 邓小平：《解放思想，实事求是，团结一致向前看》，1978年12月13日在中央工作会议闭幕会上的讲话，http://cpc.people.com.cn/big5/n1/2018/0531/c69113-30025177.html?ivk_sa=1024320u。

④ 1983年6月18日，邓小平会见参加北京科学技术政策讨论会的外籍专家时的讲话，http://cpc.people.com.cn/n1/2017/0125/c69113-29048472.html。

中国成立以来探索社会主义革命和建设道路的正反两方面经验基础上所得出的正确结论。

党的十八大以来，中国特色社会主义进入新时代，以习近平同志为核心的党中央领导集体在中国现代化道路发展方式的理论探索上取得新突破。党在新的历史起点上全面深化改革，为坚持中国特色社会主义、实现中华民族伟大复兴，提供了新的强大动力。[①]伴随着改革进入攻坚期和深水区，中国发展面临一系列突出矛盾，诸如发展中的不平衡、不协调、不可持续、创新力不强、结构不合理、社会文明水平有待提升等问题。党的十八大以后，为了解决粗放型发展的问题，中国共产党适势而为推行全面深化改革，其典型特征就是在社会发展各领域和关键环节的高质量发展，注重改革的系统性和整体性，表现在：理顺政府与市场的关系，深化经济体制改革；处理好发展与生态的关系，实现由资源消耗型向环境友好型社会的发展；深化司法体制改革，建设高效权威的社会主义司法制度；推进科技体制改革，为中国的生产力向着世界先进水平跨越式迈进创造更好的制度环境，而这成为中国式现代化道路自我完善和发展的题中之义。

正如习近平总书记所指出的那样，中国式现代化道路在新时代有着五大方面的丰富内涵："我国现代化是人口规模巨大的现代化，是全体人民共同富裕的现代化，是物质文明和精神文明相协调的现代化，是人与自然和谐共生的现代化，是走和平发展道路的现代化。"[②]中国社会主义现代化是13亿中国人民实现共同富裕的现代化，是注重人的全面发展的现代化，是注重人类发展与保护地球相统一的现代化，是与他国友好、追求世界各国人民共同发展的现代化。结合对比西方现代化走过的历史可知，中国式现代化道路超越了传统西方现代化以资本为中心的根本逻辑，确立了以人民为中心的逻辑，为

① 王让新、覃糠：《新时代十年：中国式现代化道路上的重要里程碑》，http://www.dangjian.cn/shouye/sixianglilun/lilunqiangdang/202208/t20220817_6453736.shtml，2022年8月17日。

② 习近平总书记在党的二十大报告中的讲话。

世界和平与各国发展提供了卓有成效、可资借鉴的中国方案。[①]

三、上海：中国式现代化的成功典范和标杆城市

上海是近现代中国浮沉嬗变的缩影。习近平总书记曾说，“看一百年的中国去上海”[②]。由此可见，上海这座城市在中国现代化历程中所扮演的特殊重要角色。

中国因在鸦片战争中失败而被迫在《南京条约》上签字，上海也自此成为中国近代首批通商口岸城市之一，成为开启中国现代化的代表性港口城市。上海的近代化进程被西方强力带动，呈现短暂浮华的同时，本土社会也承受着难以弥补的创伤。其一，晚清时期的上海海关由英国人赫德执掌，当时关税是世界上最低水平，后果便是资本主义国家的商品向中国倾销，造成了中国传统产业的几近毁灭。其二，民族资本主义虽然有了短暂发展，却是在20世纪上半期西方人和本国官僚资本的夹缝中艰难存活。其三，上海步入近代社会，是被西方发动的战争强迫带入，百余年经历多次战争创伤，如两次淞沪会战等，战乱频仍使得上海社会的“现代化成果”因屡遭毁坏而极不稳定，工厂、作坊被毁坏，传统发达区域亦被炮火毁坏，社会面貌和民众精神蒙受了深重灾难和巨大创伤。其四，沦为半殖民地半封建社会的上海成为欧洲难民的聚居地和西方逃兵、流氓等劫掠财富的冒险地，人民身心健康蒙受鸦片荼毒，华界、租界面貌迥然相异。

在上海从传统向近代转型的过程中，不能忽视催发上海现代化进程的内生性因素，如源于上海历史、一直传承下来的工匠精神和创新精神。历史上的上海周边古镇上的能工巧匠所拥有的精良技艺，为上海现代工业的诞生和

---

① 谢超：《中国式现代化道路对人类文明的贡献》，《光明日报》2022年8月4日。

② 2015年9月23日，习近平主席访问美国华盛顿州塔科马市参观林肯中学时对课堂上学生们的讲话。

发展提供深厚的基础。在上海的百年近代史上，传统工匠逐渐转型为现代产业工人，以往传统的特色手工业也在近代上海转型成各种行业，江南工匠文化中的钻研和创新精神亦支撑着上海的百年工业。此外，中国自宋代以来已实现了经济重心的南移，发达的江南经济表现在种植业、纺织业、酿造业等多种手工业中，彰显着包括上海在内的江南地区完整、深厚的文化传统和商业体系。由此可见，上海现代化进程中的传统因素起到了关键性作用。上海的现代化进程是建立在上海历史和文化传承的基础上，从一个侧面体现了必须坚持走中国式的现代化道路。

中国共产党建立新中国以后，尤其是改革开放以来至今，上海进入了飞速发展的时期。1949—1978年，上海在手表、自行车、缝纫机等诸多民生产业建立了若干个全国第一，“上海制造”成为驰名中国的名牌，在全国范围内树立了生产型城市的身份，从总体上改变了旧上海满目疮痍的景象。改革开放以后至2012年，上海进入飞速发展时期，比较重要的标志性事件是1992年邓小平“南方谈话”；同年，党的十四大确立社会主义市场经济体制的改革目标；此后，陆家嘴城市规划启动，孙中山先生在20世纪初提出的“浦东开发开放”在20世纪90年代成为现实。从管理、市场，到技术、贸易的改革与创新赋予上海发展的新活力，体现了上海遵循因地制宜、自主发展的中国式现代化道路。党的十八大以来至今，上海现代化建设进入新时代，朝向绿色可持续发展、提升科创水平、共同富裕的方向迈进。2014年，习近平总书记考察上海，提出将上海建成具有全球影响力的科创中心的期望。2016年，上海科创中心建设方案得到批准。2017—2018年，《上海市城市总体规划（2017—2035）》发布，首届中国国际进口博览会召开。2019年，《长江三角洲区域一体化发展规划纲要》发布，明确了长三角作为全国现代化的引领区和区域一体化发展的示范区，以及上海在其中的关键性作用。如今，上海已明确了“加强创新驱动、突出制度供给、扩大服务功能、创造品质生活”的工作目标，加强建设国际经济、金融、贸易、航运和科创五大中心，打响上海服务、上海购物、上海文化等品牌，朝向卓越的全球城市迈进。当代上海的社会转型和飞速发展使自身成为中国共产党领导的中国式现代化道路的成功典范。

四、结语

概言之，中国共产党自诞生之日起，领导人民进行新民主主义革命；中华人民共和国成立后，经历社会主义探索到中国特色社会主义的转变，上海成为从计划经济体制到市场经济体制转型的标杆城市，为中国华北和内陆地区发展起到示范作用。中国共产党领导的上海当代现代化发展历程再次证明，只有依托本国人民、建立在上海乃至全国历史和国情的基础上，上海才能实现根本性、长远性的繁荣和发展。

上海国际化功能迭代与中国特色全球城市道路探索

苏宁*

上海城市国际化功能的发展演进之路，是这座城市基于自身过往功能定位及国内、国际战略环境发展趋势的自我更新之路。21世纪以来，上海响应中国改革开放不断深化的战略需求，敏锐观察经济全球化发展的重大趋势和变化，不断确定、调整自身的国际化功能定位，使自身发展成为中国与世界经济交往的核心枢纽，以及全球城市网络的重要节点。上海国际化功能发展迭代的内在逻辑及脉络显示出中国全球城市在开放过程中独特的城市形态变化、城市功能提升，以及城市竞争力跃升的发展逻辑，同时反映出这一独特发展路径对全球城市发展理论的贡献与借鉴。

一、21世纪以来上海国际化功能体系迭代发展与战略谋划

21世纪以来，上海国际化功能经历了从全面确立到拓展深化的迭代过程。以入世为标志，中国全面参与经济全球化为上海城市国际化功能的跃升提供了巨大助力。上海的国际化功能设定的方向，向集聚信息、经济、金

* 苏宁，世界经济研究所副研究员。

融、贸易、人才等要素“五流”转变，最终确立了“四个中心”的发展方向。全球金融危机及全球化深化带来的外部环境调整，为上海城市国际化功能的深化提出了“倒逼”需求。创新能力成为新的城市国际化功能趋向。在对国际化功能的认识日益深入的同时，上海全力推进“卓越全球城市”的综合性全球中心城市目标。

（一）“四个中心”定位的确立与入世后上海国际化功能的快速提升

进入21世纪，经济全球化的发展速度不断加快，拓展领域日益提升。中国以对外开放参与经济全球化的程度日益加深。2001年，中国正式成为世界贸易组织成员国，标志着对外开放与经济国际化程度进入新的阶段。上海抓住中国加入世贸组织的历史机遇，进一步推进全方位对外开放，积极实施“走出去、引进来”双向开放战略，充分利用国际分工合作体系，开放型经济的发展进入一个新的阶段。2002—2007年，上海对外贸易进出口额从726.6亿美元迅速提升至2 829.7亿美元，年均增长率达31.25%。

2001年，上海城市定位进行了修订提升。2001年2月，《上海市国民经济和社会发展第十个五年计划纲要》明确发展目标：“21世纪初，是上海加快建设国际经济、金融、贸易、航运中心的新时期，也是确立社会主义现代化国际大都市地位、全面提高城市综合竞争力的新阶段。”同年5月，国务院批复并原则同意《上海市城市总体规划（1999—2020）》，明确指出上海是全国重要的经济中心。上海应建设成为经济繁荣、社会文明、环境优美的国际大都市，国际经济、金融、贸易、航运中心之一。由此，上海的城市定位被确定为“四个中心和国际大都市”。

中国加入WTO后，上海围绕“四个中心”建设目标，不断强化自身的国际经济影响力，在优化对外贸易结构、提高利用外资水平、加速航运中心建设等方面进行了着力的推进。“十五”期间，上海在经济中心建设方面，先后形成了《上海加速发展现代服务业实施纲要》和《上海加速发展现代服务业若干政策意见》。[①]

在“十五”和“十一五”期间，上海的“四个中心”建设加速推进，基本形成了国际化的国际化功能体系。“四个中心”的硬件基础设施和主要平台已经达到世界城市水平。国际金融中心建设形成了以陆家嘴功能区为代表的空间载体和集聚区体系，以及较为完善的金融市场体系。国际航运中心依托的航运集输运体系和航运服务体系建设水平不断提升。国际贸易中心依托的口岸贸易国际化功能基本形成。

（二）金融危机与上海国际化功能的转型要求

2007年8月，“次贷危机”很快转化成一场影响全球的国际性金融、经济危机。这次危机及之后引发的世界性经济衰退，对上海“四个中心”与国际化大都市建设而言产生了前所未有的挑战。全球金融危机后，国际环境的不稳定不确定因素增多，中国深化改革、扩大开放，步入新阶段，上海发展既面临严峻挑战，也面临重大机遇。2008年，成为上海经济增长的一个“拐点”。在此之前的1992—2007年，上海经济连续保持16年的两位数增长，平均GDP增长12.7%，增速超过全国（10.7%）2个百分点。但到2008年全球金融危机爆发，上海GDP增长率为9.7%，17年来首次进入个位数。随后，2009年GDP增幅为8.2%，低于全国平均水平，在2010年稍有回弹，达到10.3%后，2011年GDP增速继续放缓至8.2%，处于全国低水平。此后的数年中，上海的经济增速也一直低于全国平均水平。上海GDP增速与经济发展表现变化的背后，是经济转型的压力与挑战。作为开放型区域与国际性中心城市，上海不仅受到自身经济发展的影响，更受到国际经济环境与全国经济形势发展的影响，因此，较其他区域提前面对转型的挑战。

---

① 上海商务委员会：《上海开放型经济30年》，上海人民出版社2008年版，第16页。

（三）“四个中心”功能的深化

面对危机冲击及上海的转型需求，国家对上海国际化建设提出了新的发展意见和转型导向，其着力点在于“四个中心”功能的强化。2009年4月，国务院发布《国务院关于推进上海加快发展现代服务业和先进制造业建设国际金融中心和国际航运中心的意见》（简称《意见》），从国家战略和全局的高度，进一步明确了加快上海国际金融中心和国际航运中心建设的总体目标、主要任务和政策措施。在《意见》指导下，上海市委、市政府制定了《上海市人民政府贯彻国务院关于推进上海加快发展现代服务业和先进制造业建设国际金融中心和国际航运中心意见的实施意见》，这标志着上海“四个中心”建设，特别是国际金融中心和国际航运中心建设进入新阶段。

面对外部环境的重大变化以及中国发展战略调整的新需求，上海在金融危机后主动进行全面调整，在“四个中心”战略功能定位的基础上，加入了创新与转型的新内涵。2011年1月发布的《上海市国民经济和社会发展第十二个五年规划纲要》（简称《“十二五”规划纲要》）中，将创新驱动、转型发展与“四个中心”建设紧密联系起来，进一步丰富了上海的国际化功能内涵。《“十二五”规划纲要》提出，上海应积极适应国内外形势新变化，顺应人民群众过上更好生活新期待，按照中央以科学发展为主题、以加快转变经济发展方式为主线的要求，紧紧围绕建设“四个中心”和社会主义现代化国际大都市的总体目标，坚持科学发展、推进“四个率先”，以深化改革扩大开放为强大动力，以保障和改善民生为根本目的，充分发挥浦东新区先行先试的带动作用和上海世博会的后续效应，创新驱动、转型发展，努力争当推动科学发展、促进社会和谐的排头兵。

《“十二五”规划纲要》对上海“四个中心”的阶段性目标进行了界定，提出根据国家对上海的战略定位和要求，到2020年上海要基本建成与我国经济实力和国际地位相适应、具有全球资源配置能力的国际经济、金融、贸易、航运中心，基本建成经济繁荣、社会和谐、环境优美的社会主义现代化国际大都市，为建设具有较强国际竞争力的长三角世界级城市群做出贡献。此次规划的目标设定中，对“四个中心”的总体功能进行了概括，提出国际化功能对国家战略及全球影响力的呼应。同时，上海的国际化功能也首次与城市区域的整体国际化相关联。这一发展导向的内涵中，已具备“全球城市—区域”的特征。

（四）全球科技创新功能的强化

2015年以后，上海城市国际化功能体系建设也获得了新的方向指引，城市的创新功能成为新的建设重点。2014年5月22—24日，习近平总书记在上海考察时提出，上海要努力在推进科技创新、实施创新驱动发展战略方面走在全国前头、走在世界前列，加快向具有全球影响力的科技创新中心进军。2015年5月，上海市委、市政府在《关于加快建设具有全球影响力的科技创新中心的意见》（简称《意见》）中明确提出，上海作为中国建设中的国际经济、金融、贸易和航运中心，必须服从服务国家发展战略，牢牢把握世界科技进步大方向、全球产业变革大趋势、集聚人才大举措，努力在推进科技创新、实施创新驱动发展战略方面走在全国前头、走到世界前列，加快建设具有全球影响力的科技创新中心。在目标方面，《意见》提出，应努力把上海建设成为世界创新人才、科技要素和高新科技企业集聚度高、创新创造创意成果多、科技创新基础设施和服务体系完善的综合性开放型科技创新中心，成为全球创新网络的重要枢纽和国际性重大科学发展、原创技术和高新科技产业的重要策源地之一，跻身全球重要的创新城市行列。[①]

---

① 中共上海市委、上海市人民政府：《关于加快建设具有全球影响力的科技创新中心的意见》，2015年5月25日。

（五）全球城市：面对全球化深化的国际化功能拓展

2016年以后，全球化面临一系列新的变化，全球化与区域化的共同作用对世界经济格局的影响日益显现，全球经济格局、政治格局面临新的转型挑战。信息化推动的新技术发展浪潮反映出创新驱动的知识经济时代正在到来。城市在经济发展的主目标之下，其生态、人文、区域作用更趋凸显。而上海也面临城市功能转型、人口持续增长、环境资源约束等新的压力。

在这一背景下，2018年，上海首次发布了面向2035年的中长期城市远景规划《上海市城市总体规划（2017—2035）》，在“四个中心”及具有全球影响力科技创新中心战略定位的基础上，将上海未来的定位明确为“卓越的全球城市”；在城市的目标远景中提出，上海至2035年建成卓越的全球城市，国际经济、金融、航运、科技创新中心和文化大都市。首次将“全球城市”这一国际城市理论概念作为城市发展的主要定位，进而使“四个中心”与科创中心的功能，统一到“令人向往的创新之城、人文之城、生态之城，具有世界影响力的社会主义现代化国际大都市”[①]这一新的城市体系之中。

二、上海城市国际化功能迭代的发展逻辑与战略意义

（一）上海城市国际化功能的发展路径

纵观上海的国际化功能演变历程，可以发现，其中隐含着从城市形态完善到城市功能提升，最终提升城市综合竞争力的内在发展逻辑。上海的国际化功能建设，促进了城市空间与经济形态的转型升级，城市形态的整体变化进一步使城市功能的能级与水平得到极大提升，进而促进城市竞争力的整体跃升。21世纪以来，上海的国际化功能建设，使这一“城市形态—城市功

---

① 上海市规划和国土资源管理局：《上海市城市总体规划（2017—2035）》（公众读本），2018年1月，第19页。

能—城市竞争力”的三领域互动模式日益清晰，为新兴世界城市与全球城市提供了重要的发展借鉴。

1. 以国际化功能建设促进城市形态完善

改革开放后，随着国际化功能定位不断提升，上海的城市形态也发生巨大变化。无论是城市空间形态，抑或是经济形态，均在国际化功能调整的过程中，逐步优化及完善。上海的国际化功能建设推动了城市经济空间形态的重大变革。上海经济发展的空间格局规划，超越城市新区建设的思维，从以浦西为主的单中心格局，向以“东西联动”为标志的多中心模式发展，城市总体空间形态不断完善。同时，浦东新区作为国际金融中心、航运中心的重要承载区，也成为上海城市经济发展的重要拓展空间。

从市域范围看，国际化功能建设使上海经济空间布局从分散形态向区域集聚形态转变。改革开放前，上海的经济空间布局主要以行业条线为划分的分散布局。而通过国际化功能建设，大量高端要素和经济资源在上海市域的节点区域形成集聚趋势，进而带动了城区经济的作为国际化功能的承载空间，浦东陆家嘴金融贸易区、外高桥保税区、张江高新区，与外滩金融集聚区、虹桥商贸区等功能区、园区形成多点有机互动，大量跨国公司地区总部、金融机构、研发中心与专业服务业机构的入驻，在上海中心城区与周边区域形成极具特色的产业集群区域与企业集群区域，使上海的城市经济空间布局在范围上和质量上均得到跃升。“四个中心”和国际大都市建设，也使上海的生产、居住、服务的基础设施水平极大提升，城市服务体系日益完善。

在城市的经济形态上，上海借助国际化功能建设，进一步优化了经济结构，使城市从以第二产业为主的工业生产型城市，向以第三产业为主导、第二产业为支撑的“二、三产融合”发展的均衡型国际化城市转变。在1992年浦东开发开放和2001年“四个中心”建设战略方向的引领下，上海的金融、贸易、航运、科技、信息、先进制造等行业得以迅速发展，进而使上海从20世纪80年代初以工业为主的产业结构，快速过渡到工业与服务业并重的经济体系，并在21世纪后，转向服务经济为主导的产业体系，呈现出高层次、国际化服务经济特征。

2. 以国际化建设提升城市功能水平

在国际化功能建设和提升的引导下，上海城市功能的能级得以提升。通过“四个中心”与科创中心的建设，上海已具备对国际要素流量的集聚和扩散功能，其对国际资本、人才、技术的吸引力和影响力不断提升。在经济国际化功能的基础上，上海的国际经济枢纽功能得到极大强化，成为国际要素流动的重要枢纽节点。同时，上海成为以跨国公司总部为代表的全球经济机构的重要集中地，也成为国际金融部门和专业服务业机构集聚的地区。在流量枢纽功能的基础上，上海通过科技创新中心建设，进一步集聚了国内外高科技企业的研发中心及创新创意部门，成为创新经济的重要策源地和源发区域，促进国际、国内流量在本地的配置与升级。

3. 以国际化建设推动城市竞争力跃升

上海通过国际化功能建设，在促进城市形态优化的基础上，完善提升城市功能体系及作用能级，进而使城市的综合竞争力得到快速提升。在城市层面，上海的四个中心建设，使城市实力和影响力在中国城市群体中迅速提升，从改革开放的“后卫”迅速变化为“先锋”。上海的国际化功能，使其得以在国内和海外两个巨大体量市场之间形成联通作用，并为自身带来了在全球生产链和创新链中多环节的竞争优势。在这一过程中，上海成为中国最重要的国际资本、信息、决策的综合性功能平台。而在区域层面，上海的国际化功能，使其自身的城市群核心城市地位得以凸显，在促进周边城市对接全球生产链、创新链的同时，进一步强化、带动了长三角城市群的整体国际化，促进这一全球城市—区域成为世界级城市群。

国际化功能对上海城市竞争力的提升作用，鲜明地表现在上海在国际城市群体中地位迅速提升，并成为东亚区域的重要世界城市与门户城市。上海在历次的国际化功能规划中，高度重视城市竞争力的提升，特别是城市在全球城市网络中的地位提升。20世纪90年代初，《迈向21世纪的上海》报告中就战略性地分析了经济全球化的发展趋势及世界城市网络体系的崛起方向，明确提出上海要“成为全球经济网络中的重要空间节点”。上海的金融、贸易、航运国际化功能建设，也与建构全球城市网络的流量高度相关。

进入21世纪后，上海在国际城市综合竞争力、外向度、金融中心、科创中心等领域的排名位次迅速提升，反映出其城市竞争力在国际层面对比中的提升趋势。例如，在国际城市学界具有重要影响力，评估城市全球经济枢纽水平的“全球化与世界城市”（GaWC）排名中，上海仅用10年就将排名从2000年的第31位，提升至2010年的第7位，至2020年，排名已经入前5位，与东京、香港、新加坡市等著名全球城市一道，被视为具有高度全球经济枢纽功能的重要节点城市。

表1　上海在“全球化与世界城市”（GaWC）排名变化（2000—2020）

年　份	等　级	排名（本等级内）	排名（总排名）
2000	Alpha–	14	31
2008	Alpha+	7	9
2010	Alpha+	5	7
2012	Alpha+	7	9
2016	Alpha+	7	9
2018	Alpha+	4	6
2020	Alpha+	3	5

资料来源：Globalization and World Cities (GaWC) Research Network. *The World According to GaWC*, 2000, 2004, 2008, 2010, 2012, 2016, 2018, 2020. http://www.lboro.ac.uk/gawc/gawcworlds.html。

（二）上海城市国际化功能迭代的战略意义

深化对外开放，是中国21世纪社会经济发展的重大战略实践。上海城市的国际化功能建设与战略演进，始终与中国对外开放经济战略的不断深化息息相关，并成为促进中国经济开放的重要举措。同时，上海国际化功能设定的调整与提升，也反映出中国不同阶段开放重心和开放方式的调整和发展方向。

1. 上海国际化功能建设承载国家开放战略

上海从国际经济中心到“四个中心”的国际化功能迭代的推进过程，与中国开放型经济战略的阶段性需求与推进方向有着重要关联。上海国际化功能的谋划，主要从国家战略需求出发，其目的更多在于承担与实现不同各阶段国家对外开放的重要战略目标。

2008年全球金融危机之后，在经济全球化发展进入新阶段的背景下，中国对外开放战略进入新的深化调整阶段。中国对全球经济的影响力不断提升，使其对外部高端要素的集聚能力及配置服务能力成为需要重点推进的领域。[①]面对国际经济不确定条件下中国对外开放战略的深化调整，上海通过国际化功能的升级，再次承担起开放战略探索者的角色。上海自贸区建设、国际金融中心建设、全球影响力科创中心建设战略的深化推进，以及卓越全球城市中长期定位的设定，使上海在集聚国际金融、创新、技术、信息资源，以及建构更高层次投资贸易规则等一系列开放升级举措方面走在国家前列，并形成了诸多“可复制、可推广”的经验和政策，进而成为中国新型开放道路的新“标杆”。

2. 上海国际化功能对中国对外开放各阶段重点的支撑作用

21世纪初中国加入WTO之后，对外开放进入全新阶段。中国开放区域与全球生产链全面对接，开放的领域不仅从重点制造业领域向制造业全产业领域扩展，而且从生产投资领域向服务领域扩展。上海确立的“四个中心”

---

① 张幼文等：《开放转型的政策创新：从经济大国到经济强国的战略升级》，上海社会科学院出版社2014年版。

功能定位，将城市的国际化功能进一步向国际服务经济功能转变，在提升商品贸易和服务贸易枢纽的基础上，以国际金融、贸易、航运功能的升级，提升现代服务业功能，并促进跨国公司总部经济的发展，为我国全局性对外开放提供要素流量枢纽功能和国际经济控制功能。

21世纪以来，随着全球化深化进程的加速，中国对外开放进入新的发展阶段，在对外开放领域进一步拓宽的同时，更加注重开放的效益、质量，关注本国经济力量参与全球经济运行的影响力，特别是本土经济主体和要素的“走出去”。①在这一背景下，上海“四个中心”功能架构之下强化发展的国际金融中心与航运国际化功能，对中国经济影响力的“外溢”和话语权获取具有重要意义。同时，科创中心与自贸区战略的实施，对推进我国提升技术、制度的创新水平，在国际经济交往中获取优势地位，具有重要的意义。

三、上海实践的中国特色全球城市道路探索意义

上海的国际化功能发展进程，一方面遵循了全球城市与世界城市发展的基本规律，另一方面也对全球城市与世界城市理论的发展与创新产生推动作用，显示出中国特色全球城市发展道路的诸多特点。

（一）上海国际化功能体现的全球城市功能内涵

1. 国际要素集聚枢纽

随着中国对外开放的不断深入，上海、通过国际化功能建设，依托政策、区位、基础设施、综合配套能力等重要资源吸引了大量国际资本与相关要素进入并开展业务，使自身成为外部资本在中国的重要集聚地和枢纽区域。同时，上海对周边地区产生了巨大的辐射带动作用，外资、商品、技

① 张幼文等：《新开放观：对外开放理论与战略再探索》，人民出版社2007年版。

术、信息快速向周边地区流动。长三角区域以上海为核心的次中心城市也成为承载国际资本的重要节点，从而逐渐形成大量利用外资与国外市场，逐步实现市场体系培育发展、技术进步和产业升级的城市密集地区。

2. 参与国际分工承载主体

上海的国际化功能提升，与城市及周边区域全面参与全球产业分工的程度息息相关。跨国公司通过在中国开放区域的产业布局，实现中国本土经济资源参与国际分工。而以上海为核心的城市区域则成为中国最主要的外向型经济发展区域。上海的国际经济、金融、航运国际化功能，对于促进中国参与国际分工至关重要。

3. 跨国经济活动控制中心

在经济全球化的影响下，生产和管理在空间上的分离趋势使全球城市得以通过集聚跨国公司总部，而成为全球生产的控制中心。①40年来，上海通过国际化功能提升，以及自身的区位优势、发达的基础设施、高级生产服务网络不断吸引诸多大型跨国公司总部，从而对全球生产及要素流动产生影响。

（二）上海国际化功能建设与全球城市功能发展新特征

1. 城市“实体经济”与“虚拟经济”的平衡发展

在欧美全球城市发展模式的影响下，长期以来，金融、贸易、专业服务、跨国公司决策等功能被视为全球城市的核心要件，经济体系的“虚拟化”程度和服务业绝对主导地位更成为评判全球城市发展水平的重要标尺。然而，上海的国际化功能建设历程，恰恰反映出全球城市的发展可以实现“虚拟经济”与“实体经济”的平衡发展，服务经济与先进制造业可以相得益彰。上海的国际经济中心和科技创新中心等功能的建设内涵中，始终将先

① 周振华：《崛起中的全球城市：理论框架与中国模式研究》，上海人民出版社2008年版。

进制造业、科技创新作为城市发展的重要依托。上海的经济结构中，第二产业比重始终维持在30%以上。这也使得上海的经济结构更为多样化，在面对外部经济冲击时，能够具有更强的抵御能力。

2. 城市经济外生作用与内生作用的互动发展

上海的国际化迭代历程表明，新兴全球城市地位的迅速提升，并非单纯依靠外部资本、技术与分工体系，而是更多依托城市自身的内生作用和自主战略选择，以本土的优势要素资源吸引全球性资本，方能更好地推动全球性要素的地方化配置。上海的"一龙头、三中心"定位，以及"四个中心"功能定位，均体现了因势利导，推动全球化经济力量与地方经济优势相结合的趋势，其核心在于通过对外部资源的开放，促进内生经济力量的"激活"。这种发展模式，有别于传统全球城市网络中后发城市个体基于"中心—外围"模式的简单依附性发展，对新兴区域全球城市的动态发展具有典型的借鉴意义。

3. 城市发展的"流动性"与"根植性"的整合互动

欧美全球城市的发展经验表明，此类城市更多依托对国际经济要素流量的服务，其经济体系的外向性和流动性特征十分明显，全球城市因为被M.卡斯特尔（M. Castells）等学者视为要素的"流量空间"。与此同时，流量的增大也对全球城市带来风险与不确定性。上海的城市国际化功能迭代发展进程，体现出对要素"流动性"与本地发展"根植性"的平衡作用。上海"四个中心"与"科创中心"定位中，对于金融、贸易、航运等本土生产者服务业、先进制造业的推进，以及国际化功能与其他经济功能之间的配合推进，都反映出上海在促进国际经济功能的同时，对"本土化""根植性"的坚守和担当。上海的国际化功能建设，其对外及经济指向主要依托于外部要素流量的集聚辐射功能，但其战略内涵中，更关注外部流量对地方经济、国家经济的倍增作用，进而针对外部环境和城市发展需求之间的变化进行不断调整。这种国际化功能的调整与变化，有助于上海的发展在"流动性"与

"根植性"之间取得平衡，从而持续增强自身的综合实力与可持续发展能力。

四、结论：中国全球城市发展道路的特点

（一）以国际化功能调整响应国家战略需求

21世纪以来，上海城市国际化功能通过迭代而不断深化，其发展的依托，始终是对国家战略的高度响应。上海作为中国的首位城市，其国际化功能的能级与作用水平，与国家整体发展水平息息相关。上海的国际化定位无论是中心城市、太平洋西岸经贸重心，抑或是四个中心、全球影响力科创中心、全球城市等，均承载了一定阶段的国家对外经济战略需求。特别是浦东开发开放以来，上海作为改革开放的排头兵、先行者，其四个中心的定位，主要在于承担中国扩大开放，进一步融入世界经济发展的要素枢纽功能和门户功能。上海的国际金融中心、贸易中心、航运中心建设，也与人民币国际化、国际贸易转型升级等国家战略关系紧密。因此，上海城市国际化功能的演进，反映出国家战略需求与上海城市对外影响力能级提升之间的双向互动。

（二）遵循、创新全球城市前沿发展趋势

上海城市国际化功能定位的变迁，与其自身在世界城市等级体系及全球城市网络中地位变化息息相关。上海城市的定位从计划经济的生产功能占主导，向金融、贸易、航运、创新等专业服务业为主导的方向发展，遵从了20世纪80年代以来世界城市与全球城市理念发展的趋势。上海国际化功能的规划与推进过程中，吸收了世界城市、全球城市前沿理论和理念的核心观点与主要精神，其独特的发展路径，一方面，已成为世界城市理论在新兴发展国家实践的经典案例；另一方面，也反映出对传统世界城市理论的超越和创新。

（三）把握发展大势，利用重大发展机遇

上海国际化功能的塑造与不断提升，与城市对世界经济、国内发展大趋势的准确判定，以及对重大发展机遇的充分利用有紧密关联。上海对四个中心定位、科创中心定位的确定，均建基于对经济全球化发展趋势、中国入世后对外开放新阶段，以及国际、中国创新转型等重大发展趋势的准确判断，同时充分利用了中国推动长三角整体国际化、加入WTO、举办世博会、国民经济结构性改革等重大发展机遇，顺势而为。这种对于宏观趋势的敏锐把握和重大机遇的及时利用，是实现城市国际化功能不断提升的重要前提。

（四）聚焦城市特质走出特色发展道路

上海国际化功能的变化，也反映出对城市自身特质的不断挖掘，以及对创新发展道路的孜孜以求。在上海城市国际化功能的多轮定位和推进中，其依托的始终是城市自身的综合配套能力和产业、人才、市场、科技等特色要素。上海的国际化功能定位，始终坚持“综合功能”的方向。尽管在产业结构上确立了“三、二、一”的方向，但始终将以制造业为代表的实体经济影响能力作为城市发展的重要方向。这种注重多样性的发展路径，避免了国际城市“过度虚拟化”带来的波动风险。科创国际化功能的注入，更体现出城市对高端要素集聚和转化能力的关注。上海从三中心、四中心，到追求卓越全球城市的国际化功能不断完善，体现出“小步快跑”的独特发展路径，以及作为“新兴全球城市”对国际城市发展道路的引领和贡献。

上海：中国金融开放的试验区和主战场

——新时代上海主攻金融要素市场开放

周宇*

本文将从三个方面，分析上海作为中国对外金融开放引领者的作用。首先，分析上海引领我国金融开放的动因，回答上海为什么能够发挥这一作用；其次，探讨上海引领中国金融开放的路径，回答上海如何引领中国的金融开放；最后，展望新时代上海引领中国对外金融开放的前景。

一、上海引领中国金融开放的动因

在中国对外金融开放进程中，上海之所以能够发挥非常重要的作用与其在金融方面的优势有着密不可分的关系，具体而言，以下一些因素赋予了上海作为中国金融开放试验区和主战场的特殊地位：

第一，成熟的金融市场环境和发达的金融基础设施为上海优先推进金融开放提供了有利条件，这是上海成为中国金融开放试验区的主要原因。

---

* 周宇，世界经济研究所研究员。本文为国家社会科学基金重大项目“新时代我国金融开放战略研究”（18ZDA090）的阶段性研究成果。周宇为该项目的首席专家。

一般而言，金融发展水平越高，与其对应的金融开放水平就越高，因此，金融发展水平是决定金融开放水平的决定性因素之一。金融开放是一把“双刃剑”，它既能给实施金融开放的国家带来巨大的收益，也有可能带来巨大的风险。从全球金融开放的经验和教训来看，在相对较高的金融发展阶段，实施高水平的金融开放有助于防范金融风险和实现金融开放收益的最大化。就中国的情况而言，上海的金融发展水平要明显高于其他地区，这一优势为上海率先实施金融开放提供了有利条件。这是中国政府将一些金融开放试点放在上海的主要原因，这也是上海金融开放水平领先全国的主要原因。

第二，上海是中国金融要素市场的集聚地，因此，金融要素市场的开放通常在上海推出。上海的金融要素市场主要集中在浦东陆家嘴地区，鉴于这一情况，习近平总书记在上海工作期间曾强调指出，要抓住浦东综合配套改革试点的契机，努力使浦东成为金融改革开放的先行区[①]。

如表1所示，中国金融要素市场高度集中于上海，这些金融要素市场的开放构成了上海对外金融开放的内容，受此影响，上海金融开放的深度和广度要远远超越全国其他地区。上海的金融要素市场包括股票市场、债券市场、银行间货币市场、外汇交易市场、票据市场、黄金市场、商品期货市场和金融期货市场等种类。以上金融要素市场在其发展的初期阶段主要服务于中国国内经济，但是随着中国作为经济大国和金融大国的崛起，金融要素市场的开放成为必然选择，在这一背景下，上海的金融要素市场正在转化为全球性金融要素市场。

第三，发展上海国际金融中心的国家战略要求上海实施全面的金融开放，这也是上海金融开放领先全国的重要原因之一。鉴于上海国际金融中心

① 参见缪毅容：《习近平：努力开创上海国际金融中心建设的新局面》，《解放日报》2007年09月05日。

表 1 上海金融要素市场及机构

主要市场	性质和内容	成立时间	地位和规模
上海证券交易所	包括股票市场和债券市场	1990年	中国最大的证券交易所
中国外汇交易中心	外汇市场	1994年	全国交易中心总部
全国银行间同业拆借中心	货币市场	1996年	全国交易中心总部
人民币债券交易中心（以短期债券为主）	货币市场	1997年	全国交易中心总部
上海期货交易所	期货市场	1999年	全国最大的期货市场
上海黄金交易所	现货交易市场	2002年	中国唯一的黄金交易所，2014年9月18日，黄金国际版正式推出
票据市场服务中心	票据市场	2003年	中国主要的票据报价系统
上海石油交易所	石油期货交易市场	2006年	中国唯一的石油期货交易市场
中国金融期货交易所	金融衍生产品交易市场	2006年	全国唯一的金融期货市场，由五大交易所出资成立
上海股权托管交易中心	股权交易市场	2012年	19家企业成功挂牌
CIPS人民币跨境支付系统	结算清算系统	2015年	全国唯一的跨境人民币结算系统
上海金融法院	金融服务	2018年	全国首家金融法院
科创板	股权交易市场	2019年	7月22日，科创板首批公司上市

资料来源：参见周宇、孙立行：《人民币国际化——理论依据、战略规划和营运中心》，上海社会科学院出版社2014年版，第134页。

建设与金融开放的内在联系，证监会副主席方星海强调指出：要把上海国际金融中心打造成为中国金融双向开放的高地①。

发展上海国际金融中心是中国政府推进的重大国家战略之一。国际金融中心需要服务于全球金融资源的配置，为此需要通过实施金融开放，让非居民和外国投资者参与上海金融市场的交易，只有如此，上海才能成为名副其实的国际金融中心。进入21世纪后，随着中国经济的崛起，上海金融中心的规模迅速扩张，股市规模和债市规模已经成为全球最大的市场之一。但是与其他国际金融中心相比，上海金融中心的国际化程度处于较低水平，这是因为相对封闭的金融环境妨碍了非居民和外国投资者的参与。正是在这一背景下，为了加速上海国际金融中心的发展，中国政府出台了一系列相关的金融开放政策，这些政策强化了上海引领全国金融开放的作用②。

第四，"海纳百川"的精神对上海引领全国对外金融开放起到了推动作用，"海纳百川"的精神是推动上海金融开放的重要动力之一。

上海是一座"海纳百川"的城市，历史上，其对外开放的传统为"海纳百川"创造了有利条件，而"海纳百川"又使上海成为中国乃至亚洲地区的金融中心。自从中国实施改革开放政策以来，为了发扬光大这一历史传统，中央政府和上海政府一直把对外开放作为上海传承"海纳百川"精神的抓手，通过这一努力让上海再现历史辉煌，让其重新成为东方的明珠。

二、上海引领我国金融开放的两大路径

上海引领中国金融开放主要有两大路径：其一，上海是中国金融开放的

---

① 方星海：《上海国际金融中心要成为中国金融双向开放高地》，上观网，https://sghexport.shobserver.com/html/baijiahao/2020/07/23/229447.html。

② 关于金融市场开放与上海国际金融中心建设的关系，参见任新建：《中国金融市场开放创新与上海国际金融中心建设》，《科学发展》2016年第12期。

试验区。金融机构及其业务通常分布于全国，其开放路径为：首先在上海等地进行试点，然后在全国推广。其二，上海是中国金融开放的主战场。中国金融要素市场高度集中于上海，金融要素市场的开放体现了上海作为金融开放主战场的作用。

（一）上海：中国金融开放的试验区

在中国金融开放的进程中，上海发挥了金融开放试验区的作用。20世纪90年代初期，党中央推出开发开放浦东的重大决策，从此浦东开始承担中国金融开放试验区的重要职能。正是基于浦东的这一特殊地位，在浦东开发开放30周年庆祝大会上，习近平总书记高度肯定了浦东在中国对外开放进程中的引领作用①。2013年，中国（上海）自由贸易试验区正式起步，该自贸区成为上海金融开放试验区的核心区域②。2019年，随着上海自贸区临港新片区的成立，金融开放试验区的核心区域进一步扩大到新片区③。

如表2所示，金融开放包括两方面的内容：一是金融机构及其业务开放；二是金融要素市场的开放。上海在这两种开放中发挥的作用有所不同。就金融机构及其业务开放而言，中国政府通常会在个别地区和城市进行试点，然后向全国推广。在这一开放过程中，上海扮演了金融开放试验区的角色，即首先在上海或在上海等部分地区进行试点，然后逐步向全国扩展。引进外资金融机构试点、外资金融机构人民币业务试点、金融机构离岸业务试点、跨境贸易人民币结算试点以及中国（上海）自由贸易试验区内的金融开放试点都属于这类情况。

---

① 参见习近平：《在浦东开发开放30周年庆祝大会上的讲话》，《人民日报》2020年11月13日。

② 2021年中国政府明确指出：在中国（上海）自由贸易试验区及临港新片区进行对外金融开放的先行先试，参见《中共中央 国务院关于支持浦东新区高水平改革开放打造社会主义现代化建设引领区的意见》，《人民日报》2021年7月16日。

③ 2020年2月14日，经国务院同意，人民银行、银保监会、证监会、外汇局和上海市政府联合发布《关于进一步加快推进上海国际金融中心建设和金融支持长三角一体化发展的意见》（简称“金融30条”），该意见强调了新片区作为金融开放试验区的地位。

表 2　两种金融开放模式

开放内容	开放特点	开放方式	开放区域	开放阶段
一、金融机构及其业务开放	区域相对分散，可在全国推广和普及	从试点到推广	从上海等试点城市扩展到全国	基本完成
二、金融要素市场开放	区域相对集中，开放发生在金融要素市场集中的区域	从“管道式”开放到全面开放	主要发生在上海国际金融中心	进入加速阶段

资料来源：笔者编制。

表3汇总了中国政府在上海或上海等地进行金融开放试点的一些重大措施。从表3可知，1990年以后，中国政府开始在上海推进大量引进外资金融机构的试点，在此之前，尽管中国已经存在外资金融机构，但是这些外资金融机构数量有限，而且其业务受到严格限制。1990年以后，随着浦东开发开放政策的启动，外资金融机构开始大量涌入上海。1996年，人民银行颁布《关于上海浦东外资金融机构经营人民币业务试点工作的通知》，正式开始在上海进行外资银行人民币业务的试点。

表 3　在上海或上海等地进行的金融开放试点

时　间	相　关　政　策	金融开放内容
1990年	人民银行颁布《上海外资金融机构、中外合资金融机构管理办法》	金融机构开放试点
1992年	人民银行颁布《上海外资保险机构暂行管理办法》	金融机构开放试点
1996年	人民银行颁布《关于上海浦东外资金融机构经营人民币业务试点工作的通知》	金融业务开放试点
1996年	外汇管理局在江苏省、上海市、大连市和深圳市进行外商投资企业银行结售汇试点	金融业务开放试点

续 表

时 间	相 关 政 策	金融开放内容
2002年	中国人民银行批准总部位于上海市的交通银行、上海浦东发展银行和总部位于深圳市的招商银行、深圳发展银行重新开展离岸金融业务试点	金融业务开放试点
2009年	国务院正式决定，在上海和广州、深圳、珠海、东莞等城市开展跨境贸易人民币结算试点	金融业务开放试点
2013年	中国（上海）自由贸易试验区正式成立。该试验区肩负着一部分金融开放的试点工作，其中包括FT账户的试点、离岸业务试点和资本项目开放的试点	金融业务开放试点

资料来源：根据国务院、中国人民银行以及国家外汇管理局的文件编制。

进入21世纪，中国金融开放的广度和深度得到明显提升，上海进行金融开放试点的领域开始向人民币国际化和资本项目开放扩展。2009年，国务院正式决定在上海和广州、深圳、珠海、东莞等城市开展跨境贸易人民币结算试点，由此拉开了人民币国际化的序幕。2013年，中国（上海）自由贸易试验区正式成立，自贸区肩负着中国综合对外金融开放试点的重任。自启动以来，该自贸区进行了自由贸易账户（FT账户）、离岸人民币业务和资本项目开放等方面的试点。

从上海承担中国对外金融开放试验区的情况来看，上海对外金融开放试点主要有以下三种形式：

第一，上海单独承担对外金融开放试点的任务。20世纪90年代中国引进外资金融机构以及开放外资金融机构人民币业务的试点主要在上海进行，在确认风险可控的基础上向全国其他地区推广。

第二，上海与深圳等城市共同承担对外金融开放试点的任务。外商投资企业银行结售汇试点、商业银行离岸金融业务试点以及跨境贸易人民结算试点属于这一类型的金融开放。

第三，以试验区平台的形式承担对外金融开放试点的任务。如前所述，中国（上海）自由贸易试验区承担了自由贸易账户（FT账户）、离岸人民币业务和资本项目开放等方面的对外金融开放试点。

（二）上海：中国金融开放的主战场

上海引领中国金融开放的另一个重要路径是承担金融要素市场的对外开放。由于中国金融要素市场高度集中于上海，而且由于金融要素市场开放是一国金融开放的主要内容，因此上海构成了中国对外金融开放的主战场。上海市人民政府于2018年7月10日公布了《上海市贯彻落实国家进一步扩大开放重大举措加快建立开放型经济新体制行动方案》（简称“上海扩大开放100条”），在金融要素市场开放方面，重点强调了推进证券市场、银行间外汇市场、银行间债券市场和期货市场的开放。由此可见，新时代上海肩负着中国金融要素市场开放的重任。

表4汇总了中国金融要素市场的开放历程，这些开放主要发生在上海，因此构成了上海对外金融开放的内容。上海金融要素市场的开放有以下一些特点：

第一，就金融开放次序而言，上海金融要素市场的开放时间总体上晚于金融机构及其业务的开放。截至目前，前者的开放仍在进行当中，而后者的开放已经基本完成。

早在20世纪90年代初期中国就已经开始推进金融机构及其业务开放，这一开放在很大程度上服务于中国引进直接投资的需要，这是因为外国企业在中国进行直接投资需要得到本国金融机构的服务。进入21世纪以后，中国加入WTO的承诺为金融机构及其业务开放提供了新的动力。2018年，在博鳌论坛上，中国政府就金融业开放提出了新的目标，随着这些目标的完成，中国已经基本实现了金融机构及其业务的开放。与金融机构及其业务的开放相比，金融要素市场的开放相对较晚，自2003年中国政府启动QFII制度以来，金融要素市场的开放已经取得了一定进展，但是与完全开放还存在一定距离。

表 4　　上海金融要素市场的开放

金融要素市场	开 放 内 容
证券市场	1992年推出B股，2001年2月19日之前，B股仅限外国投资者进行交易，此后，B股市场对国内投资者开放
证券市场	2003年7月，中国政府正式启动合格境外机构投资者制度（QFII）
证券市场	2006年中国政府启动合格境内机构投资者制度（QDII），2007年6月18日，中国证监会发布了《合格境内机构投资者境外证券投资管理试行办法》
证券市场	2011年10月，中国证监会有关部门负责人宣布，发布《基金管理公司、证券公司人民币合格境外机构投资者（RQFII）境内证券投资试点办法》，试点地区为中国香港地区
上海黄金交易所	2014年9月18日，上海黄金交易所推出黄金国际板，黄金国际板正式上线
证券市场	自2014年11月17日，沪港通正式启动
银行间市场	2015年7月14日，中国人民银行印发《关于境外央行、国际金融组织、主权财富基金运用人民币投资银行间市场有关事宜的通知》，简化了入市流程，取消了额度限制，允许其自主选择中国人民银行或银行间市场结算代理人为其代理交易结算，并拓宽其可投资品种
期货市场	2015年7月24日，中国人民银行发布公告：明确境内原油期货以人民币为计价货币，引入境外交易者和境外经纪机构参与交易等
外汇市场	2015年9月30日，中国人民银行发布公告开放境外央行（货币当局）和其他官方储备管理机构、国际金融组织、主权财富基金依法合规参与中国银行间外汇市场
债券市场	2016年2月17日，中国人民银行发布公告，对外开放银行间债券市场，引入更多符合条件的境外机构投资者，取消额度限制，简化管理流程
债券市场	2017年7月2日，中国人民银行与香港金融管理局发布公告，决定批准香港与内地“债券通”上线。其中，“北向通”于2017年7月3日上线试运行
上海期货交易所	2018年3月26日，中国原油期货在上海期货交易所子公司上海国际能源交易中心挂牌交易，并全面引入境外交易者，这是中国首个国际化商品期货品种。此后相继开放了20号胶、铁矿石、PTA、低硫燃料油期货等品种

续 表

金融要素市场	开 放 内 容
证券市场	2019年6月17日，中国证监会和英国金融行为监管局发布沪伦通《联合公告》，原则批准上海证券交易所和伦敦证券交易所开展沪伦通。同日，沪伦通启动仪式在伦敦举行，上交所上市公司华泰证券股份有限公司发行的沪伦通下首只全球存托凭证（GDR）产品在伦交所挂牌交易
证券市场	2019年9月10日，国家外汇管理局发布《取消合格境外机构投资者（QFII/RQFII）投资额度限制，扩大金融市场对外开放》的通知
债券市场 票据市场	2020年8月19日，银行间市场同业拆借中心发布《关于试运行直投模式下境外机构投资者直接交易服务的通知》，自2020年9月1日起，境外机构投资者将以直投模式参与银行间市场债券交易，交易券种除常见的银行间品种外，标准化票据已正式纳入试点范围
股票市场 债券市场 金融期货市场 商品期货市场	2020年9月25日，中国政府发布《合格境外机构投资者和人民币合格境外机构投资者境内证券期货投资管理办法》，允许QFII、RQFII投资全国中小企业股份转让系统挂牌证券、私募投资基金、金融期货、商品期货、期权等，允许参与债券回购、证券交易所融资融券、转融通证券出借交易。QFII、RQFII可参与金融衍生品等的具体交易品种和交易方式，将本着稳妥有序的原则逐步开放，由中国证监会、中国人民银行、国家外汇管理局同意后公布

数据来源：根据中国人民银行、国家外汇管理局和证监会等部门的通知、法规等整理。

第二，上海金融要素市场的开放分为两个阶段：2003—2014年是渐进式开放阶段；2015年以后进入快速开放阶段，其背景是中国经济的快速崛起和人民币加入SDR起到了加速金融开放的作用。

2015年以后，中国之所以加快了金融开放的步伐，是因为经过近40年的改革开放，中国已经成为全球第二大经济体，中国金融市场规模的扩大和质量的优化以及政府监管能力的改善提高了金融市场的抗风险能力，从而为中国加速金融开放进程提供了有利条件。与此同时，人民币成为SDR篮子货币也为我国加快对外金融开放提供了新的动力。为了让人民币有效发挥SDR篮子货币的作用，我国需要通过实施金融开放为全球投资者进入我国金融市场敞开大门。

第三，证券市场的开放要早于其他金融要素市场的开放。上海最早开放的金融要素市场是证券市场，其次是银行间市场，而商品期货市场和金融期货市场的开放相对较晚。

就证券市场的开放而言，股票市场的开放要早于债券市场，这是因为股票市场开放的风险要小于债券市场的开放。发展中国家金融开放的经验和教训表明：与股票市场相比，债券市场的开放更容易引发金融危机。20世纪90年代中期，墨西哥金融危机起因于债券市场的开放。中国银行间市场主要包括银行间债券市场、银行间货币市场和银行间外汇市场，这些市场的开放起步于2015年左右，商品期货市场和金融期货市场的开放要晚于银行间市场的开放，商品期货市场的开放开始于2018年。

第四，上海金融要素市场的开放目前仍处于“管道式”开放阶段。随着“管道”种类的增加和“管道”流量的扩容，金融要素市场的开放程度将会得到进一步提升，未来“管道式”开放将转化为全面的制度型开放①。

金融要素市场的“管道式”开放起步于2003年推出的合格境外机构投资者制度（QFII）；继QFII之后，2006年又推出了合格境内机构投资者制度（QDII）；2014年继续推出“沪港通”制度；2017年又进一步推出了“债券通”。以上这些机制都属于连接国内外金融市场的通道。“管道式”开放不仅可以控制跨境资本流动的流量，而且可以对投资者进行筛选，因此有助于控制跨境资本流动的风险。正因如此，在对外金融开放的初级阶段，一部分发展中国家会把“管道式”开放作为向全面开放的过渡措施。

三、新时代上海金融开放前景的展望

前文阐述了上海在中国对外金融开放进程中的特殊地位和作用。从未来

① 《证监会：推动中国资本市场从局部管道式开放向全面制度型开放转变》，新华网，http://www.gov.cn/xinwen/2020-10/24/content_5553947.htm。

的展望来看，中国新时代的金融开放正在发生结构性的变化，随着中国金融机构及其业务开放的基本完成，中国对外金融开放的重心正在转向金融要素市场的开放。鉴于中国主要的金融要素市场都集聚在上海，这一状况意味着新时代上海将主攻中国金融要素市场的开放，上海作为中国金融开放主战场的地位将会得到进一步的提升。

金融要素市场构成了上海国际金融中心的核心内容，上海推进金融要素市场开放的过程也是上海从国内金融中心向国际金融中心实现转型的过程，这一转型将会给上海带来巨大的发展机遇。上海金融要素市场的开放程度越高，上海金融中心的国际化程度就越高，其发展就越有潜力，上海有必要利用这一发展机遇把上海国际金融中心打造成全球性国际金融中心。

就新时代上海金融要素市场的开放前景而言，有两个因素将发挥至关重要的作用：一是中央政府的政策支持，中央政府是中国金融开放的总设计师；二是上海市政府的努力，其肩负着落实上海金融要素市场开放的重任。鉴于这一定位，上海市政府不仅有必要通过自身的努力推动上海金融要素市场的开放，而且有必要通过向中央政府及相关职能部门提供“建言献策”，以争取更多的开放政策，这一努力将有助于更快、更好地把上海打造成全球性国际金融中心。

上海的红色历史与城市精神的传承

——基于习近平总书记考察上海重要讲话精神的考察

马丽雅*

党的十九大以来，习近平总书记连续4年亲临上海，出席重大活动、考察指导工作，作出重要指示、交办重大任务、赋予重大使命，为上海发展指明了前进方向，掀开了新时代上海接续奋斗、再创奇迹的新篇章。在《习近平在上海》的采访实录中，有多篇采访谈道，原来概括的上海城市精神是“海纳百川、追求卓越”，习近平总书记在此基础上增加了“开明睿智、大气谦和”，体现了他对上海精神的深刻挖掘和深切期待。

我们党走过百年光辉历程而风华正茂，上海作为中国共产党的诞生地愈益展现出蓬勃生机。基于习近平总书记考察上海重要讲话精神和上海市第十二次党代表大会精神，对红色基因和城市精神进行考察有助于我们更好地弘扬城市精神品格，以伟大建党精神引领新时代党的建设新的伟大工程。

* 马丽雅，中国马克思主义研究所副研究员。

一、上海城市精神是对上海工人阶级优秀基因的重唤

《习近平在上海（十）》中谈道："改革开放这些年上海敢为人先、锐意进取，不断开创新局面、取得新成绩，也恰恰体现出上海人民的精神本质。"而上海工人阶级这种崇高的革命自觉，正是习近平总书记总结提炼的"开明睿智、大气谦和"的完美写照。

第一，上海首先发动的罢工促使工人阶级成为五四运动的主力。19世纪40年代开埠后，上海成为中国近代工业的主要发源地，并逐步发展成大工业的中心，也是全国工人最多最集中的地区。20世纪初中国社会阶级关系的变化和新的革命力量的成长，为新的人民革命的到来创造了客观的社会基础。至1920年，上海已拥有20多万产业工人，占全国产业工人总数1/4。其中，在500人以上大厂做工的有15万人。[①]这为中国早期工人运动和工人阶级的孕育与发展提供了摇篮。1919年五四运动伊始，在北京学生运动的影响下，各地学生都起来响应，使运动由北京迅速推向全国。北京和全国各地学生，在运动中发挥了先锋作用。但是这一阶段运动有一个明显的弱点，即只限于知识分子，而没有工人、市民参加，以致这场斗争缺乏坚实的群众基础，不能给予反动政府以有力打击，不能迫使它接受人民的要求。"六三"以后，运动发展到了一个新的阶段。在学生们受到严厉镇压的关键时刻，中国工人阶级挺身而出，以空前的政治大罢工投入战斗，成为运动的主力。首先发动罢工的地区，是中国产业工人最集中的城市——上海。

从1919年6月5日起的一周内，参加政治罢工的上海工人有六七万人，包括罢市店员在内，总人数达10万人以上。揭开罢工序幕的是日资纱厂工

---

① 中共上海市委党史研究室：《中国共产党在上海（1921—1991）》，上海人民出版社1991年版，第5页。

人。6月5日上午，日商内外棉纱厂第三、四、五厂的5 000多名工人高呼“不替仇人做工”的口号，撞破紧闭的大门，一齐罢工。与此同时，商务印书馆和中华书局职工，以及杨树浦上海纱厂工人等也奋起斗争。罢工规模日益扩大，到了6月10日，铁路工人、海员、市政等部门的工人也参加罢工。那一天，机器停止转动，烟囱不再冒烟，电话呼唤不应，陆海交通断绝。一个外国记者写道："上海的新兴无产阶级转入行动。急进和爱国的学生找到了最有力的同盟者。”“成千成万的苦力走出了他们熏黑了的工厂，到街道上来非常高兴地而且非常强烈地抗议着。”“抗议凡尔赛和会侵害中国的权利，抗议白人侵害中国的权利！”他惊呼：上海工人“六三”大罢工“震撼了这个城市的工业结构”，斗争“显然是政治性的”。①继上海工人“六三”大罢工之后，唐山、长辛店等地工人，也进行了罢工斗争和示威游行；天津、南京、济南、汉口、长沙、广州、九江等大中城市以及其他一些小城市的产业工人和手工业工人，也都先后集会游行。据初步统计，这次运动涉及从江苏到四川、从黑龙江到云南的20多个省、100多个城市。以工人阶级为主体的全国各界爱国群众的广泛斗争，给了北洋政府极沉重的打击。

第二，上海的罢工潮促使工人运动与知识分子相结合，培育了马克思主义传播的红色土壤。五四运动促进了知识分子与工人运动的结合，这是一个伟大的成果。上海的罢工浪潮使左翼知识分子感觉到有必要深入工人阶级中去。与此精神相符合，中国共产党早期的创始人之一陈独秀在1920年初来到上海。至当年5月，在第三国际使者维金斯基（Grigori Voitinsky，中文名吴廷康）的指导下，陈独秀发表了对上海工人状况的综合调查报告，并聚集一批年轻的激进分子，成立马克思主义研究会，准备发起一场进步的工人运动。十月革命和五四运动以前，中国先进的知识分子虽然千辛万苦地寻找救国救民的真理，但因与工农群众相脱离，以致多次奋斗，一再归于失败。直

---

① 霍塞：《被出卖的上海滩》，纪明译，商务印书馆1962年版，第104、106页。

到五四运动中，工人阶级独立走上政治舞台，群众斗争立即表现出无坚不摧的伟力。正如上海学联在《告商工界同胞书》中所深切指出的："学生联合会对于此次救国运动，虽奋起在先，而决不敢居功。何也？学生罢课半月，政府不惟不理，且对待日益严厉。乃商界罢市不及一日，而北京被捕之学生释；工界罢工不及五日，而曹、章、陆去。……是故救国之业，学生可以鼓吹，而实行之责，实在我商工界同胞。"[①]

在哈佛大学政府系教授、燕京学社社长裴宜理（Elizabeth J. Perry）笔下，上海"既是中国的工业都会，又是工人罢工传统的温床，还是新型中国共产党的发源地"[②]。1899年，上海的外国传教士主办的中文期刊《万国公报》，在一篇题为《大同学》的译文中，提到了马克思的名字，称为"百工领袖"，并将马克思学说，视作"安民新学之一派"。[③]这篇文章是目前所知，国内中文书刊上第一次出现马克思的名字。

在19世纪末和五四运动前的20年间，中国虽曾有过马克思学说的初始介绍，但是，中国的先进知识分子真正接受马克思列宁主义，促进它在中国的广泛传播，则是在十月革命和五四运动以后。上海的工人罢工运动提供了一个较为活跃的"左倾"氛围，社会主义者与无政府主义者越来越活跃，渲染了马克思主义的研究与宣传氛围。"那里的人们对马克思主义的研究以及对马克思主义某些方面的宣传，也比北京以及其他城市反应更为热烈。"[④]当在北京已经有很高声望的陈独秀到上海后，他身边很快就聚集了许多具有这种思想倾向的能干而又活跃的知识分子。1920年10月5日，《刘谦给俄共（布）阿穆尔州委的报告》分析了上海当时马克思主义发展的大环境。该报告指出，上海是当时中国社会主义者的活动中心，那里可以公开从事宣传活

① 《民国日报》1919年6月13日。
② 裴宜理：《上海罢工：中国工人政治研究》，商务印书馆2018年版，第92页。
③ 蔡尔康：《大同学》，李提摩太节译，载《万国公报》第121、123册，1899年2月、4月。
④ 周策纵：《"五四"运动史》，陈永明等译，世界图书出版公司北京公司2014年版，第242页。

动。“那里有许多社会主义性质的组织，出版300多种出版物（报纸、杂志和书籍），都带有社会主义色彩。那里时而举行群众大会。出版的书籍、报纸和杂志刊登有，苏俄人士，特别是列宁和托洛茨基的照片，购买踊跃。由此可以得出结论，在南方，容易传播共产主义思想。目前在中国南方省份的运动，可称之为社会主义运动，因此可以有把握地说，在南方，共产主义不受追究，而相反受到鼓励，甚至也不受当局反击。”[①]从中国共产党成立初期的《新青年》《共产党》，中共早期创办的日报《热血日报》《红旗日报》，顶着白色恐怖面世的《前哨》，宣传抗日救亡的《大众生活》，到新中国成立前夕出版的《新少年报》《文萃》；从马恩原著译本到进步读物《大众哲学》《西行漫记》《鲁迅全集》《钢铁是怎样炼成的》；从《国际歌》翻译、《大刀进行曲》与《义勇军进行曲》创作，无一不在这里诞生。

二、上海是习近平总书记创新和开放思想先行先试的地方

上海市第十二次党代表大会的报告中指出，今后5年，我们推进具有世界影响力的社会主义现代化国际大都市建设的目标是：“世界影响力”的能级显著提升、“社会主义现代化”的特征充分彰显、“国际大都市”的风范更具魅力。回顾习近平总书记致上海代表团的历次重要讲话，讲得最多的是要求上海不断创新开放，为全国作表率、作示范。《习近平在上海（二）》中谈到，2013年，要求上海坚定不移推进创新驱动发展，坚定不移深化改革开放。他指出，国家的根本出路在于创新，上海要突破自身发展瓶颈、解决深层次矛盾和问题，根本出路就在于创新。开放是上海的最大优势，从历史上看，上海发展得益于开放；从发展趋势看，开放的广度和力度决定着上海建

---

① 《联共（布）、共产国际与中国国民革命运动（1920—1925）》第1卷，中共中央党史研究室第一研究部译，中共党史出版社2020年版，第43页。

设“四个中心”的进度和程度。回顾马克思主义中国化的早期进程以及中国共产党的创建史，马克思主义在中国的传播，上海红色土壤的生根发芽，在很大程度上，也是得益于上海开放、国际化的历史传统。

第一，上海是百年前海外知名人士来华的访问首选，是当时国际化和现代化之潮头。清末民初的上海，是西方文化输入中国最大的窗口，无论是器物文化、制度文化还是精神文化，都是先传到上海，在上海有了相当厚实的基础，然后再传到其他通商口岸和中国内地。作为当时国际化和现代化之潮头，上海既是学术交流的重要阵地，也是诸多来华海外学者的首选访问地之一。以20世纪第一批来华的西方思想家约翰·杜威（John Dewey）和伯特兰·罗素（Bertrand Russell）为例，上海就是他们来华进行学术交流的首站[①]。1919年12月，英国作家威廉·萨摩塞特·毛姆（William Somerset Maugham）带着他的秘书兼好友进入中国，坐民船溯扬子江而上，走了约2 400公里的水路，接着又起旱路步行，于1920年1月初来到上海，并于1月12日离开上海抵达香港，后返回英国。当时上海的英文报纸《大陆报》1920年1月9日对毛姆到沪有过简讯报道：“英国著名小说家、剧作家威廉·萨摩塞特·毛姆近日莅临上海，下榻礼查饭店，对许多英国乃至美国戏剧迷来说，他可是闻名遐迩。”回国后，毛姆以他的中国见闻为素材，创作发表了戏剧《苏伊士之东》（*East of Suez*，1922）、游记《在中国屏风上》（*On the Chinese Screen*，1922）、小说《彩色面纱》（*The Painted Veil*，1924）三部作品。20世纪20年代，亚洲第一位获诺贝尔文学奖的印度作家泰戈尔曾多次到访上海，诗人徐志摩陪同左右，为其全程翻译。其中一次，泰戈尔就暂住在南昌路136弄徐志摩的寓所，他还曾去过上海历史悠久的龙华庙会。据当时媒体报道，泰戈尔1924年首次访华时，曾有600多人在上海汇山码

① 1919年4月30日，杜威和妻女抵达上海开始了对中国的访问，至1921年7月11日与罗素同一天离京。

头迎接。

1919年4月，来自美国的杜威和家人乘坐“熊野丸号”抵达上海吴淞口码头，随后入住位于南京西路的沧州别墅[①]。接下来的一个月，杜威游历上海、杭州和南京，发表了以《平民主义的教育》为主题的演讲，听众达上千人。此外，他还参观了上海的棉纺厂，走访民居。值得一提的是，1919年5月12日，中国近代民主主义革命先驱孙中山曾亲赴沧州别墅和杜威共进晚餐，当时孙中山的《孙文学说》[②]正要出版，两人还就该书内容和知行关系等问题进行了交流。对于中国之行，杜威曾在1920年1月13日给时任美国哥伦比亚大学校长约翰·J.科斯（John Jacob Coss）的信中写道："这是我一生中所做过的最有趣的和在智力上最有用的事情。"[③]“五四”激昂的学潮、思想文化的交锋、东方迷人的风土人情……这些与本国不同的经历都给杜威这个美国人留下了深刻印象。其女珍妮·M.杜威（Jane M. Dewey）在《杜威传》（*Biography of John Dewey*）中也写道："在他的社会和政治观点的发展中起了决定性的作用，最有影响的是去日本和中国的旅行。"[④]

在杜威来华一年后，1920年10月，来自英国的罗素抵达上海，入住外白渡桥边的礼查饭店，开始了他的中国之旅。在罗素即将来华的前一个月，《新青年》第8卷第2号特别设立专刊对罗素的生平和著述作了介绍，还在当期封面上刊印了罗素的半身照，注明他是“很快就要来到中国的大哲学家”，为其造势。在上海的5天，罗素发表了3场演说，内容涉及中国传统文化、社会改造以及教育问题，在社会团体频频邀约的宴会和《申报》《晨报》等

---

① 现为上海南京西路恒隆广场斜对面的锦沧文华大酒店。

② 孙中山先生于1918年写成《孙文学说》，1919年5月20日出版，即《建国方略》的第一部分《心理建设》。孙中山一生著述颇丰，而哲学专著只有《孙文学说》。

③ ［日］单中惠：《杜威："西方孔子" 在中国》（上），《中国教育报》2007年6月8日。

④ Jane M. Dewey (ed), *Biography of John Dewey*, In: Paul Arthur Schilpp (ed.), *The Philosophy of John Dewey*, Tudor Publishing Co, 1939, pp.3–45. 转引自杜威等：《杜威传》，单中惠编译，安徽教育出版社2009年版，第40页。

媒体竞相报道和采访中，罗素感受到了中方的热情。[①]他对当时现代化和国际化程度较高的上海印象深刻，感叹："初见上海，会让人想到自己何苦远涉重洋旅行到此。"[②]因为，上海的生活与自己所习惯的欧洲没什么两样。在与知识分子的接触中，罗素惊讶道："此前我一直不晓得，一个有教养的中国人是世界上最有教养的人。"[③]回忆来华讲座时，罗素觉得那是一段"最奇妙而有趣的时光"，来听讲座的学生们的求知欲使罗素不禁感慨，公众对他们两人很感兴趣，"其强度和广度大大超过了他们的预期"[④]。两位西方著名思想家与在100年前与上海、与现代中国的交往，也成为20世纪中国知识界历史中最为迷人的插曲之一。

第二，以上海为主要活动中心，一批中国早期马克思主义者逐步涌现和成长。在与罗素和杜威两位思想家息息相关的"问题与主义"、社会主义与资本主义之争等当时中国知识界的讨论中，早期马克思主义者将马克思主义与中国实际相结合，逐步成长为成熟的马克思主义者，并对中国发展道路有了更为深入的思考。在"问题与主义"这场争论中，中国最早的马克思主义传播者李大钊用"马克思主义的社会革命论反对了资产阶级的改良主义，用唯物史观反对了庸俗进化论，用理论联系实际的唯物主义认识论反对了实用主义。这是中国的马克思主义者对非马克思主义学者的第一次重要论战（而且是学者之间的一次真正自由的争鸣）"。[⑤]可以说，也正是在"问题与主义"的争辩中，李大钊等早期马克思主义者逐步阐明了马克思主义哲学的观点，为解决"中国向何处去"的问题指明了方向。而当时这场争论的主要阵地

---

① ［英］瑞·蒙克：《罗素传：孤独的精神（1872—1921）》，严忠志、欧阳亚丽译，浙江大学出版社2015年版，第698页。

② ［英］伯特兰·罗素：《中国问题》，秦悦译，学林出版社1996年版，第58页。

③ ［英］伯特兰·罗素：《罗素自传（第2卷）：1914—1944》，陈启伟译，商务印书馆2003年版，第185页。

④ ［英］瑞·蒙克：《罗素传：孤独的精神（1872—1921）》，严忠志、欧阳亚丽译，浙江大学出版社2015年版，第698页。

⑤ 冯契：《中国近代哲学的革命进程》，上海人民出版社1989年版，第286—287页。

《新青年》杂志就位于上海的南昌路100弄2号。

十月革命和五四运动以后，一批具有初步共产主义思想的知识分子，在气势磅礴的思想解放运动和与工人群众相结合的过程中涌现了出来。作为科学社会主义第一部纲领性文献——《共产党宣言》在1920年之前还没有一本完整的译文。1920年初春，翻译完《共产党宣言》的陈望道来到上海，将译稿交给陈独秀和李汉俊校阅。陈望道的译文精炼准确，成功地表达了原意，经过校阅后更加准确；8月，第一个中文版本的《共产党宣言》印成出版，迅速受到进步知识分子的热忱欢迎，此后一再翻印。同年，陈望道应邀加入《新青年》杂志的编辑工作。此后，陈望道直接参与创建了党的两个重要组织——上海马克思主义研究会和上海共产主义小组（共产党上海发起组）。这对中国共产党的创立和建设，对中国早期共产主义者的成长都起到了十分重要的作用。

1918年4月，毛泽东和蔡和森等在长沙成立了新民学会。1919年7月，他们创办《湘江评论》，著文论述十月革命和五四运动的历史经验，同时，组织和推动湖南人民的反军阀斗争。1919年底，毛泽东第二次到北京，次年4月赴上海，7月回长沙，当时他在上海就寓居在犹太富商哈同营造的民厚南里29号。其间，毛泽东阅读了许多马克思主义书籍和关于俄国情况的书，与李大钊、陈独秀等人进行多次讨论。毛泽东“赞成马克思式的革命”，“用俄国式的方法去达到改造中国与世界”[①]的目的。1921年7月，当杜威和罗素离开中国时，在他们来华的首站、被他们认为现代化气息最为浓郁的上海，成立了一个马克思主义政党——中国共产党。1949年10月，杜威和罗素在湖南讲座时的28岁青年记录员毛泽东站在天安门城楼上，向世界庄严宣告了中华人民共和国的成立，用一句简单的话总结了一代人的梦想和成就：“中

① 毛泽东：《给萧旭东、蔡林彬并在法诸会友》，载湖南省博物馆历史部校编《新民学会文献汇编》，湖南人民出版社1979年版。

国人民从此站起来了。”

三、中国共产党诞生在上海，这是上海的骄傲

《习近平在上海（九）》中谈道，对在特殊时期履新的习近平总书记来说，第一次公开亮相非常重要。习近平总书记在走访、调研的同时，经过认真研究、深思熟虑后，在上任一周后的2007年3月30日下午，带领市委班子集体瞻仰党的一大、二大会址，接受党史党性教育，缅怀先辈奋斗历程。在仔细观看了珍贵历史资料后，习近平总书记深情地对大家说："中国共产党诞生在上海，这是上海的骄傲，我们有幸在上海工作，既感到十分光荣，更倍感责任重大。"新班子第一次公开亮相，给大家传递了一个鲜明的信号：这一届市委要学习革命先辈的崇高精神，继承党的光荣传统，进一步激发为党和人民的事业不懈奋斗的豪情和斗志，把上海建设得更加美好。第二天，这一活动新闻见报后，社会反响非常好，各方面都给予了极高评价。这一举动激发了全市人民奋发向上的精神。

在党的十九大胜利闭幕一周之际，习近平总书记带领中共中央政治局常委赴上海瞻仰中共一大会址、赴浙江嘉兴瞻仰南湖红船。习近平总书记深情地说："上海党的一大会址、嘉兴南湖红船是我们党梦想起航的地方。"上海是中国工人运动和工人阶级的发祥地，是马克思主义早期在中国传播的前沿阵地。建党精神是中国共产党的精神之源，为立党、兴党、强党提供了丰厚滋养，也为上海这座城市发展进步提供了强大引领。踏上新的赶考之路，更加需要我们传承红色基因和建党精神，把他们融入城市精神品格弘扬和践行的全过程。

其一，上海的红色基因和建党精神展现了早期共产党人的优秀品质。中国共产党自它诞生之日起，就把领导工人运动作为自己的首要任务。党的第一次全国代表大会通过的决议强调指出："我党主要的目的，在组织各种产

业工会”，“党应以阶级斗争的精神灌输于各工会。”决议还具体提出 :“每一地区，均可视其需要而发行一份工会杂志，一份日报或一份周报，以及小册子，临时传单等。”各种产业部门都应建立工人补习学校，“学校最重要的方针是唤醒工人们的觉悟，并启发他们组织工会的需要。”恩格斯指出 :“一个知道自己的目的，也知道怎样达到这个目的的政党，一个真正想达到这个目的并且具有达到这个目的所必不可缺的顽强精神的政党，——这样的政党将是不可战胜的。”[①]在探索中华民族如何重新“站起来”的过程中，孕育诞生了中国共产党，促成了千千万万革命青年的成长，促成了工人运动在无比艰难的斗争环境中的向前发展，使他们逐步树立起对马克思主义和共产主义的坚定信仰，义无反顾地承担起为人民谋幸福、为民族谋复兴的光荣使命。

其二，红色之城与初心之城的建设与宣传与上海城市精神的弘扬密不可分。上海是一座光荣的城市。中国第一个共产党早期组织在上海成立，党的第一份理论刊物《共产党》月刊在上海创办，《共产党宣言》第一个中文全译本在上海出版，中国共产党的第一部《党章》在上海制定。2019年11月2日，习近平总书记在上海考察时谈道 :“上海是我们党的诞生地，党成立后党中央机关长期驻扎上海。上海要把这些丰富的红色资源作为主题教育的生动教材，引导广大党员、干部深入学习党史、新中国史、改革开放史，让初心薪火相传，把使命永担在肩。”作为党的诞生地，“开天辟地、敢为人先，坚定理想、百折不挠，立党为公、忠诚为民”的建党精神的宣传与上海独特的“海纳百川、追求卓越、开明睿智、大气谦和”的城市精神的宣传是不可分割的。上海是中国共产党的初心始发之地，是红色之城也是初心之城，这是我们需要保护和利用好丰富的红色资源，进一步提升上海红色文化的标识性和知名度，需要建设和守护好中国共产党人的精神家园。

其三，红色基因传承百年，助力国际文化大都市建设。上海是中西多

---

① 《马克思恩格斯全集》第39卷，人民出版社1974年版，第139页。

元文化的交融交汇之地，红色文化、海派文化、江南文化的交融交汇，开放、创新、包容的城市品格，是上海宝贵的精神财富。传统与现代交融、本土与外来辉映、有序与灵动兼具、文明与活力并蓄，是上海特有的都市魅力。在上海工作期间，习近平总书记重点抓了上海市第九次党代会的各项筹备工作，在上海市第九次党代会报告的结束语中，他这样讲道："上海是中国共产党的诞生地，有着光荣的革命传统，在长期革命和建设的历程中、在改革开放的伟大实践中，上海各级党组织、广大党员团结带领全市人民，风雨同舟，艰苦奋斗，创造了辉煌成就。面向未来，中央对我们寄予厚望，人民对我们充满期待。"在上海的文化建设中，需进一步弘扬城市精神品格，增强城市软实力国际影响，为上海国际文化大都市建设迈向新阶段提供优势条件；进一步提升国际传播能力，成为向世界展示中国理念、中国精神、中国道路的生动范例。

上海“时间银行”的发展与前景研究

——基于人民城市重要理念的视角

于宁*

一、研究背景：人民城市重要理念与“时间银行”现实意义

（一）人民城市重要理念

2019年11月2日，习近平总书记考察上海杨浦滨江，提出了“人民城市人民建，人民城市为人民”的重要理念。人民城市重要理念深刻揭示了中国特色社会主义城市的人民性，深刻回答了城市建设发展依靠谁、为了谁的根本问题，体现了人民是历史创造者这一历史唯物主义的根本观点。[①]

上海提出“五个人人”的努力方向，即“人人都有人生出彩机会、人人都能有序参与治理、人人都能享有品质生活、人人都能切实感受温度、人人都能拥有归属认同”，在深入践行人民城市重要理念的过程中进行了一系列重要探索，开创了人民城市建设新局面。

回顾上海“时间银行”的发展历程，其宗旨正符合“人民城市人民建，

* 于宁，城市与人口发展研究所副研究员。

① 程鹏、李健：《打造人民城市建设的上海样本，需把握好三对关系》，上观网，https://export.shobserver.com/baijiahao/html/456377.html。

人民城市为人民”的重要理念。

（二）“时间银行”现实意义

第七次全国人口普查结果显示，我国60岁及以上人口为26 402万人，占总人口比重为18.70%，人口老龄化程度进一步加深。上海作为全国最早进入老龄化社会的城市，[①]2020年末60岁及以上户籍老年人口数为533.49万人，占总人口比重高达36.1%，超过1/3；80岁及以上高龄老人数为82.43万人，占全市60岁及以上老年人口比重为15.5%。老年人口数量不断攀升造成养老服务供给压力持续加大，创新养老模式、运用互助共享智慧化的养老模式已经成为一种趋势，这也为“时间银行”互助养老模式的形成提供了契机。

随着“银发浪潮”席卷全球，“时间银行”已成为世界公认的解决人口老龄化等诸多社会问题的有效途径之一。“时间银行”概念源自耶鲁大学法学博士埃德加·卡恩于1980年提出的“时间货币”，其宗旨是通过支付时间来换取帮助与服务。“时间银行”成员通过为他人提供公益服务来储蓄时间，当自己需要帮助时，可从“时间银行”支取之前存入的服务时间，用以兑换他人对自己的公益服务。作为一种低成本、高效益的社会战略，“时间银行”的持续健康运行在应对人口老龄化挑战的过程中将产生巨大的社会效益，同时对推动全社会志愿服务的广泛发展具有积极意义。

党的十九届五中全会提出要“积极应对人口老龄化挑战”，“健全基本养老服务体系，发展普惠型养老服务和互助性养老”解决养老难题。养老服务“时间银行”模式在互助养老方面具有独特的理念和运作方式，通过招募低龄志愿者进行社区养老服务达到资源的合理配置，在丰富养老资源、缓解养

① 数据来源为上海市卫生健康委员会：《2020年上海市老年人口和老龄事业监测统计信息》，上海市卫生健康委员会网站，http://wsjkw.sh.gov.cn/tjsj2/20210406/0f6de6e72a424aa59c4723abc2186dae.html。

老压力、促进积极老龄化和社会融合等方面优势突出，已受到社会各界广泛关注。

“时间银行”作为一种代际循环互助的养老模式，对健全社会养老保障体系，实现老有所养具有重要意义。目前，民政部已将“时间银行”纳入全国社区居家养老服务改革试点范围，探索能够在全国推广的运行模式。

二、上海“时间银行”的探索实践

上海作为全国最早步入老龄化社会的城市，率先进行了“时间银行”的探索与实践，至今已有20余年，从基层探索、区级试点到全市推广，不断积累经验，总结优化。

（一）基层探索

1998年，上海市虹口区晋阳居委作为中国第一个“时间银行”试点正式运行，率先创建了本土化的“时间储蓄”养老服务模式，但在运行10余年后，由于制度管理与技术操作等一系列问题，导致志愿者存入的服务时间不能兑换自己需要的服务，最终成为“坏账”。晋阳居委对养老服务“时间银行”模式的探索虽然未能实现长期持续运行，但是对“时间银行”模式今后的推广却具有重要意义。

（二）区级试点

2019年7月，上海市民政局在虹口、长宁两区启动养老服务“时间银行”项目试点工作，制定了《关于在虹口区、长宁区开展养老服务“时间银行”项目试点工作的指导意见》，指导虹口、长宁两区开展“时间银行”试点，鼓励个人为老年人提供非专业性的养老服务，按照一定的规则记录服务提供者的服务时间，储入其“时间银行”个人账户，将来可兑换相同时长的服务。服务内容以非专业性、非家政类且风险可控的服务内容为主，包括情感慰藉、协助服务、出行陪伴，以及各类文体活动、健康科普、法律援助、培训讲座等。2020年8月，上海市民政局在总结试点经验基础上，出台《关于扩大养老服务“时间银行”项目试点工作的通知》，扩大了项目试点范围，覆盖徐汇、长宁、普陀、虹口、杨浦五区各街镇。实践证明，政府部门主导下的“时间银行”互助养老模式，不仅运行效率得到提高，而且其模式信用度也得到增强，由此具备了进一步推广的可能性。

（三）全市推广

2020年12月30日，上海市十五届人大常委第28次会议表决通过《上海市养老服务条例》。2021年3月20日，《上海市养老服务条例》正式施行，其中第四十二条关于“时间银行”的规定明确指出，鼓励和支持老年人开展社区邻里服务、低龄健康老年人与高龄老年人结对关爱等互助性养老服务，探索建立互助性养老服务时间储蓄、兑换等激励、保障机制。这意味着“时间银行”作为养老服务体系中的一项辅助性组成部分，将由法规护航，以形成长效机制，保证其长久运营。

在前期试点基础上，2021年11月9日，上海市民政局出台《关于本市推行养老服务“时间银行”项目的通知》，在全市范围内全面推行养老服务“时间银行”项目。目前，“上海养老‘时间银行’”线上平台正在上海全市逐步推广。通过微信小程序，老年人能在平台发布服务需求，志愿者能看到这些需求并接收“任务”，也能看到自己积累的“时间币”数额等信息。

截至2021年10月底，上海养老“时间银行”共计注册“时间银行”服务提供者9 857人，完成服务时长（时间币）15 922小时，共计服务老年人（服务对象）14 230人。服务提供者主要为低龄老年人，其中：50—59岁的老年志愿者占比14%，60—69岁的老年志愿者占比55.7%，另有部分未到50

岁的中青年志愿者（占比13%）和部分刚满70岁的服务提供者。

“时间银行”作为互助养老服务模式的一种有益尝试，未来实践中还将进一步完善制度设计，优化运营模式。为此，《上海市养老服务条例》中有关“探索建立互助性养老服务时间储蓄、兑换等激励、保障机制”的原则性规定，也为实践探索预留了制度空间。

三、上海“时间银行”的问题及前景

（一）上海“时间银行”探索实践的瓶颈

首先，供需规模亟待扩大。从试点情况来看，当前上海市已开展的“时间银行”项目中，养老服务的供给量与需求量总体上处于数据平衡状态，但与上海深度老龄化的养老服务供需现状尚不匹配，其整体供给与需求规模均亟待扩大。就需求而言，2020年底上海户籍60岁及以上老年人口规模已超过500万人，80岁及以上高龄老人达82.53万人，而获得过“时间银行”养老服务者仅为1万多人，这意味着“时间银行”在项目知晓度、服务可得性、老年人观念等方面均有待提高。就供给而言，2020年在上海志愿者网实名注册的老年志愿者高达182.32万人，而实际提供“时间银行”服务的仅不到1万人，两者之间的缺口也反映出“时间银行”巨大的发展空间以及打造服务供需之间信息平台的紧迫需求。

其次，持续运行面临挑战。一方面，志愿者年龄结构有待优化。从“时间银行”可持续发展的角度来看，当前50岁以下中青年志愿者的参与比例较低，仅为该项目志愿者总数的13%。现行制度下，“时间银行”项目对年轻人志愿服务的认可仅体现为出具志愿服务证明，并不提供时间币兑换将来所需的养老服务，这对于年轻志愿者参与服务的吸引力很有限。另一方面，志愿服务计量标准有待完善。现行“时间银行”项目只是简单记录服务时间，没有考虑服务难度，长此以往会打击志愿者的参与积极性，同时会导致志愿者在提供志愿服务时以完成难度为标准择轻避重。

（二）上海“时间银行”持续运行的发展前景

回顾上海“时间银行”的探索历程，展望其持续运行的发展前景时，下一步应重点着力于同步扩大供需规模，多元推动持续运行。

就同步扩大供需规模而言，一方面，强化宣传普及，提升有效需求；另一方面，搭建信息平台，对接供需双方。

通过人际传播、组织传播和大众传播相结合的方式广泛宣传“时间银行”的概念、特点与优势，提高“时间银行”项目在广大市民尤其是老年群体中的知晓度，使更多老人了解、信任、需要“时间银行”。

在搭建服务信息平台方面，由于“时间银行”的服务提供者包括低龄老人与中青年志愿者，因此，要对这两类人群分别做好养老志愿服务信息的对接工作。对低龄老人而言，为了充分开发老年人力资源，维护“时间银行”持续运行，应当建立和完善老年人力资源开发服务管理体系，将有意参与志愿服务的各类老年人才的基本信息、专长特点、服务意愿等信息悉数录入信息库，在“时间银行”有服务需求时进行迅速、有效的匹配与对接。对中青年志愿者而言，应当充分利用现有的志愿服务网络平台进行信息采集，助力养老志愿服务供需信息有效对接，以吸纳更多中青年志愿者加入“时间银行”项目。

就多元推动持续运行而言，一方面，优化志愿者年龄结构，推行通存通兑；另一方面，智慧管理兼顾人文关怀，鼓励多劳多得。

“时间银行”项目作为一种新型的互助养老模式，其全市推广工作还处于初始阶段，项目内的第一代高龄老人自身并无时间币储备用以兑换养老服务，作为过渡阶段办法，根据当前政策条款，可通过财政托底与中青年志愿者捐助时间币的方式为其储备。相信经过数年的全面推广与稳健运行之后，“时间银行”项目在下一代老人进入享受服务年龄段时应已完成过渡。此时，青年志愿者的养老服务应当与其他各类志愿服务“通存通兑”，使其不仅能用于未来养老需求，也能同于当前生活工作与学习的需要，使志愿服务的社会效应与生活需求同时体现，由此将提高中青年志愿者的积极性，盘活现有志愿者的服务资源，同时能引导更多社会成员加入志愿者队伍，推动全社会志愿服务形成良好氛围。

为了充分体现志愿者提供的服务类型的差异，“时间银行”项目今后还应当根据不同类型志愿服务的完成难度制定一套相应的计量标准体系，最终存入志愿者账户的应当是经过换算后的时间币数额，以实现服务时间与服务难度的均衡计量，保障“时间银行”项目的公平性与持续性，也体现出多劳多得的基本价值原则。将智慧管理与人文关怀结合起来，统筹组织，统一标准，将更有利于“时间银行”服务模式的推广与组织管理。

四、结语

“时间银行”的设立初衷是希望以这种模式挑战“金钱”经济，重新建立一个关于家庭、亲人、邻里和社区的“核心”经济，使交换建立在责任与互惠的基础上。通过服务时间的循环与积累，通过正向激励和兑付机制，调动更多生活有余力的各年龄社会成员参与志愿服务，吸引更多低龄老人参与到身边的“时间银行”项目，使“时间银行”为“老有所为”与“老有所养”结合赋能，体现出积极老龄化“健康、保障、参与”的核心理念，不仅有助于降低社会综合养老成本，还能促进社区内人与人之间的情感联系，实现互助养老，爱心循环，为养老服务的可持续发展提供有力保障。

志愿服务既需要内心的热情与积极的行动，也需要社会的认可与价值的体现。“时间银行”项目恰好为志愿服务提供了这样的正向反馈，同时高度契合“人民城市人民建，人民城市为人民”的重要理念。通过组织制度化、管理规范化、运作科学化的持续发展，“时间银行”项目不仅能为积极应对人口老龄化提供充足的养老服务资源，而且有望成为一个新的契机，充分调动社会成员发挥自身专长奉献社会的积极性，助力上海朝“五个人人”努力方向迈进一步，使全体社会成员人人都能在尊老敬老、互助互爱的社会氛围里享有出彩机会、参与有序治理、享受品质生活、感受城市温度、拥有归属认同，助力实现“不分年龄人人共享”的社会愿景。

文化强国建设中的上海担当

——国家公共文化服务体系示范区的创新实践

冯佳*

一、引言

构建现代公共文化服务体系既是2035年实现社会主义现代化的重要任务之一，也是建成社会主义文化强国的必然要求。其中，根据党中央、国务院关于公共文化服务体系建设的战略部署，2011—2021年分四批在全国有序推进建成了120个国家公共文化服务体系示范区（简称“示范区”），承担着为现代公共文化服务体系建设探索路径、积累经验、提供示范的重要任务。上海市徐汇区、浦东新区、嘉定区和长宁区作为示范区创建城市（地区），坚持新发展理念，坚持中国特色社会主义文化发展道路，坚持以人民为中心的发展理念和工作导向，坚定文化自信，树立文化自觉，勇担文化使命，自加压力、持续创新，在公共文化服务标准化、均等化、社会化、数字化和区域融合化建设等领域开展了创新实践和制度设计，形成了一批有全国影响力的创新典型，为文化强国建设发展赋能。

---

* 冯佳，文学研究所副研究员。

二、创新实践

上海市作为我国经济社会发展中心、长江三角洲城市群核心区域、社会主义现代化建设引领区和自由贸易区先行区等，在中国公共文化服务体系建设中承担着示范东部、引领全国的任务。从2011年开始，四批示范区结合本市、区两级实际情况，从公共文化建设重要方面出发，探索出绩效评估的徐汇模式，国际化、社会化建设的浦东模式，标准化、数字化建设的嘉定模式和均等化建设的长宁模式，不仅为国内其他地区开展公共文化服务建设提供了经验和借鉴，也在国际上打出了特色鲜明的中国文化品牌，成为中国特色公共文化服务体系的上海样板。

（一）创新引领区域一体化发展，强化区域示范带动

在长三角区域协同发展大背景下，上海各示范区以“聚焦高质量、聚力一体化”为原则，积极发挥带头作用，立足长三角城市的文化特色、资源禀赋，促进长三角文化合作交流，增强长三角“国家公共文化服务体系示范区”区域联动，在东部地区率先打造一批学术论坛、文化活动、资源配送、文脉传承品牌，促进长三角文化创新突破、共同繁荣。

上海市积极发挥带头作用，徐汇区联合长三角三省一市文旅厅（局）共同举办“首届长三角合唱歌曲创作大赛”，首创“三省一市四地”文旅品牌“唐韵中秋”，与长三角四大省级图书馆连续两年举办“阅读马拉松”大赛等。2019年7月26日，“长三角”城市文化馆联盟在浦东新区正式成立，联盟制定了《“长三角”城市文化馆联盟章程》，近150家各级各类文化馆申请加入联盟，浦东新区文化艺术指导中心主任王玺昌当选为联盟主席。2019年8月，在长宁区的倡议下，徐汇区、浦东新区、嘉定区及苏浙皖三省示范区文化（广）局、国家公共文化服务体系示范区创新研究中心、上海市群众艺

术馆共同发起建立了长三角区域国家公共文化服务体系示范区（项目）合作机制，开创了长三角区域公共文化服务体系区域融合和一体化建设模式，着力建设长三角区域公共文化服务发展论坛、公共文化数字平台、公共文化服务产品采购大会、示范区城市阅读一卡通、文化艺术联展、公共文化培训体系等重点项目，为宏观政策的制定提供了实践基础，推动长三角区域公共文化服务向更高水平、更深层次、更宽领域拓展。

（二）创设举办最美文化空间大赛，推进公共文化空间新创举

公共文化空间体现的是一座城市的审美与创新。2018年以来，包括上海图书馆东馆、上海博物馆东馆、浦东美术馆等一批重大地标性文化设施相继落户浦东新区，黄浦江东岸文化设施聚集带初具规模，浦东新区成为上海第二个城市文化核心区。但同时，浦东新区仍存在公共文化空间服务功能不全，服务水平不高、服务群体单一，服务效能不足的问题。针对这些问题，由上海市民文化节指导委员会指导，浦东新区区委宣传部（文广局）主办，上海美术设计有限公司、东方财经·浦东频道承办，启动“美好生活”上海公共文化空间创新大赛。

2019年，为顺应长三角一体化发展面临的新形势、新要求，展现新中国成立以来长三角地区公共文化的发展成就，也为浦东新区助力上海打造世界一流设计之都提供赛事载体，大赛升级为“美好生活”长三角公共文化空间创新设计大赛，让创意设计产业为文化生活和城市空间再赋能。通过大赛，浦东新区已与苏浙皖三个省、市的文旅局、文化馆建立了广泛联系，通过互访、座谈、联合办赛等方式，加强赛事联动，整合资源平台、促进融合发展。目前，大赛已实现长三角地区全覆盖，三省一市已有九成以上城市报名参赛。

在此基础上，在文旅部公共服务司的支持和肯定下，浦东新区又把赛事规模拓展到全国更多的城市，在主赛区覆盖上海、江苏、浙江、安徽等地28个城市的基础上，邀请到成都、重庆、济南、郑州、长沙等一批在公共文化空间建设中进行积极探索的城市，推动大赛辐射力、影响力提升到更高能级。

作为一个创举，大赛以案例竖模板、以理念传经验、以文化促交流，从创新思维、设计理念、运营构想、打造人民“美好生活”等多元角度，推动越来越多的公共文化空间正在逐步成为文化事件的空间聚合点，成为优秀的设计师与运营者发挥才能提供了最理想的舞台，并实现了产业赋能，助推长三角乃至全国公共文化服务的高质量建设和发展。

（三）全国首创公共文化服务产品采购平台，引领社会力量参与新趋势

为大力推进公共文化服务社会化发展，各地积极创新政府向社会力量购买服务模式，作为全国首创的公共文化服务产品采购平台的“浦东文采会”，在公共文化产品采购大会举办方面进行了一系列有益探索，为全国公共文化服务供给提供了“浦东样本”，拉开了全国公共文化供给的创新序幕，推动公共文化供给从封闭式向开放式转变。

为贯彻落实上海市委、市政府打响“上海文化”品牌战略，特别是时任李强书记关于“长三角”一体化发展的重要指示，以更主动的姿态、更有力的举措、更务实的行动，为“长三角”一体化发展主动牵好头、搭好台，2017年，“浦东文采会”诞生，成为浦东新区在全国首创的公共文化服务产品采购平台。

2018年，“浦东文采会”汇聚“长三角”文化资源，探索建立“长三角”城市群的文化协同发展机制，创新“长三角”地区公共文化服务资源供需对接模式。2019年，“浦东文采会”扩大服务范围，通过集聚“长三角”文化资源，“长三角”地区公共文化合作机制的建立，并将对华东三省一市进一步整合资源，全面提升现代公共文化服务体系建设能级，起到积极推动作用。2020年，文化部公共文化司、上海市文旅局、“长三角”合作办和浦东新区人民政府共同打造的“长三角”公共文化专家智库创立，“长三角”公共文化服务联动机制在浦东建立，同时克服疫情影响，加大线上展示、宣传

和交易途径，增强联系服务“长三角”地区文艺院团、社会团体、旅游机构的作用，扩大公共文化服务产品供需范围，搭建“长三角”一体联动的公共文化供给平台，吸引了52家“长三角”地区的公共文化机构和文艺专业院团前来参展，上海市16个区展示推介了各具特色的文旅优质产品和项目。

6年来，“浦东文采会”获得了公共文化领域专家、学者、文艺院团和采购主体的一致好评。以此为平台，浦东新区持续完善文化市场供需创新服务机制，进一步深化文化供给侧结构性改革，通过搭建平台、对接供需，探索竞拍竞价机制，引导市场实现对文化产品内容的引领和政府职能角色的转变，提升“浦东文采会”品牌能级。通过“文采会”，浦东新区主动服务和融入“长三角”一体化建设，积极拓展区域文化合作，不断完善“点单+配送+评价”服务体系，推动“政府端菜+群众点菜”向“政府端菜+群众点菜+群众做菜”成功转型。目前“浦东文采会”已在全国辐射开来，广东、四川等地区先后借鉴模仿，“粤港澳大湾区文采会”“成渝地区文采会”陆续召开，影响力日益扩大。

（四）试点突破“多中心融合”，探索基层公共文化服务新路径

公共文化服务体系建设的重点、难点在基层。针对机构改革和职能转型的整体规划要求，上海市徐汇区在《公共文化服务保障法》和《上海市公共文化服务保障与促进条例》的指导下，按照上海市委、徐汇区委关于“党建引领社区多中心功能融合提升”的两级工作部署和安排，紧密结合区域特点及基层机构改革发展要求，以创新发展为抓手，盘活各类资源，努力实现数据共享、资源聚合，探索出基层公共文化中心的新路径。

2020年7月，徐汇区开始在全区推行街镇社区党群服务中心、新时代文明实践中心、社区文化活动中心等功能融合提升试点工作，并围绕“党建引领，有机统筹；开放共享，有序融合；服务至上，有效提升”原则开展功能融合，重点构建“一门式”空间、“一站式”功能、“一体式”队伍、“一条

龙”机制，指导区域内13个街镇完成“多中心融合”。

在融合过程中，通过前期统筹规划、落实主体责任，在最大程度地保留原有文化活动空间的基础上，对空间功能进行提档升级；按照“党建引领、文明先行、文化聚力”的理念，以“党建引领、思想汇智、实践聚力、文艺润心”为服务导向，坚持党建发展与文化服务同频共振；同时，各街镇文化中心各条线不仅在人员管理机制上实行统一认识、统一行动，更在中心运行一体化基础上，紧紧围绕社区居民、青年白领在工作生活中的各类需求，以服务精准、管理高效、群众受益为出发点，以文化活动为抓手，依托各方力量形成良性互动，推动文化中心参与社区治理，为广大居民提供政策宣讲、法律咨询、亲子教育、垃圾分类、观影讲座等服务，不仅带动了一大批治理显示度高、群众满意度强的样板街镇公共文化服务点层出不穷，在全域形成了资源用起来、服务强起来、群众动起来的良好局面，还大大提升了基层公共文化设施的综合服务和治理能力。

（五）稳步推进文化场馆延时开放，形成公共文化阵地服务效能提升新范式

综观全国，个别文化场馆、特定时间节点推出的延时服务并非新鲜事物，目前，北京、广州、四川、西安等地都有案例。但与之不同，浦东公共文化机构的延时服务作为全国最早注重基层公共文化机构延时服务的地区，其不断探索延长服务时间、延伸服务阵地、延展服务内容等“三延”服务文化惠民新举措，使之在延时服务的深度、广度和持续性等方面特色鲜明，在上海乃至全国均具有一定的代表性和示范引领性。

浦东新区在成功创建示范区基础上，按照“当好全国改革开放排头兵、创新发展先行者”的要求，深入贯彻文化强区战略，对标“国际文化大都市”和“更有魅力，更有活力，更有温度的人文之城”的发展要求，积极回应新时代群众文化生活的新期待，2020年10月，浦东新区针对青年白领和职工家庭，区委宣传部开始推进探索公共文化场馆延时服务，并将周浦镇文化服务中心、洋泾社区文化活动中心、塘桥社区文化活动中心三家确立为首批试点单位，从“需求口味”出发设计“菜品”内容，知民情、顺民意、供民需，推出包含体育健身、艺术展演、舞蹈培训等特色服务。

2021年8月，浦东新区召开公共文化场馆延时服务推进会，并进一步落实《上海市公共文化服务保障与促进条例》，在全市率先出台《延时服务试点指导办法》，将试点从3家扩大至18家，包括：浦东新区文化艺术指导中心（惠南分中心、外高桥分中心）、浦东文化馆、浦南文化馆、金海文化艺术中心，以及洋泾、塘桥、周浦、陆家嘴、潍坊、花木、南码头路、金杨、周家渡、东明路、上钢、康桥、三林、新场等街镇的社区文化活动中心。2022年，浦东新区结合自身发展实际，进一步扩大延时开放服务试点覆盖面，计划将社区公共文化场馆的延时服务扩大至32家，方便浦东新区的百姓就近就便享受高品质的公共文化。

浦东新区公共文化场馆的延时服务，全面推动了公共文化服务的全人群覆盖，满足了全体居民多层次、多元化的实际文化需求；同时，各试点单位从公共文化服务供给侧结构性改革入手在，深入开展群众需求调研基础上，关注全民艺术素养提升，整合各类社会优质资源，用更加多元的主体、更为丰富的内容、更加优质的品质实现了公共文化服务的“精准滴灌”；此外，伴随延时服务单位文化产品供给内容日益丰富、服务质量不断提升，不仅汇聚了一大批年轻群体喜爱的、愿意买单的高品质文化课程，培育出一大批青年白领文化艺术消费群体，而且带动了区域内文化消费的增长，促进了文化事业和文化产业融合发展，形成了承载公共文化服务理念深刻变革的新范式，最大限度满足广大群众日益增长的文化需求。

（六）深化拓展文化体制改革，构建文旅融合发展新格局

推动文化和旅游深度融合是文化体制改革的新引擎和新动力。在中央高

瞻远瞩部署下，文旅融合大潮席卷上海文旅领域各个方面，作为示范区，上海市各示范区均在已有基础上强化责任担当，积极承担国家文化体制机制改革和创新发展的重点攻关任务，在改革攻坚中披荆斩棘，为文化和旅游深度融合探索了路径和方法。

“宜融则融、能融尽融”作为文旅系统新的工作指导方针，在挑战过往传统工作方法的同时，更给上海各相关部门带来创新工作局面的新机遇和新动能，成就上海公共文化服务的新格局、新发展和新亮点。其中，徐汇区先后推出《打响“上海文化”品牌　彰显“海派之源”新标杆三年行动计划》《关于加快推进文化品牌建设的扶持意见》《海派文化之源品牌建设“十四五”规划》等，逐步完善顶层设计发展体制。同时，徐汇区围绕“机制创新、协同共建、全域均衡、主客共享”的目标，大力推动城市公共空间的“文化微更新”改造，在历史风貌区、商圈、滨江沿岸、街区广场、交通枢纽等空间形态中融入阅读、展览、演艺、微游、运动等元素，已打造了一批新型文旅融合公共空间，10分钟社区公共文化服务圈不断提质增能，基本实现了城市处处是景、时时宜游，让市民游客在家门口就能接触自然、感知品质生活。

浦东新区则在乡村振兴国家战略背景下，积极遵循乡村自身发展规律，挖掘大团、宣桥、书院等乡村旅游资源，探索文化与农业融合，打造富有特色的乡村文化品牌，创新都市型乡村旅游发展模式，重点推进休闲农业、休闲农庄、乡村节庆，振兴乡村文化，形成城乡互动、均衡发展的城乡多元文化集聚带，丰富人民群众的文化生活，探索了以文旅融合创新推动乡村公共服务能级提升的实施路径。

嘉定区依托馆藏资源，积极研发课程、组织体验，将图书馆打造成上海市文化地标和研学旅游重要场所的同时，整合资源建立旅游文献信息中心，依托总分馆服务体系开展旅游信息咨询服务。特别还依托现有“嘉游书架”、新建一批景区、商圈里的智能服务，起到了良好的社会效益。

（七）持续完善数字应用，助力资源、服务、管理一站式聚合

上海作为我国科技创新中心，在公共数字文化建设领域也承担着先试先行、引领示范的使命担当。上海市作为国内较早开启公共数字文化平台建设的城市，各示范区也呈现出从信息化平台建设，到“一站式”管理和服务平台，再到大数据支撑下的智慧化、融合化“云平台”的建设路径，数字化手段也渗透到公共文化服务体系的各个方面和环节，并逐步延展、聚合了整个长三角地区的公共文化服务“云平台”，最终推动了全国公共文化云平台的建设发展，引领示范效应显著。

以嘉定区为代表，早在示范区创建之前就率先建成了基层公共文化数字服务平台“文化嘉定云”，不仅在纵向上打通区镇两级各类公共文化机构的服务信息，也横向联合了教育、工青妇等其他政府相关部门及文化类社会组织，实现了数字资源、公共文化产品和服务、管理运营等多种功能的一站式供给。示范区创建期间，“文化嘉定云”进一步提档升级，特别是针对不同人群的信息行为习惯，开展了末梢文化圈的群属精准服务、跨域自匹配服务、市民自主自助服务等功能，并建立了以数据支持决策的公共决策体制，以考核体系和用户需求反馈体系为支撑，指导政府和公共文化机构的未来发展和制度设计。

其间，徐汇区也意识到“智慧文化”的重要性，着力打造公共文化服务与信息化平台，配套建设基层信息化终端设备，着力解决文化服务信息不对称、供需不对接的矛盾，为国家政策制定提供了实践支撑。浦东新区在创建期间搭建了多个数字化服务平台，其中：公共文化“云服务”平台集合了多种公共文化机构的各类服务信息，公共文化传播运营平台全面展示公共文化机构各类资源，浦东公共数字文化统一管理平台和浦东群众公共文化需求信息征询与服务评价统一平台，实现了服务、管理、群众需求对接和服务评价的数字化、技术化管理。长宁区在原有“云平台”基础上升级服务、拓展内容、优化技术，以云资源、云展览、云采购、云集市等多形式，打造系统性、集成性的文化“云

平台"2.0版本，并配合长三角国家公共文化服务体系示范区（项目）合作机制建立公共文化和旅游服务一网通项目"长三角文旅云"，通过各级文化云的聚合效应和合作机制，实现"十万观众进剧场、百万观众在现场、千万观众在线上"，让广大市民足不出户就能享受到丰富多彩的公共文化服务。

三、经验示范

上海市在示范区创建及后续发展过程中，以创新实践竖模板、以创新理念传经验、以文化促交流，从创新思维、制度建设、服务高效、打造人民"美好生活"等多元角度，助推上海、长三角乃至全国公共文化服务的高质量建设和发展。

（一）以人民为中心，满足人民对"美好生活"的新期待

习近平总书记指出，人民对美好生活的向往就是我们的奋斗目标。上海正在加快建设具有世界影响力的社会主义现代化国际大都市，在中国现代公共文化服务体系建设中承担着引领示范的职责使命。其中，保障人民的基本文化权益被放在特别重要的地位，上海的各示范区从2011年开始，就特别注重百姓诉求，在提高人民群众的文化获得感方面，积极回应人民群众所思、所想、所盼、所急，持续践行把最好的资源留给人民的工作理念，在提升功能服务上下功夫，在产品内容设计上下功夫，在打造品牌上下功夫，在探索服务运营模式上下功夫，不断总结提高，更好地吸引所有群体参与其中，不断满足人民对"美好生活"的新期待，打造了一个又一个中国特色公共文化服务体系的"上海样板"。

（二）以制度为引领，确保长效机制稳步推进

制度设计是示范区验收的前置条件，直接推动示范区公共文化服务体

系的建设发展，确保公共文化各项工作有章可循、有规可依。上海市以各示范区的制度成果和创新实践为依托，制定、形成了适用于全市的公共文化服务制度成果，打通了自下而上和自上而下的政策体系，有效规避了“人在政行，人走政息”的管理问题，使上海市公共文化服务建设稳步、高速发展。特别是《上海市公共文化服务保障与促进条例》的发布，更体现了上海公共文化的高起点、高标准、高水平规划，为上海公共文化服务的高质量发展提供了保障，也为上海乃至全国相关政策法规的制定出台提供了思路、借鉴。

（三）以效能为导向，实现公共文化高质量发展

构建现代公共文化服务体系、实现公共文化服务高质量发展，本质上就是公共文化服务效能的提升。因此，在示范区创建及创新发展的不同阶段，上海市各示范区在重视人民群众获得感和满意度基础上，在空间营造、服务供给、人才汇聚、区域联动等方面搭建起了良性的互动平台，在地方政府能力、公共文化各类主体服务、公共文化资源及服务供给、公共文化服务管理与运营等各环节效能上均有了极大提升，充分体现了上海市的能力与水平，为高质量、品质化发展奠定了坚实的基础。

四、结语

习近平总书记对新时代公共文化工作提出了更高要求，指出“文运与国运相牵，文脉同国脉相连”，强调要坚定文化自信，推动社会主义文化繁荣兴盛。

“十四五”期间，在示范区创建基础上，上海市必将继续不忘本来、吸收外来、面向未来，在示范区后续建设过程中，持续发力，努力走在全国公共文化服务前列、不断形成领先示范，使公共文化服务高质量发展成为每个身处其中之人内心深处的一块诗意盎然的栖息之地，让人民的生活更加美好，为建成社会主义文化强国贡献上海经验、上海实践和上海智慧！

新时代红色文化、海派文化、江南文化与上海城市发展

王健*

一个城市的发展离不开历史与文化的依托，城市的发展本身就是一个文化层累的过程。就上海而言，红色文化、海派文化和江南文化是上海城市历史文化的有机组成部分，是上海这座城市的一笔宝贵的精神财富，当前的上海城市文化既传承了传统江南文化的基因，也受到近代海派文化的影响，当然更是现代中国红色文化的策源地与中心之一，三者对于历史上上海城市的发展起到了重要作用，其中的历史经验和教训值得加以总结。

更重要的是，当前，在上海建设“全球城市”的背景下，在长三角一体化提升为国家战略的前提下，如何充分挖掘以上三种文化的内涵，并加以充分利用和转化，是摆在我们面前的一个十分重要的课题，值得加以深入探讨。

* 王健，历史研究所研究员。

一、红色文化、海派文化及江南文化和当代上海城市发展之间的内在关联

改革开放以来，上海城市总体的发展无疑是以经济建设为中心，上海始终是全国最重要的经济中心城市，对长三角地区、长江流域乃至全国经济的发展都做出了巨大的贡献。但是，在经济快速发展的同时，上海对城市文化的重视程度则相对滞后，这是与未来上海作为“全球城市”的地位不相称的，必须加以扭转，而加快红色文化、海派文化和江南文化的研究，促进三种文化在当代的进一步发展则成为重要抓手。

（一）上海“全球城市”的建设需要打响城市文化品牌，而红色文化、海派文化和江南文化可以为“上海文化”品牌的塑造提供重要资源

根据《上海市城市总体规划（2017—2035）》的要求，上海要在2035年基本建成卓越的全球城市，而国际文化大都市是全球城市建设的题中应有之义。从目前来看，文化大都市建设的首要在于“上海文化”品牌的塑造。

而今天要打造“上海文化”品牌，首先就必须弄清楚什么是“上海文化”？“上海文化”具体包括哪些内容？今天所谓的“上海文化”在历史上是如何一步一步发展而来的？只有对以上这些问题有了更为深入的思考，才有可能深入讨论如何塑造“上海文化”品牌，否则便有可能迷失方向。

毫无疑问，任何城市的文化都不可能是无源之水、无本之木，它的发展必然是一个层累的过程。因此，塑造“上海文化”品牌、加快上海国际文化大都市建设客观上就要求我们俯身去了解这一过程，分析今日“上海文化”的源流、现状及其未来的可能走向。

总体而言，历史上的江南文化、海派文化和红色文化是型构今日“上海文化”的重要基础，这三种文化在形成时间上前后相继，在具体内容上相互

交叠，在历史逻辑上层层演进，我们相信通过解析这三种文化的历史发展过程，必将有助于我们理解“上海文化”的前世今生，把握“上海文化”发展的内生逻辑，为塑造“上海文化”品牌提供理论依据。

与此同时，通过梳理三种文化的历史，进一步推动三种文化在当代上海及长三角地区的继续发展，也必将有利于为促进“上海文化”品牌的发展找准发力点，为国际文化大都市和卓越的全球城市建设提供有力支撑。

（二）红色文化、海派文化和江南文化作为一种软实力也可以服务于金融、科创等五个中心建设

根据城市社会发展的基本理论，文化是城市发展过程中软实力的一种体现，它对于城市社会、经济等其他层面的发展都可以起到正向的推动作用。对于今天的上海而言，历史上江南文化、海派文化和红色文化中所蕴含的一些精神内核，诸如商品化意识、规则意识、包容意识、自强精神、创新精神、全球性的视野等，其均有历史渊源，是上海乃至长三角历史发展的宝贵的精神遗产。正所谓积渐所至，直到今日都没有过时，而是有着非常重要的价值。

今天，我们应该重点通过对这些历史上形成的文化核心精神作进一步的提炼和推广，鉴往而知来，无疑可以提升上海城市社会整体的精神面貌，进而激励人心、指明方向，对上海建设国际经济、金融、贸易、航运和科创五个中心的建设将大有裨益。

另外，红色文化、海派文化和江南文化在历史上积淀形成了一批有形或无形的物质与非物质文化遗产，是上海这座城市的宝贵财富，更是未来上海城市持续发展的独一无二的资源，也是上海之所以为上海的最重要依凭。

但是，坦率地说，在过去的几十年中，对于这部分遗产我们的关注程度和保护程度是远远不够的，尽管近年来有所改善。毫无疑问，通过对这些人文遗产进行全面摸底，并且开展全面的保护、开发和利用，完全可以进一步

提升上海城市在世界范围内的美誉度和标识度，对全球各界人士产生更大的吸引力。在这方面，能做的并不仅仅是类似于开发新天地这样的工作，而是可以做得更多，有更多的创意。

（三）从全球经验的角度看，对本土文化、区域文化的保存与发展是一个城市现代化发展建设的重要根基，对于具有全球影响力的城市而言更是如此

当今世界最具代表性的一线全球城市，诸如东京、纽约、伦敦、巴黎等在其发展过程中，都善于利用本土文化资源，强调历史与现实的和谐统一，在与全球文明对话的过程中厚植自身文化根基，培育文化自信，创造性地继承和发展本土文化，使其成为城市发展的重要驱动力之一，成为自身在与其他全球城市竞争过程中的一种独特的资源，尤其能够避免城市发展的同质化竞争，这样的做法值得上海在建设全球城市的过程中加以借鉴。这也正体现了今天我们进一步挖掘红色文化、海派文化、江南文化的历史与当代内涵，构筑“上海文化”品牌的另一层意义。

在这方面较具代表性的城市是日本的东京。历史上，东京城市的发展无疑既受到日本本土“江户文化”的影响，同时在19世纪又受到当时先进的西方文化的冲击，两相碰撞之下，在近代进一步形成了一种本土与西方杂糅的文化。在这一点上，它与上海应该说十分相似。而通过观察当代东京成长为全球城市的历程，我们便可以发现，在锻造城市品格、城市文化的过程中，它十分重视对本土文化传统的发掘、发扬和利用。

比如，隶属于东京的川越地区至今还保留着发源于江户时期的“川越祭”这一古老的祭祀传统，经过创造性转换，目前已经成为川越乃至东京地区的重要文化品牌。而地处东京核心的银座地区在多次改造过程中，也始终重视对历史文化的传承与保护，在这里不仅保留了日本最古老的歌舞剧和早期东京城内的小木屋，同时还有西风东渐后日本最早的百货店、第一家报馆、咖啡馆等，这些遗产见证了东京文化的历史传承，同时奠立了东京全球城市建设的重要根基，每一位去过东京的游客都会对此留下深刻的印象，而东京的全球城市形象也由此得到进一步构建。

东京的做法无疑值得上海学习借鉴。当前，重视本土文化的历史，并对其进行必要的转化以服务于当代城市建设也必将是上海建设全球城市必须重视的一个方面，否则便有可能在盲目追求现代化的过程中迷失自我，忘却城市文化发展的来路，当然更无法准确地把握城市社会文化发展的未来。

二、红色文化、海派文化及江南文化的形成、特点及其相互关系

在红色文化、海派文化及江南文化这三种文化中，江南文化的历史最为源远流长，底蕴最为深厚，是传统时代中国文化的典型代表，某种程度而言也代表了传统时代中华文化所能发展到的极致，是近代海派文化兴起的根底所在；海派文化则是江南文化与近代西方文化相互碰撞、融合的产物，由于受到当时西方先进文明的影响，因此与江南文化相比更具现代性，在近代中国诸多地域文明中亦有其先进性；红色文化在现代上海的萌生、发展也与江南文化和海派文化有密切关系，所谓红色文化的主体当然是以马克思、列宁主义为代表的西方先进思想，但在当时却又无法不受到江南文化、海派文化的影响，可以说既吸收了前两种文化的精华，同时又为两种文化的进一步发展指明了方向。总之，通过讨论三种文化的发展历史、自身特质及其相互关系，有利于我们进一步厘清今天“上海文化”的发展方向。

历史上的江南，其大致范围也就是今天的长三角地区，是当前中国经济最发达、最活跃，也最有国际竞争力的区域之一。早在新石器时代，本地便已经发育出了相当成熟的早期文明，大约2 000多年前，作为江南文化前身的吴越文化逐渐成型。所谓吴越文化，其实质是泰伯、仲雍奔吴后，带来了中原文明，进而与本地文明杂交而生成的一种文化，所以从某种程度而言，

它本身是黄河文明与长江文明的结晶，因此，天然地具有一种内在而自觉的开放意识，同时又不乏粗犷的个性。

不过，总体而言，隋唐以前，吴越文化占主导的江南地区相对于北方而言，在经济与文化上的相对落后是毋庸置疑的。只是随着京杭大运河的开通，江南内部的沟通得以加强，同时南北之间的商品交流更为便利，才进一步推动了江南地区的发展，特别是加大了当时相对落后的江南地区接受北方先进文化辐射的力度。由此，江南的社会文化发展才进入一个全新的阶段。

而经典意义上的江南文化逐渐成型于六朝至唐宋时代，至晚明而臻于鼎盛。从这一文化产生的经济、地理背景而言，如果说此前沟通南北的运河在江南区域发展中扮演了至关重要的角色，那么，到了明代中晚期以后，沟通东西部的长江所起的作用开始变得越来越重要，海运在商业贸易、地域发展中的作用也逐渐得以凸显。与此同时，江南内部的开发也越来越成熟，商业市镇成为江南经济发展过程中最为活跃的单元，江南人的商品经济意识前所未有地发达。经济的变迁由此对文化的发展产生了巨大的推动作用。

与早期以吴越文化为代表的江南文化相比，经典意义上的江南文化的发展趋势便是愈趋精致，江南成为当时人人向往的一个文化中心，而当时中国的经济中心城市苏州就是江南文化浸润而成的结晶，代表了封建时代文化的最高成就，明代晚期所谓“苏样”“苏意”风靡全国，引领一时之潮流，苏州恰如今天的时尚之都。

近代以来，特别是太平天国运动后，在吴越文化和经典江南文化的基础上，随着江南区域经济中心逐渐由苏州转往上海，同时在西方文化的影响下，又发展出了以上海为核心的新一代江南文化——即海派文化。海派文化与江南文化是源与流的关系，与传统时代的文化思想相比，这一文化形态由于融汇中西，沟通古今，因此无疑更多了些务实和灵动的气息，也更具有现代性，内涵极其丰富，在近代中国文化发展的坐标上有其独特的定位。

进至现当代，红色文化蔚然而起，在特殊的社会文化背景下，上海作为当时中国的经济中心和文化中心，也继续成为现当代红色文化蕴育和传播的中心，而江南文化、海派文化则是它生发的基础。梳理现代中国的革命史，我们可以发现，近代以来在江南的大城小镇中走出了一大批的红色革命家、红色学问家，他们从小浸润于江南文化之中，深受传统文化的熏陶，后来在特定的时代条件下又选择了马克思主义为毕生的志业，由此形成的思维方式与行动模式对于日后中国的革命与建设产生过很大影响，而上海则是他们实践自身理想的重要舞台。

另外，近代上海文化的多元、社会思想的活跃，也为现代马克思主义在中国的传播及红色文化的进一步生成和发展提供了丰沃的土壤，中国共产党之所以最早能够在上海诞生，最主要的原因也在于此。

直至当代，上海仍然是马克思主义中国化实践的重要试验场，是当代中国红色文化生产与传播的中心之一，在几十年的社会主义现代化建设过程中，形成了很多先进的经验，值得加以总结，为新时代发展提供新的动力。

三、促进红色文化、海派文化和江南文化的发展及其与上海城市发展的联系

近年来，上海市委贯彻党中央精神，提出了打响“上海文化”品牌的战略目标，指出“丰富的红色文化、海派文化、江南文化是上海的宝贵资源，要用好用足，大力发展有竞争力和影响力的文化产业”。

因而红色文化、海派文化和江南文化已经不再仅仅是理论研究的重要内容，更是上海发展战略的重要组成部分。因此，我们有必要在全面梳理红色文化、海派文化和江南文化内容的基础上，就如何进一步促进其发展，加强其与上海城市发展之间的联系进行探索研究。

（一）当前必须弄清红色文化、海派文化和江南文化相关文化资源的分类与分布情况

红色文化、海派文化和江南文化的相关资源可以分为有形与无形两类。对于有形的历史文化资源，我们应该在对其进行概念界定的基础上，加以细致分类。在这方面，相关文物部门应该发挥主要作用，同时充分利用现有的各类先进技术手段，比如：利用GIS技术，通过不同省市之间的协同调查，进而绘制出长三角地区红色文化、海派文化以及江南文化相关历史文化遗产的分布图，按图索骥，在条件成熟时，更加可以分别建立红色文化、海派文化、江南文化的相关数据库，供研究者和公众加以利用，这些都有利于日后展开对相关文物、文化资源的保护和利用工作。

对于无形的非物质文化遗产，同样要给予高度关注。一些重要的、能够准确体现和表达江南文化、海派文化、红色文化精神内涵的民间戏曲、民间舞蹈、民间绘画、民间传说以及其他一些传统的生产与生活方式等，都应该纳入非物质文化遗产保护的范围，当前应该进一步理清各类相关非遗文化的发展历史、具体内容及其当前的遗存和传承情况，防止其进一步走向衰落和消亡。

（二）当前应该从各个方面入手进一步加强对红色文化、海派文化和江南文化的研究、保护、利用

在研究方面，应该在理论上进一步厘清三种文化的内涵、特色及其边界，并且将理论研究与实践密切结合起来，在实践中加深对三种文化内涵的体认，并且进一步摸索各种文化在当代的发展方向和可能愿景。

一是在保护方面，首先，要为三类文化遗产建立完整的档案，并加以永久保存，同时进一步理顺各类非物质文化遗产的传承机制，以防止其内容继续流失；其次，应该分别建设江南文化、海派文化以及红色文化博物馆，同时加大对现存的有形文化遗产的保护力度；再次，通过立法，为三类文化遗

产的保存和利用制定法律规范。最后应进一步加强制度建设，特别是要进一步理顺三类文化资源的管理体制。就目前而言，涉及红色文化、海派文化和江南文化资源的直接归口单位有宣传部、文物局、民政局、文保所、文史资料馆、文化局等。此外，有一些比较重要的建筑物还属于私人住宅，如此复杂而略显混乱的管理体制对于文化资源的保护和利用总体而言是弊大于利，这样的情况有待加以检讨和改进。

二是在利用方面，应该紧扣长三角一体化和上海“全球城市”建设这两个中心点来加以展开。首先，在长三角一体化的过程中，应充分注意利用文化的作用，尤其是江南文化的作用，以形塑长三角一体化的共同的意识形态基础。在这方面建议发挥相关科研机构的作用，一方面，加强理论研究，比如成立长三角历史文化研究会；另一方面，通过发掘长三角历史文化内涵，制定长三角文化发展规划，推动相关文化产业发展，反过来进一步促进长三角地区的文化认同，加快长三角一体化的进程。其次，围绕上海“全球城市”的建设，对于三类文化的利用，应既能“入乎其内”，又能“出乎其外”，实现多方面的创新发展。红色文化、海派文化、江南文化固然应该继续保留其传统精神内核，但是在其当代发展过程中，也绝不应该墨守成规，而是要善于参照国际经验和做法，将传统文化资源进行创造性的转化，进一步提高三类文化在民众中，特别是在年轻人中的认知度，同时有利于塑造三类文化的国际化程度。

（三）当前应该进一步加强对红色文化、海派文化和江南文化的宣传力度，改善宣传方式，提升三类文化的标识度，助力“上海文化”品牌建设

就整个长三角地区而言，红色文化、海派文化和江南文化资源十分丰富，但是目前对三类文化的宣传方式有待进一步改善，宣传力度也不够强，同时从文化品牌的角度看，三类文化的品牌标识度还远远不够，相比于其他地区，比如井冈山、延安、西柏坡、嘉兴等地的红色文化资源所具有的强大

品牌影响力，还有非常大的提升空间。

在这方面，就江南文化而言，应该着重以长三角一体化为抓手，着力挖掘、宣传江南文化的历史源流，江南文化与当前长三角一体化之间的关系，江南文化与近现代上海崛起之间的联系以及江南文化对上海及整个长三角地区思想、社会、文化等各方面的影响，从而使人们认识到江南文化虽然历史悠久，但并非仅仅是阳春白雪，更不是行将就木的文化，而是仍然真实存在于每一个人的日常生活中，并且有可能成为长三角一体化的重要纽带。

就海派文化而言，则应以海派文化中所包含的现代化、国际化这些重要的元素作为抓手，展开宣传推介工作。同时，由于历史上海派文化的形成有其特殊背景，在一段时间内甚至曾经遭到污名化，至今仍然有一些民众乃至学者对其不以为然。一方面，这有其合理性，因为海派文化中确实存在着一些殖民地文化的因子，是一种在被迫开放条件下形成的文化，自然带有时代的烙印，尤其在处理传统文化与外来文化的关系上往往显得有些生硬。对此，我们当然不能回避，而应该加以扬弃。另一方面，海派文化中所蕴含的讲法治、讲规则这些先进的文化内容同样也值得我们加以宣传和发扬。

就红色文化而言，应该以现代上海是党的诞生地这一点为抓手，推进整体的宣传工作，着重讲好“从石库门到天安门”的故事，进一步强调上海作为党的诞生地的光荣历史。同时进一步努力发掘近现代上海的红色文化资源，打造建党主题文化精品，开展红色文化社会宣传，深化红色文化革命教育，开发红色旅游精品线路等。值得指出的是，对于红色文化的宣传，也要避免灌输式的说教性宣传，而应该采取更为灵活的、宜为群众接受方式方法。

另外，对于三类文化而言，还可以通过排演戏剧、拍摄电影等方式来进行宣传，以讲故事的方式潜移默化地让民众理解三类文化的内容，也可以考虑开发一些承载红色文化、海派文化和江南文化内涵的文创产品，以进一步扩大三类文化的影响力。

（四）在新的时代条件下，当前应该推动红色文化、海派文化和江南文化新的发展

在新的历史条件下，我们应该从更广阔的历史背景和更长远的战略眼光出发来思考三类文化的发展。

首先，从地域发展的角度考虑，在长三角一体化上升为国家战略的背景下，在一体化进程进一步加速的过程中，历史上形成的江南文化、海派文化和红色文化等三种文化要不断加强融合，要有意识地引导其形成一种新的、更为精致而开放的文化，用诸如共赢的理念、程序规范的意识、更加开放的气魄等来进一步丰富它的内涵，使其超越单纯的江南文化或海派文化的范畴，而成长为一种“长三角文化”，进而形成一种文化共同体，这种文化层面的整合必将引导长三角一体化越来越走向纵深。

其次，江南文化、海派文化和红色文化其实都是中华文化的有机组成部分，在某种程度上代表了不同历史阶段中华文化所能达到的历史高度。因此，这三类文化中所包含的智慧，诸如重视契约、重视规则、重视独立、重视实干等，都可以在现代社会中得到进一步的发挥，在全球化的背景下，在“一带一路”倡议深入开展的条件下，我们更有可能汲取其中的智慧，加以融汇整合，有助于形成一种代表新时代中国的文化价值观，有助于进一步改善、提升中国文化的全球形象，对于当代中国的文化外交或许也能够形成某种助力。

上海基层社区传播的变迁与历史经验

董倩*

一、1949年后上海基层社区传播的历史语境和特征

1949年前的上海，是一个充满异质文化、异常多元的国际化大都会，即一个显而易见的“复杂社会”，是“全世界古往今来独一无二的异质文化交织的特有区域”①。“流转过频、聚集过密与阶层杂错”②的上海基层社区——里弄，更是显现出近代上海都市社会的特质。在异质文化交织和多种社会生态共存的里弄空间内，居民的生活方式、价值取向和利益诉求多元。社会环境杂乱，邻里之间、居民与里弄之间的关系具有很大的不确定性。③这样的里弄，与新政权所熟悉的乡村社会截然不同。

1949年5月27日上海解放后，新政权在社会生活上对城市进行了各种形式的改造。魏斐德将中共接管和治理上海看作是“一个震惊世界的壮举”④。上海经历了驱赶外侨、遣送游民返乡、人员的内迁、建立户籍制度、重构基

---

* 董倩，新闻研究所助理研究员。

① 熊月之：《异质文化交织下的上海都市生活》，上海辞书出版社2008年版，第4页。

② 张济顺：《远去的都市：1950年代的上海》，社会科学文献出版社2015年版，第33页。

③ 同上书，第32页。

④ ［美］魏斐德：《红星照耀上海城：共产党对市政警察的改造（1942—1952）》，梁禾译，人民出版社2011年版，第204页。

层组织等过程，新政权保证了城市秩序，社会呈现出高度组织化状态。居委会作为中共在上海里弄设立的新组织，以“软着陆”的方式取代了保甲制。同时，经过结合劳动就业和社会生活计划化的两次整顿，上海里弄迅速换颜，上海居民的日常生活被纳入国家政治轨道。[①]在这一阶段，里弄居委采用读报组、收听小组、识字班、大喇叭、黑板报等媒介形式和组织，传播国家政策，巩固国家政权，培养社区认同和塑造国家意识。

1949年后，上海基层传播有以下特征：印刷媒介与初创期电子媒介、口头传播交融；新闻媒介与文艺媒介、空间媒介混杂；延安经验与市民文化并举。首先，社会主义上海的媒介场景延续了印刷文化经验和电子媒介经验，以报刊、书籍、广播为主，主要针对有识字能力和一定文化程度的职工、干部和知识分子，但其受众往往是匿名、广泛的。其次，新政权善于营造各种民众面对面交谈的场景，将报刊、广播等媒介的传播网络直接延伸到个体面前并形成网络，促使与其接触的民众感知“集体”和组织的确切存在，继而产生相应的行动，这直接催生了居民读报会、事迹报告会、广播（电视）大会这些独特的传播活动，其受众通常具有一定的数量规模，但传播过程不受文化程度的限制。这些以“集体”为单位的现场传播形式，无疑塑造了社会主义主体的“集体性”。再次，传单、标语、壁报等“空间媒介”，话剧、连环画等“文艺媒介”与传统意义上的“新闻媒介”一起，细密编织出社会主义都市的传播网络，既延续了延安经验，也融合了大都会市民文化的感觉方式。如此，社会主义城市的传播机制呈现出以“跨媒介”形式进行政治动员的特征，是一种以“城市”“现场”为中心的过渡型融合传播。其中，最有代表性的有居民读报组、收听小组等组织形式，它们在传播国家政策、巩固国家政权和塑造国家意识等方面起到重要作用。

---

① 张济顺：《远去的都市：1950年代的上海》，社会科学文献出版社2015年版，第46、63页。

二、1949年后上海基层传播的几种形态

（一）读报组

（用“五更调”的调子来唱）

空仔下来没事情，读报真开心！咿呀呀得儿喂，日日有新闻。一个人读拨大家听，讲得清！有头有尾，越听越起劲；咿呀呀得儿喂，好过山海经。

读报小组方法强，辰光弗嫌长，咿呀呀得儿喂，弗会没心相；有说有笑有讲张，好白相！小组里向，大家好商量，咿呀呀得儿喂，自家人样。

有兴趣来有需要，读报读得好！咿呀呀得儿喂，好处真弗少：大小事体才明了，呱呱叫！有啥弗懂，一问就分晓，咿呀呀得儿喂，立刻见功效。

提出问题来讨论，有话就说分明；咿呀呀得儿喂，说话最欢迎。用弗着怕难为情，好放心！想啥说啥，说拨大家听；咿呀呀得儿喂，说错也勿要紧[①]。

这是《新民晚报》中《里弄读报组活动——说说唱唱》栏目的一则消息，用民间小调的形式，巧妙勾连了国家意志与个体需求：既要符合人们的“兴趣”和“需要”，也要“明了”国家的“大小事体”；既“有说有笑好白相”，又要“讲得清”，而且要“好过山海经”。这暗示着上海的里弄读报组是一个内涵丰富多元的组织形式。到20世纪60年代，那些坚持下来的里弄读报组基本上稳定巩固下来，成为里弄居民“听消息、聆市面、谈家常、畅

① 《读报小组》，《新民报（晚刊）》1952年5月24日，第4版。

思想”相互学习的场所。[①]

读报组的实践指向了一种新的阅读模式，即由默读转向朗读，由私人阅读转向集体阅读。“一人讲、多人谈”的集体读报形式，正是朗读、演讲和交谈的混合体；而这种“阅读模式的改变”不仅赋予同一个文本以不同的含义，而且重塑人与人之间的关系，在情感和认知层面生产社区和国家认同。读报组更多涉及信息传递，情感共通以及认知框架的建构。亦即，里弄读报组主要通过仪式化运作，在情感和认知层面生产合法性认同，以更为“柔性”的方式建构政权合法性。里弄读报组能够为政治组织提供团结的纽带，并且在一定程度上改变乃至重塑了人们的观念领域和精神世界，日常生活实践中的各种仪式化形式即是底层社会对新政权创建一个新世界、建立一套共产主义思想体系正面许诺的积极响应。上海里弄读报组这种既可能有现实收益（听消息、聆市面，阶层上升），又可知可感（谈家常，促进社会交往）的群众教育形式，对不同的人有着不同的意义。而上海里弄读报组的仪式化运作对人们产生情感冲击，即便每个参与者对象有不同的理解，也可以将他们汇聚在同一组织的旗帜下。也由此连接起新中国成立初期名目众多的社会运动，如识字班、爱国卫生、增产捐献、学习典型等，成为它们的转换器、发酵器，掀动起更广泛频繁的社会行动。

（二）收听小组

广播是一种能够实现远距离传输、直接而迅速的媒介，1949年以后，共产党通过建设收音网、有线广播网等方式，建立了第一个全国性的电子媒介网络。1949年10月新中国成立时，全国各地约有收音机100万架。这也就意味着，人民广播事业在急需扩张之时，在收听端却面临着收音机拥有量非常少的问题。解决这一问题的思路之一，就是通过有组织的广播收音工作，广

---

① 上海市档案馆：《兰馨里读报组工作的几点经验》，档案编号：C31-2-925，1963年。

泛传播电台内容。另一个思路是建设全国广播收音网，并在这一网络的接收端部署更多的收音员。这也是中国共产党取得全国政权后建设广播事业的一项重要举措。收音网的作用在于接收信息、组织集体收听和广播消息抄录后的再传播，收听小组就是集体收听的一种重要形式，为了配合上海解放初为数众多的广播大会。

作为上海解放初里弄收听榜样，虹口里弄组织的“收听竞赛”颇为成功。在《虹口里弄组织收听工作总结》[①]中可约略得知里弄收听站的运作方式。在人员方面，里弄收听站有纠察员、鼓动员、联络员、讲解员等，还帮助成立“家庭小组”。在地点方面，居民们充分利用里弄中最大的地方如弄道、天井等，组织露天收听，下雨天就撑布伞。一排进去看到拥挤的人群，像进了摊贩市集。在有广播大会或者其他集体收听节目时，工作人员会把收音站布置成会场，有国旗、毛主席像，主席台还插了鲜花，用黑板报、大字报写出来节目内容。在组织形式方面，听的时候有的里弄是跟开会一样排排坐，秩序井然，鸦雀无声，大部分里弄都是围着坐，大人们喝茶抽烟，孩子们吃着瓜果，用座谈的方式来收听广播。收听站的鼓动员起了很大作用，在领导报告后立刻掌握情绪发动和平宣言等。在组织收听的同时还要进行竞赛与检查。得过奖的里弄会把锦旗或奖状张挂在最醒目的地方，用标语横幅宣传动员居民下午准时来收听。集体收听能够广泛、直接、迅速地组织和动员群众，使党的政策方针能“毫不走样”地直接与群众见面，引起听者在政治、思想和情绪上的共鸣。

（三）听电视

在中国电子媒介的演进史中，电视的兴办和发展有着较为特殊的历史模

---

① 上海市档案馆：《华东人民广播电台关于1951年华东“五一”广播大会总结材料》，档案编号：B92-1-64，1951年。

式。这是新中国成立后10年，在冷战的国际背景下，为满足技术民族主义意识形态下社会动员和国际宣传的需要而产生的，同时，又是有关政治正义和技术哲学的社会主义实验[①]。中国电视诞生于发展电视的国际性热潮和社会主义与资本主义两大阵营激烈竞争的20世纪50年代后期，“大跃进”运动给予它另一个重要推动，电视甚至被称为“大跃进的产物”[②]。目前电视研究的主流仍将中国电视定义为“改革开放时期”的标志性媒体，着眼点乃20世纪80年代以降、范围不断扩大至21世纪的全球中国市场时代。

1958年，中国第一、二座电视台——北京电视台和上海电视台相继问世。在很长一段时间内，电视可有可无。党和国家高级干部、包括中央领导人是中国电视最早的固定观众，大多数中国人不知电视为何物。而对幸运的大城市少数居民来说，电视也不过是偶一光顾的奢侈享受而已。很少有人关注“文化大革命”后期的集体视听文化。黄心村通过回溯中国电视前史，追寻20世纪80年代以前有关电视作为新媒体的话语建构[③]。

在20世纪70年代的中国，小型黑白电视作为大小城市中集体收看和收听的中心媒体，其视觉上的冲击不如听觉上的渗透来得彻底，而早期电视信号之不稳定更使得屏幕上闪烁的“雪花”噪声成为这一时期影视文化和视听体验的重要标志。“文化大革命”落潮期以上海的“向阳院运动”为代表的对公共空间和私人空间的重组促进了电视正式进入城市中国的集体生活。虽然对电视的所有权和使用权局限于单位或社区街道组织，但是电视所生成的技术以及观看和聆听文化在20世纪70年代中后期就已居于城市生活的中心，而中国电视的集体视听文化则在20世纪70年代末和80年代初达到了高峰。这一转折时期的视听文化现象早于电视进入每家每户的个体视听时代，是研究中国当代基层传播演变不可忽略的重要一环。

---

① 李煜：《“媒介融合”：电视开播的技术政治意义》，《现代传播》2019年第10期。

② 郭镇之：《中外广播电视史（第三版）》，复旦大学出版社2019年版，第174页。

③ 黄心村：《听电视：文革后期新媒体文化初探》，《二十一世纪》2016年10月号。

三、新传播背景下上海基层传播形态的演进

把目光投向当下，我们发现信息技术的进步深刻改变了人们的生产方式和生活方式，城市化的意义和内涵较之工业化时期有了本质的不同。在新的传播环境下，信息技术的迅猛发展和新兴媒介的广泛应用已经和正在形塑我们对于诸多事务的传统态度，极大地改变了人们传统的传播方式，城市基层社区传播的意义和内涵较之工业化时期有了本质的不同。在这样的背景中，在基层社区治理工作中，主动运用新媒体，建构“虚拟社区”，在促进实体空间中的组织管理、培育和增强社区居民的核心价值和社区归属感方面无疑具有独特作用，是建设社区信息网络、达成“虚实结合”“虚实互嵌”的一个重要课题。当下社区的沟通实践也确实在发生变化，表现为各种新型媒介平台悄然兴起，交替更迭，街道人际、群际之间的交流互动在一定程度上突破了时空限制。

（一）社区沟通互动：从业主论坛到微信群

2000年左右，业主论坛在基层治理方面起到了一定的作用。典型如上海市杨浦区的新江湾城街道实行的“双版主、双进入”的虚实结合管理模式，即由居委干部进入网络虚拟社区担任版主，原有版主参与现实社区管理。这种模式虚实相结合，居委干部和原有版主共同承担社区论坛的管理工作，形成“商办官民公用”模式。这种创新之举是社区管理在信息时代极为有效的一种方式。然而，由于论坛的功能和定位随着业主生活状态的变化发生了转变，论坛解决问题的有效性和及时性不够，以及新、旧社区媒介使用情况对论坛使用率具有影响，近年来社区论坛使用率下降。社区论坛这一形式已经无法满足业主当下的需要，必须丰富和完善其他网络传播渠道。

2010年前后微信兴起，社区微信群已经被广泛运用于社区自治。在共

商社区具体事务的过程中，微信群可以随时建立和取消，高效便捷，有助于社区具体事务的协商、决策。从理论上说，微信群不需要遵循行政职能的分布，可以不限于社区地理空间圈定的成员，充分体现“共治”精神，拉入大量“编外人员”入群，来营造打破常规治理体系的传播网络。不过，笔者发现大多数街道和社区的微信群仍囿于地理范围的成员中进行，且多用于发现问题时的预警、讨论，对最终的决策影响较小，具有较强的非正式性。

（二）社区信息发布：从官网、官微到公众号

社区官方网站的主要定位和功能是对社区面貌的介绍、展示，以及党务宣传，与居民的实际生活关联不大，同时互动性较差，难以产生用户黏性。因此，无法吸引社区居民关注，浏览量不高，影响力不大。

一是社区官方微博。在微博结构上，大部分街道形成了微博集群，在官方主微博的基础上，整合了街道各个部门和各个居委的官方微博，但微博粉丝数量少，微博不够活跃，有一些子微博形同虚设。微博发布内容大致分为转载、社区活动情况、提示警示、问答等，涉及的方面较广，但制作简单粗糙，没有突出亮点；许多信息缺乏社区特色，不具备不可替代性；没有设置标签导致信息混杂；与社区居民缺乏互动。

二是微信公众平台。建立微信公众平台，可以利用平台直接进行信息推送，也可以外接入口或以服务号的形式来构建便民通道，在全方位展示街道形象，促进社区居民交流方面有一定效果，也使得居民社区参与的渠道更加多样和通畅。目前各个街道微信公众平台可分为订阅号和服务号两种类型。主要内容有以下几类：街道面貌展示，包括街道标志性历史文化景观的介绍、展示；信息发布，包括与居民生活密切相关的政府公告、政策信息，以及各种实用信息，如招聘信息、活动公告等；政策解读，主要是对相关政策用居民更容易懂的形式进行解释；办事指南和便民通道，为社区公共事务办理提供具体指导和入口。

（三）街道公共服务综合信息平台

街道公共服务综合信息平台为“虚拟网络”的构建提供了一个新的思路。它能够整合社区公共服务信息资源，完善数据接口和共享方式，构建实体受理窗口、网上办事大厅、移动客户端、自助终端的多样化服务格局。构建数字化信息平台的探索，在实践中取得了显著的成效，对于不断完善和优化基层管理，推动管理重心下移实践，街道沟通管理的“虚实互通”也有着切实的推进作用。目前，上海在打造的泛在式便捷、公平普惠的数字化服务体系方面成效显著，全面推进数字化转型更是上海“十四五”发展的重大战略。

然而，我们也应看到，依靠定位技术和物联网，将城市部件进行科学管理，这只是城市管理的基础；城市管理还需要将部件跟人和组织进行连接，因此，其实质应当是构造一个连接技术、物体和人群的网络。在社区公共服务综合数字信息平台的建构中，需要更加偏重于内涵性的文化建设与权利性的制度建设，以达成“既有连接又有沟通”的传播网络。

总的来说，基层社区“虚拟社区”随着各种媒介平台的兴衰而不断更迭，其信息发布已“占领”各个媒介平台，社区人际、群际之间的交流互动也在一定程度上突破了时空限制。应进一步将官网—微博—论坛—微信—信息平台等新媒体传播媒介与传统传播沟通传播渠道相融合，构建新型平台，增强传播效力；将各平台的传播内容融入渠道的大传播平台中；在整合平台的内容板块设置上保持一致性，建立多平台的内容同步发布和管理机制；应鼓励成功人士、热心公益人士，明星工作人员等成为社区意见领袖，发挥他们在社区公共事务中的影响力。

四、构建基于地缘的社区信息网络

在上海市中心闹中取静的湖南路、武康路、淮海中路，三条马路合围而成的地带就是徐汇区湖南路街道武康居民区。这里因百年历史的武康路、武康大楼而得名，而每当遇到高温暴雨、蚊虫侵扰、台风过境以及近年来的疫情防控需要时，弄堂深处总能传来居民区干部们手摇铜铃，请居民们注意安全、防疫防灾的温情提示。而今，“武康铜铃”已经有足足70年历史，是武康居民区一代又一代社区干部联系居民、回应诉求、解决问题的载体与象征，润物细无声地守护着居民区的一方平安。

在《公众及其问题》[①]一书中，杜威提出，社区的本质并不是人与人的聚集，而在于组成社区的成员分享某种共同的经验。虽然“铁路、旅行和运输，商业……电报、电话和报纸，推动这个国家成为一个整体”，但它不是一个共同体。什么是共同体？不论存在怎样的联合行动，只要其结果被所有参与其中的个体认为是善的，同时善的实现达到了某种程度以至激发出一个积极的意愿和努力这一联合行动，只是因为这是被所有人分享的善，这时候一个共同体就出现了。杜威在《民主与教育》[②]一书中更清晰指出：“人们由于拥有共同的事物生活在一个社区里；传播正是他们得以拥有共同事物的方法。他们要形成一个社区或社会所必须共有的事物是目标、信仰、渴望、知识——一种共同的理解——就像社会学家所说的社会共识……共识需要传播。”分享经验直到成为共同财富的过程才是真正的传播，也才能铸造真正的共同体。因为即使在最社会性的群体中，也存在许多尚未社会化的关系。它们就不构成真正的社会群体。

现代信息技术可以将基层社区连接起来，互通有无，信息共享，但这并不意味着我们就拥有了一个地方共同体。现代社会，社区居民工作学习活动区域通常远离社区，对所在社区的依赖性不高。社区基本是陌生人社会的缩小版，具有高流动性和强异质性，社区成员缺乏共同利益，获取信息渠道多

---

① ［美］约翰·杜威：《公众及其问题》，本书翻译组译，复旦大学出版社2015年版。

② John Dewey. Democracy and Education: An Introduction to the Philosophy of Education, Aakar Books, First Published, 1915, Indian Edition, 2004.

元，表现出“邻里冷漠”和“社区参与冷漠”。这就要求基层社区传播不仅仅要有信息基础设施建设，构筑通达便捷的虚拟社区；更要有类似“武康铜铃”的存在，凸显其“在地性”，积累共同经验，唤起社区居民的认同、信任，继而建构社区共同体，否则将落入连而不通的境地。

2023年的今天，基层社区传播媒介经历了数次迭代。基层社区应构建“十五分钟”线上线下结合的社区信息网络。线下包括书报栏、大屏幕，以及与附近商超、小店的对接联络，发展社区“达人”，举办多种活动；线上包括公众号、“社区云”、微信群等信息网络，培育和增强社区居民的核心价值和社区归属感。

图书在版编目(CIP)数据

中国式现代化理论创新与实践路径 ：上海社会科学院建院65周年成果献礼 / 上海社会科学院编 .— 上海 ：上海社会科学院出版社，2023

ISBN 978-7-5520-4208-5

Ⅰ. ①中… Ⅱ. ①上… Ⅲ. ①现代化建设—研究—中国 Ⅳ. ①D61

中国国家版本馆CIP数据核字（2023）第143508号

中国式现代化理论创新与实践路径

——上海社会科学院建院65周年成果献礼

编　　者： 上海社会科学院
责任编辑： 熊　艳
封面设计： 谢定莹
出版发行： 上海社会科学院出版社
上海顺昌路622号　邮编200025
电话总机021-63315947　销售热线021-53063735
http: //www.sassp.cn　E-mail: sassp@sassp. cn
排　　版： 南京展望文化发展有限公司
印　　刷： 上海万卷印刷股份有限公司
开　　本： 710毫米×1010毫米　1/16
印　　张： 31
字　　数： 438千
版　　次： 2023年8月第1版　2023年8月第1次印刷

ISBN 978-7-5520-4208-5 / D · 697　定价：158.00元
